KB172301

연극, 몸과 언어의 시학

안치운

안치운 安致雲

중앙대학교 연극학과를 졸업하고 프랑스 정부장학생 시험에 합격한 뒤 국립 파리 제3대학(누벨소르본대학) 연극연구원(Institut d' études théâtrales)에서 연극학 박사 학위를 취득했다.

저서로『베르나르 마리 콜테스』『연극과 기억』『공연예술과 실제비평』『연극제도와 연극읽기』『한국연극의 지형학』『연극, 반연극, 비연극』『옛길』『시냇물에 책이 있다』『연극교육제도론』『추송웅 연구』등이 있으며, 역서로『한국사람들』(희곡과 공연)『종이로 만든 배: 연극인류학』등이 있다.

PAF 공연예술 비평상, 여석기 연극평론가상을 수상하였다. 파리 3대학 방문교수,『교수신문』편집기획위원, 삼성문학상, 대산문학상 심사위원 등을 역임하였으며, 현재 한국연극학회 부회장, 국제대학연극학회 이사로 있다. 현재 호서대학교 예술학부 연극학과 교수로 재직 중이다.

연극, 몸과 언어의 시학

초판 1쇄 인쇄 · 2015년 8월 15일 | 초판 1쇄 발행 · 2015년 8월 25일
초판 2쇄 인쇄 · 2016년 6월 30일 | 초판 2쇄 발행 · 2016년 7월 7일

지은이 · 안치운
펴낸이 · 한봉숙
펴낸곳 · 푸른사상

편집 · 지순이, 김선도 | 교정 · 김수란
등록 · 1999년 7월 8일 제2-2876호
주소 · 경기도 파주시 회동길 337-16(서패동 470-6) 푸른사상사
대표전화 · 031) 955-9111(2) | 팩시밀리 · 031) 955-9114
이메일 · prun21c@hanmail.net / prunsasang@naver.com
홈페이지 · http://www.prun21c.com

ISBN 979-11-308-0524-5 93680
값 29,000원

푸른사상 학술총서 32

연극,
몸과 언어의 시학

안치운

The Theater :
Poetics of Body and Language

국립중앙도서관 출판예정도서목록(CIP)

연극, 몸과 언어의 시학 = The theater : poetics of body and language / 지은이: 안치운. — 서울 : 푸른사상, 2015
p. ; cm. — (푸른사상 학술총서 ; 32)

ISBN 979-11-308-0524-5 93680 : ₩29000

연극[演劇]

684.01-KDC6
792.01-DDC23 CIP2015021213

연극 담론을 위하여

숱하게 나를 죽였고, 숱하게 나는 죽었네
불행에 감사를 드리고
비수를 움켜쥔 손에도 감사를 드리네
서투르게 나를 죽였기에, 계속 노래할 수 있었으니
…(중략)…
숱하게 그대를 죽여도, 숱하게 되살아나
누군가 그대를 구해주리, 계속 노래할 수 있도록

— 마리아 엘레나 월쉬 Maria Elena Walsh,
〈매미처럼Como la cigarra〉 일부

1.

이 책은 내게 묻는 질문들이다. 몸에서 말로, 말에서 글로, 글에서 이미지로 이어지는 연극 언어란 무엇인가? 우리는 연극 언어의 힘을 믿는가? 글로 쓰는 연극 담론은 연극이란 허구의 세계를 어디까지 믿고 혹은 부정해야 하는가? 연극이란 처음부터 끝까지 무대 위, 희곡 속 허구의 세계이다. 연극 담론은 허구가 지닌 현실의 욕망, 갈망, 소망을 사유하는 일이다. 현실의 결핍을 재현하는 혹은 달리 말하는 공연 속, 인물들은 이것을 위하여, 이것 때문에 살아 있는 체험의 존재들이다. 연극 담론은 희곡 속 연극과 무대 위 공연을 마주하고, 그것을 언어로 최후의 증언대 위로 올려놓는 일이다. 타인의 고통을, 나아가 우리들의 고통을 보는 더 깊은 고통과 고뇌를 스스로의 언어로 입장을 세우는 일이다. 그러므로 담론은 잉여가 아니라 결핍의 언어일 터이다. 연극에 관한 글쓰기는 항상 홀로 자기만의 시간과 삶을 영위하는 것이라고 믿는다. 연극 언어의 담론이란 삶의 결핍을 직시하고, 삶을 반성하고, 삶을 바꾸려고 하는 주체의 의지가 낳은 산물이다. 셰익스피어 희곡 모두를 번역한 시인 김정환이 말하는, "생의 액정"과 같은 연극이란 곧 생의 전부가 녹아 있는 깊은 심연을 연극 속에서 발견하는 일일 터이다. 연극 담론에 생의 암각화, 생의 저인망과 같은 수사들을 덧붙일 수 있겠다. 앞에서 인용한 마리아 엘레나 월쉬가 작사 작곡하고, 소사가 부른 〈매미처럼〉, 연극은 죽고 죽어도, 되살아나는 노래이고, 전쟁에서 돌아오는 생존자일 것이다.

이 책은 2000년 이후, 정확하게 말하면, 우리 사회가 몹쓸 신자유주의 속에 빠진 이후 연극을 공부하면서 겪어야 했던 고통과 고독의 적바림, 그 산물이다. 대학도, 연극예술 동네도 자율성을 빼앗겼거나 버렸고, 작가와 연극 실천가들은 자존감을 잃거나 내팽개쳤다. 연극예술의 몰락과 젊은 연극 실천가들의 안타까운 죽음을 개인의 무능과 무책임으로 떠다 박질려지는 모습들을 눈 뜨고 보아야만 했다. 패악스런 삶 속에서 할 수 있는 일은 연극의 근원에 대하여 묻는 일일 뿐이었다. 이 책 제1부 연극론의 중심 주제는 '연극과 기억'의 담론들이다. 기억은 과거를 질서화한다. 공연은 과거를 재분류하고 해석하면서 자기 스스로를 부풀리는 재현이다. 고대연극에서부터 현대연극에 이르기까지 요소[member]와 같은 기억을 재[re]위치시키는 재현[re/member, re/presentation]의 문제는 연극론의 핵심 주제이다. 삶을 기억하는 연극, 연극의 본질과 같은 몸과 말, 글과 이미지는 기억하려는 기제이다. 마르셀 프루스트의 소설, 『잃어버린 시간을 찾아서』와 같은 현대소설에서도 기억은 매우 중요한 창작의 요체이다. 이를 기억의 글쓰기라고 일컫는데, 구체적으로 새로운 언어의 탄생, 기억 복원의 힘, 온전한 역사의 재구성을 뜻한다. 한 작가는 "내 소설에는 두 가지 주제가 있다. 하나는 '자유'고 하나는 '기억'이다. 기억이란 지난 과거에 일어난 일들을 살아 있게 하는 것이다. 나는 내가 잃어버린 그 자유에 대해 항상 깨어 있었고, 그것은 내 책 속에서 언제나 되살아나는 것이다"라고 말하고 있다. 여기서 기억이란 비판적 휴머니즘의 입장에서 증언자로서의 글쓰기를 구현할 수 있게 하는 힘이라고 할 수 있다. 서양 문학의 고전인, 『일리아스』나 『오디세이아』의 핵심은 과거의 사건을 후대에 전달하는 데 있다. 그것들이 대부분 운문으로 쓰여진 것은 운율을 통하여 전수할 문화적 내용을 쉽게 기억시키려고 했기 때문이다. 운문은 기억의 원초적인 서술 방식인 셈이다. 서양에서 18세기 후반 이후 본격적으로 등장한 자전적 소설은 자신의 정체성을 조망하고 서술하려는 자전적 기억의 산물이다. 동서양 연극의 매력은 오랫동안 과거의 사건을 항상 현재 시제로 재현할 수 있는 데 있었다. 그것은 연극이 과거의 단순한 저장이 아니라 항상 새롭게 기억하고 기억을 재생산하는 장르의 예술이기 때문일 터이다.

연극은 기억의 변증법적 형식이라고 할 수 있다. 기억의 고리가 하나씩 새롭게 형성될 때마다 삶의 사슬은 과거로 옮겨간다. 연극에서 기억의 저장 장치는 공간으로서 극장과 배우의 몸이고, 희곡에서 기억의 저장 장치는 글을 비롯해서 인물들 자체라고 할 수 있다. 이런 극적 장치들은 모두 기억의 공간을 생성한다. 필자에게 기억의 가치들을 알려준 것은, 최근에 가본 스페인과 베트남 여행 경험이다. 1부에서 다룬 스페인 시민전쟁과 연극, 베트남 전쟁과 연극에 관한 글들이 그 산물이다. 이는 나중에 한국전쟁을 중심으로 한국현대사와 연극을 관계맺는 글들로 자연스럽게 이어질 것이다.

2.

연극의 본질은 어떻게 기억할 것인가이고, 그다음으로 무엇을 기억할 것인가와 같은 문제가 뒤따른다. 여기에 동시대성, 삶의 가치, 극장의 역할, 연극하는 작가들의 선언과 같은 내용들이 구체적으로 구현된다. 그 최후의 발언이, 연극이여 말하라, 기억이여 말하라 같은 제목의 글이다. 그것은 비극에 있어서 기억과 망각의 문제, 기억하는 고통의 문제, 기억의 공간, 보이는 현실과 보이지 않는 기억의 거리와 차이, 망각할 수 있는 권리와 기억해야 하는 의무의 사이 등의 문제를 다루고 있다. 2부는 오늘날 연극을 읽는 글쓰기의 문제, 이론의 문제, 상품으로서 연극의 문제, 공화국에서 연극을 위한 정책에 관한 것이다. 날로 연극의 지위는 낮아지고 있다. 추락까지는 아니겠지만, 연극은 문학과 더불어 점점 제 위상을 잃어가고 있다는 것은 자명한 사실이다. 연극을 공부하는 이들도 불안하고, 연극 그 자체도 불안하기는 마찬가지이다. 생은 필멸이지만, 연극은 그 필멸에 대한 성찰이다. 연극의 불안은 필멸하지 않을 것 같은 생에 대한 염려이고, 필멸에 대한 성찰의 부재가 낳은 야만의 형태이다. 우리 시대의 연극이란 어떤 모습인가? 이론과 비평은 왜 필요한가?를 거푸 묻고 답하는 글들은 곧 우리 시대의 삶의 위기, 연극의 불안을 반영하고 있다. 3부는 연극에 대한 헌정이고, 연극을 공부하고 실천하다 생을 마감한 동시대 학자, 비평가, 연출가, 배우에 대한 헌사이다. 결국 살아 있는 존재의 글쓰기는 이들의 사상을 잇는다. 돌이켜보면, 연극보다 연극하는 이들이 더 가깝고 위대해 보인다. 그들의 꽃과 같은 연극 이념, 연극 철학을 잘 몰라도, 그들을 숭배하는 것은 변함이 없다. 그것은 연극하는 그들의 괴로움을 가가이 혹은 멀리서 얼추 보았기 때문이다.

3.

내년이면 환갑을 맞는다. 나는 다시 태어날 수 있다는 염원 따위를 전혀 가지고 있지 않다. 삶은 언제나 나와 적대적이었을 뿐이다. 지울 수도, 잊을 수도 없는 그것을 그저 안고 있을 뿐이고, 신음하고 있을 뿐이다. 연극이 한순간에 생소하게 보였으면 좋겠다. 연극동네의 안팎에서 만난, 세상에 자기 자신을 잘 맞추는 괴물 같은 이들도 그렇게 보였으면 더욱 좋겠다. 그렇게 되면 다시 공부할 수 있을 것 같고, 그 적대적 관계에서 벗어날 수 있을 것 같다. 아닐 것이다. 분명 아니다. 도저히 벗어날 수 없다는 것을 알고 더 공부할 수 있을 것 같다. 삶과 달리 좋은 희곡과 연극은 언제나 세상을 사람들에게 맞추려는 창조이고 역설이지 않겠는가? 이 책 속의 글들은 현실과 허구, 삶의 기쁨과 상처 사이에서 나온 산물처럼 보인다. 이 땅에서 태어나 살면서, 세상은 단 한 번도 공정하지 않았다는 것이 내 생각이다. 좋은 세상을 열어젖히고자 노력한 바도 없었던 것 같다. 산문집 『옛길』에서 젊은 날, 고독은 자유와 등가라고 쓴 적이 있었다. 묘비명으로 삼았던 글귀인, 생의 절반은 불안했고, 나머지 절반은 절망했다고도 쓴 적이 있었다. 낡은 배낭을 메고 산과 바위에 오른 것이나, 깊은 산 속에서 화전민의 후손들을 만나 그들의 삶의 연혁을 상상한 것이 그러한 결과일 듯하다. 나이가 든 지금, 삶에 평등이 불가능하듯, 연극에는 완성이란 것이 없다는 알 것 같다. 삶도 그러할 것이다. 이제야 슈베르트의 교향곡 8번, 〈미완성 교향곡〉의 제목을 제대로 읽고, 절망의 언어들을 들을 수 있게 되었다. 그곳에는 완성이 불가능한 생, 그 미완성이 수놓은 절망의 무늬가 있다. "사랑은 아름다움 속에 있는가 더러움 속에 있는가/용서 속에 있는가 칼 속에 있는가"(김명인, 「동두천 8」). 사랑을 연극과 삶으로 바꿔가며, 분노와 불안으로 옮기며, 매일 아침, 이 시를 입 속에 담는다.

이 책 이후, 그럼에도 더 깊은 산, 더 높은 산, 더 먼 곳에 있는 산으로 갈 것이다. 더 깊고 깊은 가출을 시도하면서 더 너른 연대를 지향하는 글들을 쓰려고 한다. 그것은 연극의 근원으로서 가는 행위이다. 이런 가출은 연대를 낳고 귀향에 이른다. 파스칼 키냐르가 말한 것처럼, 모든 음악이 본질적으로 귀향이듯(La musique est de retour). 떠남이 다른 곳으로의 재편입이듯. 이 책의 출간을 앞두고 맨 먼저 떠오르는 이들은 가족과 이웃들이다. 생의 가출과 연대의 자취 속에서, 이제 고마운 분들에게 마음의 평화를 나누듯 인사하고 싶다. 푸른사상사의 한봉숙 사장님과 김선도 편집팀장 그리고 꼼꼼하게 교정을 봐준 편집부 김수란 님께 고마운 인사를 전한다. 그리고 늘 가출을 일삼았던 날 따뜻하게 대해주는 아내와 뿌리인 의진, 휘진에게도. 글쓰기에 있어서, 삶에 있어서 늘 도움을 주신 김병익, 박영근, 장근상 선생님, 학교의 김교빈, 김성룡 선생님, 유학 생활을 마치고 귀국했을 때, 첫 번째 연극책의 기억을 지니게 해 준 이인성 형에게 고개 숙여 인사를 드린다. 오랜 세월 동안 산행을 함께한, 지금은 육체의 불구를 정신의 울림으로 꽃피우고 있는 김기섭, 산에서 바다로, 서울에서 파리로 삶의 거처를 옮긴 이영재, 이선우, 만남으로 삶의 변화, 그 기쁨으로 이끌어준 홍창섭, 엄태현, 장우식, 언제 어디서나 늘 내 편이 되어준 건축가 이일훈 형, 박명협, 이용범 등에게도. 일일이 감사드리지 못하는 이웃들이 많다. 끝으로 이 책을 돌아가신 아버지에게 바친다.

2015년 7월 말, 임진강에서
안치운

차례

제1부

연극론 기억과 망각

놀이와 배우

감동되어 안색은 창백해지고, 눈에는 눈물이 가득, 얼굴은 미칠 듯한 표정, 목소리는 갈라지고, 일거일동이 맡은 인물에 꼭 들어맞는구나.

— 〈Hamlet〉 2막 2장 중에서

1. 배우는 놀이하는 존재

배우에 관한 고전적 정의는, 〈햄릿〉(2:2)에 나오는, "이 시대의 축소판이자 짧은 연대기(the abstracts and brief chronicles of the time)"라는 것이다. 연극사 대부분은 배우의 몫이었다. 어느 시대, 어떤 연극에서도 배우는 연극의 중심이며 꽃이었다. 현대연극에서 배우의 역할은 다른 표현 매체의 확장으로 위협을 받기도 한다.[1] 현대연극에서 배우의 존재에 관한

1 배우가 가는 곳에 연극이 있고, 배우가 이끄는 힘은 놀이 즉 연기에 있다. 그러나 오늘날 현대연극에서 배우라는 존재, 배우 안팎의 경계는 모호해졌다. 자본주의와 과학기술을 바탕으로 형성된 새로운 표현매체들이 배우라는 의미를 확장시키고 변화시켜놓았기 때문이다. 연극에서 표현매체의 다양성은 배우의 존재와 역할에 긍정적이기보다는 부정적인 것도 사실이다. 그런 탓으로, 오늘날 연극에서 배우의 몫은 줄어들었다고 해야 할 것이다. 배우가 해야 할 몫이 배우 아닌 매체들이 대신 해주고 있기 때문이다. 필자의 글, 「연극의 새로운 표

반성은 연극 표현기제인 말과 글과 몸 가운데 몸으로부터 비롯되었다. 이것은 연극을 하나의 미시사회로 보고 사물과 세계를 재현하는 배우의 몸과 배우가 재현하는 사물과 세계와의 관계를 규명하기 때문이다. 사물과 세계를 드러내 보이기 위한 배우의 재현기술 즉 연기법에 관한 연구는 배우의 놀이하는 몸으로부터 시작한다. 그 내용은 구체적으로 "배우의 현존이란 무엇인가? 동일한 행동을 하는데도, 왜 어떤 배우는 신뢰를 주고 어떤 배우는 그렇지 않은가? 재능은 하나의 기술인가? 부동 상태에 있는 배우가 관객의 주의를 붙들 수 있을까? 연극에서 에너지란 무엇으로 이루어졌을까?"[2]와 같은 질문이다. 연극 연구의 대상이 인간의 몸이라는 인식은 우리나라를 비롯한 동양 연극의 미학을 새롭게 조망하는 계기가 되기도 하였다.

연극이 배우를 통한 아주 오래된 삶의 저장과 재현의 양식이라면, 배우의 놀이하는 몸에 주목하는 바는 삶과 제도의 근원으로 내려가서 인간과 인간의 몸(anthropo) 특히 배우의 몸에 관하여 성찰하는 연구라고 할 수 있다. 『연극과 인류학 사이』에서 리처드 셰크너가 언급한 것처럼 "모든 연극이 인류화되는 것처럼, 인류학은 모두 연극화된다"는 것은 배우의 몸이 있기 때문이다. 이른바 인간의 몸을 위주로 해서 연극과 문화에 대한 절대주의가 아니라 상대주의를 믿는 태도이다. 그것은 최종적으로 하나만의 연극과 그 제도가 아니라 여러 연극들과 제도들을 믿는 것, 그리하여 배우의 놀이를 통하여 연극의 제도를 제도로 만드는 것이다.

90년대에 들어와서, 우리는 자크 데리다의 대표적인 저서인 『글쓰기와 차이 *L'écriture et la différence*』에 들어 있는, 앙토냉 아르토에 관한 두 개의 논문(「속삭임 La parole soufflée」와 「연극과 재현의 울타리 Le théâtre

---

현기제」, 『연극, 반연극, 비연극』, 솔, 2002, 37~52쪽 참조.

2 유제니오 바르바, 『연극인류학—종이로 만든 배』, 안치운 · 이준재 역, 문학과지성사, 2001, 5쪽.

de la cruauté et la clôture de la représentation」)[3]를 통해서 서구 형이상학을 위협하는 해체주의적 관점과 더불어 놀이를 중심으로 하는 동양 연극 연구를 달리 접할 수 있었다. 그것은 21세기에 나타나는 또 다른 형식인 배우 중심의 연극에 의한 접근이라고 볼 수 있다. 바르바와 데리다에 의해서, 동양 연극은 제의적 동작, 제스처, 리듬, 음악을 지각하게 함으로써 가장 깊고 가장 원초적인 본능과 감정을 일깨우는 극형식의 추구로, 관객의 무의식을 자유롭게 하고 문명화된 외관 밑에 숨어 있는 격렬한 원시적 감정과 욕망의 진실을 드러내고자 한 연극으로, 반복되지 않고 단 한 번의 의미나 현전의 수수께끼와 같은 연극으로, 연극의 경계에 도달하여 연극적 가능성의 안과 밖을 동시에 사유하면서 동시에 그것을 무화시키는 위험한 연극으로 받아들이게 된다. 그 중심에 배우의 놀이가 자리 잡고 있다. 이것은 서구 연극의 언어인 분절된 언어와는 전혀 다른(이를 극복하는) 논리와 이성을 벗어난 공간적인 언어를 발견해야 한다는 것을 뜻한다. 즉 시간과 공간, 이성과 감각, 영원과 시간, 이상과 현실, 영혼과 육체와 같은 이분법적 구분, 심리적 특성을 지닌 서구의 연극 언어와는 전혀 다른 배우와 놀이 중심의 언어를 추구해야 한다는 뜻이다.

배우가 보다 더 연극의 중심에 놓이는 것은 아리스토텔레스가 『시학 *Poetica*』에서 비극의 열등한 요소로 설명했던, 모방의 수단인 표현(lexis)과 모방의 양식인 장경(opsis)이[4] 현대연극에서 우등한 요소로 변모한 것과 무관하지 않다. 말보다 즉흥적이고 가볍게 보이는 놀이가 연기 표현에서 중요한 요소가 된 것이다. 현대연극의 표현매체에서 우등 격인 이미지란 배우를 확대하고 대체하는 표현과 장경(場景)의 산물이다. 텍스트의 연구에 있어서도 학파나 경향 또는 어떤 선언적인 규범이 분

3 Jacques Derrida, *L'écriture et la différence*, Paris: Seuil, 1967.

4 Aristote(Texte, traduction, notes par Roselyne Dupont-Roc et Jean Lallot), *La Poétique*, Paris: Editions du Seuil, 1980, pp.53~57.

명하게 존재하지 않는다. 오랫동안 문학적 연극에서는 희곡이 큰 부분을 차지하고, 연극적 연극에서는 공연을 분석할 텍스트로 삼았다. 그 차이는 컸다. 희곡이 쓰여진 것이라면 공연은 사라지는 것을 전제한다. 그리하여 희곡이 읽기 위한 독자의 것이라면 공연은 보고 읽는 관객의 것으로 분리되었다. 희곡이 문자화된 글로 씌어진 것이라면 공연은 배우의 몸으로 채워진 것이다. 연극에서 배우의 몸은 연극의 중심적인 문자라고 해도 좋을 것이다. 굳이 쓰자면 희곡이란 텍스트는 글자로 씌어진 글이라면 공연은 몸으로 씌어진 글이다. 문제는 글에서 몸으로의 변용, 그 중심기제인 놀이에 있다.

현대연극의 경향인 이미지와 오브제를 사용하는 연출가들은 텍스트 해석에서 씌어진 글의 의도를 초월하기도 한다. 씌어진 텍스트를 모방하기보다는 아예 말소하고, 작가의 유산인 글을 외면하거나 망각한다. 텍스트를 현실의 매개나 모방이 아니라 가상 또는 이상에 존재하는 것으로 여긴다. 지금까지 연극의 텍스트로서 희곡이 지녔던 고유하고 완결된 영역 바깥으로 향하는 현상을 현대연극에서 나타나는 텍스트의 탈영토화(脫領土化)라고 말할 수 있을 것이다. 이러한 연극 고유한 표현 영역 안팎을 넘나드는 몫은 놀이 즉 배우의 연기에 의하여 드러나기 마련이다. 이 글은 배우와 연기에 있어서 놀이의 중요성에 관한 작은 성찰이다.

2. 배우와 놀이의 창조

2.1. 배우, 호모 루덴스

배우는 놀이하는 존재이다. 배우에게 있어서 놀이는 연기의 근원이다.[5]

---

5 연극에서 배우의 연기에 관한 이론은 특별한 놀이이론으로서 연기이론이 보편적인 놀이이

배우는 호모 사피엔스(Homo Sapiens)나 호모 파베르(Home Faber)라기보다는 호모 루덴스(Homo Ludens) 즉 놀이하는 존재이다. 이때 배우를 인간이라고 바꿔놓아도 될 것이다. 놀이하는 인간으로서 배우, 그것은 놀이가 삶과 문화의 한 요소라는 뜻이 될 수도 있다. 일상의 삶과 배우의 연기가 서로 포개질 수 있는 근거는 여기서도 확인할 수 있다. 인간은 살아가면서 수없이 많은 놀이를 접하고 경험한다. 그러나 배우가 무대 위에서 보여주고, 살아가는 놀이는 그리 단순하지 않다. 배우는 태어나면서부터 노는 것이 아니라 살아가면서 달리 노는 존재이다. 여기서 일상의 행위와 무대의 연기가 변형되고 왜곡되어 서로 어긋나기 시작한다. 배우의 놀이는 인간이 태어나기 이전부터 하는 짓이나 삶에서 찾을 수 있는 놀이적 성격과 같기도 하고 다르기도 한 탓이다. 배우의 놀이에 대한 연구가 더 복잡할 수도 있을 것이다. 그것은 배우의 특성, 놀이와 연기와의 관계에서 찾아볼 수 있을 것이다. 그 최댓값은 놀이는 문화의 한 요소에 머물지 않고 문화 그 자체가 놀이의 성격을 가지고 있다는 점이다.[6] 그렇다면 어떻게 배우들에게 놀이의 중요성을 말해야 하는가? 놀이와 연기와의 밀접한 관계를 어떻게 설명해야 하겠는가?

이번 학기에 연기를 공부하는 학생들과 함께 판소리 다섯 마당 강독

론에서 출발한다. 예컨대 대학에서 연기이론의 출발은 J. 하위징아의 이론을 빌리기도 한다. 인간에 대한 그의 정의처럼, 배우는 호모 루덴스이다. 로제 카이와는 놀이의 특성을 다음과 같이 정리했다. 첫째, 자유로운 활동(놀이하는 자는 강요당하지 않는다). 둘째, 분리된 활동(명확한 공간과 시간의 범위). 셋째, 확정되어 있지 않은 활동(목적론의 거부). 넷째, 비생산적인 활동(놀이하는 이들 사이의 소유권 이동만이 있을 뿐). 다섯째, 규칙이 있는 활동(일상의 법규의 정지, 일시적인 새로운 법 수립). 여섯째, 허구적인 활동(이차적인 현실 또는 명백한 비현실)이다. 여기서 중요한 점은 놀이의 특성을 문화 전반에서 발견할 수 있다는 사실이다. 스포츠, 연극, 전쟁에서 결투, 소피스트들의 지식 경쟁, 문학작품에서 언어와 상상력의 작용, 음악의 리듬, 무용의 몸짓 등 문화의 전 영역에서 놀이의 특성을 발견하기란 어려운 일이 아니다. 심지어 '진지한' 종교적 의례나 법정의 심리에서도 마찬가지이다. 놀이는 진지함과 대립하지 않으며 오히려 놀이는 충분히 진지할 수 있다(로제 카이와, 『놀이와 인간』, 이상률 역, 문예출판사, 1994, 34쪽).

6 J. 호이징하, 『호모 루덴스』, 김윤수 역, 까치, 1981, 16~17쪽.

을 하고 있는데, 강조한 원칙은 고전 텍스트를 천천히, 자세하게 읽는 것이었다. 고전 텍스트에서 연기의 원칙을 찾아보는 것이었다. 읽어본 텍스트였지만 달리 읽어보고 싶었고, 이를 위해서 놀이적 상상력을 덧붙였다. 단순히 텍스트를 분석하는 데 그치지 않고, 소리 내서 읽고, 놀이로 표현하면서 고전 텍스트가 지닌 재미, 텍스트 분석에 유용한 놀이의 근원적인 모습이 삶의 터전이라는 것을 발견하고 싶었다. 다양하게 해석해야 하는 부분들을 기대보다 더 많이 발견하면서 고전 텍스트를 읽는 재미가 늘었다. 판소리 〈흥보가〉는 맨 처음부터 흥보와 놀보를 따로따로 즉 등가로 놓고 있다. 첫 아니리 부분은 이렇다. "아동방이 군자지국이요, 예의지방이라, 십실촌에도 충신이 있었고, 삼척 유아라도 효제를 일삼으니, 어찌 불량헌 사람이 있으리요마는 요순의 시절에도 사흉이 있었고, 공자님 당년에도 도척이라는 사람이 있었으니, 어찌 일동여기를 인력으로 할 수가 있나!"[7] 사흉과 도척은 흉악한 죄인들인데, 이들은 충신과 부모에게 효도하고 형제가 우애 있는 효제와 상반되는 인물들이다. 〈흥보가〉는 세상에는 이런 사람, 저런 사람들이 모여 사는 터라 일동여기 즉 모두 착할 수 없다는 것을 전제로 이야기를 시작한다. 이런 해설은 이 작품에 등장하는 인물들에 대한 고정된 해석을 피할 수 있게 한다.

연기의 원칙과 놀이 그리고 욕망과 기억에 관한 예를 찾아볼 수 있는 곳은 '화초장' 대목이다. '화초장' 대목은 텍스트와 배우의 연기와의 관계 즉 다양한 해석을 통한 놀이와 창조적 놀이를 통한 해석을 가능하게 하는 좋은 예가 될 수 있었다. 이 대목에서 놀보는 동생 흥보가 지니고 있었던 금은보화가 가득한 화초장을 빼앗아 등에 지고 노래를 부르며 집으로 돌아온다. 그 대목에서 놀부는 다음과 같이 노래를 한다.

---

7 한국판소리학회, 『판소리 다섯 마당』, 한국브리태니커, 1982, 123쪽.

"(작은 중중몰이) 화초장, 화초장, 화초장, 화초장, 화초장, 얻었구나. 얻었구나. 화초장 한 벌을 얻었다. 화초장 한 벌을 얻었으니 어찌 아니가 좋을소냐. 화초장, 화초장, 화초장, 화초장, 또랑 하나를 건너뛰다, 아뿔싸, 잊었다. 이것 무엇이라고 허등만요? 응, 이거 뭐여? 뒤붙이면서도 몰라, 초장화? 아니다. 장화초? 아니다. 화장초? 아니다. 어따, 이것이 무엇인고? 간장, 고추장, 꾸둘장, 방장, 송장? 아니다. 어따, 이것이 무엇이냐? 천장, 방장, 꾸둘장? 아니다."[8]

놀보는 얻은 화초장을 등에 지고 걸으면서 기쁨에 벅차 화초장을 수없이 반복한다. 망각하지 않으려고 단어의 이탈을 걱정한다. 그러나 개울물을 건너다가 그만 등에 진 물건의 이름인 화초장을 깜빡 잊고 만다. 잊지 않기 위하여 수없이 반복했던 이름을 잊은 것이다. 그리고 나서 잃어버린 화초장이라는 단어를 불러들이기 위하여 수없이 화초장과 비슷한 단어들을 탐색하고 있다.[9] 이름을 기억하지 못한 채 집으로 돌아온 후, 아내에게 "얼른 썩 알아맞혀, 죽이기 전에"라고 말하면서 묻는다. 놀보 마누라가 "이전에 우리 친정 아버지가 그런 걸 보고 화초장이라고 허던구마"라고 말하며 화초장이라는 것을 알려준다. 그러자 이를 받아 "놀보가 어찌 반갑던지, 아이고, 내 딸이야!"라고 말한다.[10]

놀보는 잊지 않기 위하여 화초장을 반복하다 몸이 물을 건너뛰는 순간, 그 말을 놓쳐버렸다. 놀부는 개울물 건너는 일에 집중하는 순간 지금까지 기억 속에서 버텨내고 있던 화초장이라는 기호로서의 이름을 잊고

8 한국판소리학회, 앞의 책, 147쪽.

9 놀부가 화초장이란 이름을 잊은 것은 결코 "놀부의 머리가 그리 좋지가 못한"(이청준, 『놀부는 선생이 많다』, 열림원, 1996, 63쪽) 탓은 아닐 것이다. 그러나 대부분 "머리가 제법 괜찮은 위인이라면 물론 그런 일까지는 없었을 터였다"라고 잘라 말한다(위의 책, 66쪽). 그러니까 "놀부에게는 그런 것이 길게 문제될 것이 없었다"(위의 책, 67쪽)와 같은 서술은 재고할 필요가 있을 것이다.

10 한국판소리학회, 앞의 책, 147쪽.

만다. 물길을 건너뛰는 것이 망각이다. 건너뛰는 이쪽과 저쪽 사이에 헛짚을 수 있는 공간이 있다. 이것은 화초장을 얻기 전과 얻고 난 후의 공간이며, 얻고 난 후와 잃어버리고 난 후의 공간이기도 하다. 공간을 건너뛰는 행위는 도착이다. 그가 잊혀진 이름을 되새길수록 이름의 귀환은 불가능해진다. 화초장처럼 '…장'으로 끝나는 단어들을 떠올리는 것은 그가 언어의 기슭에서 떨고 있다는 것을 보여준다. 그러다 이름을 잊어 혀끝에 맴도는 고통 다음에 그 이름을 알아내고 기뻐하는 이 대목을 배우들과 놀이하면 여러 가지 해석이 가능하고, 놀이 그러니까 연기의 형식과 의미가 규정되기도 한다.

놀이는 잊혀진 이름이 놀부의 혀끝에서 맴돌면서부터 시작된다. 기억에서 이탈된 화초장과 비슷하게 발음되는 '…장'으로 끝나거나 '장'이 들어 있는 단어들이 등에 진 지시물에서 미끄러져간다.[11] '…장'으로 끝나는 수많은 대체물을 가지고 배우는 꿈을 꾸게 된다. 놀이의 고통, 나아가 연기의 어려움은 이렇게 설명할 수도 있을 것이다. 놀부라는 인물이 존재할 수 있었던 이유는 잃어버린 단어를 찾기 위하여 노력할 때이다. 그 시간은 놀부가 무아(無我), 무어(無語)의 지경에 이른 상태를 뜻한다. 금은보화를 잊고 오로지 단어에 매달렸던 순간은 욕심 많은 놀부가 이르렀던 무욕의 순간이기도 할 것이다.

달리 보면, 언어의 자의성처럼 화초장은 화초장으로 불려야 할 필연성이 없다. 놀보에게는 화초장이라는 소리 언어보다는 금은보화라는 의미가 더 중요하기 때문인데, 소리 언어를 잊은 다음 이를 되찾아가는 고통스러운 과정이 길면 길수록(수많은 '…장'이 등장하는 말놀이처럼) 단어를 되찾은 놀부의 기쁨은 커진다. 이 경우 화초장에 접근하는 시간이 길면 길수록(그러니까 망각하는 시간이 길면 길수록) 화초장의 본뜻에,

11 파스칼 키냐르, 『혀끝에서 맴도는 이름』, 송희경 역, 문학과지성사, 2005, 45~46쪽.

화초장보다 더 많은 것에 다가갈 수 있다. 이때가 배우에게 놀이의 공간이 생성되는 순간이다. 이 대목을 가지고 학생들과 놀이 공부를 하면서, 놀이가 물리적 시간과 공간의 얽매임에서 벗어나 우회해서 의미의 중심과 확장에 가까이 다가갈 수 있는 기회를 준다는 것을 알게 되었다. 놀부가 화초장이라는 이름을 잊었다고 달라진 것은 없다. 그러나 그가 애타게 화초장을 떠올리려고 하는 것은 등에 진 짐, 금은보화를 빼앗았다는 체험된 감정을 소환할 수 있는 끈이 언어였기 때문이다. 그에게 중요한 것은 만져볼 수 있고, 눈으로 보면서 확인할 수 있는 내용물이 아니라 화초장이라는 그가 경험한 최초의 단어 즉 화초장이었던 셈이다. 놀이는 잃어버린 화초장이라는 단어의 앞에서 생성되고, 잃어버린 단어의 환영 속에서 연장된다. 잃어버린 단어가 수많은 대체물들 즉 화초장의 환영들을 만들어낸다.

달리 보면, 놀부는 화초장을 지고 집에 가면서 처음부터 화초장이라는 것을 모르는 척 기만했다고도 볼 수 있다. 이것은 자신만이 화초장에 관한 모든 것을 독점하기 위해서 사물의 이름을 아예 지워버리려는 자기기만에서 출발하여 타인마저(놀부의 처마저) 기만하는 행동으로 볼 수도 있을 것이다. 그런 탓으로 놀부의 처에게 이름을 잊었다고 거짓말을 하고, 이름을 되묻고, 처가 그 이름을 알아맞히자 처를 자신의 친정 아버지와 딸의 관계처럼, 처를 "딸"로 치환해버린다. 놀부의 아내마저 딸이라는 대체물에 지니지 않게 된다. 이처럼 기만은 또 다른 기만을 낳는다. 달리 보면, 이름을 잊은 것은 이름을 발음하자마자 이름 안에 들어 있는 관념에 의해 사물의 고유한 정체성이 휘발되는 것을 막기 위함일 수도 있겠다.[12] 이처럼 "언어는 환영을 꿈꿀 때 자신의 진실에 가장 가깝게 접근한

12 이 부분은 셰익스피어의 〈로미오와 줄리엣〉에서, 줄리엣이 "왜 당신의 이름이 몬태규입니까? …… 이름이 무슨 상관이죠. 몬태규가 당신의 몸의 일부인가? 그건 단지 단어일 뿐이에요. 장미가 다른 이름으로 불린다고 그 향기가 변하지 않아요. …… 오 당신이 이름을 포

다."[13] 그렇게 배우는 놀이를 통하여 더욱 작품의 진실에 이르게 된다.

이와 달리 놀부는 화초장을 얻은 후에 그 기쁨을 두 배로 하고 싶었다고 해석할 수도 있겠다. 화초장을 소유한 기쁨의 향유를 늘리고 배가시키기 위하여 놀부는 망각하고 싶었던 것일 수도 있겠다. 그러니까 이름을 저절로 잃어버린 것이 아니라 일부러 잃어버린 것으로 해석할 수도 있다. 죽음 다음에 삶처럼, 잃어버린 다음에 움켜쥐는 것처럼 말이다. 화초장이란 이름을 다시 되찾을 때, 그러니까 화초장이란 실물을 잃어버릴 염려도 없이 단지 이름을 잊고 다시 되찾을 때 놀부는 언어를 사용하여 스스로의 기쁨을 재현하고 증가시킬 수 있었던 것이다. 화초장이라는 언어를 잊고 나서 다시 그 언어를 찾고자 하는 욕망이 화초장이라는 실물을 얻은 욕망을 더 크게 일으켜 세우는 것이다. 최초로 화초장을 얻었던 즐거움을 다시, 더 많이 경험하기 위해서 놀부는 화초장이라는 단어를 잊어야 했고 그리고 다시 찾아야 했다.[14] 이를 배우가 연기한다면, 배우들은 잃어버린 단어를 다시 찾기 위하여 얼굴을 찡그리며, 언어가 부재하는 카오스[15]를 경험할 수밖에 없었다. 움직이는 행위와 그것을 가능하게 하는 사유의 원천인 언어를 찾기 위하여 놀이하는 이들은 입을 다물지 않고 열어놓은 채 이 단어, 저 단어를 불어야만 한다. 이곳, 저곳을 돌아다녀야 한다. 자기 스스로. 막스 프리쉬는 자신의 『전기(傳記)』에서 "우

기한다면 전 당신의 것이에요"(What's in Montaque?⋯⋯ What's in a name? that which we call a rose, By any other word would smell as sweet⋯⋯ Romeo doff the name, And for the name, which is no part of thee, Take all myself!)(2:2:40)과 유사하다.

13 파스칼 키냐르, 앞의 책, 78쪽.

14 화초장 대목에 관한 학생들의 해석은 매우 다양했다. 그 상상력의 다양함은 곧 놀이로 이어졌고, 이 대목을 독창적으로 연기하는 데 크게 도움이 되었다. 해석의 차이는 놀이의 차이를 낳았고, 연극 표현의 차이로 이어졌다. 배우가 말하는 것, 배우가 말하고자 하는 것, 그러나 말할 수 없는 것이 지닌 감동을 놀이를 통하여 보는 이들과 나눌 수 있었다.

15 카오스(Chaos, Khaos)는 그리스어로 갈라지는 얼굴을 뜻한다. 즉 벌어지는 인간의 입을 의미한다.

리의 전기, 그것이 내 것이었든 누구의 것이었든 바뀔 수 없다고 믿는 걸 나는 못 참겠어. 완전히 바뀔 수 있단 말이야. 한 번만 달리 행동해보란 말이야, 달라지나 안 달라지나"라고 쓰고 있다. 이것은 개인의 생애 가운데 일부를 달리 바꿈으로써 다른 생애를 새롭게 꾸며보려는 연극적 시도일 터이다. 현실은 그것을 허락하지 않지만 무대는 그것을 허용한다. 무대의 세계에서 고정된 전기, 역사를 달리 꾸며보도록 허용한다. 그 원천은 무대 위에서의 놀이가 될 것이다.

2.2. 배우의 연기와 놀이

연기이론에서 보자면, 배우에게 있어서 삶과 연기가 분리될 수 없다는 것은 자명해 보인다. 대개 놀이의 목적은 속임(deceit), 분열(disruption), 과잉(excess), 그리고 희열(gratification) 이다.[16] 삶과 놀이(연기)가 분리될 수 없다는 것이 배우에게는 이중적 역설이 된다. 그렇기 때문에 배우의 삶은 연기의 토양일 수 있고, 또한 역으로 연기를 불가능하게 만드는 원인이 될 수도 있다. 오늘날 대부분의 배우들은 전문적인 학교에서 연기를 터득한다. 여기에 반대하는 이들은 많다. 그 이유는 학교의 고정적인 교육이 연기의 핵심이라고 할 수 있는 놀이와 삶을 두동지게 하기 때문이다.[17] 일반적으로 배우에게 연기를 가르치는 전문적 교육과

16 Richard schechner, *Performance Studies*, New York: Routledge, 2002, pp.106~107 참조.
"Playing in the dark means that some of the players don't know they are playing. It is connected to maya-lila and to the feeling of being caught in the toils of fate or chance. It involves fantasy, risk, luck, daring, invention, and deception. Dark play may be entirely private, known to the player alone. Or it can erupt suddenly, a bit of microplay, seizing the player(s) and then quickly subsiding.. Dark play subverts order, dissolves frames, and breaks its own rules–so much so that the playing itself is in the danger of being destroyed, as in spying, double agentry. Unlike carnivals or rutual clowns whose inversions of established order is sanctioned by authorities, dark play's goals are deceit, disruption, excess, and gratification."

17 Bernard Dort, *La Représentation émancipée*, Paris: Actes sud, 1988, p.129.

학교는 놀이를 전제로 하되 놀이(연기)의 모든 것을 제도화시키고 정당화시킨다. 그 학교 출신의 배우가 다른 학교의 출신의 배우와 구별되는 이유는 여기에 있다. 연기를 위한 배우학교의 위험성은 일상의 삶에서 보이는 화법, 표정, 움직임 등과 같은 모든 행동들을 연기술이라는 이름으로 정형화하고, 그것을 연기술에 관한 하나의 제도로 고정한다는 것이다. 그 최댓값은 놀이에 바탕을 둔 연기가 아니라 그것에 관한 이론의 우상화이다.[18]

한국의 오랜 연기교육의 전통은 사실주의라는 우상화된 이론 아래에 놓여 있다. 그 피해는 아르토가 말한 것처럼, 배우들이 글로 쓰여진 작가의 섭리를 충성스럽게 집행하는 해석학적 노예로 자족하는 것이다. 이러한 연기이론 아래에서 놀이는 별로 중요하지 않은 부차적인 것, 가벼운 즉흥적인 것이 되고 만다. 학교가 제도로서 연기를 규정할 때, 제도화된 연기를 펼치는 배우는 작가가 창조한 것을 재현하기 위해서만 노력해야 하기 때문에 스스로 창조할 필요성을 느끼지 못한다. 그리고 자신이 재현한 것을 창조한 것으로 착각할 수도 있다. 배우를 양성하는 전문학교는 배우를 작가의 대리인으로 만들기 위하여 모방이론에 입각한 연기이론을 강조하는 편인데, 이 경우 배우들은 놀이와 멀어지게 되면서 연기는 재생산적인 형태를 지니게 된다. 학교가 배우가 되기 위한

---

18 오늘날 이러한 대학의 연극학과를 비롯한 전문 교육기관, 전문 교육제도는 많이 늘어났다. 그럼에도 불구하고 배우 교육기관, 배우의 양적 풍요는 앞뒤가 맞지 않을 때가 많다. 아무나 극단 같은 곳에서 단기간의 교육만 받으면 전문 연극을 표방하는 상업극단에서 공연되는 무대에 오를 수 있는 것이 우리 연극계의 현실이기 때문이다. 배우들 모두가 그렇다고 극단에 오래 남아 그들 나름대로의 수업 시대를 겪는 것은 장담할 수 없다. 쉽게 극단을 떠나거나 이 극단 저 극단의 공연에 참여하기도 하며 아예 무대를 저버리기도 한다. 역설적이게도 그들에게서 전문 연극인이 갖추어야 할 연극에 관한 전문지식과 소양은 부족하기 마련이다. 제도론의 모순처럼, 배우 교육에 관한 제도의 유무는 논의의 대상이다. 자의적 편의에 의해서 혹은 무분별한 동의에 의해서 배우가 될 수밖에 없는 현실에서는 더더욱 그렇다.

직선적 길이라면, 그 길 위로 배우술이라는 지식이 나열되고, 배우는 그 지식을 모방한다. 그 반대편에 놓이는 것이 놀이인데, 이것은 삶이라는 우회의 터전에서 터득되는 것이다.

오늘날 연기에서 놀이의 중요성은 연극이나 무용에서 즉흥 연기(improvisation)라는 이름으로 회복되고 있다. 놀이는 매우 즉흥적인 요소를 지니고 있다. 이와 다른 놀이에 입각한 연기방법론은 비유하자면 돌아가는, 고정되어 있지 않는 지식 대신 넓고 깊은 삶의 공간을 경험하게 하는 것이다. 우회하는 삶은 배우가 되려는 이들에게 자신 스스로의 경험에서 비롯한 상상력의 공간으로 인도한다. 배우학교를 나온 이들이 전수받은 지식에 억압당한다면, 삶의 공간에서 배우가 된 이들은 훨씬 자유로운 놀이에서 배운다. 여기서 중요한 스스로의 통찰력이다. 배우는 학교라는 제도를 떠나 삶과 놀이(연기)를 일치시키려고 노력할 때, 연기에서 중요한 '자연적인 감각(sensibilité naturelle)'[19] 을 터득한다.

자연적인 감각은 놀이의 생성과 매우 가깝다. 판소리 〈춘향가〉 맨 앞 부분에서, 몽룡은 공부하는 일과 아름다운 곳을 뜻하는 '승지'를 찾아 노는 일을 등가로 놓는다. 공부에는 글공부와 욕공부가 서로 같이 있다고 말하는 것처럼.[20] 방자가 제안하는 곳은 삶의 터인 성문 안에서 조금 비껴나간 성문 바깥이다. 성문은 안에서 바깥을, 바깥에서 안을 넘나들 수 있는 경계이다. 경계는 안으로 들어가고, 안에서 바깥으로 나오는 사이이기도 하다. 경계는 그러므로 안주할 수 있는 곳이 아닐 것이다. 잠시 머물러 있는 것도 결국은 더 멀리, 다른 곳으로 떠나야 하는 접점이기도 하다. 그곳에 가면 모든 것을 새롭게 볼 수 있다. 성문은 낯선 자가 되어 놀 수 있고, 정직하게 존재할 수 있는 경계이다. 방자가 설명하는 성문 바깥은 다양해

19 Louis Jouvet, *Témoignages sur le théâtre*, Paris: Flammarion, coll, Biblithèque d'esthétique, 1952. p.39.

20 한국판소리학회, 앞의 책, 35쪽.

서, 북문은 산성 즉 전쟁의 흔적을 넘어가는 경계이고, 서문은 선원사 즉 공부 너머의 경계이고, 동문은 관운장을 모신 사당인 관왕묘가 있어 과거 역사와의 경계이고, 남문은 광한루와 오작교가 있어 삶과의 경계를 이룬다. 놀이는 당연히 성문 안에서 바깥으로 나가서 시작되고, 바깥에서 안으로 들어오면서 이어진다. 몽룡은 당연히 남문 바깥으로 미끄러지듯 나가 광한루에서 춘흥에 겨워 낮술을 마시고 춘향을 만난다. 판본에 따라 조금씩 다르지만, 몽룡과 방자가 남쪽 성문을 나와 광한루에서 술 마시는 장면은 매우 놀랍다. 이들의 신분이 역전되어 새로워지기 때문이다.

> 몽룡 : 방자야, 술 들여라, 곡강의 봄술에 사람마다 취한다니, 너도 먹고, 나도 먹자. (방자 술 부어 들고)
> 방자 : 도련님, 우리 둘 다 장가 안 간 댕기머리니 나이 순으로 먹으면 어떠하오?
> 몽룡 : 이 자식, 네 나이 몇 살인고?
> 방자 : 소인의 나이 열일곱 살 가웃이오.
> 몽룡 : 이놈, 가웃이란 말이……?
> 방자 : 유월이 생일이오.
> 몽룡 : 그리하면 나보다 일 년 가웃 더 먹었다. 그러면 네가 먼저 먹어라.[21]

또한 몽룡이 방자에게 그네 뛰는 춘향을 불러오라고 실랑이를 하는 대목에서도 이들의 신분은 한순간에 뒤바뀌게 된다.

> 몽룡 : 방자야, 어서 바삐 불러다오.
> 방자 : 도련님, 그러시오. 그럼 우리 양반 상놈 그만두고 호형호제 하옵시다.
> 몽룡 : 그래주마.

---

21 성현경 역주, 『이고본 춘향전』, 열림원, 2001, 15쪽.

방자 : 그리하면 나보다 손아래니 날더러 형이라 하소.

몽룡 : 이애, 그것은 곤란하다.

방자 : ……싫으면 그만두오.

몽룡 : 참말이지 어렵구나.

방자 : 다시는 말을 마오.

몽룡 : 방자야!

방자 : 예.

몽룡 : 형님!

방자 : 우애, 내 아우냐?

몽룡 : 인제 어서 불러다오.

방자 : 그리하오.[22]

놀이를 통하여 배우의 세계를 논하는 일은 매우 어렵다. 배우는 누구보다도 다른 이로 변신하고픈 욕망이 강하다. 그래야만 한다. 배우의 변신에는 주체인 자신이 있고, 자신이 맡아 하는 객체인 역이 있다는 면에서 이중적 매개의 성격을 지닐 수밖에 없다. 그 이중적 매개 사이에는 대체로 고통과 기쁨, 이상과 현실, 거짓과 진실, 동일성과 이질성, 변신과 고백, 의식과 무의식과 같은 다리가 놓여 있다. 위의 경우, 몽룡과 방자 사이의 사회적 관계는 매우 희극적으로 역전된다. 이처럼 놀이는 뒤집힌 세상을 담는 그릇에 비유할 수 있다. 이것은 정상적인 삶의 척도로는 정당화할 수 없는 것으로 현실과 허구, 삶과 놀이를 모두 아우르는 일이다. 놀이의 초월적인 것은 관객을 향해 있다. 이것이 놀이가 지닌 관객을 향한 배우의 유혹 즉 연기일 터이다.

〈춘향가〉에서 이런 중심적 역할을 하는 이는 방자일 터이다. 놀이가 지닌 우연성과 같은 임무를 지닌 방자는 정해진 지위를 유지시키는 것

---

22 성현경 역주, 앞의 책, 21쪽.

이 아니라 반대로 각자를 절대적으로 공평하게 만든다. 그는 놀이를 통하여 개인이 지닌 선천적이거나 후천적인 우월함을 제거해버린다. 실제로 몽룡과 방자의 관계가 역전될 가능성은 없다. 방자가 경쟁자인 몽룡을 이길 가능성은 원칙적으로 불가능하다. 그는 놀이를 통해서만 필연적인 관계를 역설적으로, 순수한 우연의 결과로 뒤집어놓을 수 있게 된다. 위 장면은 놀이가 가지고 있는 엄청난 잠재력을 보여주고 있다. 그것은 놀이가 지닌 전복의 힘이다. 놀이는 이처럼 고정된 가치 체계의 허를 찌르는 본질적인 충동과 같다. 방자가 보여주는 놀이의 매력은 소유권의 이동, 상하의 위치의 전도에 있다. 고정된 지위의 이동과 전복의 잠재성에 앞에 놀이가 지니는 가장 큰 특성인 위험 감수라는 요소도 있다. 방자는 이를 극복하기 위하여 형제간이라는 역전된 지위의 놀이를 계속하려 한 것이다. 이 역전된 지위는 방자가 자신의 성을 '아'로, 이름을 '버지'로 말하고, "기생집 가는 길에 우리 둘 다 댕기머리 총각인즉, 방자라고 마시고 이름이나 불러주오"라고 요구하자, 몽룡이 방자를 '아버지'라고 불러보는 장면에서 절정을 이룬다.[23]

3. 놀이, 삶의 모방

놀이는 배우가 자기가 맡은 역을 말하는 대신 그 역으로 살 수 있으며 희곡작품 속에 등장하는 인물들을 연기할 수 있도록 하는 능력이다. 놀이와 배우의 관계에 있어서 삶과 놀이(연기)을 연관시키려는 것은 일반적인 배우의 초상화를 사상(寫像)하려는 것이 아니라 독특한 변별성을 분명하게 확인하기 위해서다. 그리고 개성을 지닌, 아무도 모방할 수 없는 배우 세계를 파악하기 위함이다. 배우에 있어서 삶만큼 나은 학교는 없

23 성현경 역주, 앞의 책, 36쪽.

다는 말은 놀이의 중요성을 말하는 것과 같다. 삶이란 학교는 배우에게 고정적인 것이 아니라 유동적인 것, 제도적으로 굳어진 것이 아니라 떠도는 것을 스스로 터득할 수 있게 해주기 때문이다. 그래서 놀이는 연기의 밑바탕이며, 배우는 사회의 전위에 있게 된다.

배우는 놀이를 통하여 안에서 바깥을 보는 것이 아니라 바깥에서 안을 보게 된다. 변화의 증후를 먼저 보고 먼저 더듬어 경험하고 먼저 살고 떠난다. 배우를 유랑하는 이라고 말하는 것은 아름다운 수식에 머물지 않고, 배우의 분명한 역할을 규명해주는 정의이다. 삶의 유랑이 곧 놀이이다. 유랑하면서 즉 떠돌면서 배우는 고정적인 것의 병폐를 본다. 그리고 자기 스스로도 굳어지지 않으려고 떠돌아다닌다. 이렇듯 좋은 배우는 자신을 일인칭인 '나'로 쓰면서 수많은 발화자가 되는 이들이다. 배우들 비롯해서 사람들은 왜 삶 속에서 놀이를 만들어내고 행하는가? 셰크너의 설명은 다음과 같다.

> 가끔 사람들은 그의 운을 시험하기 위해, 자신들의 가치를 증명해 보이기 위해, 특별한 운명을 만들기 위해 자신을 위험에 밀어 넣는다. 보지 않고 길을 건너는 것과 같은 목숨을 내건 그런 놀이에서 그 사람의 '불멸성(immortality)'이 시험된다. …(중략)… (어두운) 놀이의 희열과 스릴은 물리적인 위험을 무릅쓰는 행위에서 새로운 자신을 만들어내는 것 그리고 내면의 자신과 타자와의 교감을 연계하는 것에 이르기까지 모든 것을 포함한다. 이러한 종류의 놀이에는 신나게 자유로운 어떤 것이 있다.[24]

---

24 Richard Schechner, 앞의 책, p.109.
"Sometimes a person puts herself at risk to test luck, to prove her value, to enact a special destiny. In life-risk play such as crossing the street without looking, one's "immortality" is tested…. The gratification and thrill of dark play involves everything from physical risk taking to inventing new selves to engaging one's inner self to communion with the Other. There is something excitingly liberating about this kind of playing"

놀이에서 종종 심지어 의식 있는 놀이자들이라도 그들이 놀이하고 있는 것인지 아닌지 확신하지 못한다. 위에서 예로 든 방자의 경험처럼, 실제와 놀이의 경계를 넘나드는 것이 놀이가 주는 스릴이다. 이것은 단순히 스릴의 문제가 아니라 알레아(Alea) 즉 우연 놀이가 가지는 위험의 감수와 자유 그리고 전복이 주는 가치에 대한 문제라고 할 수 있다.[25] 배우에게 놀이는 사라지는 헛됨이다. 일상적 삶에 있어서 놀이는 헛된 것으로, 배우는 연기가 헛된 것임을 실천한다. 헛됨은 배우가 무대 위에서 아무것도 남기지 않는다는 면에서 거의 절대적이다. 인간은 놀이를 한다. 놀이는 어떠한 정의도 분류로도 정확히 설명해내는 것이 불가능한 초논리의 영역에 있다. 그리고 인간에게 허락된 일종의 자유이기도 하다. 현대사회에 오면서 인간의 이성이 통제해오던 놀이는 아곤과 알레아의 관계에서 알레아라는 우연 놀이의 개입을 저지해왔지만 인간의 놀이에 있어서 그리고 삶에 있어서 우연의 개입을 완전히 배제하는 것은 불가능했다. 한국 연극이라는 제도 앞에서, 배우들은 자신들의 자유로움과 극단적 경험이 주는 놀이의 맛을 잃어가고 있다. 연기는 자꾸만 합리성에 빠져 정형화되고 오만해지고 있다. 배우의 연기가 관객들에게 던져지는 자유로운 해방구 역할을 하지 못하고 있다. 삶과 연기에 있어서 놀이들이 새롭게 재현되어야 할 필요성은 여기에 있다. (2008)

25 카이와가 나누고 있는 기본적인 놀이의 범주 네 가지는 다음과 같다. 1. 아곤(Agon): 경쟁을 의미하며 승자와 패자가 있는 게임으로 결과는 놀이하는 자의 기술 그리고 힘에 의해서 결정된다. 2. 알레아(Alea): 알레아는 라틴어로 주사위 놀이를 의미한다. 아곤과는 정반대로 놀이하는 자에게 달려 있지 않은 결정, 그가 전혀 영향력을 행사할 수 없는 결정에 기초하는 모든 놀이를 지칭. 운명, 운, 또는 신의 은총이 승자를 결정하는 게임으로, 여기서 우연은 불공평을 없애려고 하지 않을 뿐만 아니라 이 우연의 자의성 자체가 놀이의 유일한 원동력이 된다. 3. 미미크리(Mimicry): 모방, 모의를 의미하며 상상, 가장, 또는 환영의 세계에서 일어나는 놀이로서 연극, 가장놀이 등이 여기에 포함된다. 4. 일링스(Ilinx): 현기증을 의미하며 마음의 상태나 혼란스러운 경험이 유발하는 놀이이다. 로제 카이와, 앞의 책, 39~57쪽 참조.

배우, 그 존재로의 귀환

1. 배우의 존재

> 초기 단계에서, 연기는, 연기자로 하여금 삶의 제약과 격동에서 벗어나게 함으로써 제공해주는 변신 이외의 다른 이득이라고는 없는, 자유롭고도 사심 없는 행동으로서 실천되었다. 그럼에도 불구하고, 그것은 평범한 논리에 따르지 않고 어떤 필연성에 의해 지배되는, 그 자체로서 조화롭고 투명한 세계를 구축하고자 한다. 그래서 인간은 이러한 도피를 진실한 것으로 완성하기 위해, 자신들의 역할을 다하고자 하는 목격자와 공범자들의 도움으로 자신을 상실하지도 않고, 그리고 새로운 사건에 대한 통제도 잃지 않으면서 타인이 된다.[1]

배우의 존재론? 배우의 무엇을 보고 말할 수 있는 것인가? 연극을 말하는 것은 배우를 전제로 하는 것일 터이다. 연극을 믿는 것은 곧 배우를 믿는 것일 터이다. 연극을 아는 일은 확실한 반면에 배우를 안다는 것은 불확실하고, 불안하고, 떠도는 그림자에 불과할 수도 있다. 과연 배우는

---

1 로베르 아비라세, 「배우와 그의 연기」, 피에르 라르토마 외, 『연극의 이론』, 이인성 편역, 청하, 1988, 209쪽.

혼자인가? 처음부터 끝까지 무대 위에서 혼자 존재하고, 저 스스로 절멸하는가? 배우는 결코 섞이는 존재가 될 수 없는가? 관객으로서, 비평의 자리에 있는 이에게 배우는 볼 수 있을 뿐, 결코 만질 수 없는 존재이다. 사실 연극이 낯선 것이 아니라 배우가 친근하면서도 기이한 것이다. 연극이란 공연이 되는 것이 아니라, 배우가 지속되는 것이다. 공연이란 배우의 친근함과 기이함의 연속체를 뜻한다. 연극은 시작과 끝이 있지만, 배우에게는 쉼이 없다. 배우는 처음부터 끝까지 제 몸 안 혹은 바깥으로 존재하는 그 무엇이다. 그것을 몸이라고 할 수도 있고, 몸으로 보여주는 영성과도 같은 것이라고 할 수 있고, 몸이되 몸으로 정의될 수 없는, 몸 너머의 문장 혹은 서술 같은 것이기도 하고, 여기에 있고, 저기에 있는 반복이며, 있으면 언제라도 볼 수 있는 신비일 수도 있다.

2. 존재 너머의 배우

> 속에서 웅얼거린다. 웅얼웅얼한다. 속에는 말의 고통, 말하려는 고통이 있다. 그보다 더 큰 것이 있다. 더 거대한 것은 말하지 않으려는 고통이다. 말하지 않는다는 것, 말하려는 고통에 대하여 아무것도 말하지 않는다. 속에서 들끓는다. 상처, 액체, 먼지, 터뜨려야 한다. 배설해야 한다.[2]

무대 위, 배우의 등장은 연극의 시작인 배우의 발설이다. 배우의 움직임은 배우의 서술이다. 연극의 배우는 지금, 여기에 있는 배우이고, 그냥 배우라고 하면, 그는 여기 혹은 저기에 있는 존재를 뜻한다. 배우는 '있는' 절대적 존재이면서, 무대 위에 현존하는 존재가 되는 가능태이기도 하다. 절대적 존재로서 배우는 부재하는 이에 속하고, 무대 위에 현

2 차학경, 『딕테』, 김경년 역, 어문각, 2004, 13쪽.

존하는 존재는 실재하는 이가 된다. 그러므로 배우는 부재와 실재를 오고 가는 존재이다. 배우의 차별성은 부재와 실재를 구별할 때 가능하다. 배우에 관한 실제비평은 이 차이, 차별에 관한 것이어야 한다. 배우의 부재는 자기 스스로 정하는 것이지만, 배우의 실존을 부여하는 실재로서의 배우는 작품 속으로 들어와 배회할 때이다. 작품은 배우를 부르는 존재이고, 배우는 작품의 부름을 받아, 자신의 부재를 실재로 바꾸는 존재이다. 작품은 배우를 의심하지 않지만, 배우는 작품과 함께, 작품 안으로 들어가지만, 자신의 변모를 확실할 수 없다. 작품은 떠도는 배우를 불러들이는, 합숙하는 기이한 공간이다. 그 속에서 배우는 실재가 되는 존재가 되기 위해서 자기 스스로를 포기하고, 부서지고, 지워내야 하기 때문이다. 작품은 배우의 감각을 잃어버리게 하고, 다시 되찾게 한다. 배우가 리[re] 멤버[member]되는 곳이 작품이다. 그때 작품은 배우를 기억하는 공간이 된다. 우리는 공연에서 배우를 보는 것이 아니라 기억된, 그러니까 재구성된 낯설고, 기이한, 고유한 그런 존재를 보는 것이다. 무대 위, 작품 속 배우는 그러므로 괴물이다. 거듭남과 같은 뜻을 지닌 변신이라는 용어는 이때 쓰인다.

3. 비존재로서의 배우

> 극이란 다르마를 수행하는 자들의 다르마에 대해 보여주고, 성애를 중시하는 자들의 성애를 보여주고, 겸손할 줄 모르는 자들을 뉘우치게 하고, 겸손한 자들에게 자신을 통제하는 겸손을 격려하며, 겁 많은 자들에게 용기를 주고, 용사들에게 전쟁에 대한 의욕을 주며, 지혜가 모자라는 자들에게는 깨달음을 주게 하고, 학식 있는 자들의 지혜를 더욱 늘게 하는 것이다.[3]

3 이재숙 역주, 『나띠야 샤스뜨라』 상, 소명출판사, 2004, 80쪽.

연극비평이 사유의 대상으로 삼는 배우의 존재란 곧 괴물이다. 기이한 존재, 그러니까 본디. 자기 스스로를 지운 나머지 모자라고 동시에 넘치는 존재이다. 문헌에 자주 등장하는 말로 하면, 작품을 위하여 바쳐지는 희생물이다. 동 · 서를 막론하고 연극사는 배우를 제물로 보는 것에서 동일하다. 인류는 작품을 고안하고, 연극을 만든 것이 아니라, 그 이전에 희생의 제물로서 배우를 인격적으로 재생했다. 배우의 존재, 배우의 몸은 우리들의 그것과 같되, 하등 같지 않다. 배우는 사람(人)이되 사람을 부정하고, 초월하는(非) 비존재 즉 배(俳)라고 하는 것은 결코 과장된 말이 아니다. 괴물로서의 배우는 그러므로 무서운 존재이다. 그는 삶과 죽음의 구별 너머에 있다. 배우를 광대라고 일컫는 데에는 무엇보다도 삶과 죽음을 오고 가는 배우의 기이함, 무거움이 크기 때문이다. 뼈와 살이 구별되지 않는 것처럼.

4. 존재와 미친 존재

> 글쎄요. 뭐라 해야 할까요. 그것은 모두 느낌이에요. 끔찍한 것이건 아름다운 것이건 간에 우리는 모든 것을 봅니다. 우리는 그것을 다 참고서 해내요. 때로 가슴이 찢어져요. 때로 우리가 그것을 알고, 때로 그것을 느끼고, 때로 우리는 모든 것을 다시 잊고, 처음부터 찾기 시작해요. 이때 우리는 정신이 아주 맑고, 예민하고, 또 섬세해야 해요. 무슨 체계가 있는 것은 아니에요.[4]

공연이 시작되면, 언제나 배우가 무대 저쪽에서 이쪽으로 걸어 들어온다. 환한 조명이 그를 비춘다. 존재의 사위에 먼지가 분말처럼 퍼진다. 옷을 입은 배우라도 벌거벗겨지는 순간이다. 배우가 실재함으로써 제 자

4 요헨 슈미트, 『피나 바우쉬』, 이준서 · 임미오 역, 을유문화사, 2005, 216쪽.

신과 결코 같지 않은, 자기 스스로와 결별하는, 자기 스스로도 낯설어하는 존재가 되는 순간이다. 지탱하는 배우가 있고, 소멸하는 배우가 있다. 그 장면은 배우를 몸이라고 말할 수 있는 대목이다. 배우가 절대적인 존재가 되는 순간이다. 벌거벗은 배우란 자기 스스로와 결별한 존재를 뜻한다. 그렇게 해서 자신의 낯섦을 견뎌낼 수 있는 존재를 뜻한다. 그러므로 배우는 자기 스스로를 드러내는 존재가 아니라 감추는 존재라고 해도 된다. 감추면서 자기 스스로를 증식하는 존재라고 해도 된다. 자신을 지워내면서 불안하고, 그것을 견뎌내면서 제정신을 잃어버리고, 자기 자신이 아닌 어떤 존재에 이르는 것을 결코 한계라고 여기지 않는 극단일 터이다. 배우는 경계에 머물지 않는, 극단에 이른, 미친 존재이다.

5. 배우와의 접촉

> 당신이 그토록 싫어했던 희랍식 논증의 방식으로 이따금 나는 스스로에게 묻습니다. 무엇인가를 잃으면 무엇인가를 얻게 된다는 명제가 참이라고 가정할 때, 당신을 잃음으로써 내가 무엇을 얻게 되었는지, 보이는 세계를 이제 잃음으로써 무엇을 얻게 될 것인지.[5]

텍스트와 연출은 이 미친 존재의 자취를 남겨놓도록 배우와 가장 먼저 접촉하는 존재이다. 관객은 배우와의 접촉이 불가능한 존재이다. 관객은 배우와의 접촉 없이, 배우 주변을 맴돌 뿐이다. 관객은 배우의 외연에도 미치지 못하는, 그냥 배우의 바깥에 놓여 있는, 놓여 있음으로써 비로소 관객이 되는 존재이다. 배우와의 접촉은 텍스트와 연출일 뿐이다. 여기까지는 배우의 자취가 비육체적이다. 그 다음, 관객의 주변으로 옮겨

---

5 한강, 『희랍어 시간』, 문학동네, 2011, 44쪽.

갈 때부터, 배우의 자취는 비로소 육체적인 글쓰기가 된다. 배우의 연기, 그 육체적 자취는 접촉이 아니라 엄격한 비접촉의 산물이다. 배우는 관객의 눈 안에서만 제 모습을 남길 수 있다. 관객은 배우를 만질 수 없다. 배우도 관객을 만질 수 없다. 오로지 볼 뿐이다. 비접촉이 글을 쓰게 한다. 배우는 관객을 만지지 않고, 관객들에게 보여짐으로써만 글을 쓸 수 있는 유일한 존재이다. 배우의 연기에는 그러므로 내면이란 것이 외면과 구별되지 않는다. 연기에는 처음부터 끝까지 보고, 보여지는 거리에서의 자취만 있을 뿐이다. 관객의 눈앞에서만 배우는 자취를 남긴다. 관객 입장에서는, 나와 가까운 거리에, 나와 멀어지는 거리에 있는 배우만 존재할 뿐이다. 가까운 거리에서 배우의 몸이 보이고, 먼 거리에서 자기 스스로의 몸이 돋보일 뿐이다. 무대 위, 배우는 제 존재를 지워 관객에게 생각을 낳게 한다. 배우가 관객에게 요구하는 것이 아니라, 무대 뒤로 들어간, 보이지 않는 배우의 몸이 요구하는 것이다. 그 요구하는 몫인, 배우가 남겨놓은 자취에 의미를 부여하는 것은 언제나 관객의 몫이다.

6. 유랑하는 배우

> 슬픔의 강가에서 예술가는 무엇을 할 수 있는가? 예술가란…… 살아남은 자의 형벌을 가장 민감히 느끼는 사람이다. 살아 있다는 것은 축복이기도 하지만 동시에 형벌이기도 하다. 빛은 어둠이 있어야 존재한다. 축복과 형벌은 이 빛과 어둠의 관계다. 그런데 예술가는 축복보다 형벌에 더 민감한 사람이다. 그리고 그 형벌을 견뎌야 한다. 견디지 못하는 자는 단언하건대 예술가가 아니다.[6]

젊은 날 생을 마감한 한 시인은 이렇게 썼다. “나는 죄인이다. 나는

---

6 정찬, 「슬픔의 노래」, 『아늑한 길』, 문학과지성사, 1995, 243쪽.

앉아서 성자 되기를 기다렸다. 그러나 그 누구도 나에게 경배하러 오지 않았다. 오히려 내 육체에 물을 묻히고 녹이 슬기를 기다렸다…… 내가 거듭 변하지 않는 한 아무것도 변하지 않을 것이다. 거듭 변하기 위해 나는 지금의 나를 없애야 한다. 그것이 구원이다."[7] 시인이 짧은 여행의 끝자락에서 남긴 이 글귀는 먼 길 에돌아가는 배우가 남긴 유언과도 같다. 배우가 존재한다는 것은 자기 스스로를 없애는 데 있다. 살아 있되 죽는 것이다. 이것이야말로 변화이다. 배우는 머무는 존재가 아니라 떠돌면서, 자기 스스로를 변화시키는 존재이다. 배우는 살의 거죽, 살갗(porno)이 아니라 뼈를 깎아내는 물질이며, 몸의 안과 바깥의 경계이며, 몸이 움직이면서 낳는 의미이며, 이곳에서 저곳으로 가 닿는 무한한 공간의 존재이다. 움직이지 않으면 아무것도 아닌 존재이며, 죄인과 성자 사이의 존재이며, 자기 스스로를 지우면서 파멸하고, 자기 스스로의 복판을 관통하면서 다시 생출하는, 부활하는, 날몸으로 태어나는 존재이다.

7. 배우의 영혼

> 음악은 단어들이 없다. 악음소(sonème)라 명명할 수 있는 음들과 악구(phrase) 사이에는 아무것도 없다. 음악은 사전을 배제한다.[8]

배우에게도 영혼이 있다. 무대 위에 등장하는 배우는 영혼의 누출이다. 배우의 영혼은 그의 몸이다. 영혼이 몸이라면 그것은 분명한 것이 아니라 뭔가의 결여에 속한다. 영혼이 몸으로 드러난다면 등가에 속하겠지만, 보이지 않는 영혼이 보이는 몸에 엎혀, 몸이 그 영혼의 등가물이라면 완벽 혹은 그 반대를 떠나 불충분하게 보인다. 배우의 영혼이 배

7 기형도, 『기형도 전집』, 문학과지성사, 1999, 302쪽.

8 클로드 레비-스트로스, 『보다, 듣다, 읽다』, 고봉만 · 류재화 역, 이매진, 2005, 102쪽.

우의 몸에 얹혀 증발하는 것처럼 보이기 때문일 테이고, 몸이 영혼에 깔려 제 모습마저 왜곡될 수 있기 때문일 터이다. 오랫동안 인물의 영혼이 배우의 몸을 빌려 말하는 것처럼 여겨왔다. 배우 몸의 자리를 빌려 인물 영혼이 잠시 머물다 가는 것으로 말하곤 했었다. 그러므로 그것은 영혼이 제 모습을 다 드러내지 못해 억울해하는 것으로, 몸이 영혼의 뒤치다꺼리를 하는 정도로 폄하되곤 했었다. 몸을 미심쩍게 보는 역사는 배우로서 견디기 힘들었던 역사이다. 게다가 의미를 가져다 영혼이니, 몸이니 구분하다 보면, 몸은 만신창이가 될 수밖에 없었다. 배우의 영혼이 몸이라고 말하는 것은 배우의 주체를 분명하게 하려는 태도의 산물이다. 배우의 절대성, 그 종결이기도 하다. 그렇다면 이렇게 말해도 된다. 인물의 영혼이 표류하는 곳이 배우의 몸이라고. 건축사로 일하며, 희곡을 썼던 막스 프리쉬, 그에게 연극은 건축과도 같았고, 그의 글쓰기는 말하는 건축이라고 해도 좋을 것이다. 배우는 말하는 몸, 즉 몸의 건축사, 그 자체이다. 집처럼, 부분이 부분으로 구별되지 않는, 닫혀 있으면서 말하는, 불편할수록 삶의 깊이가 늘어나는. 앙토냉 아르토는 이를 잔혹이라고 불렀다. 나는 이를 근원이라고 이해한다.

8. 배우와 관객의 분리

덤불은 정성스럽게 보살핀 신성한 숲이 아니다. 자기는 자신을 이해한다는 편안함에서 나오는 난해성을 해소하는 것이 의무이다. 대상의 깊이를 충실히 감당하면서 군더더기 없이 쓰려는 의지와, 독특하고 난해하며 자만에 찬 날림 글에 대한 유혹을 분명하게 구별하는 것은 쉽지 않다. 언제나 의심의 눈초리로 검토하는 것이 필요하다.[9]

9 테오도르 아도르노, 『미니마 모랄리아』, 김유동 역, 길, 2005, 118쪽.

극장에 가면, 관객은 맨 먼저 텅 비어 있는 공간과 만난다. 곧이어 공연이 시작되면, 관객 앞에 놓이는 것은 페이지, 즉 국면이다. 텅 빈 페이지가 자기 스스로 채워지는 순간이 있고, 텅 빈 페이지가 말을 걸어오는 때가 있다. 그 가운데 배우가 있다. 공연이 시작되면, 배우는 관객을 (관객의) 몸 밖으로 유혹하고, 끌어낸다. 서로 일치하는 것처럼, 결합하고 있는 것처럼, 그런데 배우는 항상 여백으로 남기 마련이다. 관객은 배우와 일치할 수 있지만, 배우는 관객과 분리되는 존재일 수밖에 없다. 공연에서 예속되는 존재는 배우가 아니라 관객이다. 배우의 말을 귀담아듣고, 배우의 발걸음과 움직임을 따라 온 신경이 옮겨가지만, 배우는 항상 수수께끼와 같은 존재로 남는다. 관객이 배우를 읽고, 또 읽고 하지만 충분하지 않고, 읽기가 그 자리에서 모두 가능한 것도 아니기 때문이다. 배우에게도 버릇이 있는 것처럼, 배우를 읽는 관객의 몫도 버릇이 있기 마련이지만, 좋은 배우는 이 버릇처럼 굳어진 읽기를 불가능하게 한다. 관객에게 사계절이 있다면, 배우는 사계절하고도 또 다른 계절이 있는 존재일 터이다. 오고 가는 것을 따지자면, 배우에게서 관객으로 오는 것이 더 많은 법이다. 공연은 배우와 관객 사이의 주고받음과 같은 것이지만(그것으로 가능한 것이지만), 고통은 주는 쪽 즉 배우에게 더 크게 있다. 배우의 연기, 그 언어는 관객에게 전해진 다음, 그 무엇으로 환원된다. 배우의 고통은 이로부터 생성된다. 배우는 사랑처럼 모든 것을 증여하되, 타인인 관객의 시선 안에서 해체되고 재구성되는 과정을 감내해야 하기 때문이다. 모르는 관객, 알지 않으려는 관객들에게 그것을 갈망하기 때문이다. 연극적인 존재는 관객이 아니라 배우이다. 그러므로 배우는 관객과 결코 하나가 되지 못하는, 눈먼 열정을 지닌 존재일 수밖에 없다.

9. 훌륭한 배우는 음악과 같다

> 오, 뮤우즈의 신이여! 노여움을 노래하라. 그리이스 군의 영웅 아킬레우스의 노여움을 노래하라. 아카이아인들에게 한없이 많은 슬픔을 안겨주게 한 그 노여움을 노래하라.[10]

서양의 고음악을 좋아하는 이들에게 소프라노 몽셀라 피구에라스(Montserrat Figueras, 1942~2011)의 죽음은 참으로 슬픈 소식이었다. 1942년 스페인 카탈루냐의 부르주아 가정에서 태어난 피구에라스는 남편이자 '비올라 다 감바' 연주자 겸 지휘자인 조르디 사발(Jordi Savall)과 함께 스페인의 문화와 음악 유산 탐구로 고음악계를 풍성하게 한 가수였다. 그녀는 왕당파 출신의 부유한 우파였고, 사발은 공화파 출신의 가난한 좌파 출신이었지만, 그들은 결혼해서 고음악으로 세상의 불평등과 싸웠고, 평화를 위하여 헌신했다. 그녀의 죽음 이후, 많은 이들이 이렇게 말했다. 그녀는 아름다움보다 훨씬 훌륭한 덕을 지닌 음악가였다고. "실망하지 마세요. 연주 잘했어요." 이 말은 사발이 1961년 봄, 음악학교에서 스승에게서 큰 꾸중을 듣고 나올 때, 레슨 차례를 기다리고 있던 열여덟 살의 그녀가 해준 말이었다. 사발은 이 말을 "지문과 같은 첫 번째 목소리(cette première empreinte de sa voix)"였다고 그의 비망록에 적고 있다. 목소리가 향기가 되어, 잊혀지지 않는 그 무엇이 되는 순간이다. 잠깐 스친 그녀의 목소리가 시선으로 와 닿는 놀라운 경험이다. 그녀의 죽음 이후에 나온 추모 앨범 〈La voix de l'émotion〉(Alia Voix, 2012)에서, 사발은 이렇게 노래하고 있다. "음악은 귀로만 듣는 것이 아니라, 영혼과 함께 들어야 한다는 것을 알려준 그대, 참으로 고마워요." 세상의 좋은 음악처럼, 훌륭한 배우는 소중하고 아름답고, 영원한 존재이다. (2012)

---

10 호메로스, 『일리아스 · 오딧세이아』, 김병익 역, 삼성출판사, 1976, 15쪽.

연극과 춤의 경계를 넘어서

인간은 바다 끝에 있는 모래사장에 그려진 얼굴처럼 지워질 것이다.

— 미셜 푸코, 『말과 사물』 중에서

1. 비언어에서 언어로, 언어에서 비언어로

"사느냐 죽느냐, 이것이 문제이다"식으로 말하자면, 언어냐 비언어냐, 이것이야말로 오늘날 연극의 문제이다. 연극은 만들어지는 것이 아니라 태어나는 것이라고 한다면, 연극은 만들어진 언어가 아니라 본디 태어나는 비언어이다. 비언어는 연극에게 없어서는 안 될 전제조건이다. 언어에 비해서 비언어는 개인적이고, 미결정된 것이고, 비효율적이고, 상징적이고, 텅 비어 있는 의식과 같다. 비언어는 언어의 단순한 부정이 아니라, 부정함으로써 행위를 수행한다. 이것은 행위에 대한 무한한 변화로 행위를 풍부하게 만든다. 연극의 역사는 몸에서 말로, 말에서 글로 이어져왔다. 글 이후, 연극은 몸과 말의 비언어에서 글의 언어 쪽으로 옮겨왔고, 의지했고, 연극 자신을 저장했다. 근대연극은 아주 오랫동안 언어 속에 자리 잡았고, 언어와 함께 견고하게 언어화되기 시작했다. 대체적으로 언어 연극은 근대화 과정의 결과이다. 한국 연극에서는 특히 이것이 진보의 이름으로 — '신극'이라는 글자 그대로 — 새로운 연극의 동력을 제공하는 것'으로 여겨졌다. 원시적인 몸은 자연스럽게 — '구극'이라는 이름으로 — 언어 아래에 놓이게 되었다. 언어는 연극의 특권적 중심이 되었다. 이를 통하여 희곡과 희곡을 쓰는 작가가 연극의 중심에 놓였고, 배우들은 화술을 연기의 중요한 부분으로 공부해야 했다. 공연을 준비하는 배우가 기를 쓰고 하는 작업은 희곡 속에 등장하는 인물의 성격 분석과 흔히 말하는 등장인물의 역사에 관련되는 '마술적 가정'이라는 허구들의 망에 의해서 이끌려왔다고 해도 틀린 말은 아닐 것이다. 연출가들에 있어서 텍스트를 해석하는 일은 창조적인 역량을 평가받는 잣대가 되고 말았다. 연극에서 언어의 오만과 자만심은 곧 연출가의 군림과 같은 맥락이다. 그 결과 우리들은 몸과 소리를 하찮게 여겼고, 몸과 소리의 미로가 얼마나 복잡하고 아름다운지를 까마득하게 잊어버렸다. 앙토냉 아르토는 『연극과 그 짝패 *Le Théâtre et son double*』에서 거칠게, 언어로 만든 집인 희곡 텍스트를 "정신의 배설물"이라고 다소 경멸적으로 말하지 않았던가. 여기서 정신은 작가의 동의어일 터이다. 아르토는 희곡 작가와 배우 혹은 연출가의 만남을 정신과 정신과의 평등한 만남이어야 한다고 말하는 것 같다.

그 후 연극의 비언어를 말하면서 연극의 뿌리를 찾겠다고 나서는 경향이 점차 두드러지고 있다. 언어를 닦달하는 연극에서 벗어나려는, 문명화된 언어에서 자연적인 비언어로의 이동 즉 글과 말의 한계를 뛰어넘어 몸으로 혹은 말과 몸을 한데 모아 글에서 멀어지는 현대연극의 현상은 뒤로 가는 것처럼 보인다. 말과 글보다 더 원시적이고, 더 애매모호하고, 보다 더 추상적이고, 한순간에 사라질 수도 있는 나약한 몸을 연극의 중심적 기호로 내세우는 이들이 있다. 나아가 말과 글과 몸의 구분을 아예 구분하지 않기도 한다. 그 최댓값은 "예술가들, 기술자들 또는 지식인들을 구분하기가 늘 쉽지는 않으며, 동양과 서양을 더 이상 분리할 수도 없"는 것이고, 말과 글과 몸이 "존재하지 않게 될 때조차도, 그것에 향수를 느낄"[1] 수 있는 것이다. 이 부분은 연극의 비언어화를 말할 때, 곧잘 비유되는 오늘날 연극의 동양 연극화를 경계하게 한다. 연극의 비언어화는 연극이 동양 연극처럼 되는 것, 서양 연극에 반하는 동양 연극의 영향이라고 말하는 것과 다르다. 연극의 비언어화가 주는 매력은 "감각적, 지성적, 정신적 통일성"이며, 몸의 "안과 밖에 동시에 어떤 것을 향한 긴장을 재발견하는 것이다."[2] 언어가 배우는 것이라면, 비언어는 언어 이전이되 언어의 한계를 넘어서 배우는 것을 배우는 것이다. 이를테면 언어에 지배당하지 않기 위한 조건이라고 할 수 있다. 연극의 비언어적 요소인 배우의 생명력의 흔적들에 대해서 유제니오 바르바는 "1. 균형 속에서 작용하는 힘들의 활성화와 확장, 2. 움직임들의 역학을 지배하는 대항들, 3. 일관성 있는 비일관성의 적용, 4. 탈일상적인 등가물들을 통해 무의식적인 운동과 결별하는 것"[3] 등을 말하고 있다. 결과적으로 연극의 비언어화는 연극에 있어서 언어와 비언어를 구분하는 박약한 이원성을 극복하는 출발이라고 볼 수 있다. 특히 현대연극에 있어서 연극의 비언어화는 연극의 기원과 문자와 미디어로 문명화된 연극 사이의 형태론적 중간을 나타내기도 한다. 그것은 말과 글이 아니라 사회적 행위의 총화인 몸 안에서, 몸을 통해서 그리고 몸과 더불어 사고하고 표현하는 과정을 지닌다.

1 유제니오 바르바, 『연극인류학—종이로 만든 배』, 안치운 · 이준재 역, 문학과지성사, 2001, 7쪽.

2 위의 책, 23쪽.

3 위의 책, 69쪽.

2. 비언어와 몸

연극의 비언어적 경향에 관한 일차적 특징은 배우가 연극의 중심이 되는 것이다. 이것은 유치하고 무분별하게 여겨졌던 배우의 몸과 몸짓에 대한 복구이며, 재발견일 터이다. (인간종(人間種)을 감각의 위계에 따라 나누는 것처럼, 연극에도 서열이 있을 법하다. 몸의 연극 위에 말의 연극, 말의 연극 위에 글의 연극이 있는 것처럼. 글의 연극은 미학적 감수성이 뛰어난 눈에 호소하는 눈의 연극이라고 할 수 있고, 말의 연극은 귀의 연극이고, 그 아래 몸의 연극이 있다.) 이러한 복구와 재발견은, 구체적으로 말하면, 일상적으로 모든 감각을 기울여 살피는 노력이며, 가장 작은 충동, 무의식적 반응 혹은 일상의 삶에서 보여지는 극미한 긴장조차도 지각할 수 있는 능력을 회복하는 일이다. 이를 통하여 우리들은 배우의 현존, 배우가 주는 신뢰, 배우의 재능이란 무엇인가, 어떻게 관객의 주의를 붙들 수 있을까, 연극에서 배우의 에너지란 무엇인가를 말할 수 있게 된다. 이성적인 문자에 비하면, 유치하고 무분별한 몸으로의 회귀는 연극의 진보가 아니라 퇴보라 말할 수도 있겠다. 그러나 배우의 기억은 무엇보다도 배우의 몸이 지닌 상처자국과 긴밀하게 연관되어 있고, 일상에 관한 삶의 엿보기이며 살펴보기라고 할 수 있다. 인간[homo]이 흙[humus]에 뿌리내리고 있는 존재인 것처럼. 몸에서 충동이 어떻게 태어나는지, "어떤 역학과 궤도를 따라서 그것이 이동하는지를 아는 것이며, 이를 통하여 삶을 식별하고 삶을 취할 수 있는 다양한 의미들을 밝히는"[4] 일이다.

비언어는 무엇을 말하는가? 그것은 세월의 흔적이 밴, "하나의 신체적 기억에 의해서 융합되어 나타"[5]난 이미지이다. 다른 말로 하면, "파악

4 위의 책, 17쪽.
5 위의 책, 14쪽.

할 수 없는(어려운) 삶과 그 삶의 대립물인 몸의 물질성에 관한 관찰"[6]이다. 배우의 몸과 몸짓은, 파스칼식으로 비유하자면, 생각하는 갈대인 셈이다. 생각하고 행동하는 몸의 이미지로서 갈대는 구부러지되 동강나지 않는다. 그것은 시계의 추처럼 삶의 스펙트럼 사이를 왔다 갔다 한다. 여기서 주목해야 할 것은 연극의 비언어화가 맞닿아 있는 연극의 뿌리이다. 연극의 비언어화는 연극의 뿌리를 말하는, 얹힌 문자와 말에 대한 모든 강박을 덜어내고 뿌리를 숨기지 않고 드러내려는 힘든 역사이다. 있는 그대로의 몸을 보여주려는 힘든 행위이다. 연극이 비언어화된다는 것은 연극이 춤과 같아진다는 뜻이다. 현대연극은 역설적으로 비언어로 되돌아가고 있다. 오늘날 연극은 언어와 비언어 사이에서, 한쪽은 고정된 언어에 더욱 견고하게, 다른 한쪽은 미지의 언어인 비언어에 더욱 가볍게 자신을 의지하고 있다. 따라서 연극의 비언어적 특성에 관한 연구는 지식에 대한 탐구가 아니라 미지의 것에 대한 탐구라고 할 수 있다. 새로운 연극의 창조가 아니라, 근대연극의 잿더미 위에서 부활하는, 잃어버린 연극 찾기라고 할 수 있다. 이것은 다른 배우가 모방할 수 없는 한 배우의 개인적인 몸 혹은 사적 개성을 말하며, 이를 통하여 문화적 맥락으로 이어지며 끊임없이 반복되는 과정을 통하여 문화마저 초월하는, 일상이되 일상을 넘어서는 초일상적 표현기술로 확대된다. 그리하여 비언어적 몸의 훈련과 표현은 정신의 훈련과 표현이기도 하다. 그리하여 우리는 이렇게 묻게 된다. 연극은 춤의 미래가 될 것인가? 아니면 춤은 연극의 미래가 될 것인가? 연극과 춤의 경계를 넘어서라면 위와 같은 질문은 당연하게 뛰어나올 것이다. 비언어화의 절정이 곧 춤이기 때문이다. 다음 인용문을 읽어보자.

6 유제니오 바르바, 앞의 책, 14쪽.

권투 시합이 말이 없는 이야기라고 해서 여기에 텍스트나 언어가 존재하지 않는 것은 아니다. 또한 권투 시합이 텍스트가 즉흥적으로 이루어지는 행동이라는 이유만으로 그 시합이 다소 야만적이며, 원시적이며, 무표현적이라고 할 수도 없다. 권투 선수 간의 가장 정제된 언어는 관중의 불가해한 뜻에 결합적으로 반응한다…….장내 아나운서는 무언의 스펙타클에 말로써 합일성을 부여하지만, 퍼포먼스로서의 권투는 분명히 말보다 춤이나 음악에 더 가깝다.[7]

사실 연극을 넘어 춤의 시대가 오고 있다는 말은 의심할 여지가 없어 보인다. 지난 몇 년 동안, 마기 마랭, 필립 드쿠플레, 몽탈보, 램버트 댄스 컴퍼니, 네덜란드 댄스 테아트르 등의 유럽의 세계적인 공연들이 줄지어 우리나라에서 공연되었다. 그리고 피나 바우쉬의 부퍼탈 춤연극이 바야흐르 춤연극의 시대임을 알리는 전령처럼 〈카네이션〉에 이어, 올해에는 〈러프 컷〉을 들고 오지 않았던가. 그리하여 연극과 춤 사이에 어떠한 차이도 없어 보인다. 무대에 흔적을 남기지 않는 것이나, 하나의 장면이 이미지로 무음화되어 사라지는 것은 현대연극과 춤의 공통된 현상이다. 현대연극과 춤의 무대는 글을 쓰는 텅 빈 공간과 같다. 말과 글로 구성된 단어와 문장의 발화가 아니라 오로지 배우의 몸짓, 공간 속에서 몸들의 움직임이 낳는 이미지들이 서로 얽혀 낯설고, 나약하고, 박약한 문장들을 이루고 하나의 이념을 만들어간다.

3. 비언어, 춤연극—공연을 중심으로

춤은 몸의 움직임으로 사유한다. 춤과 연극이 만나 춤연극이 된

7 Joyce Carol Oates, *On Boxing*, p.11, 정화열, 『몸의 정치와 예술 그리고 생태학』, 이동수 외 역, 아카넷, 2005, 258쪽에서 재인용.

다. 현대 춤의 고전이 된 피나 바우쉬의 춤연극은 일상적인 삶의 원칙들에 의해서 만들어져 재미있다. 그러나 우리들이 매일 겪는 경험, 남자와 여자가 서로 융합과 분열과 같은 경험을 바탕으로 한 관찰, 대수롭지 않은 여러 사건들, 수많은 인물들이 서로 다른 형태로 무대 위에 나타난다. 보라, 온통 카네이션으로 덮여 있는 피나 바우쉬의 〈카네이션〉의 무대는 잃어버린 낙원 같다. 어린 시절의 추억과 놀이들 그리고 우리들이 매일 겪는 남자와 여자의 사랑에 관한 관찰, 대수롭지 않은 여러 사건들을 수많은 인물들이 **일상적인 움직임을 반복**하면서 전통적인 춤과 전혀 다른 방식으로 보여준다. 거슈인의 노래를 수화로 불러주고, 배우가 관객들에게 원하는 것이 이것이냐고 난폭하게 물으면서 발레의 아름다운 동작을 보여주기도 한다. 권력은 끊임없이 여권을 요구하면서 움직임을 정지시키고, 춤을 개나 염소를 모방하는 것으로 축소시킨다. 스스로를 비하하고 타인을 압박하는 폭력적인 몸짓들이 무대 위의 카네이션을 짓밟아 뭉개버린다. 잃어버린 어린 시절의 추억, 내밀한 욕망, 새로운 춤의 추구, 권력과 폭력을 말하는 이미지들로 가득 찬 〈카네이션〉에서 관객들은 사건들이 진행되고 있다는 느낌을 전혀 받을 수 없다. 관객들은 에피소드와 에피소드 사이의 혼돈된 정지 상태에 말려 들어가는 느낌을 가지게 된다. 이처럼 말과 글을 떠난 몸의 연극인 춤연극은 일상의 삶으로부터 태어난다. 그것은 일어난 것에 대한 기록이 아니라 일어날 수 있는 것에 대한 발견이며 창조이다. 배우들의 몸은 우리들의 아픔과 아름다움을 관리해주고, 무대는 그것을 추억한다. 마지막 장면에서 배우들은 자신이 왜 춤을 추는가에 대해서 솔직하게 말한다. 두 손을 열고 닫는 것만으로 사랑할 수 있고, 춤출 수 있다고 말하는 그 단순성과 순수함에 관객들은 감동을 느낀다.

일상의 노트북과 같은 〈카네이션〉은 안에 담겨 있는 놀랄 만한 통찰력에도 불구하고 완전한 혼란 상태를 보여준다. 배우들은 카네이션으로

덮인 무대를 짓밟아 뭉개버리기도 한다. 〈카네이션〉을 채우고 있는 에피소드들 각각은 크게 다르게 보이는데, 그것은 동기의 결여 때문이 아니라 존재에 따라서 얼마든지 다르게 변화될 수 있기 때문이다. 피나 바우쉬가 배우들에게 자꾸만 질문하는 이유는 여기에 있다. 안무가로서 배우들에게 지시하는 것을 동기의 부여라고 한다면, 피나 바우쉬는 그 반대의 입장을 취한다. 갑자기 죽음의 위협을 받게 되면 삶이 아름답게 보이는 것처럼, 피나 바위쉬의 춤을 보고 나면 관객들은 춤뿐만 아니라 삶의 아름다움에 흠뻑 빠져들고 만다.

춤연극의 무대는 하고 싶은 말을 줄일 수도 있고, 한없이 늘어놓을 수도 있는 몸이 매달려 있는 허공과 같다. 동시에 몸이 몸 같지 않아 위험하고, 낯익은 것들이 낯설어지면서 의미심장해져 절박해지고, 모든 것이 과민하게 인식되는 공간이다. 〈카네이션〉이 그러했다. 라 퐁텐의 우화 가운데 우리에게 잘 알려진 〈매미와 개미〉는 "노래를 했으면 이제부터 춤을 추도록 해"로 끝난다. 예언처럼 춤의 시대가 오고 있다. 인터넷, 벤처와 같은 단어가 삶을 송두리째 바꾸어놓을 것 같은 지금, 몸뚱어리만 가지고 쓴 시(詩) 같은 춤의 바람이 크게 불고 있다. 춤은 하고 싶은 말이 많지만 더 이상 말하지 않는다. 대신 춤을 보는 이들은"춤 속에서 영화, 만화, 올림픽 100미터 달리기 시합, 수영, 시, 사랑, 부드러움 등을 동시에 발견한다."[8] 춤이 20세기를 넘어서는 예술이 될 수 있는 것은 이 모든 것을 모두, 한순간에 표현할 수 있기 때문일 터이다.

말라르메는 춤이 있는 곳을 '순수한 터'라고 했다. 춤은 그런 뜻에서 새로운 발견이며 재창조이다. 비언어인 춤은 몸을 매개로 해서 무엇인가를 말하는 것이지만, 매개하는 몸이 춤 그 자체이기도 하다. 춤은 인

8 Maurice Béjart, *Un instant dans la vie d'autrui*(타자 삶 속에 보낸 짧은 순간), Paris: Falmmarion, 1979, p.33.

간적인 언어인 몸으로 보편적인 언어를 만들어낸다. 사람과 사람을 잇고자 하는 기획과 계약 같은 것이 복잡한 지금 춤은 얼마나 고귀하고 유혹적인가? 춤이 번개처럼, 바람처럼 불어야 한다. 춤의 정의는 늘 아름답다. 춤에 관한 책을 읽을 때나 춤을 보게 되면 춤을 추는 경험을 하게 된다. 서양철학에서 니체가 춤을 논했고, 말라르메와 폴 발레리가 춤에서 헤어 나오지 못했다. 그때만 해도 춤과 철학 사이는 가까웠다. 그러나 오늘날 우리나라 연극과 춤은 아름답지 않을 때가 더 많다. 춤이 순수한 터에서 이루어지는 표현이 되려면 몸이 아름다워야 하는데, 몸들이 처연하다. 아름다운 몸은 모델처럼 밋밋한 몸이 아니라 사유하는 상처 난 몸이다. 춤은 몸뚱어리로 텅 빈 그러나 순수한 터에서 사유하는 철학이다. 기계처럼 뱅뱅 돌아가는 몸은 춤추는 몸이 아니다.

3.1. 비언어, 일상의 이미지

춤연극의 재미는 관객들 스스로 이미지라고 하는 모든 조각들을 얽어 맞추는 데 있다. 책과 같은 춤이므로, 춤이 일상으로부터 빚어 나온 것이므로 관객들은 저자의 역할을 동시에 하고 있는 셈이다. 카네이션이 가득한 무대 위, 거슈윈, 루이 암스트롱, 20세기 재즈 음악이 흐른다. 거슈인의 노래 〈내가 사랑한 남자〉가 수화로 번역된다. 춤은 이런 것이라고 말하는 것처럼. 무엇을 보여줄 것인가? 배우가 관객들에게 화난 모습으로 묻는다. "뭔가를 보고 싶어요?" 배우는 관객이 원하는 것을 보여주기에 한계에 이른 것 같다. 여권을 보여달라고 하면서 동물을 흉내 내게 하는 세관원, 얼룩빼기 개들이 무대에 등장하고, 많은 나라를 돌면서 순회공연을 하고 있고, 피나 바우쉬는 여행이 춤연극 창작에 커다란 역할을 한다고 말하고 있다. 춤을 춘다는 것은 어려운 일이 아니라는 뜻이다. 춤과 여행, 그것은 낯선 언어의 조합이 아니라 너른 공간과 같다. 여행은 일상을 재구성하는 교육과 같다. 하여 감각과 습관을 처음부터 재구성하게 된다. 춤 속에 기쁨과 분노, 공포와 연민과 같은 여행하는 삶이 있고, 여행 속에 춤과 일상의 삶이 새롭게 태어난다. 그런 미덕을 지닌 피나 바우쉬 춤연극은 우리나라 대부분 춤에 비하여 훨씬 쉽다. 무엇보다도 일상적 행동으로 채워져 있어 난해하지 않다. 오히려 그의 춤에서 반복되는 일상은 관객들 눈에 생경하게 보일 수도 있다. 우리는 너무나도 일상을 무시하고 살기 때문에 보지 못한 일상의 이미지들이 잔혹하게 혹은 충격적으로 보일 수도 있다. 피나 바우쉬는 춤으로 일상적 현실을 재구성함으로써 현실을 새롭게 보도록 한다. 허섭스레기와 같은 일상의 삶, 그 현실의 재구성이야말로 기존의 춤형식을 난파하는 춤연극의 특징이다. 또한 난해한 춤을 추면서 고답한 척하는 우리나라 춤이 배워야 할 점이다. 끼리끼리 춤추고, 그들만의 공연이 전부인 우리나라 춤이 반성해야 할 점이다.

발레와 같은 고전과 현대무용을 적절하게 혼합한 춤연극은 일상으로 돌아간다. 피나 바우쉬의 춤연극은 일상생활, 그 현실의 반영이라고 할 수 있다. 춤연극에서 일상적 모습의 반복은 가장 중요한 볼거리이다. 일상적 현실이란 몸이 경험할 수 있는 가장 정직한 것이기 때문이다. 춤연극을 읽는 중심어들은 몸의 움직임, 얼굴 표정, 다른 사람과의 관계, 관객의 반응과 같은 것들이다. (그녀가 영화로 만든 〈황후의 탄식〉에서 잘 드러난다. 춤이 영화와 만나 절묘한 이미지가 되는 이 영화를 놓쳐서는 안 될 것이다.) 사랑, 폭력, 무대에서 행해지는 일상들은 작가가 관객의 기억 속에 가두는 허무와 같다. 관객들은 반복적인 각자의 일상적 행동이 무대에 옮겨져 전혀 새로운 것 즉 비일상적인 기호로 변모되는 것을 보게 된다. 그녀의 작품들은 관객들로 하여금 자신들이 일상생활에서 저렇게 행동하고 있다는 것을 생각하지 못하게 한다. 관객들이 일상생활에서 흔히 반복되는 동작들을 눈여겨본다면 그 행동들이 얼마나 아름답게 혹은 충격적으로 피나 바우쉬의 작품 속에 그대로 나타나는가를 확인할 수 있을 것이다. 남녀 사이에서 벌어지는 폭력, 사랑하고 사랑받고 싶은 욕망들의 잔혹함, 그것을 말하고 표현하는 몸들의 놀라운 추축과 팽창을 볼 수 있다. 그것은 피나 바우쉬의 장점인 날카로운 감수성과 지적인 사유의 힘이다. 춤이 이 수준에 이르면 당당한 철학이 된다.

일상적인 행동의 관찰로 삶의 핵심에 다가서고 있는 피나 바우쉬의 공연은 방어적(자신을 보호하는 면에서) 전략과 공격적 전략(진실된 것과 허구의 것, 현실적인 것과 비현실적인 것을 드러내는 면에서)을 동시에 지니고 있다. 그것을 다른 말로 하면 공연은 보여지는 현실과 숨겨진 진실로 채워져 있다. 그것은 구체적으로 남자와 여자, 사랑하기와 사랑받기에 있어서 가능한 폭력과 혼돈의 모습이다. 피나 바우쉬의 춤연극은 그 대상이 남자이든 여자이든 방어적 태도에서 관음주의적이고, 공격적 태도에서 자신을 송두리째 드러내 보이는 태도를 지니고 있다. 일상의 삶 속에서 우리가 그렇게 살고 있지 않은가!

3.2. 〈라이트모티브 Leitmotiv〉

걷기 — 사랑: 무대 위 인물들은 걷는다. 그 방향은 두 개이다. 하나는 집에서 집 바깥으로 나가는 것이고 다른 하나는 집 바깥에서 집으로 돌아오는 것이다. 연극에서는 배우들의 걸음걸이가 시간의 방향이고 이야기의 축이다. 사랑도 그러할 것이다. 집을 향해 천천히 걸어가는 연극이 있고, 집 바깥으로 쏜살같이, 주위 한 번 두리번거리지 않고 나가는 연극이 있다. 집으로 돌아오는 길이 어김없이 똑같은 연극이 있는가 하면, 나간 길과 들어오는 길이 다른 연극도 있다. 내게 〈라이트모티브〉[9]는 길에

9 2002년 서울공연예술제 해외 초청작이다. 캐나다 레드몽드 극단, 문예회관 대극장, 2002. 5. 10~12.

관한 연극이되 길이 끊긴 연극이다. 길이 잘려나갈 때 걷는 이는 멈춘다. 멈춘 자에게 남은 것은 시선이다. 시선이 편지글을 읽는 것으로 〈라이트모티브〉는 시작하고 끝을 맺는다. 〈라이트보티브〉에 등장하는 인물들은 세 명. 아버지, 어머니 그리고 딸뿐이다. 아버지와 어머니는 집에서 집 바깥으로 나가 다른 길로 되돌아온 이들이고, 딸은 집 언제나 똑같은 길에 지금 서 있다. 아버지와 어머니는 상처를 안고, 딸은 그 아버지와 어머니를 읽으면서, 그러니까 자신의 과거를 한꺼번에 읽으면서 폭삭 늙어간다. 늙어가는 데는 움직임이 없다. 여기까지는 노스탤지어의 연극이라고 할 수 있다.

때 — 전쟁: 연극은 때가 있는 예술이다. 나는 때를 시간과 시간이 남긴 흔적으로 동시에 읽는다. 〈라이트모티브〉는 때가 있는 연극이다. 만약 이 연극을 1980년 5월쯤 보았다면 감동은 더욱 컸을 것이다. 만약 이 연극을 강간과 살상이 극에 달했던 세기말 보스니아 내전이 있었을 때 보았다면 너무 빨리 끝나버리는 연극이라고 탓했을 것이다. 자물쇠로 채울 수 있는 역사가 있었던가? 아니 그런 역사가 가능한가? 아니다. 연극은 시도 때도 없이 역사의 책장을 뒤적이는 예술이다. 연극은 지나간 역사를 빌려 앞날까지 미루어 짐작하고 걱정하는 라이트모티브이다. 여기에 사랑하는 남자와 여자가 있다. 격동의 시대, 땅이 둘로 갈리고, 사람이 싸우는 시대, 남자는 군대에 가게 되지만 탈영병이 된다. 여자는 그 반대편 땅의 저항군이 되어 서로 적이 된다. 남자는 체포되어 고문을 받는다. 여자는 이름 모를 이에게 잔혹하게 유린당한다. 둘 다 몸과 정신을 잃어버리기는 마찬가지이다. 몸과 정신이 쭈글쭈글하게 구겨지고, 바짝 말라버린 이들이다. 그들이 우리들 곁에 있더라도 그 아픔을 상상하기 어렵다. 이 연극에는 불쌍하다는 뜻을 지닌 '미제레…'라는 낱말이 실린 노래가 자주 들리는데, 반복되는 노래는 이들이 겪고 있는 고통이 상상하기 어렵다는 뜻일 게다. 아름다운 목소리가 고통의 도가니 속에서 솟아난다. 그것은 옛날 옛적 이야기가 결코 아니다. 한줌 먼지가 되어버리고 말 것 같은 이들이 절대로 웃는 법 없이, 겁을 먹고 부르는 노래이다. 가까스로 걷고, 억지로 먹고, 할 수 없이 자신을 연명하는 이들이 감출 수 없는 노래이다. 말하지 못하고 침울하기 이를 데 없는 조각상처럼 앉아 있는 이들이 부르는 노래이다. 이쯤 되면 역설과 같은 연극은 운명으로 치닫는다.

눈을 떠라 — 운명: 〈라이트모티브〉의 무대는 하나가 아니라 여러 개로 분산된다. 고통이 찢어지고, 반복되고, 이곳저곳에서 재생되기 시작한다. 영상을 담은 비디오가 기억을 재생하는 역할을 한다. 고통은 심장 한구석에서만 저려오는 것이 아니다. 끔찍한 고통 이후, 지금껏 한순간도 빠지지 않고 고통의 기억이 반복되듯이 무대 뒷면은 크고 작은 화면으로, 이쪽에서 저쪽으로, 위에서 아래로, 더 느리게, 더 빠르게 고통은 무더기로 다시 태어난다. 인물들은 서로 말하지 않는다. 아무 말도 하고 싶지 않았을 것이다. 다만 인생이란 눈을 뜨고 고통을 새기는 것, 새기면서 집으로 되돌아오는 것이라고, 그렇게 하면서 다 죽어가는 운명이라고 말한다.

3.3. 〈신곡〉

연극을 보고 나면 아무것도 알 수 없을 때가 있다. 극장에 들어올 때와 달리 혼돈에 빠질 때가 있다. 그 순간 관객은 내 탓이라고 자책하지 말아야 한다. 그것은 십중팔구 관객 탓이 아니기 때문이다. 러시아 극단 데레보의 〈신곡〉[10]은 난해한 시와 같다. 제목은 단테의 『신곡』과 같지만 이 작품은 〈신곡〉과 아무런 관계가 없다. 원제는

10 안톤 아다진스키 연출, 엘지아트센터, 2003. 2. 5~9.

〈자살〉이다. 연출가는 단테의 〈신곡〉으로부터 영감을 얻었다고 했지만, 중요하지 않다고 했다. 나같이 단테의 『신곡』을 기대하거나, 읽고 간 이들은 어리둥절할 뿐이다. 말없이 몸으로 하는 연극인데, 작품에 대한 수사는 절제가 없다. "유럽에서 아방가르드 연극의 선두주자", "축제처럼 상징과 이미지", "다양한 연극적 실험들이 집약된 신체극의 절정" 등등. 이 작품을 수입한 극장 측에서 나누어준 자료에는 "무대의 경계를 넘어 상상력의 한계를 넘어"라고 극단과 작품을 들어 올리고, "혁신적이고 실험적인 작업"을 하는 연출가라고 말하고, 그로테스크 형식에 관한 미하일 바흐친의 글을 인용해서 "광대의 혼을 따라 여행하는 천국과 지옥"이라고 말하고 있다.

데레보의 〈신곡〉에 줄거리는 없다. 빙글빙글 돌아가는 서커스와 같은 무대, 장면들은 미술의 콜라주처럼 처음부터 끝까지 혼란스럽다. 네 명의 배우들이 등장하지만 인물이 분명하게 설정되어 있지 않다. 배우들은 말하지 않는다. 대신 잘 훈련받은 몸을 드러낸다. 시도 때도 없이 무대 위에는 눈꽃 같은 것들이 바람에 흩날리고 있다. 공연은 관객들에게 많은 인내력을 요구한다. 말과 이야기가 없는 터라 배우들도 인물을 연기하지 않기 때문이다. 연출가가 쓴 글을 통해서만, 네 개의 육체는 영혼의 상징이라는 것을, 그리고 무대 소품인 말 인형에 앉아 배우가 잠에 빠져 현재, 과거, 미래의 구분이 없는 꿈속에서 신(神)과 전쟁과 사랑의 고통 등을 말한다는 것을 추측할 수 있다.

이 작품에 등장하는 이들은, 그러니까 인간과 신 그리고 서커스 광대 등은 모두 비인간의 가면을 쓴 인간이다. 어떤 형상을 지녔든 이들은 인간의 경험을 반영할 뿐이다. 말없이 몸으로만 하는 것은 연극의 결핍이다. 다들 데레보의 〈신곡〉을 신체극이라고 하는데, 이야기가 없는 탓에 배우의 몸들은 사물에 가깝다. 공연은 인간을 회의적이고 냉소적인 존재로 만든 원인을 감춘 채 흐지부지 끝나고 만다. 연출가는 단테의 『신곡』

과 다윈의 진화론을 더 읽었어야 했다.

3.4. 〈달의 저편〉

공연 제목인 〈달의 저편〉[11]은 참 시적이다. 배우 한 사람이 등장하는 일인극인 이 공연의 특징은 무대장치와 조명 그리고 거울과 영상을 통한 표현 기법에 있다. 원래 연극을 담아내고, 드러내는 데 필요했던 미디어는 말과 몸과 글이었다. 디지털에 의한 첨단 미디어는 아날로그와 같은 고전적인 미디어들의 기능을 넘어서기 때문에 연극의 근원을 훼손하는 경우가 많다. 오늘날 연극이 과학기술에 의지하는 미디어의 활용을 우려하는 것은 이런 탓이다. 그러나 〈달의 저편〉은 연극과 미디어가 만나 우주를 떠돌지만 결국 내려와 일상적인 삶의 깊이를 되새기는 아름다운 작품이다.

공연의 구조는 간단하다. 시적인 꿈을 꾸는 형과 상업적인 일을 하는 아우가 있고, 우주 비행사를 미를 추구하는 코스모노트라고 부르는 러시아와 이를 탐험에 비중을 둔 아스토로노트라고 일컫는 미국이 있다. 형과 러시아 그리고 추억과 아름다움이 한 궤를 이루고, 동생과 미국 그리고 투자와 이윤이 또 다른 궤를 이룬다. 서로 마주 보지 않는 형과 동생이 공연의 중심인물이고, 나머지들은 배경을 이룬다. 서로 마주 보지 않는다는 것은 자기 자신만을 보았기 때문이다. 서로 다른 두 궤를 마주 보게 하는 것은 과학과 기술의 진보가 아니라 갑작스런 어머니의 죽음이다. 죽음은 삶의 정지와 같아 보이지만, 살아 있는 이들로 하여금 제 삶을 되돌아보게 하고, 이들을 이어놓는 삶의 미디어인 셈이다. 그러므로 달의 저편이란 지금까지 보려 하지 않았던 삶의 저편을 뜻한다.

---

11 로베르 르파주 연출, 엘지아트센터, 2003. 3. 13~15.

미디어(media)란 매개란 뜻인데, 디지털 미디어 시대에 사람 사이를 이어놓는 존재가 어머니라는 것은 이 연극의 역설이고, 매력이다. 이 작품이 내세우는 가치는 점점 커지는 과학의 나르시시즘에 반하는 소박한 삶의 호기심이다. 앞의 것은 경쟁을 통해 삶의 시선을 미래로 옮겨놓지만, 뒤의 것은 어머니의 유품을 통해 시선을 과거로 이끈다. 연출가는 땅 위 사람을 밤하늘의 별이라고 여기고, 무대를 그 별들이 모여 사는 터인 집으로 꾸몄다. 오늘날 텔레비전이 제공하는 이미지는 지구의 삶을 왜곡하고 있는 터라, 인간의 정신을 전달할 수 있는 것은 시뿐이라고 말하는 데서 작품은 절정을 이룬다. 〈달의 저편〉에서 빛, 소리, 이미지에 의한 다양한 표현이 무대 공간을 확대시키지만, 시간의 흔적인 삶을 기억하는 주된 것은 말이다. 이 작품은 겉으로는 미디어 연극이지만 속으로는 미디어에 의해 성취되는 말의 연극이다. 연극의 순수한 핵심은 우리들 자신을 되찾게 하는 것임을 보여주는 '연극' 그 자체이다.

4. 거미줄과 같은 비언어

오늘날 연극은 타락하고 있다. 연극이 날로 지역의 범위를 넘어 번창하고 있지만 팽창만 할 뿐 진정한 연극의 현실을 펼쳐 보여주지는 못하고 있다. 연극의 타락이란 연극이 문화적, 미학적 그리고 인간적인 존엄성을 지니지 못하고 있기 때문에 야기된 결과일 터이다. 연극을 언어 연극과 비언어 연극으로 나누고 상위와 하위의 연극으로 설정하는 것, 연극을 서양 연극과 동양 연극으로 잘라 말하는 것은 더 이상 가치가 없어 보인다. 앞서 언급한 것처럼, "동양 연극과 서양 연극은 더 이상 따로 분리될 수 없다."[12] 그것은 서양 연극의 동양화도 아니고, 동양 연극의 서

12 유제니오 바르바, 앞의 책, 83쪽.

양화도 아니다. 연극의 비언어화는 이러한 경계를 넘어 새로운 연극의 가치를 찾는다. 그것은 연극의 근원적인 전통이다.

문제는 일상생활에서 몸의 활용과 같은 비언어적 고찰을 통하여 탈일상이라고 말하는 연극 속에서 몸에 대한 기술을 배우는 일이다. 연극과 마임 그리고 춤 사이에는 아무런 구분이 없다. 연극의 비언어화는 배우의 움직이지 않는 부동성도 하나의 행위로 본다. 그리고 그 산실인 몸을 인위적, 예술적인 것으로 신뢰하는 것, 그것이야말로 연극의 비언어화가 지니는 본질이다. 그런 면에서 연극의 비언어적 특성이란 곧 연극이 지닌 몸과 같은 고고학적 잔재에서 가치를 찾는 일이다. 고고학적 가치란 실재적 유용성이 사라진 후부터 평가되는 가치를 말한다. 연극의 비언어적 가치란 물질적 조건인 몸의 유용성의 상실 그 자체가 아니라 몸의 역학을 확장시키고, 몸에 새로운 가치를 부여하는 일이다. 이렇게 해서 몸은 '예술적인 몸'이 되고, 연극적으로 재건된다. 남성적이지도 여성적이지도 않게 된다. (아니, 일정 부분은 여성적인 언어에 가깝다. 언어가 사물에 관한 이미지, 그림자에 불과한 것이라면, 비언어는 몸을 자연과 같다고 강조한다. 자연과 몸은 동일한 육체의 달력을 갖고 있다는 면에서, 연극의 비언어화는 자연의 순환적인 리듬과 공명하고 일치한다. 그런 면에서 현대연극의 비언어화는 여성적 특성을 강조하는 페미니즘과 상통한다.) 연극은 시대를 막론하고 당대와 문화의 정신적 가치를 찾는 일이 아닌가. 비트겐슈타인이 말한 것처럼, 연극이야말로 이 시대, "우리의 손가락으로 찢어진 거미줄을 수선하는" 것일지라도. (2005)

현대연극, 기록과 기억의 언어

문인이나 시인이 좋은 계절 아름다운 경치를 만나면 시 쓰는 어깨에선 산이 솟구치고, 읊조리는 눈동자엔 물결이 일어난다. 어금니와 뺨 사이에서 향기가 일고, 입과 입술에선 꽃이 피어난다. 그러나 조금이라도 분별하여 따지는 마음을 숨기면 크게 흠결이 된다.

— 이덕무의 「이목구심서」

1. 한국 현대연극 기록과 연극의 이해

정조 때 소설가인 이옥의 소설 「가객 송실솔」을 읽었는데, 처음에 나오는 이 부분이 압권이다.

송실솔은 한양에 사는 가객(소리꾼)이다. 노래를 잘하였는데, 특히 귀뚜라미 노래를 잘 불렀다. 그래서 이름을 실솔(귀뚜라미)이라 했다. 실솔은 젊어서부터 노래하는 것을 배웠다. 자기 나름의 소리를 얻은 뒤에는, 세차게 쏟아지는 폭포가 우르릉 쿵쾅 내리찧는 곳에 가서 날마다 노래를 불렀다. 그렇게 노래 부른 지 한 해가 되자, 오직 자기가 부르는 노랫소리만 들릴 뿐, 폭포 쏟아지는 소리는 들리지 않게 되었다. 그는 다시 북악산

꼭대기에 올라가서, 높고 확 트인 곳을 의지하여 신들린 듯 노래하였다. 처음에는 째지는 소리가 나서 고르지 못했다. 하지만 그렇게 하기를 한 해 남짓 하자, 회오리바람이라 해도 그의 노랫소리를 흩어지게 하지 못했다. 그 뒤로 실솔이 방 안에서 노래하면 그 소리가 대들보에 울려 나가고, 마루에서 노래하면 그 소리가 대문까지 들렸다. 배에서 노래하면 소리가 돛대 위로 뻗었고, 골짜기 시내에서 노래하면 소리가 구름 사이에 울려 퍼졌다. 노랫소리가 세차기는 마치 북과 징소리 같고, 깨끗하기는 옥구슬 소리 같으며, 한들거리기는 아지랑이의 가벼움 같았다. 소리가 일시에 머물 때에는 제철을 만나 우는 것 같으며, 떨칠 때는 용이 울부짖는 것 같았다. 그리하여 거문고에도 잘 맞고 젓대에도 잘 맞고, 퉁소에도 잘 맞고, 쟁에도 잘 맞을 만큼 그 묘함이 극치에 이르게 되었다. 실솔은 그제야 옷깃을 여미고 갓을 바로 쓰고는, 뭇 사람들이 모인 자리에서 노래를 불렀다. 그가 노래하자, 듣는 사람들이 모두 귀를 기울여 하늘을 향하였고, 노래 부르는 사람이 누구인지를 알지 못하였다.[1]

연습을 엄격하게 하고, 옷깃을 여민 다음, 엄정하게 사람들 앞에 나서는 그이야말로 내가 읽은, 아니 내가 본 최고의 배우가 아닌가! 조선 시대 탁월한 소설가였던 이옥은 추남인 데다가 난쟁이였지만 노래를 잘하였던 남학의 일화[2]를 적기도 했다. 남학이 컴컴한 방 안에서 노래를 부르자 기녀들이 다투어 수박자매(手拍姊妹)를 맺자고 은근히 청하다가, 불이 들어온 뒤 그의 외모를 보고는 기절하는 자까지 나왔다. 이옥은 남학이란 가객을 통하여 불구의 몸을 지닌 배우의 내면에 예술가의 영혼이 숨어 있다는 사실을 알리고 싶었다. 이옥의 글은 노래하는 배우의 처연한 존재를 절실하게 표현하고 있다. 글 속에 노래의 아름다움과 노래하는 몸의 서글픔이 어울린 예술의 절정이 들어 있다. 오늘날 배우가 이러

1 이옥, 『선생, 세상의 그물을 조심하시오』, 심경호 역, 태학사, 2001, 29~30쪽.

2 「청남학가소기(廳南鶴歌小記)」

할까? 얼마나 오랫동안 우리들은 우리들 자신을 우리 입장으로 말하고, 정의하는 것을 거부하였던가?[3] 연극은 우리의 삶과 떨어질 수 없는 매우 소중한 예술이다. 한국 연극의 미학에 관한 논의는 우리의 삶을 배경으로 삼은 연극의 이해로부터 시작되어야 한다.

연극은 섬세한 감각의 예술이다. 그것은 배우가 지닌 온몸과 숱한 말로 인간과 사회에 대해서 통찰하는 예술이다. 보이는 말이 글이고, 들리는 글이 말인 셈이다. 그 말과 글 속에 진리가 숨겨져 있다면 그것은 예삿말과 글이 아니다. 연극이 모든 인문학적 지식을 총괄하고 지성의 산물이라는 것은 의심할 바가 없다. 오래전부터 인문학의 위기와 더불어 연극의 위기를 말하는데, 그것은 두 가지 이유 때문이다. 하나는 인간과 사회를 통찰하는 배우가 제몫을 하지 못하면서 연극이 삶의 총체성과 멀어진 탓이고, 다른 하나는 그것이 커져 연극이 인문학적 지식과 지성으로부터 동떨어진 채 제 역할이 흔들리거나, 제 할 바를 잃어버렸기 때문이다. 연극이 재미없다는 것은 연극이 우리의 삶에 대하여 어떠한 설득력도, 통찰력도 지니고 있지 않다는 것을 뜻한다. 연극의 상투성, 통속성은 모두 고정된 것에 저항할 수 없는 무력함으로부터 온다. 한국 현대연극의 미학을 결정짓는 고유한 언어란 지배론적인 전제들인 모든 상투성과 통속성을 덜어낸 언어일 터이다. 그런 뜻에서 보면, 대학로는 더 이상 연극의 마을이 아니다. 계속 똑같은 말로 하는

3 우리 입장으로 현대연극의 미학을 말하고 정의할 수 있는 연극의 에너지, 연극의 잠재성은 무엇인가? 잠재성이란 에너지[ressource] — 다시 일어나게 하는 것을 뜻한다. 근원과 뿌리, 민족주의 혹은 민족차별주의자와 같은 단어들의 어원은 같다. 그러므로 한국 연극의 미학, 그 근원을 말하려는 근원주의자는 항상 스스로에게나 자신의 바깥에 위험할 수밖에 없다. 용기를 필요로 하는 일이고, 위험을 감수해야 하는 일이다. 혁명이라는 것은 다시 돌아가게 하는 것, 그러니까 멈추어 있는 것을 돌아가게 하는 것이다. 근원과 혁명은 가장 가까운 의미망에 속해 있다. 바꾸려면 근원으로 내려가야 한다. 그래야만 돌아가게 할 수 있기 때문이다. 이것이 우리가 연극이론을, 그 가운데 고전이론을 다시 공부하려는 이유가 될 것이다.

연극, 늘 같은 방식으로 재생산되는 연극들이 있을 뿐이다. 연극이 없는 텅 빈 사막과 같은 그곳에 있는 공연들은 연극의 탈을 쓴 유사 연극이다. 사유가 부재한 오락의 연극만이 풍요롭다. 그곳에서 새로운 연극의 역사를 만드는 작가를 찾기 어렵다. 이른바 가짜 연극들만이 있기 때문이다. 그 위로 사라진 연극들이 유령처럼 배회하고 있다. 순결과 같은 연극 창작의 의지가 사라지고 연극을 지배하는 권력만이 난무한다. 여기에 연극비평마저 침묵하고 있다. 그렇다면 오늘날 절박한 연극 이론과 비평은 배회하고 있는 연극 유령들과의 대화가 되어야 할 것이다. 한국 현대연극의 미학, 그 구경(究竟)은 존재하는 연극이 아니라 부재하는 연극에 관한 것이어야 한다.

1.1. 엄격한 연극이 있었던가? 우리 연극은 엘리트 연극인가?

나는 오늘날 한국 연극의 지형이 매우 혼란스럽다고 여긴다. 죽이 되든 밥이 되든 연극은 엄격해야 하고, 엘리트주의의 산물이 되어야 한다고 말하고 싶다. 연극의 엄격성은 한국 연극의 뿌리에 관한 것이다. 한국 연극이 보여주는 부챗살과 같은 스펙트럼은 매우 광범위하다. 그 안에서 나는 고유한 연극이 사라지고 없다는 것을 깨닫는다. 한국 현대연극의 자장 안에는 미국 연극, 유럽 연극, 일본 연극, 중국 연극, 라틴아메리카 연극, 아프리카 연극들이 섞여 있다. 그리고 서구 연극 중심적이거나 이를 추종하는 포스트모더니즘 연극, 탈식민주의와 연극, 여성주의와 연극, 정보화 사회와 연극, 자본주의의 문화논리와 뮤지컬, 장르의 해체, 실험과 재구성의 연극들이 이념적으로나 실천적으로 유행하고 있다. 서구 연극이론을 온전하게 반복하고 있는 그런 경향에 비하면, 서구지배론의 역사적 기원과 실체를 규명한 에드워드 사이드의 오리엔탈리즘과 같은 성찰로 한국 현대연극의 이데올로기적 관점들을 반성적으로 연구하는 작업들은 그리 많지 않다. 한국 현대연극의 미학에서 "우리들이 지금까지 서술하여온, 과거로부터의 동서양 불평등론의 방향으로 왜곡"[4]된 바는 무엇인가? 한국 현대연극의 미학을 지탱하는 입론의 근거는 무엇인가? 한국의 근대 이후 연극은 많은 부분 서양 연극의 이론이 지배했던 역사가 아니겠는가? 이 문제는 무지와 개탄으로 볼 수밖에 없는 구극과 신극이라는 잣대로 구분된 한국 근대 연극의 역사, 그 모순점을 파악하기 위한 필수적인 작업이 아닐 수 없다.

서구 연극에 대한 편견 혹은 영향력은 오랜 시간을 통해서 우리 연극 안에 자리 잡고 있다.[5] 서구의 현대연극에서 이러한 반성은 연극 표현 기제인 말과 글과 몸 가운데 몸으로부터 비롯되었다. 연극 연구의 대상은 인간의 몸이라는 인식은 우리나라를 비롯한 동양 연극의 미학을 새롭게 조망하는 계기가 되었다. 이것은 연극을 하나의 미시사회로 보고 사물과 세계를 재현하는 배우의 몸과 배우가 재현하는 사물과 세계와의 관계를 규명하기 때문이다. 사물과 세계를 드러내 보이기 위한 배우의 재현 기술 즉 연기법에 관한 연구는 배우의 몸으로부터 시작한다. 이런 관점으로 우리는 연극인류학을 만나게 된다. 『연극과 인류학 사이 *Between Theater and anthropology*』에서 리처드 셰크너가 언급한 것처럼 "모든 연극이 인류화되는 것처럼, 인류학은 모두 연극화된다"[6]는 것은 배우의 몸이 있기 때문이다. 이른바 인간의 몸을 위주로 해서 연극과 문화에 대한

4 에드워드 W. 사이드, 『오리엔탈리즘』, 박홍규 역, 교보문고, 1999, 279쪽.

5 이 점에서 우리가 반성해야 할 것은 지배적인 서구의 연극 개념으로 인하여 다양한 공연 양식이 연극의 범위에서 배제된 것과 무대, 희곡, 배우, 연출과 같은 개념으로 만들어진 하나만의 연극으로 고정된 것이다. 노래로 된 악(樂), 놀이로 된 희(戱)가 줄어들고, 이야기가 중심이 되는 극(劇)만이 연극의 중심을 이루고 있기 때문이다. 사진실, 『공연문화의 전통』, 태학사, 2002, 52~53쪽 참조.

6 Richard Schechner, *Between Theater and anthropology*, Univ of Pennsylvania Press, 1985, p.33.

절대주의가 아니라 상대주의를 믿는 태도이다. 그것은 최종적으로 하나만의 연극과 그 제도가 아니라 여러 연극들과 제도들을 믿는 것, 그리하여 연극의 제도(制度)를 제도(諸島)로 만드는 것이다. 이런 관점은 서구 연극이 현대연극의 중심이라는 사고를 해체하는 것으로 이어졌다.[7]

또한 1990년대에 들어와서, 우리는 자크 데리다의 대표적인 저서인 『글쓰기와 차이 *L'écriture et la différence*』[8]에 들어 있는, 앙토냉 아르토에 관한 두 개의 논문(「속삭임 La parole soufflée」와 「연극과 재현의 울타리 Le théâtre de la cruauté et la clôture de la représentation」)[9]을 통해서 서구 형이상학을 위협하는 해체주의적 관점과 더불어 서구의 동양 연극 연구를 재빨리 수용할 수 있었다. 이렇게 우리들은 서구의 연극이론의 의해서 더 많이, 더 빨리 동양 연극의 미학에 접근할 수 있었다. 그것은 21세기에 나타나는 또 다른 형식의 서구 연극에 의한 동양 연극의 지배 형태라고 볼 수 있다. 바르바와 데리다에 의해서, 동양 연극은 제의적 동작, 제스처, 리듬, 음악을 지각하게 함으로써 가장 깊고 가장 원초적인 본능과 감정을 일깨우는 극형식의 추구로, 관객의 무의식을 자유롭게 하고 문명화된 외관 밑에 숨어 있는 격렬한 원시적 감정과 욕망의 진실을 드러내고자 한 연극으로, 반복되지 않고 단 한 번의 의미나 현전의 수수께끼와 같은 연극으로, 연극의 경계에 도달하여 연극적 가능성의 안과 밖을 동시에 사유하면서 동시에 그것을 무화시키는 위험한 연극으로 받아들여지게 된다. 그리하여 한국의 현대연극의 미학은 어느 정도, 원하든, 원하지 않든 아르토의 연극이론처럼 언어의 무대화, 즉 언어

---

7 여기에 덧붙일 책으로서 유제니오 바르바가 쓴 『배우의 해부 — 연극인류학』과 이 책 이전에 『연극의 제도(諸島)』(1982)가 있고, 이후에 출간된 유제니오 바르바, 『연극인류학 — 종이로 만든 배』(안치운 · 이준재 역, 문학과지성사, 1993)가 있다.

8 Jacques Derrida, *L'écriture et la différence*, Paris: Editions Seuil, 1967.

9 이 부분에 대해서는 필자의 글, 「아르토와 한국 연극, 그 위험한 풍경」, 『한국 연극의 지형학』, 문학과지성사, 1998, 149~162쪽 참조.

의 연출, 순수한 연출의 승리에 동의하게 된다. 그리고 종래 서구 연극의 언어인 분절된 언어(langage articulé) 와는 전혀 다른(이를 극복하는) 논리와 이성을 벗어난 공간적인 언어(langage spatial)를 발견해야 한다는 것을 긍정하게 된다. 즉 시간과 공간, 이성과 감각, 영원과 시간, 이상과 현실, 영혼과 육체와 같은 이분법적 구분, 심리적 특성을 지닌 서구의 연극 언어와는 전혀 다른 언어를 추구해야 한다고 여기게 된다.

이렇게 되면 이 땅의 연극미학의 모든 것은 서구 연극이론의 추종을 통해서만 가능하게 되는 것이 아닌가. 동양 연극 혹은 한국 연극은 늘 서양 연극의 끝자락에 놓이는 것으로 인식되는 것이 아닌가. 그렇다면 지금까지 서구 연극에 비해서 열등한 위치에 놓였던 동양 연극이 역설적으로 서구 현대의 이론에 의해서 자신의 미학적 정체성을 회복하는 것이 과연 가능하고, 바른 것인지를 힘들게 질문해야 한다. 서양철학의 지적 전통에 따른 이러한 연구는 서양 연극과 동양 연극의 동등한 관계의 산물이 아니기 때문이다. 우리 안에 내재된, 각인된 서구 연극과의 친연성을 떠나 우리는 서구 연극과 동양 연극 사이에 놓인 폭력적 위계질서를 거꾸로 놓고 다시 한국 현대연극의 미학을 물어야 한다. 서구 연극과 한국 연극 사이의 교류를 바탕으로 한국의 현대연극은 어떠한 미학적 모습을 내재적으로 지녀야 하는지를 되물어야 한다. 그래야만 서구의 현대연극이 스스로의 연극적 전통을 반성하기 위하여 동양 연극을 상보적 기제로 활용한 바를 제대로 이해할 수 있을 것이다.

1.2. 분열과 통합이 21세기 문명의 지형도라고 하더라도

한국 연극은 동서양 모든 연극에 관대하고, 연극의 미래에 대해서 너무나 낙관적이다. 무엇이 한국 연극의 고유함인가? 그것은 연극을 만드는 윤리에서부터 연극의 구조에 이르는 것을 모두 아우르는 질문이다.

한국 연극의 반동적인 리얼리즘에 이어서, 80년대 이후, 독창적인 연극 이념들을 내세운 창작들이 없었던 것은 아니었지만 만족할 만한 것은 아니었다. 동양이 지닌 신비적 요소, 보다 대중적인 요소들이 가미된 공연을 통하여 서구 연극과 구별되는 한국 연극, 나아가 세계적인 한국 연극을 위한 시도가 있었지만 그 수준은 기대할 것도 아니었고, 그 시도도 오래 지속되지 못했다. 서구 연극의 주변화에 머물고 만 이것이 한국 현대연극의 엄연한 현실이다. 예컨대 많은 해외공연을 한 '극단 자유'의 공연 목록은 한국 연극의 자생적이고 독창적인 전통이란 이름을 내걸고 서구 연극의 주변화에 앞장선 경우라고 할 수 있다.

모든 연극 이념의 분열과 통합 이전에, 새로운 연극 창조의 가능성에 대한 시도에 앞서서, 연극미학의 절정은 연극은 공연을 통해서 시작되지만 공연과 함께 끝난다는 것이다. 한국 연극은 그것을 쉽게 잊고 있다. 방향 부재의 한국 연극. 고립무원의 한국 연극. 한국 연극에는 무언가 큰 것이 빠져 있다. 한국 현대연극의 미학적 성찰을 위해서는 시간과 장소를 초월해서 연극이란 형식이 지니는 근원적인 성격이 무엇인가를 먼저 말할 수 있어야 한다. 그렇지 않으면, 한국 연극의 정체성은 이미 정해진 것이 되고 만다. 한국 연극이란 이런 것이다라고 상정된 것이므로, 그 합의된 것에 새로운 논의를 진행할 수 없게 된다. 다른 나라의 연극의 이론과 실천에 있어서 관대했다는 것은 한국 연극이 연극을 만드는 방법에 매달려 있다는 증거이다. 그 묵시적 관행은 아직도 유지되고 있다. 깊이 없는 젊은 연출가들이 서양의 연극에 추근대며 선배들처럼 실험이란 이름으로 재구성, 재창작, 각색하는 데 앞장서고 있다. 이 결과 진리와 같은 원작이 사라지고 위작만이 난무한다. 동양 연극의 고전 이론의 공부도 마찬가지이다. 그 이론을 한국 연극과의 유기적 연관성을 말하는 것이 아니라 한국 연극의 바깥에서 온 신비화된 이론으로 자족하고 있다. 그것이야말로 서구 연극의 주변화 과정을 겪는 한국 연극의 모습이다. 그리하여 지배적인 서구 연극과 구별되는 것이 아니라 서구 연극이라는 지배론적 범주에 스스로 동화되고 만다. 서양 연극의 미학을 연극의 원형처럼 여기고, 그것에 의지하는 역사적, 미학적 시뮬라시옹은 동양 연극의 미학 연구에 있어서도 그대로 유지된다. 보라, 한국 연극에 다른 나라 고전 희곡과 이론에 관한 책들이 얼마나 번역되었는지를. 그런 현상은 한국 연극의 고전에 있어서도 마찬가지이다. 텍스트가 부재한 연극의 이론들이 넘쳐나고 있다. 깊이 살피지 않고 삼키는 이론들이 너무나 많다. 고전 번역이란 우리 입장에서 읽고 우리 자신을 설명하는 일이다. 해석학적 반성을 거듭하는 노력이다.

그러할 것이다. 연극의 기원을 말할 때마다 신화를 말하고, 종교의식을 덧붙이면서 서양 연극과 동양 연극의 중심적 모습들을 강조하려 했던 것을 반성해야 한다. 그것이 '연극'과 연극미학을 말하기 위한 순결한 기원이 지닌 권력일 터이다. 그것은 내가 학생일 때 배운 것이고, 내가 선생일 때 가르치는 것인데, 이것들은 마냥 같다. 연극의 기원을 말할 때마다 진술되는 디오니소스 신화가 그 예에 속한다.

> 연극의 신, 디오니소스는 애초부터 몸에 상처를 내기 위하여 술을 마시는 반신반인의 존재였다. 그는 자신을 신으로 알아주지 않는 것에 고통과 불만을 느끼고 자기 주위에 몰려든 제자들에게 술의 미학을 가르쳐주며 방랑했던 술꾼 호모 비뷔러스(homo bibulus)였다. 때로는 광포하고 무절제하게, 피에 굶주린 자가 되기도 하였다. 어떤 축제 때, 그와 그의 제자들이 술에 만취해 광란의 주연을 벌이자 왕이 그들을 내쫓아버렸다. 그는 나중에 그 나라의 모든 여인들을 인사불성의 상태로까지 술에 취하게 만들어 광란의 소용돌이 속에서 왕에게 덤벼들게 하고, 그 왕을 갈기갈기 찢어 죽게 함으로써 자기를 괄시했던 왕을 파멸시키기도 했다. 디오니소스는 이렇게 삶의 일상적 구속과 한계를 파괴시켜 버리는 상태의 황홀감을 인간에게 주었다. 인간은 이때 자신의 모든 상징 능력을 최고로 발휘하도록 자극받는데, 그것이 상징으로서의 몸짓이다. 몸이

상징을 잃어버리면 타락하고 추락한다. 몸의 상징이 과거에 묶이면 제의가 되고, 미래에 연결되면 환상이 된다. 하비 콕스에 의하면 제의와 환상이 합치면 축제가 된다. 축제는 몸에 관한, 몸에 의해서만 이루어지는 행위의 결과이며 절정에 오른 행동 양식이다. 상징으로서의 몸짓은 다른 말로 하면 '지나친 몸짓'이다. 축제는 그러한 내용적인 측면을 유도해내기 위해 그것을 표현할 실제적 도구인 몸에 부딪히게 된다. 서양 연극의 기원인 디오니소스 찬가는 인간이 자기의 몸이 모든 상징 능력의 소산자로서, 능산자로서의 능력을 발휘하도록 노래한 자극이었다. 상징은 신체 부분부분이 각기 개별성을 지니고 행동하지만 광란, 광기의 세계를 지향한다. 이때 솟구쳐 오르는 행위가 춤이고, 몸을 자극하는 가장 쉬운 것은 음악일 것이다.[10]

서양 연극의 신화적 기원과 연극의 역사를 동일시한 채 줄곧 배우고 가르친 탓으로 한국 현대연극의 미학은 자생력을 지니지 못하고 있다. 연극을 공부하면서 가장 힘든 일은 이러한 지배적인 연극 이념의 함의를 벗어나는 일이다. 그만큼 한국 현대연극의 미학을 합리화하는 자장을 벗어나 우리 입장에서 연극의 원론을 말하는 것이 어렵다. 한국 연극의 숱한 이론들이 공론으로 머무는 일은 더 안타까운 일이다. 사라지는 연극의 미학을 이해하고 정립한다는 것은 매우 힘든 일이 아닐 수 없다. 연극은 시작되자마자 즉시 흔들리고 무너져버린다. 이것이 연극미학의 특징이다. 덧없이 사라지고, 일회적이라는 것, 나약하다는 것, 저장되지 않는다는 것, 복사되지 않는다는 것, 사람의 몸으로 한다는 것, 하는 사람과 보는 사람이 같은 장소에 있다는 것, 글을 몰라도 볼 수 있다는 것 등등. 관객이 애써 기억해낸 연극조차 얼음에 갇힌 강물과 같이 잠시 머무르는 것에 불과하다. 어떻게 사라진 연극을 글로써, 말로써 다시 세우고 이해한단 말인가? 연극미학에 관한 공부는 불안하게 긴장하고 있는 공

10 안치운, 『한국 연극의 지형학』, 문학과지성사, 1988, 88~89쪽.

연이란 존재와 같아, 그 긴장 상태를 유지하는 긴 호흡을 필요로 한다. 긴 호흡이란 산에 오를 때 자신의 몸이 내는 소리이다. 오늘날 한국 현대연극의 미학에 대한 성찰은 연극이 내지르는 소리를 듣는 것부터 시작되어야 한다. 그것은 한국의 현대연극, 그 자신의 내면의 소리를 듣고, 그 풍경을 읽는 것이다. 그곳에 문학, 미술, 음악처럼 다국적이며, 탈장르적이며, 탈중심적인 21세기 예술의 풍경들이 겹쳐진다. 미완의 근대, 잉여의 탈근대가 가난한 우리들의 초상으로 자리 잡고 있다.

2. 한국 현대연극 미학, 혼란의 장

연극미학에 관한 이해, 공부와 더불어 이를 기록, 기억하는 일은 다른 장르와 비교하여 약점을 많이 지니고 시작할 수밖에 없는, 다시 말해 패배를 뻔히 알면서 하는 시도와 같다. 아무것도 남기지 않는 공연을 끝낸 연출가와 배우들을 생각하면 무섭기까지 하다. 멈출 때가 있다. 멈추어 서서 세상을 새롭게 볼 때가 있다. 그렇게 해서 자신이 깨어나는 모습을 놀라움으로 볼 때가 있다. 나는 그 맛에 높은 산을 오르고, 낯선 곳을 찾아 여행한다. 예컨대 연극을 전공한 내게 시는 매우 낯선 것이다. 시란 존재는—그것이 꼭 시가 아니더라도—내게 낯설되 가끔 내 안으로 찾아올 때가 있다. 그것이 내 안으로 들어와 내 일부가 될 때 나는 참 행복해진다. 시인 허만하 선생이 한, "산다는 것은 낯선 것을 받아들여 낯설지 않는 친숙한 것으로 만들어가는 과정"이라는 말에 전적으로 동의한다. 그리고 그는 이렇게 덧붙였다. "낯선 것을 만나기 위하여 우리는 길 위에 선다"라고.[11] 연극을 보는 것처럼, 기록의 산물인 사진들을 보면서 똑같은 생각을 한다. 낯선 공간을 담고 있는 사진을 볼 때가 있다. 그 사

11 허만하, 『낙타는 십리 밖 물 냄새를 맡는다』, 솔, 2000, 23쪽.

진들을 보면서 동시에 그 사진을 찍기 위하여 멈춘 순간을 떠올리게 된다. 좋은 사진을 보노라면 놀라움 앞에 멈추어 서서 사진기를 손에 든 이의 행복함을 동시에 경험하게 된다. 그 최댓값은 사진 찍은 사람조차 찍으려고 하는 풍경에 덧붙여진 하나의 풍경이 되고 있는 것이다. 요사이 연극동네에 가서 연극 보기가 싫어졌다. 그것은 자신의 주변을 낯설게 보기는커녕 아무렇지도 않게 대하는 이들과 친숙한 연극들이 많아졌기 때문이다. 자신이 연극이라는 풍경의 일부가 되는 것이 아니라 풍경 즉 연극의 본질이라고 믿는 친숙한 이들이 있기 때문이다. 한국 현대연극에서 그것은 매우 친숙한 풍경이 되고 있다.

우선 눈 맑은 관객이 있어야 하는 것처럼, 한국 연극의 미학을 위해서는 무엇 하나 남기지 않음에도 자신을 불태울 수 있는 용기 있는 배우가 필요하다. 이 시대에는 새로운 계몽의 의지를 지닌 배우와 연극 작가들이 더 많아져야 한다. 뜨락의 목련꽃 터지는 소리를 들으면서 적막한 절대공간을 무서운 속도로 돌고 있었을 지구를 생각할 줄 아는 작가들이 많아져야 한다. 나무를 보면 생명을 떠올리고, 벼랑 같은 그 수직성을 말할 수 있고, 수직성이야말로 평면에 굴복하지 않고 일어서는 실존이라는 사유에 이를 수 있는 작가들이 등장해야 한다. 작가에게 연극미학이란 곧 삶으로의 나들이이고, 이는 풍경과의 만남이되, 언어로 말할 수 없는 것을 언어로 말하는 고된 일이다. 생각한다는 뜻을 지닌 팡세(penser)는 모으다라는 라틴어 'pensare'에서 왔다. 플라톤은 우리들의 앎은 어렴풋한 추억, 회상이라고 했다. 이처럼 길을 걷다 보면, 앎은 배우는 것이 아니라 기억하는 것이라는 걸 새롭게 깨닫게 된다. 연극미학에 관한 서술은 사라진다는 것을 알면서도 끊임없이 연극 공연을 준비하는 이들의 외로운 등판을 떠올리며 시작되어야 한다. 연극은 관객이나 보고 읽는 것을 전문으로 하는 연극평론가에 있어서나 읽어야 하는 한 권의 두툼한 책과 같아야 한다. 연극은 분명 일회적이고 사라질 수밖에 없는, 아니 사라짐으로써 완성되는 나약한 예술이다. 그러므로 연극미학은 사라지는 공연의 허무 속에서 허무에 직면하여 연극의 의미와 가치를 찾는 일이다. 공연이 남긴 허물어진 조각들의 더미를 가지고 새롭게 연극의 언어를 스스로 건축하는 일이다. 공연은 도판을 남기지 않는다. 니체의 아름다운 글귀대로 마음의 바닥에서 마음의 문을 열고 섬세한 손가락과 눈으로 연극을 읽고 부수고 다시 세우는 일이 연극미학의 출발이다. 이것은 현장성에 관한 부분으로, 연극미학은 이것을 중시해야 한다. 2000년대 들어서도, 한국 연극에는 연극미학을 제대로 다룬 이론서나 논평집을 찾아볼 수 없다. 한국 연극 전체를 총론적인 견해로 밝히고 있는 책들은 있지만, 경의를 표할 만큼 한국 현대연극의 미학, 그 존재와 당위를 말하고 있는 책들은 없다. 한국 연극을 실제적으로 펼쳐놓고 그 힘을 예증하는 연구서들이 나와야 한다. 말을 바로 하자면, 한국 현대연극에서는 연극의 위기가 아니라 내세울 입론이 없는 연극이론의 빈곤과 위기가 먼저이다. 공부가 부족한 연극이론가와 비평가일수록 연극의 위기를 내세우는데, 그럴수록 연극이론가와 비평가의 권위는 커지고, 그 위기는 감춰진다.

2.1. 극장과 희곡 — 말의 미학

요사이 우리말의 어원, 그리스어와 라틴어 공부를 통해서 언어 그 자체보다는 언어가 지닌 시간의 흔적, 낱말의 어원 속에 담긴 변함없는 인간의 사유를 배우고 있다.[12] 지금으로부터 약 2,400~2,500년 전에 살았

12 하나, 작가는 숨어 있는 존재 즉 은자(隱者, ana/chorète)이다. 자연에서 혼자 살기 위하여 다른 사람들의 사회에서 스스로 이탈한 사람이다. 시대를 떠나서 시간을 거슬러 스스로 후퇴하는 짓을 하며, 홀로 존재하는 이를 뜻한다. 둘, 욕망(désire)이란 단어에서 재앙(désastre)이란 단어가 나왔다. 그런 면에서 예술은 매혹의 경험, 그것은 바라보면서 죽어가는 것, 부분

던 소크라테스, 플라톤, 아리스토텔레스와 같은 이들이 다시 태어나도 오늘날 그리스 신문을 읽는 데 큰 어려움이 없다고 한다. 그만큼 언어가 변하지 않았기 때문이다. 500년 전 세종대왕은 오늘날 우리글을 얼마나 읽을 수 있을까? 극장에 들어와 연극을 보았을 때, 얼마나 이해할 수 있을까? 근거가 없는 말이지만 상당히 어려울 수밖에 없을 터인데, 그것은 우리 언어가 삶처럼 너무나 많이 쉽게 변했기 때문이리라. 언어 사용에 대한 이 가정을 두고 본다면, 오늘날 그리스인들의 삶과 우리들의 삶은 같은 시간대임에도 불구하고 그 밀도는 큰 차이를 보일 것이라고 나는 여긴다. 제대로 된 우리말 어원사전 하나 없는 것처럼, 우리들의 삶의 깊이는 언어와 함께 과거와 단절되어 있다. 그리고 시간을 몸으로 기억하지 못하는 우리의 삶은 가벼울 수밖에 없다. 나는 이것이 우리가 지닌 불행 가운데 하나이고, 이 책임은 연극에게도 있다고 생각한다. 연극과 극장은 무엇보다도 말을 섬기는 곳이다. 말들이 모여 하나의 텍스트를 이루는 곳이다. 텍스트는 말들의 무덤이며 동시에 말들이 씨알로 있는 곳이다.

극장은 어두운 곳이며 극장 바깥의 밝음과 대비되는 곳이다. 어떤 사회에나 극장은 존재한다. 실외에 있는 극장으로, 실내에 있는 극장으로, 혹은 원형으로, 사각형으로. 극장은 항상 변모해왔다. 이런 변모는 그 나라, 사회, 역사와 밀접한 관계를 지니고 있다. 극장이 있는 곳에 연극을 하는 이들이 모인 극단이 있다. 역사적으로 보면 극장은 고정적인

적으로 죽는 것, 죽음과 더불어 소멸하는 것, 죽어가면서 바치는 매혹이다. 작가들은 불운의 별자리를 타고난 사람(desastroso)이다. 그 가운데 놓인 이들이 욕망하는 배우, 작가들이다. 욕망하는 자는 탐색하는 자이며, 보여진 것 속에 있지 않은 것을 바라보는 자이며, 실재와 이화시키는 자이며, 자신과 사회, 언어, 옛날, 근원으로부터 분리하는 자이다. 그 최댓값은 죽음 찾기에 이른다. 셋, 한국 연극에서 쓰이는 모든 용어에 대한 새로운 해석과 정립이다. 일본식 한자인 배우, 연기, 연출, 연극, 극장, 가면과 같은 단어들의 뿌리 찾기와 우리말로 바꾸는 시도이다.

데 반하여 극단은 유동적이다. 한 곳에 머무르지 않고 떠돈다. 유랑극단인 우리의 남사당이 그렇고, 서양의 코메디아 델 아르테와 같은 경우가 그렇다. 반면에 연극을 보는 관객들은 떠돌지 않고 한 곳에 머무르는 이들이다. 이런 경우 누가 누구를 유혹하겠는가? 당연하게도 떠도는 자가 멈추어 있는 자를 유혹하기 마련이다. 옛날 유랑극단 시절의 이야기를 들으면, 연극 한 편 보고 보따리 싸서 집을 뛰쳐나와 극단에 들어간 이들이 많았다고 한다. 그들은 한결같이 연극에 매혹되었고, 연극하는 떠도는 삶에 유혹되었기 때문이다. 그러나 오늘날 한국 연극의 극단들은 정체되어 있다. 한 곳에 머물고 있다. 머무는 극단은 연극의 문명이 아니라 반문명에 속한다. 한국 현대연극의 미학적 생산 양식은 여기서부터 재고되어야 할 것이다.

한 예로 우리가 군사독재에 억압받고 살던 시절, 우리 사회에는 '극장식 레스토랑'이라는 것이 있었다. 극장이 극장으로서의 기능을 잃고 식당이 되어버린 예라고 할 수 있다. 그곳은 모든 것을 다 보여줄 수 있다는 광고문구처럼 퇴폐의 온상과 같았다. 오늘날에는 건물 지하에 소극장이 많이 들어선 반면, 국가가 지은 어마어마한 극장들은 대중들이 이용하기 불편한 곳에 자리잡고 있다. 국립극장, 예술의전당 등이 그런 예에 속할 것이다. 그리고 각 시도, 각 지역마다 건립된 문예회관, 구민회관 안에 있는 극장들은 건물의 외벽부터 일정하고 극장 공간 역시 거의 한 가지 형태만을 유지하고 있어 극장으로서의 다양성을 지니고 있지 않다. 극장을 우리들 삶의 곁으로, 가까운 곳으로, 한복판으로 옮겨놓는 일은 연극을 살리는, 극장을 부흥하는 가장 시급한 일이다. 극장은 기계가 제품을 생산해내는 공장이 아니기 때문이다. 멀리서 생산된 제품이 분류되어 지금 이곳에서 유통되는 것이 연극은 아니다. 멀리 외진 곳에, 휘황찬란하게 자리잡고 있는 극장은 무엇을 반영하겠는가? 한국 현대연극에서 똑같은 것은 언어만이 아니다.

왜 극장이 필요한가? 밝은 곳에서 우리들이 일한다면, 어두운 극장에서는 일하지 않고 놀고 꿈꾼다라고 말할 수 있다. 일하는 것이 효용을 얻기 위하여 조건에 억압당하는 것이라면, 놀고 꿈꾸는 공간은 효용이 아니라 무용(無用)이고, 억압이 아니라 즐거움을 낳는 곳이다. 극장에는 형태가 정해져 있지 않은 상상력이 존재하기 때문이다. 따라서 밝은 곳에서 소통하는 언어와 어두운 곳에서 소통하는 언어는 다르다. 달리 말해, 밝은 곳에서의 걸음걸이가 직립보행이라면, 어두운 곳에서의 그것은 몸을 뒤틀고, 뒹굴고, 기고, 뛰고, 날고 하는 짓이다. 당연히 극장에는 후자의 몸짓들이 더 많을 수밖에 없다. 다른 예를 들면, 연극이 있는 극장과 교육이 있는 교실을 비교하면 좋을 것이다. 이들은 서로 다르다. 극장에 오는 걸음걸이와 학교로 가는 걸음걸이는 같지 않다. 연극이 비틀거리는 발걸음이라면 교육은 반듯한 걸음걸이를 요구한다. 뒤틀림으로 즐거움을 선사하려는 것이 연극이라면, 교육은 학생들을 현실에 뿌리내리게 하는 직선적 통로이다. 연극이 옷을 벗어 헐벗은 몸을 빛내는 일이라면 교육은 옷을 입어 몸을 가린다. 교육이 포상과 훈장으로 존재의 상처를 가리는 일이라면 연극이 있는 극장은 모든 존재와 사물의 상처를 드러내 그것들을 비춘다. 시인의 표현을 빌리면 "상처가 꽃이 되는"[13] 그것이다. 학교라는 제도에 입문하면 학생들이 제일 먼저 배우는 것이 '좌측통행', '앞으로 나란히'와 같은 말들일 것이다. 교육이 있는 교실은 학생들에게 먼저 모든 사물을 고정된 것으로 바라볼 것을 요구한다. 사물에 고정된 이름이 있다는 것, 고정된 쓰임새가 있다는 것, 사물은 고정된 자리에 놓여야 한다는 것 등등. 이렇듯 교육과 교실은 사물에 이름과 의미를 부여하고 그것을 대물림한다는 점에서 궁극적으로 문화적이다. 아니, 문화적일 수밖에 없다. 따라서 교육과 교실이 문화적인 것에

13 정진규, 『몸詩』, 세계사, 1995 참조.

도달하기 위한 단선적인 길이라면, 극장은 자연적인 것으로 우회하기 위한 깊고 넓은 공간이다. 사유하고 꿈꾸며, 그것들을 드러내는 곳, 그곳이 극장 공간이다. 사유하고 꿈꾼다는 면에서 극장은 모든 것이 가능하고 모든 것이 허락된 곳이라고 할 수 있다. 한편으로는 사회가 극장에게 이와 같은 기능을 부여했다고 볼 수 있고, 다른 한편으로는 극장이 이와 같은 기능을 얻어냈다고 볼 수 있다. 그런 면에서 극장에서의 꿈과 극장 바깥에서의 윤리는 서로 감시한다. 사회는 부여하면서 극장을 감시하고 극장은 얻어내면서 사회를 반성하게 한다. 극장 안의 꿈은 사회를 감시해서 반성하게 하고, 극장 밖의 윤리는 극장 안의 꿈을 가능하게 한다. 한국 연극의 미학은 극장 공간에서도 새롭게 정립되어야 한다.

2.2. 배우의 미학

연기, 그것은 놀이이다. 중요한 것은 놀이와 연기는 배우의 몸으로 한다는 점이다. 연극은 몸으로 하는 예술이라고까지 말할 수 있다. 몸으로 하는 연기, 놀이, 배우를 강조하는 것은 우리의 몸을 회복하기 위함이다. 연극에서 몸의 회복이란 서양 연극식으로 말하면 디오니소스의 재발견, 그와의 만남이라고 할 수 있을 것이다. 앞서 언급한 것처럼, 서양 연극의 기원인 디오니소스 찬가는 인간의 몸이 지닌 모든 상징 능력의 소산자로서, 능산자로서의 능력을 발휘하도록 자극한 노래였다. 연극은 인간이 놀이를 통해 즐거움을 느끼고, 자기와 타인, 그리고 주변 환경과 조정과 동화를 할 수 있도록 한다. 배우란 그 가운데 있는 인물이다. 연극의 특성은 참여하는 이들을 기쁨 속에 몰입할 수 있게 한다는 점이다. 여기에는 일상의 틀에서 벗어나 자유로워지기 위한 해방의 몸짓이 있기 때문이다. 전래 이야기 중에서 "임금님 귀는 당나귀 귀" 같은 내용은 자유롭기 위한 놀이의 원칙을 설명하고 있는 이야기라고 볼 수 있다. 말하지 않으면 안 되는 것, 그러나 말해야 할 것을 금지당할 때 병이 생기고, 금지를 위반할 수 있을 때 삶은 다시 회복된다는 이야기이다. 이처럼 개인의 표현 능력이 절실하게 요구되는 사회에서 이야기, 놀이의 가치는 더욱 커지고 있다. 그 역할을 하는 이가 배우라고 할 수 있다.

배우란 주어진 역할을 수행하는 이라고 정의할 수 있다. 주어진 역할이란 일상에서의 그것과 다르다. 거칠게 말하면 일상에서의 역할을 위반한다. 이른바 주어진 역할을 반성하게 한다. 카뮈의 말을 빌리면, 배우는 정체성을 무력화시키고, 스러지는 것 속에서 군림한다고 했다. 배우는 역할을 확인시키고 그 역할에 맞게 행동할 것을 요구당한다. 우리 사회는 인물과 가면에 관한 사회학적 이해가 잘못되어 있다. 가면이란 단어에는 부정적인 인식이 깃들어 있어, 뭔가 거짓된 것으로 가면을 여기고 있는 것이다. 그러나 가면과 인물이란 단어는 같은 어원을 지닌다. 가면이란 뜻을 지닌 페르소나(personna)에서 인물(person)이란 단어의 어원을 찾을 수 있다. 인물이란 일상생활에서 자기에게 주어진 가면을 잘 쓰고 그 가면에 맞게 행동해야 하는 이를 의미한다. 주어진 역할과 그 가면은 참여하는 이들에게 사고와 행동이 과연 옳은 것인가 끊임없이 반성할 것을 요구한다. 그리고 이 반성적 요구는 개인에게 창의성이라는 능력을 발휘하도록 한다. 또 다른 예를 들면, '놀고 있네', '놀아나다'와 같은 비속어, '연극하지 마'와 같은 언어들에서 놀이와 연극에 대한 우리의 숨은 의식을 발견할 수 있다. 이런 말/표현 속에는 엄숙한 기존 질서만을 사회의 적자(嫡子)로 옹호하는 이데올로기가 숨어 있다. 결국 이런 말은 연극에 대한 몰이해와 연극을 부정하는 태도를 드러낸다.

연극의 주된 법칙은 배우가 몸으로 표현하는 것이다. 연극은 배우의 연기를 관객이 봄으로써 이해하는 예술이다. 따라서 연극 최초의 저장 방법은 배우의 몸 그 자체였다. 연극에서 배우의 몸은 왕이다. 몸에 의미를 담게 되면 그 몸은 춤이란 언어로 변한다. 춤은 배우의 몸의 격렬함, 그 욕망에 다름 아니다. 격렬함이란 바로 누르는 짓이다. 그래서 표현(expression)이란 욕망을 눌러[press] 밖으로[ex] 내보내는 일이 된다. 연극을 몸으로 하는 가장 직접적인 예술이라 함은 몸 이외에 다른 매체, 즉 미디어가 없다는 뜻이다. 미디어가 없을 때 비매개적, 즉 직접적(im/mediat)인 예술이 된다. 음성적인 말 이전에 연극은 배우의 몸의 격렬함으로 뜻을 만들어 시각적으로 전하고 이야기를 설명한다. 그래서 동서양의 연극을 막론하고 고대로 올라가면 연극과 춤은 같은 뿌리를 지닌다. 특히 동양 연극과 춤을 이해하기 위해서는 몸의 코드를 먼저 알아보아야 한다. 그 속에 몸부림, 몸서리 같은 언어가 있다. 몸 바깥의 가면은 배우의 덧없이 사라져가는 영광의 몸을 대신하는 또 다른 저장의 하드웨어가 된다. 연극과 춤에서 가면은 배우의 몸을 숨기면서도 곧 몸이 부재하면서도 말하는 코드의 다양성을 가능케 하기 위해서 고안해낸 훌륭한 저장 방법이다. 몸으로 기억하는 것은 고통과 잔혹함의 대가를 필요로 한다. 그래서 관객은 배우의 몸이 그려낸 실존을 보며 전율한다. 연극의 경험이란 무엇인가? 과연 의식 속에서 모든 것을 털어놓을 수 있는가? 연극은 사소한 이야기, 일상적 이야기, 사소한 짓, 일상적 행위들로 표현된다. 그런데 이 모든 것들은 허구라는 인식 안에서 가능하다. 이를 통하여 억압과 수동에서 탈피할 수 있고 상황에 능동적으로 참여하며 그 속에서 세속적 트임이라고 하는 것을 발견할 수 있다. 결론적으로 연극은 일상적 삶의 새로운 근원과 의미를 다시금 되새겨볼 수 있도록 돕는, 몸으로 행하는 계기를 마련해준다.

3. 다시 연극으로, 기록과 기억의 원리

3.1. 연극은 모순 어법으로 하는 사유이며 은유

세계의 질서는 곧 정체성의 분명함으로 가능하다. 정체성의 위기는 세계 질서의 위기와 같다. 배우를 포함해서 연극예술은 그 정체성의 위기를 벗어난 여러 삶을 당당하게 사는 것이다. "세상에 태어날 때 우리는 울고불고하네. 멍청이뿐인 크나큰 무대로 나오게 되어 우는 것이네."[14] 세계를 멍청이들이 모인 무대라고 여기고, 그렇기 때문에 울고불고한다는 것은 어른이 아니라 아이로 태어날 때부터 이미 세상을 알고 있다는, 오래 산 어른보다는 방금 태어난 아기가 더 현명하다는 것을 말해주는 모순어법이다. "사람살이는 걸어다니는 그림자, 불쌍한 광대다. 무대 위에서 한껏 재보고 큰소리쳐도 종치면 끝장이다. 천지가 지껄이는 이야기, 소리와 노여움은 요란하지만 의미하는 것은 아무것도 없다."[15] 사람을 그림자, 광대로 여기고, 세상을 연극의 무대라고 여긴다. 말하고, 소리치는 것 모두 종치면 끝장이라는 것, 세상은 그렇게 의미가 없다는 것을 말하는 모순어법이다. 의미가 없다는 것은 무의미가 아니다. 연극은 세상의 거울이라고 말할 때 거울은 세상을 있는 그대로가 아니라 좌우를 바꾸어 보여준다는 것을 염두에 두면 좋을 것이다. 그리고 그 거울이 온전하지 않고 깨져 있다면 되비친, 즉 재현되는 세상의 모습은 갈기갈기 파편화된 모습이 될 것이다.

연극을 포함한 모든 예술은 기록, 저장, 반복과 그 확장이다. 현미경과 망원경은 시각의, 전화는 목소리의, 칼과 쟁기는 팔의, 책은 기억과 상상력의 확장이다. 연극은 배우를 통하여 현실과 꿈을 기억시킨다. 연

---

14 「리어왕」, 4막 6장.

15 「맥베스」, 5막 5장.

극에서 기록, 저장, 반복 그리고 확장의 가능성을 지닌 도구는 우선 배우임이 틀림없다. 연극예술은 배우를 통하여 세상을 번역해 기억하고, 관객은 그것을 보고 세상을 달리 읽기 때문이다. 그러나 연극의 생명인 배우의 연기는 흐르는 말과 같아 연극은 인쇄물로 남는 글이 아니다. 연극이 말처럼 흐른다는 면에서 연극예술은 물과 같이 고정적이지 않고 유동적이다. 배우는 유랑한다. 떠돈다는 면에서 배우들은 무정부주의적이다. 우리의 남사당이, 이탈리아의 코메디아 델 아르테가 떠도는 유랑극단인 이유가 여기에 있다. 떠도는 삶의 극단적인 태도가 아나키즘이다. 그것은 중앙의 제도가 아니라 자기 자신이 세운 규칙을 지키며 사는 태도를 말한다. 뜻을 따라 움직이는 것이 아니라, 몸이 움직이는 데에 따라서 뜻이 생겨나는 것. 떠도는 연극의 완벽한 저장과 반복은 음악과 영화와 같은 예술에 비해 불가능하다. 그런 면에서 연극예술은 대한민국 정부만이 구분하고 있는 장르에 따르면 무형문화재에 속해야만 한다. 그러나 한국 연극에는 문화부가 생활비를 보조하는 무형문화재 기능 보유자란 것이 없다. 왜냐하면 연극 그 자체는 그대로의 전승을 거부하기 때문이다.

오늘날 한국 현대연극 미학에 있어서 커다란 문제는 도구로서의 배우의 몸이 과학에 힘입어 놀랄 정도로 증가한 기억, 저장, 확장의 양과 속도를 따라갈 수 없다는 데 있다. 이미 우리 시대에 과학의 발전은 윤리뿐만 아니라 미학의 문제까지도 변화시켜버렸다. 이것이 현대연극에 있어서 배우가 무대 위에서나 밖에서나 분열될 수밖에 없는 이유가 된다. 몸의 위기와 같은 분열은 경계의 와해를 뜻한다. 물론 몇몇 연출가들에 의해서 새로운 매체와의 협력을 통한 저장과 반복의 가능성에 대한 시도가 없었던 것은 아니지만 연극의 위기를 극복하는 데에는 성공하지 못했다. 많은 연극배우들이 연극 무대와 저장과 반복이 가능한 텔레비전과 영화의 경계를 넘나드는 것도 분열된 증후의 한 가지 예에 속한다.

오늘날 연극예술이 영화에 비교하여 훨씬 뒤져 있는 것은 이 기록과 저장 그리고 반복의 메커니즘에 기인한다. 일회적이고 그래서 나약할 수밖에 없는 연극의 순수와 위와 같은 메커니즘이 놀라울 정도로 증식하는 시대는 서로 어울리지 않기 때문이다. 저장/반복되지 않는 연극은 소비되지도 않는다. 그러므로 자본주의 시대에 소비되지 않는 형태의 예술이 주변 예술로 전락할 수밖에 없는 위기에 빠지는 일은 당연한 노릇이다. 이것이 옛 권위와 영화를 계속 누리지 못하는 현대연극의 가슴 아픈 자백이다.

배우로 하여금 많은 기억을 저장하고 반복하게 하는 것은 과학의 시대가 요구하는 고통스런 일이다. 저장과 반복의 확장이 강화되면 연극이 지닌 고유한 표현기제는 심각한 위험을 지니게 된다. 더 이상 배우는 자신이 저장하는 내용의 주체가 되지 못하기 때문이다. 스턴트맨이나 대역, 기억하고 표현하는 새로운 매체(media)가 많아지게 되는 것이다. 그래서 오늘날 현대연극은 다시금 배우의 몸, 우리들의 몸으로 매우 느리게 되돌아오는 것이 아닌가. 여기서 주목해야 할 것은 느린 몸, 느린 움직임이다. 보고 있으면 미쳐버릴 것 같은 그런 느린 동작으로. 오늘날 연극은 보이지 않는 매체, 빠른 시대와 싸우고 있다. 이제 연극은 가냘픈 몸과 느린 움직임으로 시간과 공간상의 모든 거리가 수축하고 있는 세상에 저항한다. 새로운 미디어들의 융단폭격은 인간의 경험을 무거리(無距離)의 단조로움 속으로 몰아넣는다. 이렇게 무거리성으로 접근해 들어가는 것은 모든 사물이 폭발해버리는 것보다 더 섬뜩한 것이 아닐까. 상징적 교환으로서 구체적인 연극의 미학은 무엇보다도 기호학적 질서의 일의성에 반하는 다의성에 있다.[16] 억압 없는 매개와 소통을 기대하

16 이것은 현대연극의 미학을 연구하는 방법론(methode[meta/hodos])에 관한 문제이기도 하다. 모든 예술은 제 나름대로의 길[hodos]을 가지고 있다. 예술은 제 길로 가면서 그 안[meta]에 길의 흔적을 남긴다. 예술은 자신의 길을 따라간다. 그것이 방법론 즉 메소드이

는 것이야말로 복제되지 않을 몸을 지닌 연극이 비시대적으로 처절하게 존재해야 하는 이유인 것이다. 여기에 한국 현대연극의 미학, 그 처절한 사유가 숨겨져 있다. (2004)

다. 그 길은 자신을 담아놓는 저장의 길이며 동시에 창조의 길이며, 해석과 분석의 길이기도 하다. 길과 창조와 저장, 해석과 분석의 방법론. 길은 길을 낳아 길들이 되고, 길과 포개지고, 길로 연결된다. 연구방법론은 길에 관한 연구이기도 할 것이다. 연극에 관한 사회학, 인류학, 기호학, 교육학, 언어학, 미학, 철학과 같은 학제적 연구가 그것을 증명할 것이다.

몸짓, 연극의 지궁

1. 연극, 낯선 공간으로의 초대

지난 11월 중순, 나흘 동안 졸업하는 학생들과 강원도 화천에 있는 극단 '뛰다'에 가서 배우 훈련 워크숍을 했다. 졸업 후 취업을 위한 현장 실습의 성격이었다. 나 역시 연극이론을 공부하는 학자로서, 연극을 글쓰기로 실천하는 비평가로서 한 곳에 머물지 않고 연극을 실천하는 이들과 함께해야 한다는 믿음은 중요하다. 내게도, 학생들에게도 삶과 연극 공부의 핵심은 있는 법일 터이다. 서울에서 북쪽으로 가고, 가고…… 이른 곳은 남한의 맨 위쪽, 끄트머리였다. 산속 폐교 주변은 침묵뿐이었다. 사람들도 드문드문 나무처럼 보이고, 사라졌다. 산과 물이 옛날처럼 어울리는, 은밀하게 보이는 화천은 기이하고 독특한 곳이었다. 사람들이 많지 않은 이곳에서 모든 것은 신중하기만 했다. 화천은 단 한 번도 들뜬 적이 없어 보였다. 마을이 책을 읽고 있는 것처럼, 화천은 참으로 조용한 곳이었다. 향락과는 거리가 먼, 잡음이 없는 조용한 곳이었다. 말을 많이 하는 이들도 없었다. 극단 '뛰다'가 있는 마을 사람들은 연극에 앞서서 연극하는 이들을 지극하게 대했다. 호사가들이 아닐 듯싶었다. 사람에 대한 단순한 호기심이, 그렇다고 크게 내세우지도, 빛나지도 않는 관심이 극단이 있는 폐교 주변을, 연극하는 이들이 있는 일상의 삶 주변을 에워싸고 있었다. 모든 것이 자연의 파도처럼, 스스럼없고, 무리한 것이 없었다. 마을 사람들은 일하면서 고요했고, 연극하는 이들은 숨쉬면서 '지독하게' 자기 스스로 할 바를 하고 있었다. 한겨울, 화천의 낮은 짧았고, 밤은 길었다. 그곳에 삶과 연극을 고민하는 젊은이들이 있었다. 연극을 어떻게 해야 할지 고민하는 젊은이들의 흔들리는 세계를 보았다. 그들 뒤로 산이 병풍처럼 움직이지 않은 채, 북한에서 흘러 내려오는 강물이 이들을 보고 있었을 것 같았다.

워크숍을 하기 전, 나는 학생들과 이른 아침부터 화천 곳곳을 두루 살펴보려고 했었고, 점심식사는 때마침 열리고 있던 화천장에 가서 마을 사람들과 이야기하면서 이것저것들을 먹도록 했다. 연극에서 삶을 박탈하는 것이 아니라 연극과 삶이 한통속이라는 것을 깨닫게 해주고 싶었다. 연극에 기억의 집적과도 같은 장소를 삽입하고 싶었다. 화천이라는 시간, 그 누적되고 퇴적된 흔적들을 발견하도록 해주고 싶었다. 우리가 있었던 11월 중순, 화천의 시간을 경험 속에 보관하도록 해주고 싶었다. 5일마다 열리는 화천장은 작지만, 의미 있는 장터와 예측할 수 없는 사람들을 이어놓고 있었다. 시골장은 언제나 가볼 만한 곳이다. 화천처럼 서울에서 멀리 떨어진 곳에서 열리는 장터에 가면 예전에 이런 곳에 있었나 싶을 정도로 친근함을 발견한다. 겨울에 열리는 화천장의 날씨는 조금 어두웠다. 조금 추웠고, 장에서 물건을 파는 이들은 대부분 노인네들이었다. 그들은 가능한 빨리 물건을 팔고 싶어 했고, 물건을 사러 오는 이들과 많은 이야기를 나누고 있었다. 인간에게 가장 오래된 제국의 모습이 있었다면, 그것은 장, 장터였을 것이라고 여긴다. 극단 뛰다 단원들과 만나기 전, 나는 그들이 일상과 노동 그리고 연극을 같은 등가로 놓고 있다는 것을 알고 있었다. 그들이 좋은 워크숍을 제공해주는 대가로 우리들은 노동을 하기로 한 이유이다.

2. 일상의 삶과 무대의 기원

폐교에 자리 잡은 극단은 소박했다. 사무실, 연습실, 무대소품들을 모아놓은 창고가 있었고, 운동장 한가운데는 이동식 무대가 있었다. 지난 여름, 그곳에는 '텃밭 연극제'라는 이름의 연극의 날들이 있었다. 그때, 비가 내렸었고, 밤에는 무대의 불빛이 운동장에 드리워진 어둠을 밝히고 있었다. 그리고 모기 같은 날벌레들도 관객처럼 불빛 앞으로 몰려들던 때였다. 무대의 어둠은 폐교 뒤에 있는 산 능선에서 내려왔다. 운동장 한쪽 구석에 있던 교실을 고쳐서 쓰고 있는 연습실에 앉았다. 바람[wind]의 눈[ow]이라고 하는 창문(window)으로 산들의 시선이 있었다. 그곳 교실의 창문들 사이로, 물질과 물질 아닌 것이 분리된다. 창문 밖, 산과 능선, 운동장이 물질로 있고, 창문 안, 연습실에는 근원적인 움직임이 물질에 대응하고 있었다. 나는 배우들과 학생들이 연습하는 장면을 보면서 어느 것이 더 근원적인 것인지, 이것들이 어떻게 서로 대립하고 있는지를 스스로에게 묻곤 했다. 이곳의 11월은 거의 겨울이다. 죽음, 혹은 죽음을 억제하는 때이다. 산 아래, 산자락에 꽃들이 사라졌고, 젊은 배우들은 오지인 이곳에서 다시 태어나고 있었다. 그곳이 무대이다. 움직임이 분출하고 있는 세계의 기원과도 같은 곳이 무대이다.

텅 빈 무대에 홀로 서 있는 배우의 모습을 떠올린다. 몸, 몸짓… … 이런 단어들이 떠오른다. 그런 순간, 숨이 멎을 때도 있었다. 몸 가운데 한 부분을 집중해서 뭔가를 찾아내려는 배우들의 시도를 엿본다. 그들이 불러낸 인물을 찾아내고, 그 인물에 이름을 붙이고, 이야기를 덧붙여 허구화하는 과정을 생각한다. 배우 노릇은 처음부터 쉬운 일은 아니었을 것이다. 이 순간 배우의 침묵, 배우의 불안이 겹쳐진다. 무언가를 찾는 내내, 어떤 것들이 그것들을 가로막는다. 집과 학교를 오고 간 것뿐인 젊은 학생들은 더더욱 막막할 뿐이다. 극단에서 오랫동안 훈련된 배우들과 함께 무대에 서 있는 것부터 구별된다. 학생들은 서 있지만 헤매고 있었다. 가만히 있지만 흔들리고 있었다. 그들은 연극을, 연기를 사랑했던 것만 기억하고 있는 것 같았다. 창백해지는 이들도 있었다. 어떻게, 이렇게, 훈련된 배우와 학생들이 처음부터 구별되고 대립될 수 있는 것인지, 느닷없이 극단의 배우가 걷고, 뛰고, 바닥을 기어 이곳에서 저곳으로 간다. 육체가 무대를 주시하고 있다. 움직임이 많아지면서, 그들이 고양되기 시작했다. 움직임의 규칙도 있고, 전체적인 리듬도 있었다. 배우라는 존재가 우리들 앞에 있었다. 극단의 배우들이 젊은 학생들의 확장된 존재처럼 보였다.

무대 위 배우 노릇은 일상에서 줄곧 해오던 삶의 양식과 다르고, 같이 하는 이들도 있다면, 무대공간은 더더욱 낯선 곳이 될 수밖에 없다. 배우가 놓이고, 움직이면서 자취를 남기는 곳을 '무대'라고 일컫지만, 서는 순간 무대는 가늠이 되지 않는 무한이고, 늘 누군가와 함께해야 하는 막장과 같은 장소이고, 날마다 새로운 존재가 태어나는 산실이 된다. 무대가 있는 곳에 배우의 침묵이 있고, 그들의 삶에 드리워진 그늘이 있기 마련이다. 배우의 우울이 있는 곳에 배우의 쾌락이 같이 있다. 어슴푸레한 무대는 배우가 태어나 머무는 곳이고, 배우가 인물을 창조하는 순수한 곳이고, 목소리, 움직임을 보태 배우가 인물로 탈바꿈되어서 숨겨진 자기 스스로를 힘들게 하는 곳이기도 하다. 배우는 신념의 존재이다. 외치는 존재이되, 자기가 외치는 소리를 듣는 존재이다. 연기란 내 안에서 일어나는 외침의 소리를 밖으로 중계하는 것일 터이다. 배우 훈련으로서 즉흥은 삶의 우물 속, 그 깊은 바닥으로의 가라앉음이고, 기억을 마중하는 계기이기도 하다.

배우에게 텅 빈 무대는 언제나 긴장과 두려움으로 밟고 머물고, 지내는 얼안(공간)이라면, 일상의 삶도 무대의 한복판에 해당된다. 산다는 것과 배우가 무대에 오른다는 것은 같은 값이다. 일상의 삶이 연기의 원천이라면, 무대는 배우의 존재하는 샘터와 같은 원천지이다. 일상의 삶과, 연기, 배우와 무대를 갈라놓는 바를 극복하는 것은, 그 원천을 찾고, 그곳으로 돌아가는 것일 터이다. 그것을 위하여 극단 '뛰다'는 서울에서 경기도 양주를 거쳐 강원도 화천, 이 먼 곳으로 왔다. 그들은 즉흥 훈련을 하면서 충동이라는 말을 자주 했다. 내게는 충동이 심연이라는 말로 들렸다. 충동과 심연이 연기의 지형을 만들고 있었다. 즉흥 연기는 연기의 자연 언어에 속한다. 늘 하는 훈련이 즉흥이라고 했다. 그것을 반복한다는 것은 같으면서 다를 수 있는 배우 언어의 극한이다. 집요하게 이곳에서 보이지 않는 저곳을 향해 간다. 이들에게 공연은 이 자연 언어의 형태화에 가깝다. 이를 위해서는 시간을 조금 벗어나야 했을 것이다. 즉흥으로 자기의 밑바탕으로 들고 나는 순환의 시간, 그것은 비물리적 시간이라고 해야 할 것 같다. 연극은 세속의 시간이 아니라 비물리적인 시간 속으로, 예측할 없는 태고의 시간 속으로 향한다. 그 순간 배우가 태어난다. 이야기가 공연이 된다.

인물을 성찰하고 연기하는 일의 대모(전체 줄거리)는 허구를 매개로 한 삶의 갈피를 터득하는 일이라고 할 수 있다. 이런 상황에서 처음에는 배우 누구라도 힘담없는 모습을 보일 수밖에 없을 것이다. 풀이 죽고 기운이 없는 상태, 그러나 그것 역시 춤과 연극과 같은 모습이라고 한다면, 서투른 배우에게 있어서조차 무대 위에서의 가련한 몸짓, 그 경험은 종요롭기만 한 것이다. 무대는 항상, 지금, 이곳을 증언하는 배우들의 보금자리이다. 관객은 배우의 고민을 맨 처음 경험하는 존재이다. 배우와 관객에게 답은 처음부터 준비되어 있지 않다. 그리하여 이들이 스스로 고민하는 수밖에 없는 노릇이다. 다행스러운 것은 배우와 관객 모두 자기 스스로에게 질문하고, 그것에 대답하는 모습을 포기하지 않는 바이다. 그것은 관객과 함께하는 배우의 존재, 배우와 마주하는 관객의 존재가 서로 답하는, 책임감과도 같은 것이리라.

3. 삶에서 부활하는 연극과 춤

연극과 춤이 일상과의 만남이라고 할 수 있는 바는 무엇인가? 이 주제는 오늘날 한국의 연극과 춤, 나아가 장르를 초월해서 가장 먼저 사유해야 할 문제라고 할 수 있다. 한국의 연극과 춤은 일상의 삶과 너무나 동떨어져 있다. 그 결과 연극은 연극이고, 춤은 춤일 뿐, 연극과 춤을 삶과 연관짓는 일이 힘들어졌다. 오늘날 연극과 춤은 삶과 떨어진 곳에 홀로 있다. 연극과 춤을 위해서 연극과 춤은 제 모습을 너른 곳에서 발견해야 한다. 그러니까 연극과 춤은 고정된 장소로부터 벗어나야 했다. 연극과 춤은 지금까지 고정된 제 모습을 과감하게 잃고, 잊어야 했다. 연극과 춤은 이제 이곳이 아니라 다른 곳에서 갱생, 다른 말로 하면 이곳, 삶의 현장에서 부활해야 한다. 부활을 위해서라면 기꺼이 연극과 춤의 겉껍질을 벗어야 한다. 모든 태어남(naissance)에는 벌거벗음이 있다. 매일, 매 순간 새롭게 태어날 수 있는 연극과 춤이라면, 그 연극과 춤은 행복한 연극과 춤이되 일상의 연극과 춤일 수밖에 없다. 그 복판에 배우가 있다. 텅 빈 무대에 속이 꽉 찬 배우가 있다. 일상의 경계를 갓 벗어난 존재가 있다. 연기란, 배우의 끝매듭과 같은 것인가? 배우 누구나 처음에는 제 모습을 비롯해서 인물의 모든 것을 아그려쥔다. 시간과 다른 공간 속에서, 배우는 스스로 이지가지 공부를 하게 된다. 처음에는 서 있기, 걷기, 말하기로부터 시작해서 인물의 역할과 일상의 현실을 연결짓게 된다. 그 경험은 그렇지 않은 이들에게 값을 매길 수 없는 가치가 있는 작업이라고 할 수 있다. 그것은 제법 많이 알고 실천할 수 있는 능력이 있어서라기보다는, 연극과 춤과 더불어 구성원들의 지궁 그러니까 사랑과 우애 그리고 정성을 통한 결과로 여겨진다.

4. 연극과 춤, 그 육체적 장애와 만남

연극과 춤은 육체적 최선을 지향한다. 더러 육체적 장애, 지역이 지닌 공간적 장애와 만나기도 한다. 연극과 춤이 육체적, 공간적 장애와 만나는 일은 쉽게 상상할 수 없는 일이다. 연극과 춤이 그 장애와 더불어 한 통속이 되고, 연극과 춤이 장애 그 자체가 된다는 것은 모험이되 춤의 절정일 수도 있다. 육체적 최선이란 생의 깨달음이 아니겠는가? 몸은 정상이기보다는 어디가 아프고, 모자르고, 구부러질 때 더 의미를 각인하는 법, 그렇다면 연극과 춤이 장애와 함께 걷고, 서고, 움직이고, 만지고, 맞대고, 가고, 오고, 구르고, 멈추는 동작을 이어 하는 것은 육체의 경이에 이르는 길이라고 할 수 있다. 정상인들과 함께하는 것이 일반적인 절차이고 과정이고 추이였다면, 그 반대인 장애와 더불어 하는 몸짓은 움직임의 액정화, 그러니까 생의 결이었으리라. 이번에 학생들과 함께한 프로그램은 장애와 더불어 연극이 생을 꾸미는 화장, 분장이 아니라 생의 있는 그대로의 주름을 기억하려 했던 소박하기 이를 데 없는 전초였던 셈이다. 꽃으로 치면 피어나려 하는 봉오리였던 셈이다. 제대로 서 있기 힘들고, 말 한마디 하기 어려운 이들의 몸동작, 이곳에서 저곳으로 가기 위하여 온몸을 던져야 하는 이들이 겪어야 하는 길고 긴 시간의 연장과 아픔, 그것을 연극과 춤으로 만들 수는 없는 것일까? 이제 태어난 아이들의 작은 손놀림, 얼굴의 미세한 표정, 그것처럼 생의 경이를 주는 바는 찾기 힘들다. 연극과 춤은 아주 작은 몸짓으로부터 시작한다. 그것은 삶의 소박함, 궁극, 아름다움일 터이다.

연극과 춤이 이곳 다음, 이곳을 나간 다음을 상기해보자. 연극과 춤이 더 나아질 수 있을 것인가? 달리 될 수 있다면 어떤 모습을 지니게 될 것인가? 포기하지 않고, 창작의 열기가 번창할 수 있을 것인가? 그에 대한 대답은 이렇다. 나는 그것을 의심하지 않는다. 문제는 연극과 춤이 제 경험들을 말다짐, 입다짐으로 끝내지 않고 참된 마음으로 손붙이는 일이다. 그리하여 연극과 춤이, 예술적 공간이, 춤으로 만난 사람들의 모둠살이를 넓히는 일이다. 연극과 춤의 발견, 좀 과장하자면 연극과 춤의 부활은 무딘 상상력을 탓할 것이 아니라 현실로부터 멀어진 거리를 좁혀야 한다. 연극과 춤은 결코 치렛거리(장신구)가 아니지 않겠는가! 연극과 춤이 삶에서 제자리를 찾는 것, 그것을 맘껏 기대한다. 이를 위해서 구체적으로 몇 가지를 제안하자면, 연극과 춤의 대상, 연극과 춤의 소재를 넓히는 일이다. 그 대상은 연극과 춤 자체이고, 연극과 춤을 함께 하는 이들이다. 연극과 춤은 움직임이다. 멈춤이 아니라 떨림이다. 육체가 삶을 맴도는 혀끝이다. 한 발 앞으로 뛰어가는 것이, 몸을 옮겨놓는 것이 물 닿는 해안에서 저 멀리 가지런한 수평선으로까지 이동이다. 그래서 연극과 춤의 동작은 분명하지 않고 조금, 아니 더러 파도(vague)처럼 희미하고 애매하다. 다 말하지 않아 미스터리(mystere)한 것, 파도처럼 고정되어 있지 않은 거품의 언어일 듯싶다. 더 멀리 나아가길 바란다. 애매하고도 모호하게 빙빙 돌면서 그 주위를 확대하길 바란다. 그래서 연극과 춤은 가벼운, 가벼워지는 예술이다. 생을 가볍게 하기 위해서 자기 스스로를 벼려서 가볍게 만드는 고행이다. 나는 그것을 이번 겨울, 강원도 화천, 극단 '뛰다'에 가서 그들과 함께 하면서 배우고 경험했다. 다음에는 아주 추운 겨울날, 눈이 많이 내려 세상이 온통 평등해진 그때에 가기로 했다. 그때에는 조금 더 벌거벗을 수 있다면 좋겠다. (2011)

연극, 망각에서 기억으로

1. 과거의 기억, 현실의 연극

2013년 여름과 가을에 나는 스페인을 두 번 만났다. 첫째는 스페인의 현실이고, 둘째는 스페인의 연극이다. 이 두 개는 서로 합쳐져 하나가 된다. 앞의 현실이 먼저이고, 뒤의 연극이 나중이다. 앞의 현실이 뒤의 연극을 몰래 응시한다. 뒤의 연극은 변화하는 현실을 바투 따라간다. 인터넷 검색어로 스페인의 정치, 경제라고 치면 무시무시하고 불안한 내용들뿐이다. 유로존에서 그리스가 지난해부터 겪고 있는 경제적 상황처럼 스페인에서도 국가 부도와 실업률 특히 청년층 실업률의 증가 등으로 국가의 위기와 불안이 증가하고 있기 때문이다. 인구 4천만 명의 스페인은 유로존에서 비중이 네 번째로 큰 나라이다. 스페인의 현실이 크게 부각된 것은 2012년 6월 구제금융을 신청하게 된 때부터이다. 유럽에서 아일랜드, 포르투갈, 그리스 1차, 2차에 이은 스페인의 구제금융 신청은 암담한 스페인의 현실을 그대로 보여주는 사건이었다.

2013년 7월 22일부터 26일까지 스페인 바르셀로나 연극원(Institut del Teatre)에서 '2013 세계 연극학 대회'(FIRT/IFTR Conference 2013)가 열

렸다. 스페인을 떠올리면, 스페인 내전 때 공화국 정신을 부르짖고, 인민전선 편에서 싸웠고, 내전 초기에 자신이 태어난 그라나다에서 죽음을 당한 작가 가르시아 로르카의 작품과 생애가 으뜸이다. 그다음이 고대 그리스어로 혀 혹은 언어라는 뜻을 지닌 고음악 음반회사인 글로사(Glossa)의 앨범들이다. 한여름 바르셀로나는 뜨거웠다. 40°C가 넘는 땡볕 아래 그늘도 드문 곳, 개회식은 바르셀로나 연극원에서 열렸는데, 2013 대회의 주최측인 주요 인사들은 개회식의 인사말을 스페인어가 아닌 바르셀로나의 고유언어인 카탈루냐어로 했다. 그 인사말에 불어가 덧붙여지기도 했다. 개회식 이후, 학회 임원들이 학회의 업무를 소개할 때 쓰인 언어는 영어였다. 개회식 때 들은 카탈루냐의 고유언어는 카탈루냐 지방의 수도인 바르셀로나가 마드리드 중심의 스페인과 거리를 두고 있다는 것을 뜻하고, 스페인에서 독립을 원하는 피레네 산맥의 바스크와 더불어 이 지역의 첨예한 분리독립, 민족문제를 드러내는 상징이기도 했다.[1]

1 실제로 2011년 6월에는 많은 이들이 스페인 수도 마드리드 중심의 '태양의 문' 광장에 모여들었다. 그즈음 '민중의회'라는 것이 매일 열렸다. 우리나라와 비교하면 촛불 집회인 셈이다. 최고 3만 명까지 모이며 5월 15일 이후 한 달 가까이 이 광장에서 계속된 '분노한 사람들'의 캠핑 노숙 시위가 있었다. 이들은 이곳에 모여 의견을 나누고 시위를 했다. 이들의 시위는 반정부 시위 또는 기존 정당이나 특정 단체가 조직한 것이 아니라 스페인의 젊은이들이 인터넷을 통해 정보를 교환하고 자발적으로 참여한 것으로, 새로운 정치 퍼포먼스와 같았다. 이들이 다룬 주제는 "45%에 이르는 청년실업 문제뿐 아니라 선거 시스템, 정치 부패, 환경, 이민법 등 다양한 이슈"들이었다. 그리고 '이제, 진짜 민주주의'를 하자고 주장하면서, 이 모든 현상과 행위를 '스페인 혁명'이라고 이름 붙였다. 일차원적 반정부 시위가 아니라 거리의 주인, 민주주의의 주인들이 모여 평화롭게 웃음과 희망을 이야기하는 거리축제는 스페인에서도 있었다. "부패한 정치를 깨끗하게 청소하고, 거리에서 시작된 진짜 민주주의를 실현하기 바라는 스페인 사람들의 혁명 1막이 이제 막 끝났을 뿐이다. 1막의 끝은 가정에서, 학교에서, 일터에서, 거리에서 또 다른 방법으로 이어갈 혁명의 2막이 시작된다는 뜻이다. 태양의 문 광장을 둘러싼 많은 글과 그림 중에 "스페인 혁명이 시작됐다"는 문구가 있다. 스페인 국민은 그들 스스로 만드는 내일의 스페인을 기다리고 있다. 태양의 문 광장에서는 새로운 투쟁 방식을 위해 캠핑시위 철수를 결정했지만, 아직 바로셀로나의 카탈루냐 광장, 세비야의 시청 광장 등 스페인 곳곳에서 캠핑시위는 멈추지 않고 확대되고 있다. 지금, 스페인은 혁명 중이다."(「스페인, 혁명은 시작됐다」, 『한겨레 21』 제866호,

스페인의 현실은 과거가 심어놓은 나무에 비유할 수 있다. 지난 삶의 기억들이 남겨놓은, 지워지지 않는 주름과도 같기 때문이다. 스페인은 1936년 7월부터 1939년 4월까지 제2공화국의 인민전선에 불만을 품은 군부와 부패한 가톨릭 교회 지도자, 파시스트, 나치 등이 연합해 일으킨 군사 쿠데타로 내전을 치러야만 했다. 시민전쟁이라고 일컬어지는 이 내전은 도시 노동자, 지식인 중산층 중심에 국제 여단이 합쳐진 공화파와 군부, 교회, 토지 소유자들, 파시스트들과의 싸움이었다. 스페인 시민전쟁을 연구하는 이들은 이 전쟁의 큰 원인을 (교회, 토지 소유자, 군부 등) 권력의 부패와 억압 그리고 불평등한 징집이라고 말하고 있다. 부패란 선거 부정, 권력 남용을 뜻하고, 억압이란 시민들의 요구에 대응한 정부의 폭력이고, 징집이란 피로써 세금을 내는 가난한 계층의 희생을 뜻한다. 국가권력 유지를 위해서는 방패막이 되는 군대를 유지시켜야 하는데, 가난한 계층은 징집의 희생양이 되고, 상대적으로 권력층, 부유층은 면제를 받는 경우가 만연되었기 때문이다. 따라서 스페인의 시민전쟁은 단순한 전쟁이 아니라 역사의 질병과도 같은 것이었다. 적은 스페인 사람들 내부에 있었고, 시민전쟁을 치르는 동안 스페인은 자기 자신과 싸워야만 했다.[2] 그 후 시민전쟁에서 승리한 프랑코는 1975년까지 독재정치로 장기 집권했다. 시민전쟁에서 3, 40만 명의 시민들이 죽었고, 전쟁 이후 30만 명이 다른 나라로 망명을 떠났다. 전쟁 초기에는 스페인을 대표하는 시인이며 극작가였던 가르시아 로르카(1988~1936)가 파시스트의 총에 쓰러졌다. 프랑코는 집권하면서 '빨갱이 소탕'이라는 이름으로 5만 명 이상을 보복 처형했다. 시민전쟁이 시작된 그해부터 프랑코가 죽을 때까지 수많은 사람들이 학살로 억울하게

2011. 6. 27 참조)

2 Jean-Philippe Luis, *La guerre d'Espagne*, Milan: Toulouse, 2012, p.6 참조.

죽었고, 이유 없이 실종되었다. 여기까지 스페인의 역사는 망각의 역사였다.

프랑코가 죽은 1975년 11월 이후, 1982년 사회노동당이 집권할 때까지를 스페인의 '민주주의 이행기'라고 한다. 이 시기에 좌파와 우파는 하나의 타협안을 통과시켰는데, 그 이름이 '망각협정(Pacto del Olvido)'이었다. 이 계약의 내용은 과거 시민전쟁에서 있었던 비인간적이고 반민주적인 과오를 더 이상 들추어내지 말자는 것이었다. 과거를 묻기보다는 덮고, 이것을 화해라고 여기며 이들은 1977년 '일반 사면법'으로 이를 구체화했다. 한마디로 과거를 잊고 미래를 위해 협력하자는 것이고, 진실과 정의의 회복을 미루자는 것이었다. 스페인이 오늘날 겪는 사회적 비극은 망각의 정치에서부터 잠재되었다고 볼 수 있다. 그후 사회노동당이 집권하던 1996년 살해, 테러, 고문에 대한 죄목으로 칠레의 전 독재자 피노체트를 기소하면서 스페인은 망각에서 기억의 삶과 정치로 되돌아갈 수 있었다. 2006년을 '역사 기억의 해'로 정하고, 2007년에는 '역사 기억법'이 의회에서 통과되면서 합법적으로 과거 시민전쟁에서 희생된 이들을 보상하고, 독재시대의 기록물들을 공개하고, 프랑코 시대의 잘못된 판결도 재심할 수 있도록 했다. 이 중심에 놓인 인물이 1955년생, 발타사르 가르손(Baltasar Garzon) 판사였다. 정치 바깥에서는 영국의 영화감독 켄 로치(Ken Loach)가 이미 영화 〈자유의 땅 *Land and Freedom*〉(1996년)으로 스페인 시민전쟁을 공화국 정신으로 고스란히 화면에 옮겨놓았다. 앤터니 비버는 '20세기 모든 이념들의 격전장'이었던 스페인 시민전쟁을 다룬 『스페인 내전 *The Battle for Spain*』을 썼다(이 책은 우리나라에서 2009년에 교양인에서 번역, 출간되었다).

2000년 이후, 스페인은 그리스와 마찬가지로 언제라도 정치적 격변이 폭발할 수 있는 화약고와 같은 뜨거운 나라이다. 이런 상황에서 연극은 어떻게 생존하고, 삶과 공존할 수 있는가? 유럽연합통계청(Eurostat)

의 자료를 보면, "지난 4월 말 현재 스페인의 공식 실업률은 24.3%에 이른다. 같은 기간 유럽연합 평균치가 11%, 최악의 경제위기에 허덕이고 있는 그리스가 21.7%를 기록했다. 특히 스페인의 청년층 실업률은 50%를 오르내리고 있다. 스페인의 위기 상황을 두고, '규모가 커서 망할 수 없다(Too big to fail)'는 말 대신 '규모가 커서 구제할 수 없다(Too big to bail)'는 표현이 등장한 것도 이런 맥락에서다."[3] 스페인에 앞서 그리스에서는 국가의 경제파탄 속에서 급진좌파연합이 기존 중도좌파 정당을 제치고 좌파의 대표주자가 되지 않았던가! 유로존 내 네 번째의 경제 규모를 자랑하며 인구 4천만 명인 스페인에서 오늘날 그리스와 같은 일이 벌어진다면 그 충격은 그리스와 비교되지 않을 만큼 클 것이라는 우려를 그곳에 있는 동안 볼 수 있었다.

스페인을 만난 연극으로 돌아가자. 2013년 세계연극학회(FIRT)는 스페인 카탈루냐주 바르셀로나, 연극연구원(Institut del Teatre)에서 열렸다. 영어를 중심어로 하는 이 학회는 연극을 연구하는 국제적 단위의 학회로 규모가 가장 크다. 이 학회의 연구 성과물들은 대부분 영국의 케임브리지대학 출판부에서 출간된다. 학회의 주된 행사는 오늘날 연극연구의 방향을 정하는 네 개의 기조연설(Key note)과 주제별 발표(working group), 젊은 연구자들과 박사학위 논문을 쓰는 학문 후속세대를 위한 신진학자 포럼(New scholar's forum), 자유롭게 연구주제를 토론하고 제안할 수 있는 자유발언대(Open Mic) 등으로 구분할 수 있다. 이번 대회가 스페인에서 열린 터라, 기조연설 가운데 두 개가 스페인 현대연극에 관한 것이었다. 국제 학회의 기조연설이란 맨 앞에서, 맨 먼저 나오는 말들이라 언제나 진보적이다. 그래서 기조연설의 발제문은 연극 연구에 적잖은 영향을 미치는 진보적 문건일 수밖에 없다. 기조연설을 맡은 학

3 「수렁에서 탈출한 스페인?」, 『한겨레 21』 제915호, 2012 참조.

자들은 연극 연구의 어떤 반열에 오른 이들이다. 이들의 의제가 주목받는 것은 그것이 연극 연구에 기여하는 결정적 토대가 되기 때문이다.

뜨겁고 불안한 나라 스페인의 바르셀로나, 한여름 연극 공부하는 이들이 모여, 연극의 길을 내고 있었다. 우리나라에서 온 학자들도 한국에서 공연된 외국 작품에 나타난 여성주의, 한국 현대연극의 현황 등에 관한 논문들을 발표했다. 주제 발표가 그룹별로 다양하게 나누어져 있었다(아프리카와 카리브해 연안 국가들의 연극과 퍼포먼스, 아랍 연극, 아시아 연극, 안무와 몸의 표현, 여성주의 연구, 연극 역사의 기록학, 연극과 퍼포먼스에 나타난 상호 미디어성, 음악극, 퍼포먼스와 인식, 퍼포먼스와 장애, 퍼포먼스와 종교, 퍼포먼스와 공적 공간, 정치 퍼포먼스, 대중연극, 창조의 과정, 동성애 연극, 사뮈엘 베케트, 시노그라피, 연극과 건축, 연극 현상, 번역 각색과 드라마투르기 등).

2013년 대회의 큰 주제의 하나는 연극 연구의 기원(les racines/roots)과 현주소(les routes)를 묻는 데 집중되었다. 이번 학회가 스페인에서 열린 만큼, 이 주제는 (춤을 포함한) 연극과 스페인의 역사적, 문화적 기억과의 관계를 묻는 것으로 집약되었다. 이런 현안들은 최근 스페인에서 큰 사회적 문제로 부각하고 있는 스페인 시민전쟁과 프랑코의 독재정권 시절 때 일어났던 집단으로 학살당하고 매장된 이들의 신원을 확인하고, 이를 저지른 독재정권의 책임자들을 처벌하려는 발타사르 가르손 판사와 우파 정권이 그에게 내린 직권정지 명령이 미친 영향이라고 할 수 있다.

시민전쟁과 독재정권의 악몽이 스페인 삶과 문화 그리고 연극에 어떤 영향을 미쳤는지에 관한 것은 기조 발제(마리아 델가도 Maria Delgado, 영국 런던대학교 교수)에서부터 드러나기 시작했다. 이 주제는 발표 그룹(GP−9)에서 '스페인 시민전쟁 전후의 연극(Spanish theatre before and after the civil war)'이라는 제목으로 독립적으로, 세부적으로 다루어졌다.

2013 대회는 이런 주제 아래 현재 진행되고 있는 다종다양한 연구들의 기원과 흔적들을 되새기는 자리라고 할 수 있었다. 그리고 박사학위를 준비하고 있는 젊은 학문 후속 세대와 신진 연구자들을 위한 발표 자리(New Scholar's Forum)가 마련되었다(이 주제에는 연극을 넘어서서 무용에 관한 논문들도 많았다. 예컨대 스페인의 젊은 여성 학자인 에바(Eva Aymami Rene)는 스페인의 민주화 이행 시기에 있어서 춤의 역할에 관한 논문인 「Dancing for Democracy in Spain」을 발표해서 많은 주목을 받았고 열띤 토론을 이끌기도 했다). 그리고 논문 발표가 끝난 매일 저녁 시간(오후 7~8시)에 마련된, '열린 토론(Open Mic(micro ouvert))'에서는 정형적인 논문보다는 연극 실천에 관해서 자유롭게 제안과 토론을 할 수 있었다.

연극학자들이 가장 많이 모이는 이 세계 연극학회의 운영은 독립된 학회 성격을 지녔지만, 영국의 케임브리지대학이 그 중심에 놓인 터라, 논문들이 발표되는 자리의 공용어는 거의 모두, 처음부터 끝까지 영어였다. 그러니까 이 대회는 영미권 연극학자들이 모이는 대회라고 할 수 있고, 상대적으로 독어권, 불어권 그리고 기타 언어권은 중심에서 멀어질 수밖에 없는 노릇이었다. 불어권, 독어권 학자들은 많지 않았다(불어권 학자로는 우리나라에서도 잘 알려진 프랑스의 파트리스 파비스 교수가 예외적이었는데, 그는 이미 오래전에 고국인 프랑스를 떠나 학문 연구에서 언어와 장소의 벽을 깬 유목하는 학자가 아니던가! 그러므로 영국의 켄트대학의 교수라는 직책을 지닌 그가 대회 첫날, 전체 참가자들을 상대로 하는 키노트를 발표한 것은 불어권 학자의 경우라고 잘라 말하기 어려울 것이다).

7월 하순의 바르셀로나 날씨는 스페인의 현대사처럼 뜨거웠다. 가만히 서 있어도 과거의 역사가 오늘 땀으로 흘러내릴 정도였다. 그럼에도 세계 각국에서 많은 연극학자들이 몰려들었다. 그것은 이번 대회가 여름 휴가와 맞물려 있고, 대회 장소가 세계적인 관광도시인 바르셀로나인 터라, 공부와 휴식을 같이 연결할 수 있었던 장점 덕분이기도 했다. 나로서는 이렇게 큰 대회 참여가 처음인지라 동분서주하지 않을 수 없었다. 우선 참가한 이들이 많았고, 발표 장소, 발표 주제, 발표하는 이들은 너무 많았기 때문이다. 수많은 발표 섹션 가운데, 아침에 하나의 발표 논문을, 오후에 한두 개의 발표 논문을 듣고 나면, 몸은 지쳤고, 하루가 금세 지나갔다. 대회 운영과 발표 논문들은 국제적 규모의 다른 학회와 다르지 않았지만, 이곳에서는 모두 영어로 했고, 질문과 토론도 영어로 이루어졌다는 것이 특이했다. 연극학 연구를 다루는 국제적 단위의 학회들과 달리, 이 학회는 오로지 영어만을 강조했고, 발표하는 동안 다른 언어로 번역해서 알려주는 일은 거의 없었다. 앞으로 이 대회에 참가할 이들은 영어 중심을 미리 염두에 둘 필요가 있겠다. 필자의 경우, 오후에 주로 참여했던 젊은 학자들의 발표장(New Scholar's Forum)에서는 열띤 토론이 비교적 많았던 터라, 불어권 참여자들의 토론을 공유하기 위해서 간혹 불어로 통역을 해야 했던 경우가 더러 있었다. 아무튼 이 대회는 영어(권) 중심의 학회이고, 영어권 바깥에서 온 이들은 영어 중심의 불편함을 견딜 수밖에 없었다. 이는 이 학회(FIRT)가 앞서 언급한 것처럼, 케임브리지대학의 영향 아래에 있기 때문일 것이고, 학회의 중심 임원들이 대부분 영미권 학자들이기 때문일 것이다.

2. 망각의 정치와 연극의 저항

오늘날 연극 연구는 어디로 가고 있는가? 서양과 동양 연극의 구분은 예전처럼 그대로 지속되는 것인가? 연극의 이론과 실기는 완전하게 구별되는 것인가? 연극 연구에 있어서 서양의 방법론과 동양의 방법론은 사뭇 다른 것인가? 파트리스 파비스 교수는 대회 기조연설에서 이런 질문을 던지고, 위의 아포리즘을 전제로 유럽, 아메리카의 다양한 연극들의 융합 현상 그리고 오랫동안 머물면서 보았던 한국에서 서구 연극의 수용과 반영된 바를, 나아가 이를 통하여 한국의 현대연극이 어떻게 재창출되었는지를 언급했다. 그의 발제문은 새로운 연극이론이 아니라 옛것과 더불어 새로운 길을 만들어 가는 연극들의 궤적, 지형에 관한 것이었다. 그를 파리와 서울에서부터 잘 알고 있는 터라, 우연히 다시 이곳에서 만나 연극의 앞날을 인생의 시간과 더불어 말할 수 있었던 것이 즐거웠다. 아주 오래된 연극처럼은 아니겠지만, 30년 전, 파리 소르본대학 강의실에서 그를 처음 만났다. 그 후에도 파리와 서울에서 그리고 바르셀로나에서 만났다. 우리는 연극처럼 다시 흔연하게 연극의 길 위에서 만날 것이다.

이어진, 주목할 만한 두 개의 키노트는 주최 측인 스페인의 현대연극의 실재(공연과 연구)를 말하는 것에 할애되었다. 하나는 오늘날 오페라의 새로운 형태, 운영 방법, 오페라와 연극의 상관관계, 연극배우의 오페라 출현, 오페라와 현대 시각매체와의 관계, 오페라에서 오래된 연극 전통의 활용 방법, 오페라 공연에 있어서 다양한 관객층의 확보, 오페라의 지원 정책 등을 다룬 발제문이었고, 다른 하나는 마리아 델가도 교수의, 오늘날 스페인의 정치적 판결, 문화적 기억, 정의의 부활, 연극의 기능 등, 이런 문제들을 한꺼번에 담고 있는 스페인 시민전쟁과 작가 가르시아 로르카, 발타사르 가르손 판사를 통한 '기억의 퍼포먼스를 다루는 알프레도 산졸, 페드로 알모도바르, 바요나와 같은 작가들의 공연(Garzon, Lorca, Almodovar and the performance of Memory in Spain)'에 관한 발제문이었다. 이 기조연설은 오늘날 스페인의 과거에 관한 정치적 판결과 정의 문제, 역사적 기억과 문화적 기억의 차이, 정의의 부활에 앞장서는 연극의 기능을 담고 있었다. 개인 기억과 집단 기억의 차이를 말하는 것이었다. 국가와 같은 집단이 망각과 왜곡된 기억을 강제할 때, 개인이 기억을 통해서 어떻게 저항할 수 있는가를 되묻는 내용이었다. 이 기조 발제의 중심 인물인 발타사르 가르손 수사 판사[4]는 시민전쟁 이후 망각의 정치를 택한 스페인을 기억의 정치로 되돌려놓은 정의와 용기의 인물이었다. 시민전쟁 동안 있었던 반민주적, 반인권적 행위에 대해서 사법적 책임을 묻고, 정의가 무엇인지, 공화국과 시민의 책임이 무엇인지를 법의 이름으로 공식 수사하고 판결하고자 했던 사법 영웅이었다. 언급된 공연들은 고통스러운 과거의 기억이 어떻게 개인에게 투쟁과 같은 목표가 되는가를, 권력을 지닌 집단은 과거의 기억을 왜 숨기고, 나아가 어떻게 사실을 왜곡하는지를 말하고 있다. 가르손 판사는 1996년 칠레의 독재자 피노체트의 기소에 이어서, 1998년 런던에 온 그를 독재, 가해, 살해, 매장과 같은 반인권적 만행을 저지른 죄목으로 영국에게 그를 체포해서 스페인으로 보내라고 했던 일로 유명해졌다. 반인권적 범죄행위에 대한 국제적 인도 협약, 보편적 관할권이란 이름으로 장소와 관계없이 피노체트와 같은 독재자를 처벌할 수 있어야 한다는 입장으로 그는 스페인에서 인권 전문 판사로 떠올랐다. 2005년에는 아르헨티나 군부독재 시절, 이른바 추악한 전쟁에서 고문을 자행했던 이들을 단죄하기 위하여 범죄인들을 스페인 법정에 세웠다. 한 가지 예를 들면 대량학살, 상해, 테러 사건의 책임자 아르헨티나 장교인 아돌프 실랑고 대위를 기소했고, 스페인 법원은 그에게 640년이라는 형을 선고했다. 그러나 우파 정권에 의해 2010년 1월, 가르손 판사가 대법원 법정에 피고로 섰다. 시민전쟁과 프랑코 독재정권 아래에서 죽은 10만 명 이상의 희생자들을 조사하는 데 있어서 그가 직권을 남용했다는 극우파 정당인 팔랑헤당과 '깨끗한 손'이라는 해괴한 노동단체의 고발로, 대법

4 경찰을 지휘하고 수사를 담당하며 피의자를 기소하는, 이른바 검사의 역할까지 겸하는 판사를 뜻한다.

원이 그를 정식으로 기소했기 때문이었다. 2011년 시민단체의 대규모 반대 시위에도 불구하고 2012년 12월, 대법원은 그에게 11년간의 판사 정직을 명령했다. 그의 법조인 인생이 끝난 셈이었다. 스페인은 다시 망각의 정치, 역사로 되돌아갔다. 역사는 이렇게 퇴보한다.

3. 연극, 역사적 재현

연극을 공부하는 우리들이 경청해야 할 바는 연극과 역사적, 문화적 기억 그리고 그것들의 상관관계에 관한 주제이다. 스페인의 시민전쟁은 1936년 7월부터 1939년 4월까지 계속되었다. 그 후 이 전쟁에서 승리한 왕당파의 집권, 1975년까지 프랑크 독재정권이 이어졌다. 프랑코의 쿠데타로 시작된 스페인 시민전쟁은 현대의 모든 이념들이 섞인 전쟁터라고 불리는 내전이었고, 국제적 지원단이 공화파들을 지지하면서 이념적으로는 국제적 전쟁으로 커졌다. 이 전쟁에서 30만 명이 사망했고, 해외로 추방되고 망명한 이들은 30만 명이 넘었다. 전쟁 이후, 승리한 프랑코는 '빨갱이 소탕'이라는 미명 아래, 내전 이후 10년 동안 5만 명 이상을 처형했다. 이러한 보복의 유례는 현대사에서 찾기 힘든, 가장 비열하고 극악한 폭력 정치의 상징으로 남아 있다. 1936년부터 1975년 사이에 실종된 사람, 학살당한 사람들이 알려진 것보다 훨씬 많다. 이 역사적 과거는 한동안 망각의 역사였지만, 차츰 이들을 살해한 이들이 살아 있는 경우, 기소하고 처벌할 수 있는지를 묻는 여론이 형성되고, 이에 관한 조사가 진행되기 시작했다. 프랑코 독재자 이후, 스페인은 민주적 선거와 민주주의 제도를 갖출 수 있었다. 스페인은 1977년 총선거를 성공적으로 치렀고, 노 · 사 · 정 협약인 몬클로아 협약을 체결했다. 그럼에도 불구하고 이 시기 정치세력의 폭력에 희생된 이들은 400명 정도였다. 더 나아가, 시민전쟁 이후 독재정치 아래에서 실종자들의 신원과 죽은 이들의 무덤을 확인하는 일들이 기다리고 있었다. 뜨거운 열정의 나라 스페인은 의회를 중심으로 2006년부터 조금씩 망각에서 기억의 정치로 되돌아오고 있었다. 이 중심에 놓인 인물이 1955년생인 발타사르 가르손 판사이고, 죽은 인물로 작가 가르시아 로르카도 언급되었다. 스페인은 프랑크 독재자의 죽음 이후, 민주화의 과도기에서 과거를 묻지 말자는 합의를 했다. 이른바 '망각협정'이라고 불리는 좌우 정치세력의 타협안 덕분이었다. 스페인에서 1975년 11월 독재자 프랑코가 죽은 이후, 1982년 사회노동당이 집권할 때까지를 '민주주의 이행기'라고 하는데, 과거를 잊고, 묻어두자는 이 타협안은 민주화 이행기의 산물이었다. 스페인의 사회노동당이 집권했던 2007년에는 사파테로 총리가 '과거 역사 기억법'을 만들어 과거를 되묻기 시작했지만, 그 후 우파가 집권한 2011년 이후에는 우파 정치집단인 국민당 전 당수인 호제 마리아 마즈나르가 '우리는 과거를 다시 들여다보고 싶지 않다'고 말하면서 망각과 기억의 정치는 첨예하게 대립하였다. 급기야 우파 정권은 가르손 판사를 직권남용으로 기소하고, 2012년 정직을 명령했다.

2012년 12월, 스페인 대법원은 국가고등법원 판사 가르손에 대한 정직을 판결했다. 가르손 판사는 이미 그 이전에 피노체트에게 그의 독재정권 시절, 스페인 국민 학살 사건과 관련해서 체포영장을 발부한 판사로 널리 알려진 인물이었다. 프랑코에 의한 학살 사건과 오늘날까지 이어지는 국민당의 부정부패 사건인 구르텔 사건에 대한 심사에서 가르손 판사가 월권했다는 것이었다. 당시 예심판사였던 가르손이 변호사와 합의 없이, 변호사와 의뢰인의 대화 내용을 불법 도청, 녹음한 것은 위법이라는 판결한 것이었다. 가르손 판사는 법을 잘못 해석한 것이 아니라 임의적으로 해석한 것이며, 헌법에 나오는 공정한 형사소송을 막은 것이 아니라고 항변하고, 변호받을 권리를 침해하고 강제로 한 지시는 독재정권에서만 찾아볼 수 있는 행위라 말하면서 저항했다. 그러나 대법원은, 판사가 법을 집행하면서 법이 허용된 법률 해석 방식을 따르지 않았을 경우, 이는 불공정한 판결이라고 해석하고, 직무유기와 권한 남용은 판사의 독립성을 따질 문제가 아니라 민주주의에 어긋나는 것이라고 덧붙였다. 이 문제는 과거를 잊을 것인가, 기억할 것인가의 대립이라고 보면 될 것이다.

2012년 12월, 가르손 판사는 11년 동안 판사직 정직을 명령받았다. 실질적으로 판사 생활이 종결된 셈이다. 이것이 과연 스페인 우파의 정치보복인지 아니면 변호권이 보장되지 않으면 법치주의가 존재할 수 없다는 스페인 헌법정신의 승리인지는 두고 볼 일이다. 이 판결에 대해서 스페인 마드리드에서는 사법부를 비난하는 대규모 시위가 거푸 일어났다. 대법원 광장 앞에서는 수천 명의 시민들이 발타사르 가르손 판사에게 11년간 정직형을 내린 법원에 대해 격렬히 성토했다는 소식은 우리나라의 언론을 통해서 그리 알려지지 않았다. 이들은 "가르손, 친구와 국민들이 당신과 함께하고 있다", "우리는 정의를 원한다", "수치스러운 판결" 등의 구호가 적힌 피켓을 들고 행진을 하기도 했다.

마리아 델가도 교수의 기조 발제는 스페인의 이런 현실을 연극이 어떻게 재현하고 참여하고 있는가를 실제 공연을 통해서 확인하는 것이었다. 그리고 역사적, 문화적 기억과 허구로서의 연극의 고리를 언급하고 있다. 과거를 지배하는 자가 미래를 지배하고, 현재를 지배하는 자가 과거를 지배한다고 조지 오웰은 말했다. 연극은 앞의 경우인가? 뒤의 경우인가? 독재세력은 언제나 과거를 지배한다. 특정 세력이 특정한 목적으로 기억을 독점할 수 있을 때, 연극은 무엇을 해야 하는가를 마리아 델가도 교수는 기조 발제에서 강하게 언급했다. 독재에서 민주주의로 이행한 국가에서, 기억의 정치는 복잡하고 다양하다. 독재자 프랑코의 사망 이후, 스페인의 좌우 정치세력은 기억이 아니라 망각을 선택했다. 과거를 묻지 말자는 망각협정에 좌우 정치세력이 합의한 이유는 무엇일까? 그리고 집단 기억에서 망각으로, 망각에서 다시 기억으로 어떻게 전환할 수 있었을까? 여기에 기억의 퍼포먼스가 자리잡는다고 델가도 교수는 말했다. 아픈 과거의 역사를 어떻게 연극으로 재현할 수 있을 것인가? 연극은 과거의 불법적 쿠데타, 반인권적 범죄에 대해서 어떤 입장을 취하는가? 프랑코 집권 기간 동안 억울하게 처형되고, 감옥에서 질병과 기아로 사망하고, 강제수용소에서 죽어간 사람들의 억울한 원혼에 대해서 사법적 정의가 분명하지 않을 때, 문명의 기억은 무엇을 실천해야 하는가? 집단을 지배하는 역사의 왜곡, 반인권적 역사적 사실에 대응하는 오늘날 스페인의 연극과 춤은 우리들에게도 시사하는 바가 크다.

4. 기억의 현상학으로서 연극

바르셀로나에서 프랑스로 되돌아오기 위해서, 피레네 산맥 끄트머리에 있는, 1940년 9월 25일 발터 벤야민이 나치를 피해 산을 넘다가 스스로 비극적 삶을 마감한 '벤야민 길(Chemin de Walter Banjamin)'을 걷기도 했다. 스페인의 역사적 사실은 우리나라 현실과 무관하지 않다. 문제는 기억과 연극의 정의이다. 과거를 기억하는 연극과 정치 현실, 개인 기억과 집단 기억의 충돌, 역사적 사실과 공연과의 관계 등을 되묻는 일이다. 연극은 침묵과 망각이 아니라 잊지 않고 말하고 보여주는 것이다. 불의가 불완전하게 청산되는 곳이 현실이라면, 불의를 완전하게 청산하고 불의와 작별하되 기억하는 곳이 연극이다. 지금, 여기 우리들에게 필요한 연극은 무엇인가? 몸에 각인된 상처들을 드러내면서, 여기를 보라고 말하고, 세상에 자신의 기억을 드러내는 연극은 어디에 있는가? 권력 집단이 지니고 있는 망각과 왜곡된 기억들에 대항하는 연극은 가능한가? 올바르게 매장되지 않은 억울한 기억들은 어떻게 되는가? 연극은 기억과 싸우는 인물들을, 기억을 잃은 인물들을 내세워 불투명한 삶과 세계의 모습들을 극대화하는 예술이다. 그것의 최대 비극은 기억의 완전한 상실이고, 기억과 망각의 대립으로 인한 정체성의 혼란, 분열이다. 〈햄릿〉처럼 유령을 등장시키는 고전 연극을 떠올리면 좋겠다. 유령은 본래의 모습을 잃고 다른 모습으로 다시[re] 돌아오는[revenant] 기억이되, 억울한 자신의 회귀가 아니겠는가! 기억은 과거의 시간처럼 사라진 것이 다시 이곳 혹은 저곳에 있는, 부재의 현존을 뜻한다. 기억은 보이지 않고, 잠재되어 있으면서, 기억은 과거이면서 언제나 지금 여기로 다가오는 현재이기도 하다. 이렇게 해서 공연이라는 텍스트 분석은 역사 해석과 일치하게 된다. 유령과 같은 기억은 보이지 않는, 그리하여 사후적으로 드러나면서 비로소 파악될 수 있는 과정 및 관계를 의미한다. 기억의 현상학, 그것은 삶이고 동시에 연극이다. (2013)

삶과 연극의 기억

1. **오늘날 연극 연구는 어디로 가고 있는가?** 서양과 동양 연극의 구분은 예전처럼 그대로 지속되는 것인가? 연극의 이론과 실기는 완전하게 구별되는 것인가? 연극 연구에 있어서 서양의 방법론과 동양의 방법론은 사뭇 다른 것인가?

2013년 9월 4일 베트남 호시민(사이공)시에 왔다. 생애 처음이다. 전쟁 영화로, 베트남 독립전쟁 이야기로, 월남전 뉴스와 사진으로, 호치민과 베트남 사람들에 관한 다큐멘터리로, 우리나라 작가들이 쓴 베트남에 관한 소설로 읽은 아주 낯설면서 친근한 사이공에 왔다. 무엇보다도 길거리를 가득 채운 오토바이 소음, 수많은 사람들, 길거리 음식이 눈에 들어왔다. 도시는 아주 오래된 건물들로 참 아름다웠다. 호치민시는 큰 도시이다. 프랑스 식민지 때 지어진 집들은 매우 컸고, 오래된 베트남 전통 가옥들은 작고 소박했다. 시간을 겪으며 낡아가는, 그렇게 해서 집의 풍모를 간직하는 아름다운 집들이 많았다. 그 곁에 일본 제국주의가 세운 작은 집들과 최근에 지어진 모던한 건축들이 덧붙어 있다. 호치민시의 건축은 베트남 근현대사의 역사를 고스란히 드러내고 있다. 오래된 건축들은 제국주의 힘으로 엄정하게 세워진 것들이고, 새 건축은 전쟁 이후, 자본주의 체제 아래에서 세워진 것들이다. 큰길 뒤편에는 이러지도 저러지도 못하는, 가난한 삶을 구겨넣고 있는 낡은 건물들이 지친 채 붙어 있다. 프랑스 제국주의와 일본과 미국과 치른 지난 역사는 호치민이라는 도시와 사람들을, 이곳의 모든 삶을 남루하게 만들어놓았다. 오랜 전쟁을 치르는 동안 사람들은 지치고 지쳤고, 눌리고 눌렸었다.

오늘날 베트남은 과거를 지우고 새로운 역사를 쓰고 있다. 그 하나의 증거가 길거리에 숱한 오토바이 행렬이다. 베트남 사람들은 저 혼자 타는 오토바이를 선호한다. 도시의 8할 혹은 9할은 오토바이들로 채워져 있다. 찻길에는 온통 오토바이들이 달리고, 인도에는 세워놓은 오토바이에 제 한 몸을 기대고 있는 이들도 많았다. 베트남 사람들은 어디서나 당당하게 먹는다. 먹어야 살 수 있다는 것을 보여주는 것처럼, 이들은 생의 근원에 가까이 있다. 호치민시 사람들은 어디서나 먹고 먹는다. 길거리에서 쪼그려 먹는 이들조차 한 치의 부끄러움이 없다. 먹는 것이야말로 사는 것이고, 살아 있는 것이라고 꾸밈없이 보여준다. 그것이야말로 살아야 한다는 절박한 일상의 풍경으로 보였다. 연극이 살아 있는 예술인 것처럼.

2. **호치민에서는** 전쟁으로 남은, 전쟁이 남긴 잔혹한 삶을 전시하는 박물관 이름을 'War remnants museum'라고 명명했다. 'remnants'란 이름은 전쟁은 끝난 것이 아니라 오늘에도 잔존한다는 의미로 읽힌다.

호치민시에 있는 동안 늘 걸었다. 사람 가득한 버스를 탈 엄두도 나지 않았다. 지하철은 없다. 이곳에서 이렇게 걸어야 하는 이유는 베트남의 모든 것이 길 위에 있기 때문이다. 역사 속, 프랑스, 일본, 미국의 제국주의는 베트남을 가지고 놀았다. 지금 베트남은 그 유물에, 상흔에 아직도 짓눌려 있다. 호치민이라는 도시는 제국주의 침략사가 남긴 악몽과도 같은 유물의 현장이다. 젊은이들은 부모들의 세대와 하등 같지 않아 보인다. 베트남은 아시아 여러 나라들처럼 분열하고 있다. 그 분열의 증상들이 길에 있다. 숨기는 것이 없이, 길 위에 그대로 노출되어 있다. 호치민시의 연극은 길에 더 많다. 여기서는 길에서 만나는 모든 것이 연극과 하등 다르지 않다. 연극보다 훨씬 진솔하다.

3. **나는 연극 연구의 기원[les racines/roots]과 현주소[les routes]를 묻고 싶다.** 이 주제는 오늘날 연극은 어디로 가는가? 연극 연구를 추구하는 이들은 어디를 향하고 있는가 하는 현대연극의 지형학에 관한 물음들을 다루고 있다. 다른 하나는 과거(의 역사, 흔적)를 다시[re] 구성[member]하고, 과거(의 작품, 고전)를 달리[re] 지형화[routing]하는 공연의 사례 연구이다.

베트남에 온 지 사흘이 지날 무렵에, 비로소 옛 프랑스의 식민지, 프랑스가 남긴 제국주의의 아픔을 고스란히 안고 사는 이들의 얼굴, 등판, 표정 등을 찬찬히 들여다볼 수 있게 되었다. 미국과의 전쟁에서 이겼지만, 그 폐해를 남김없이 몸속, 가슴속 깊은 곳에 가두어 일그러진 몸들을 보게 되었다. 그리고 전쟁 이후, 사회주의에서 자본주의로 옮겨온 나라의 성근 모습도 볼 수 있었다. 지난 시절에 감시받고 있었다는 무의식 속 불안, 혹은 오늘의 불안한 삶에 대한 시선을 숨기기 위하여 이들은 길 위에서 걷지 않고 대신 오토바이를 타고 무서운 속도로 달린다. 오토바이의 속도는 고단한 삶에서 벗어나려는 이들의 망각의 속도와 같아 보였다. 목숨을 연명하는 것이 곧 삶이라는 것을 보여주는 이 도시의 사람들과 점점 가까워졌다. 머물고 있는 호텔 바깥은 그야말로 연극의 정수였고, 중심이었다. 극장 안의 허구의 삶과 결코 견줄 수 없는 삶의 실체가 길 위에 있었다. 내 삶을 반성하는 계기처럼 여겨졌다. 하나도 남김이 없고, 무엇보다도 숨김이 없는 가난과 무질서의 삶 속에서 어지럽지만 조금씩 행복해지기 시작했다. 길은 너무 혼잡하고, 걸으면서 정신이 없지만 지낼수록 정감이 늘었다. 이 정신이 나가고, 옛 정신이 들어서는 것 같았다.

4. **스페인의 시인인 안토니오 마샤도의** 시 한 구절을 소개한다. "Caminate, no hay camino, se hace camino al andar(나그네여, 길은 없어, 그대가 걷게 되는 그때, 길이 만들어질 뿐)." 오늘날 연극 연구의 방향은 정해진 길을 따라 가는 것이 아니라, 제각기 길을 내면서 나아간다. 연극 연구에 정해진 길이 애초에 없는 것이라면, 지금의 연극 연구는 누구에게나 처음 가는, 처음 만들어 제 몸을 얹는 길과 같다는 뜻일 게다. 그리고 다른 이들이 먼저 간 길도 내가 가게 되면, 처음으로 가는 길이 될 수 있다는 뜻이기도 하고, 가다가 길을 잃은 것은 방황이되 정지된 것이 아니고, 오히려 멈춰 있을 때 사유와 실천이 답보 상태에 있다는 뜻이기도 하다. 새로운 길은 다시, 달리, 거푸 가는 길이다. 구체적으로 보면, 서양 연극이 동양에, 동양 연극이 서양에 그대로 이식되는 것이 아닌 것처럼. 수용과 이식은 언제나 새로운 양상을 낳기 마련이다. 새로운 연극이론을 위해서는, 옛 것과 더불어 연극들의 궤적, 지형에 관한 것이 필요하다.

오늘도 남루한 프랑스 양식으로 지은 건물들이 즐비한 호치민시를 두루 걸었다. 어디를 가도 상관없는 발걸음이었다. 길을 걷다보면 어느 곳에서 갑작스레 물밀듯 몰려드는 오토바이들을 만나게 된다. 그 순간 오토바이들이 거대한 파도처럼 길을 휩쓸고 지나간다. 오히려 차들이 오토바이에 기생하면서 조심스럽게 앞으로 나아간다. 길을 걷는다고 했지만, 그것은 수많은 소리들을 감내해야 하는 고통이기도 했다. 호치민시는 소음의 도시이다. 여기서는 모든 것이 소리를 지른다. 갑작스레 내리는 폭우도 소리를 동반한다. 나, 여기 있어요, 나 여기 있단 말이에요라고 지르는 소리들이 호치민시이다. 여기서 길은 소리들이 물결처럼 일고 빠져나가는 악기의 구멍과도 같아 보였다. 이 모든 소리들은 걷는 이의 몸 안으로 빨려 들어와 한순간에 흡수된다. 나중에는 걷는 내 몸이 소음 덩어리가 된다. 이곳에 오래 있다 보면, 언젠가는 호치민시의 소란스러운 길들처럼 왕창 소리를 지를지 모르겠다. 그럼에도 하루 온종일, 모든 일정을 포기한 채 걷고 싶은 곳이다. 지금까지 많이 걸었는데 한번도 지도를 손에 지니지 않았다. 그냥 걷다 보면 처음의 자리로 되돌아올 것 같았기 때문이다. 어디를 가도 그곳이 그곳이고, 이곳이 그곳일 것 같았다. 맞다. 호치민은 분열된 도시이다. 호치민은 그렇게 낯선 이방인에게 제 동네 사람이 지닌 친연성을 자연스럽게 부여한다. 사흘이 지났을 무렵인데도 이곳에 오래 산 것 같았다. 내 몸이 호치민시의 소리이고, 그 소리를 낼 것 같았다. 이것이 도시의 매력이 아니겠는가!

5. **오늘날 현대연극의 중심어는 기억이고,** 그 재현일 터이다. 기억은 정치의 중심뿐만 아니라 연극의 중심이다. 과거 청산에 있어서 오늘날 연극의 역할은 중요하다. 연극은 언제나 가해자가 아니라 피해자 편에 서 있고, 연극은 언제나 망각이 아니라 기억의 산물이라는 것을 되새길 필요는 있을 것이다. 현대연극의 전령과도 같았던 콜테스도 연극은 기억을 장악하고 지배하는 현실과 대치된다고 썼다. 연극은 역사적으로, 그 기원에서부터 기억의 부활, 그 시학의 산물일 터이다. 허물어져가는 현대연극의 부활은 기억을 연극의 중심에 놓을 때 가능할 것이다. 연극은 이렇게 말하는 것 같다. "기억하라". 지난 역사는 결코 잊을 수 없는 것이다. 연극은 변함없이 과

거를 잊지 않고 재현하는 것일 터이다. 역사의 왜곡과 마주하는 일일 터이다.

베트남에서는 매일 한낮에 스콜이라는 비가 한껏 내린다. 짧게 그러나 폭발적으로 하늘에서 비가 짧은 순간 내린다. 우리가 준비한 공연은 월남전을 기억하려는, 감정에 호소하는 연극이었다. 나이든 베트남 사람들은 우리들의 공연에 진심으로 감사했다. 공연 후, 그들의 감사하다는 말은 가슴에서 우러나온 칭찬과도 같았다. 베트남 젊은이들은 월남전쟁에 관한 연극을 시큰둥하게 본 것 같다. 벌써 40년 전 이야기이니까. 자신들이 승리한 전쟁이니까. 호치민시의 골목길이 삶의 활력으로 가득한 곳이라면, 도시는 참 슬프게 아름답다. 무질서하지만 사람들이 모여 사는 정다운 곳이다. 산다는 것이 참으로 절대적인 도시이다. 사람들은 작은 공간에 큰 삶을 구겨넣을 줄 안다. 공간 사용을 보면, 너른 곳보다는 좁은 곳이 많다. 집 안, 골목, 상점의 공간 배열, 도시의 구성 등을 보면 확연하게 드러난다. 호치민시에서 가장 즐거운 일은 걸으면서 세상을 보는 일이었다. 사무치게 슬픈 삶이 도처에 있고, 이렇게 살아도 되는가 할 정도로 혼돈스럽다. 가난이 무섭다는 것을 절로 느낀다. 그러나 이 사람들은 늘 웃고 맑다. 길에서 본 삶은 하루 벌어 하루를 먹고 사는 불안한 삶으로 보였지만, 이들은 한결같이 행복한 웃음을 잃지 않았다. 이들의 삶에서 우리들의 복잡하고 불안하고, 행복하지 않은 삶을 떠올렸다.

동아시아에 사는 사람들의 삶과 그 풍경, 그것은 우리의 삶과 풍경과 비교해서 같고 조금 다르다. 사람들의 등판만 보면, 하등 다른 점이 없다. 거리에서 깜짝 놀랄 때가 있는데, 사람의 뒷모습이 한결같다고 여겨질 때이다. 동아시아의 사람들의 등판은 한결같이 같고, 단지 앞모습만 조금 다르다. 사람의 속내, 그 깊숙한 곳은 하나로 일치한다. 그것은 생의 근원인 인간다움이다. 2013년 8월과 9월 사이에 본, 호치민시의 풍경은 곧 사라질 풍경이다. 사람들은 자본주의의 열매로 인간다움을 잃고, 본래 모습을 잃어갈 것이다. 도시는 이미 산업화한 나라들의 풍경을 조금씩 지니고 있다. 100년 프랑스 지배를 이겨낸 이 나라의 저력은 그 누구도 프랑스어를 사용하지 않는 곳에서 발견된다. 그만큼 이 나라는 자국어에 대한 자부심이 크다. 사실 이런 짐작은 어려운 것이 아니다. 소득 향상을 위해서 베트남 사람들은 악착같이 살 것이다. 삶의 근간을 잃어버리더라도 소득이 향상되는 것이 국가와 개인의 최대 목표가 될 것이다. 사실 이것이 두렵다. 자본주의와 민주주의는 선행 학습이 주는 이득이 없다. 그것은 착취, 개발의 악순환, 고유한 문화와 인간성의 상실 같은 피해야 할 요소들을 다 겪으며 가야 하기 때문이다. 베트남 사람들이 다시 우리와 같은 식민의 영토 속에 갇히지 않기를 기원할 뿐이다. 월남전이 끝난 지 40년이 되었다. 우리는 참전한 것을 잊어야 했고, 이들은 과거와 싸우고 현재와 타협해야 했을 것이다. 사과는 언제나 사과로 끝날 뿐, 반성에 이르지 못하는 경우가 많다. 우리가 일본 제국주의에 대하여 반성을 요구하듯, 많은 제국주의 나라들이 베트남 전쟁에서 저지른 과오들을 반성해야 하지만, 그렇지 못했던 것도 사실이다. 삶은 왜 이렇게 이율배반적인가? 가해와 피해는 상극이다. 입장이란 것이 있지만, 오늘날 세상은 제 입장에서 한 치도 뒤로 물러서지 않는다. 가난한 베트남이 오늘날 잘사는 나라의 새로운 형태의 식민의 영역 속에 갇힌다는 것이 서글프다. 세상은 언제나 불평등하고, 강자가 약자를 억압한다. 세상은 결코 완전하지 않다. 연극은 과연 어떤 역할을 해야 하는가? 우리는 이 숙제를 의논하기 위하여 베트남 호치민시에 있었다.

6. **여행에도 어떤 절차가 있다.** 위에서 아래로가 아니라 서로 평등한 관계를 유지하는 공정 여행이 아시아에 절대적으로 필요하다. 저렴한

물가가 삶의 무게까지 저울질하는 것이 불공정 무역의 악폐이다. 우월감은 언제나 상대의 열등감을 강제하고 늘려놓을 때, 왕성해진다.

나는 서울에서 베트남과 한국의 아름다운 관계를 고민하는 이들을 많이 만났다. 그러나 베트남을 우리의 우월감을 증명하고 실감하는 신식민지로 여기는 이들도 있다. 인간에 대한 이해, 그런 교육이 삶과 사회에서 사라진 탓이기도 하고, 겸손하게 행복한 만남을 실천하는 이들이 없지는 않지만 그것이 두드러지지는 않기 때문이다. 베트남은, 호치민시에서만 머문 일주일 동안 느낀 것이지만, 사뭇 그리운 나라이다. 그들의 삶은 결코 우리들의, 다른 어떤 나라의 식민지가 아니다. 공화국 정신을 존중하게 된 바에는 제국주의의 폐해로 식민지의 아픔을 겪은 아름답지만 나약한 나라들을 존중해야 할 것이다. 어느 조직에서나 우월감을 내세우고, 그 우월감을 자신의 존재와 등가로 여기는 이들을 혐오하는 데에는 이런 밑받침이 있기 때문일 것이다. 평화와 공존, 이해와 존중, 이런 가치는 연극, 나아가 공화국 정신의 핵심이 아니던가! (2014)

연극, 동시대성, 가치

독창적이라는 것은 기원에 가깝다는 것.
(Être original, c'est être près de l'origine.)

— 파스칼 키냐르(Pascal Quignard)

1. 동시대의 연극, 물적 토대에 관한 문제

1.1. 동시대와 연극의 관계

동시대의 연극이란 주제 앞에서 망설이고 있다. (동)시대가 너무 크고, 연극이 너무 작다. 그런 이유로, 동시대의 연극이라고 하면, 자본주의, 신자유주의 시장에서 자유롭지 못한 연극, 위축된 연극이 연상된다. 뒤집어 말한다면, 어떻게 하면 연극은 이런 환경에서 자유로울 수 있는 물적 · 지적 토대를 지닐 수 있겠는가? 이것이 오늘 심포지엄의 큰 뜻일 터이다. 불어로 쓰여진 연극에 관한 책을 읽을 때, 자주 접하는 단어가 'intervention'이다. 번역하면 '참여, 발언, 조정, 중재, 개입, 간섭, 작용, 역할, 관여, 처치'이다. 어원적으로는 이쪽에서 저쪽으로, 저쪽에서 이쪽으로 오고 가는. 들어오고 나가는 꼴이다. 동시대의 연극이란 (동)시대와 연극의 사이, 간격, 포개짐에 관한 것이고, (동)시대라는 권력이 연극을 승인하고 혹은 연극이 이에 저항하는 모습을 떠올릴 수 있다. 우리는 지금 어느 쪽이 어느 쪽으로 가고 오는가? 어느 쪽이 어느 쪽을 승인하고 있는가?

1.2. 과거와 단절된 동시대의 연극

동시대의 연극이 존재하는가? 동시대에 있어야 할 연극이 있다면, 동시대에 지워야 할 연극도 있을 터이다. 연극은 시대와 시대 사이에 있다. 동시대는 시대(가 남긴)의 흔적이다. 그것이 오늘이고, 오늘(時代, temps)과 함께(同, com)하기이다. 중요한 것은, 사라지는 지금, 여기의 절박함이며, 과거(로부터)와 연결된 지속, 매듭, 무늬, 흔적이다. 하여 동시대의 연극은 지금 · 여기의 연극이 아니라, 과거를 살아 있게 하는 연극, 지속적으로 존재하는 연극일 터이다. 한국의 현대연극의 특징은 단속적이며, 시제인 오늘과 지속과 연결의 동사인 함께하다의 특징은 매우 빠르다는 것이다. 연극이 있는 오늘이 너무 빠르고, 연극과 함께하는, 연극이 함께하는 것들도 너무나 빨라 한국 연극의 제도적 풍경은 보이지 않을 정도이다. 그 안에 연극하는 이들의 빠른 삶도 포함되어 있다. 동시대의 연극이 지닌 속도는 상상하기 힘들 정도이며 혼란스럽다. 여기에는 새로운 연극에 대한 강박이 자리 잡고 있다. 연극의 자율성을 말하기 어려운 것도 같은 맥락이다.[1] 그런 탓으로 오늘, 이 자리에서 언급될, '동

1 연극의 자율성은 동시대의 연극을 논하는 데 매우 중요한 주제이다. 이 자리에서 그에 대한 언급을 이어가지 못하는 것은 이 문제가 매우 복잡하기 때문이다. 이 시대, 한국 연극은 어떤 역할을 하고 있는가? 한편으로는 연극의 자율적 영역과 (승인, 지원과 같은) 시대의 체제적 영역이 따로따로 있다는 가정이다. 다른 한편으로는 지원제도의 확대로 연극이

시대'(성)는 과거와 크게 단절되어 있다는 것을 먼저 말하고 싶다. 동시대의 연극을 논하는 것이 기쁘지 않은 이유는 여기에 있다. 우리가 흔히 말하는 '동시대의 연극'은 오늘의 연극과 과거의 연극을 구분짓지도 않으면서, 연극이 머물던 시간을 상실하고 있다. 이 말을 확대하면, 한국 현대연극에서 동시대의 연극은 기원이 없는 연극으로 들릴 수도 있다.

2. 동시대의 연극: 과거의 현재

2.1. 연극하는 행복함

저절로 가는 시대의 속도가 있고, 활동하는 연극의 속도가 있다. 동시대의 연극, 그 안과 바깥의 시간은 빠르게, 끊임없이, 함께 간다. 그런 연극들은 개별성이 그만큼 줄어들어 애매모호하다. 제작되고 소비되는 보편적인 연극들이 많아졌고, 그 상업적 진행 과정은 물건을 소비하는 것과 하등 다르지 않다. 연극의 개별성을 구축하는 간섭, 사이, 중재, 개입과 같은 기능이 삭제되어 있다. 시대와 충돌하는 연극, 시대와 갈등하는 연극이 줄어드는 대신, 연극하는 이들의 경제적 삶이 궁핍하다는 것이 도드라진다. 속도가 빠른 동시대의 연극, 과거와 단절된 동시대의 연극은 연극 바깥을 향한 참여나 발언이 아니라 연극 안으로, 그러니까 연극하는 이들의 삶이 궁핍하다는 것을 통째로 드러낸다. 우리들에게 동시대, 연극하는 행복함은 아예 없었던 것이기 때문이다. 지금, 여기서 연극하는 행복을 알기 위해서는 먼저 연극하는 행복한 삶을 체험해야 했다.

지원을 얻는 대가로 자율성마저 상실하는 경우이다. 본디 연극인의 가난은 자율성을 지닌 연극의 대가와 같은 것이었으리라. 오늘날 연극인들의 가난은 이런 문제와 동떨어진, 우리 사회가 누리는 물질적 풍요에 견주어 부족한 부분들에 대한 상기에 가깝다.

2.2. 연극의 자리 찾기

동시대의 연극은 연극으로부터, 과거의 시간으로부터 멀어져 있는 반면에 연극하는 이들과 같이 있다. 연극의 동시대성이란 물음이 연극의 현상적인 면을 묻는 질문이게 되면, 그 질문은 너무나 단순한 것이 되기 마련이다. 연극은 과거와 맺는 관계인가, 현재와 맺는 관계인가? 자신의 앞날을 미리 보기 위하여 극장을 찾는 관객들은 얼마나 될까? 동시대의 연극, 현재와 등가인가? 현재와 맞바꿀 수 있는 연극인가? 인문학의 위기처럼, 연극도 위기이다. 연극이 문학, 철학처럼 중심에서 추방된 것처럼 느낄 때가 있다. 연극이 주변화의 길을 걷게 된 것은 이미 오래전부터이다(그러나 이런 말은 드러내놓고 하지 않는다). 이런 연극에게 연극 본연의 자리, 또는 응분의 자리를 찾아줄 수 있는 이론, 실천은 무엇인가? 동시대의 연극은 연극 복권운동이다.

2.3. 동시대 연극에 거는 기대

동시대의 연극, 그 가운데 글을 쓰는 비평도 앞에서 언급한 참여, 개입, 중재, 작용, 역할의 산물일 터이다. 연극을 공부하고, 연극에 관해서 글을 쓰는 이로서, 나는 지난 몇 년 동안 가고 오기보다는 머문 채 지냈다. 글을 발표하는 자리 말고는 연극동네를 기웃거리지도 않았고, 대중 앞에서 말하는 것을 주저했다. 글은 예전처럼 쓰여지지 않았다. 글로써 연극에 개입하지 않았던 터라 연극에 대하여 이렇게 저렇게 법석을 떨지 않아도 되었다. 그렇게 지낸, 지내고 있는 시간이 동시대라고 한다면, 동시대의 연극은 너무나 즉각적일 수밖에 없게 된다. 최소한의 글쓰기만을 하면서, 연극의 시대, 그 시대성으로부터 멀어지지 않으려고 했었다. 그런 즈음에 고민은, 연극에 대해서 공부해서 알고 있고, 옳다고 믿는 이념들이 정말 필요한 것인지를 되묻는 것이었다. 그런 와중에도 연극 속으로 눈을 돌리면, 많은 이들이 연극하는 일에 달려들고 있었다. 내게는 그것이 필요 이상으로 여겨지기도 했었고, 그 원동력이 무엇인지 궁금해지기도 했었다. 그리고 빠른 변화가 옳은 것인지, 좋은 변화인지를 다시금 생각할 수밖에 없었다. 이렇게 지내면서 연극을 공부하는 이로서 잊혀지지 않기를 바라는 희망과 잊혀져도 좋다는 안심을 동시에 지니고 싶었다. 그리고 연극과 연극동네의 빠른 변화에 대한 분노나 좌절이 결코 틀린 판단이 아니라는 확신을 잃어버리고 싶지도 않았다. 그러나 동시대의 연극은 연극비평을 하는 입장에서도 결코 인공낙원이 아니라는 것은 분명해 보였다. 지상의 낙원도 상상할 수 없는 노릇이지만, 인공낙원에 대한 기대를 버리는 일은 참으로 어려웠다.

3. 동시대의 연극: 가치의 공간

3.1. 동시대와 어긋나는 연극

우리 시대 연극은 결코 밀폐형 시간과 공간의 통로를 벗어나지 못했다. 극장 안 연극이 현재인가? 극장 밖 현실이 미래인가? 교과서적으로 보면, 극장 속 연극은 무거운 과거를 뒤흔들어놓는 해방 공간이어야 하고, 강요된 미래가 뒤엎어지는 섬과 같아야 했다. 그곳에서는 관객이 시간과 세월을 통해서 배운 것이 엉키는 곳이어야 하고, 시간과 세월을 통해서 알 수 있는 것을 초월해야 한다. 그것이 동시대 연극의 모습일 터이다. 그 반대는 정지되어 머무는 연극이다. 그런 연극은 지금 이곳에서 과거와 미래를 연결하지 못하는 일상의 일화들로 채워져 있다. 동시대라고 하지 못할 연극은 시대를 켜켜이 나눈 찰나적인 연극이다. 앞에서 든 비유를 들어 말하면, 무거운 과거와 강요된 미래가 너절하게 펼쳐져 있는 연극이다. 뭔가를 말하고 있지만 드러날 뿐, 끝이 보이는 연극이다.

3.2. 누가 연극의 동시대성을 말하는가

동시대의 연극이라고 하지만, 그것은 동시대 연극의 가치에 관한 문제이다. 오늘날 연극의 가치 그러니까 오늘날 연극이 내거는 가치의 문제이다. 우리 시대 연극은 어디에 가치에 두고 있는가를 되묻자. 아직도 연극하고 있다는 것만으로도 충분한 가치가 있는 것인가? 그것만으로도 충분히 행복한 일이라고 말할 수 있지만, 연극을 하고 있다는 것이, 연극이 가치가 되기 위해서는 이를 충족하는 어떤 것들이 있어야 한다. 문학이나 영화와 달리 연극만이 보여줄 수 있는 가치가 공유되어야 한다. 연극만으로 할 수 있는 목소리와 모습이 있어야 한다. 다른 어떤 것으로도 대체할 수 없는 연극만의 자신감이 있어야 한다. 오늘날 연극의 말과 표정은 잡탕과 같다. 연극 밖에서 요구하는 목소리들이 크게 들리지 않는다. 그 목소리는 분노와 실망의 소리라고 할 수 있는데, 연극 안에서는 어떤 자괴감도 지니고 있지 않아 보인다. 누가 오늘날의 연극, 그 동시대성을 말할 수 있단 말인가? 연극이 희곡 속에 담긴 말들을 반복할 수는 있었겠지만, 자기 스스로 말을 하는 바는 드문 편이었다. 우리가 연극에 실망한 바이기도 하고, 연극이 시대에 절망한 탓도 있을 것이다. 얼마나 시간이 지나야 하는가? 연극이 어디로 가야 질문하고 답할 수 있는가? 연극이 이 시간으로부터 얼마나 멀어진 후에야 지금 이 시대에 대해서 말할 수 있는 것인가?

3.3. 무서운 연극

이탈리아 현대 작가인 에리 데 뤼카(Erri de Luca)가 쓴 「가치 Valore」

라는 시를 옮겨 적는다.

> 나는 눈, 딸기, 파리, 모든 생명에 가치를 둔다.
>
> 나는 동물의 세계와 별들의 나라에 가치를 둔다.
>
> 나는 식사하면서 마시는 포도주, 무심결에 지은 미소, 수고하는 이들의 피로, 서로 사랑하는 노부부에 가치를 둔다.
>
> 나는 내일이면 아무 가치도 없어질 것에, 오늘은 더욱 가치가 없는 것에 가치를 둔다.
>
> 나는 모든 상처에 가치를 둔다.
>
> 나는 물을 아끼고, 신발 한 켤레를 수선하고, 제때 입을 다물고, 도움을 청하면 달려오고, 자리에 앉기 전에 양해를 구하고, 이유 없이 감사하는 일에 가치를 둔다.
>
> 나는 방 안에서 북쪽을 가늠할 줄 알고, 빨래를 말려주는 바람의 이름을 아는 일에 가치를 둔다.
>
> 나는 '사랑한다'라는 동사의 용법과 조물주가 존재한다는 가정에 가치를 둔다.
>
> 하지만 대부분은 내가 경험하지 못한 가치들이다.[2]

이처럼, 삶을 유지하는 것에 필요한 것들이 있는 것처럼, 연극을 가능하게 하는 절대적인 것들이 있기 마련이다. 연극에는 시효가 소멸된 것이 없다. 모든 지난 것들이 부활하는 터이기 때문이다. 동시대의 연극에는 그리하여 죽은 것에서 다시 태어나는 어떤 것이 있기 마련이다. 동시대의 연극은 죽은 사람, 지난 시간의 부활이되, 끝이 없는 언어이다. 오늘날 연극이 무서울 때가 있다. 공연들이 너무 많은 것이 그 첫 번째 이유이다. 그 연극들은 너무나 요란하다. 소극장의 냄새, 공기, 좁은 무대에서 배우들의 고함 소리들이 날 불안하게 했다. 공연을 보고 나오면 세

---

2 마카엘 올리비에, 『나는 사고 싶지 않을 권리가 있다』, 윤예니 역, 바람의아이들, 2012, 101쪽.

상은 정말 딴 세상처럼 보였다. 그러나 우리가 알고 있는, 알려고 하지 않는 한국 연극의 현실은 정말 딴 세상이라고 할 수 있다.[3] 경쟁과 적대의 원리로 움직이는 세상에서 살아남아야 하는 것은 연극도 마찬가지이다.

3.4. 동시대 연극, 저항은 가능한가

동시대의 연극, 참으로, 지금 · 여기의 연극은 시간을 꿈꾸는 연극이다. 지금 이전의 시간, 시간을 돌이켜, 되돌아가는 연극이다. 말하지 않는 연극, 몸으로 더욱 격렬하게 움직이는 연극, 지금 · 여기에서 과거를 꿈꾸는 연극이다. 동시대 연극, 그 무대에는 사라진 모든 것들이 부활하여 등장한다. 그리하여 연극을 보는 관객들, 그들이 나이가 드는 것처럼, 시간으로 가난한 모든 이들이 다시 꿈꾸는, 노래의 연극이다. 동시

3 "200석 규모 대학로 소극장에서 한 달간 공연하는 연극에 참여했을 때 적정 보수와 실제 보수'를 물은 결과 배우의 경우 적정 보수는 평균 266만 원, 실제 보수는 평균 140만 원으로 조사됐다. 두 달의 연습 기간을 감안할 때 연극 활동으로 얻는 월수입은 약 47만 원에 불과했다. 연출가와 극작가는 적정 보수 457만 원, 실제 보수 158만 원이라고 답했다. 기획 · 제작 · 공연 운영 종사자의 실제 보수가 217만 원으로 가장 많았고 창작 · 기술 스태프의 실제 보수가 94만 원으로 가장 적었다. 연령별로는 20대와 30대 비율이 각각 42.2%와 45.3%로 가장 높았고 미혼 비율은 81.8%나 됐다. 티켓 매출로 추정한 대학로의 연간 공연 시장 규모는 339억 원. 이 중 연극이 197억 원, 뮤지컬이 142억 원 규모였다. 2010년 한 해 전체 관객 수는 311만 4,870명이었고 연극 관객이 204만 6,346명, 뮤지컬 관객이 106만 8,524명을 차지했다. 유료와 무료 관객의 비율은 65대 35였다. 유료 관객 점유율은 연극이 32.4%, 뮤지컬이 49.2%였다. 공연장 수는 142개로 집계됐다. 종전 조사에 따르면 대학로 공연장 수는 1999년 31개, 2004년 54개, 2009년 121개로 폭발적 증가세를 보여왔다. 대학로의 범위 규정에 대한 차이를 감안하더라도 1년 사이 20개 정도 증가한 셈이다. 대학로 공연장 수는 전국 공연장 820개의 13.7%였지만 시장 규모로는 연극의 경우 전체 시장의 87%를 차지했다. 관객들은 대학로 공연 정보를 인터넷 검색(87.3%)을 통해 가장 많이 얻었다. 공연을 선택할 때 관람 후기와 주위 사람의 평가(60.0%)에 주로 의지했다. 온라인 예매 비율은 50.7%였다. 유료 관객의 평균 티켓 가격은 2만 6,443원이었으나 유료 관객의 89%가 할인을 받아 평균 1만 3,757원을 내고 관람했다고 답했다. 정가대로 구입한 경우는 11%에 불과했다."(서울연극센터가 2012년 2월 8일 공개한 「대학로 연극 실태조사 보고서」 중에서)

대의 연극, 그것은 원천으로 돌아가는 연극이다. 관객들을 시간의 원천으로 이끄는 연극이다. 그곳에서 다시 태어나게 하는 연극이다. 연극이 이래야 한다고 승인하는 것이 연극의 권력이다. (그러나) 오늘날의 연극은 승인받은 연극에 가깝다. 문제는 그 예외의 자리에 놓이는 연극이다. 동시대라는 권력의 자장 안에 있으면서 동시에 저항체로서의 연극이 되는 것은 불가능한 것인가?[4] (2012)

4 이 부분은, 계속 이어져, 이 원고에 보충될 것이다. 예컨대 동시대의 연극의 무대에 대하여, 시대의 크기에 비하면 작은 무대에 대하여, 연극(무대)와 동시대는 동의어가 아니라는 것에 대하여, 연극 무대는 동시대를 그대로 싣는 것이 아니라 작게 축소할 수밖에 없는 것에 대하여, 동시대가 연극 안으로 들어오기 위해서는 동시대의 풍경이 현실에 대한 시적인 가치를 지닐 수밖에 없게 되는 것에 대하여.

연극과 극장

—연극의 교양, 삶의 사회화

1. 극장, 도덕적 명상의 터

극장은 안의 존재이며 밖의 외관이다. 그것이 변증법적으로 전개되는 공간이다. 외관은 존재의 속국과 같고, 존재는 외관의 침실과 같다. 극장에서 관객과 공연이 만나는 것처럼, 존재와 외관의 만남은 주체와 정체성의 드러냄이기도 하다. 드러냄의 과정은 반복적 습득이나 단순한 모방이 아니라 선택, 거부, 조직, 분류, 분석, 재구성, 해석, 번역의 단계를 두루 거치게 된다. 재현의 산물인 연극이 관객과 가까이 낯설게 혹은 불안하게 만나는 곳이 작은 극장이고, 그것이 관객과 멀리 혹은 하나의 광경으로 보여주는(지는) 곳이 큰 극장이라고 할 수 있다. 작은 극장이든 큰 극장이든, 극장의 연극은 삶의 나머지 절반일 터이다. 극장이 있어서, 극장이 들려주고 보여주는 이제는 존재하지 않는 삶이 있어서, 삶은 두 개의 얼굴을 지니게 되고, 두 개의 얼굴이 합쳐져 삶은 완성된다. 극장의 연극이 삶의 지면[page]과 만나서 형성되는 것이 역사이다. 이것이 연극사의 증언이다. 극장은 인류의 탁월한 발명품 가운데 으뜸이라고 해도 이의가 없을 것이다. 극장은 시민들에게 '너 자신을 알라'라고 말하는 성찰을 위한 사회적 고안이었던 셈이다. 너 자신, 나 자신을 알기 위해서 어떤 다른 시선들이 필요했고, 이것이 가능한 곳이 공공의 장소인 극장이었던 셈이다. 고대 그리스 비극이 지닌 공통적 주제들이 시민을 위한 도덕적 명상이었던 것은 그런 이유 때문이었을 것이다.

극장이 역사적으로 종교적, 사회적 맥락에 위치하는 것은, 이처럼 밖이라는 극장을 통하여 제 안을 들여다볼 수 있고, 이를 통하여 반성적 이중화 같은 주체와 정체성의 개념들이 형성될 수 있었기 때문이다. 극장에 모인 관객들의 사회적 연대가 가능하다는 믿음도 여기서 생출한 것으로 보인다. 연극의 역사는 극장의 역사일 것이고, 그것을 달리 말하면 삶과 세상을 비추는 상상적, 사회적 거울의 역사일 터이다. 물리적으로 보면, 극장의 역사가 금속으로 만들었던 거울의 역사보다 앞선다. 인류가 거울을 만들기 전부터 극장은 관객들에게 타자의 시선과 더불어 자신의 시선으로 삶을 볼 수 있는 역할을 했다. 공간적으로 연극은 극장의 산물이고, 시선으로 보면 극장은 거울의 선행이고, 기능적으로 보면 연극은 거울이란 재현인 셈이다. 역사로 치면 삶과 세상의 눈부신 역사이고, 사회의 현기증을 불러일으킬 수 있는 역사이고, 관객의 눈을 밝혀줄 수 있는 역사이기도 하다. 거울이 형체를 보여줄 뿐이라면, 극장은 그보다 더 나아가 목소리와 사유를 담아내고 표현할 수 있는 진보 그 자체라고 할 수 있다. 그런 면에서 문명사에서 극장은 되비추는 거울보다 더 복잡한, 더 세련된, 더 살아 있는 기제라고 할 수 있다.

극장은 세상 어느 구석에도 있다. 사회 곳곳에 달린 수많은 눈 가운데 하나가 극장이다. 극장은 현재를 보는 과거의 눈이다. 그런 이유로 극장은 오래될수록 귀중한 역사적 현장이 되고, 모든 문명사에서 빼놓을 수 없는 삶의 원동력이 되는 장소였다. 그곳에는 시간의 흐름이 있고, 그 여정에 따라 삶과 세상의 주석이 얹혀 있다. 우리가 태어나기 전부터 삶을 저장하고 꿈꾸었던 곳이 극장인 셈이다. 극장에서 죽는 삶은 없다. 삶은 유령처럼 늘 되살아 저쪽에서 이쪽으로 온다.[1] 유령의 비가시적 존재처럼 극장에서 연극도 관객처럼 허구 속으로 들어간다.

거울과 같은 극장의 역사에는 극장을 만드는 기술, 극장이 담당했던 역할들, 극장이 겪어야 했던 난관들, 극장에서 태어나고 사라진 숱한 이야기들이 덧붙여진다. 거울에 강철 거울과 유리 거울이 있었듯, 극장도 산속 혹은 구릉에 지어진 뚜껑이 없는 야외무대가 있었고, 건축술과 더불어 닫힌 공간 속으로 들어와서 조명기계와 더불어 근대적 삶과 공생하기 시작했던 근대 극장도 있었다. 이른바 삶의 실내화, 삶의 실내장식과도 같은 극장사가 시작된 것이다. 거울 달린 옷장처럼, 극장은 삶에 붙어 삶과 마주하면서 기생하는 미학적, 물리적 장치가 될 수 있었다. 이를 통하여 삶을 저장하고, 그 과거의 삶을 늘 현재화하는 바는 극장 문화의 눈부신 업적이라고 할 수 있을 것이다. 극장에서의 시선은 순수한 시선이 아니라 아주 오래된 눈과 같다. 관객의 현재적 삶은 연극이

1 가끔 혹은 종종 아니면 잊을 만하면, 연출가와 배우들은 극장에 유령이 있다고 하고, 유령이 나타나는 것을 보았다고 한다. 지금까지는 유령을 억울한 죽음으로 여기곤 했지만, 이 글을 쓰면서, 유령들이 과거로부터 현재로 귀환하지 못한, 귀환을 위해서 대기하고 있는 부재자라는 생각이 들었다. 연출가와 배우들이 극장에서 유령을 보았다는 것은 그들이 현실 너머 허구 속에, 지금 이전에 있다는 뜻일 수도 있겠다. 유령과 같은 비현실적인 이야기를 전하는 이들로 확대'되어가고' 있다는 것으로 보인다. 극장의 유령에 매혹당한 혹은 그 지배력에 놓인 연출가와 배우들이 있다. 유령은 매복해 있다가 짧은 음절처럼 나타나서 꼭 할 말만 하고, 그것도 반쯤만 제 몸을 드러내고, 반쯤만 말하고 가뭇없이 떠났다 다시 나타난다. 행복한 유령은 없다. 유령은 한결같이 부당하다고, 억울하다고 하면서, 완결되지 않은 과거를 오늘에 이르게 하기 위하여 망각의 강을 건너온다. 그것은 잊지 말라는 경고인데, 망각하지 않는 것이 진리라고 말하는 유령의 욕망이 거주하는 유일한 공간이 극장이란 생각이 들었다. 유령은 시간 너머에 떠돌면서 존재하다 폭풍처럼 시간을 가로질러 출현한다. 그러므로 유령이 거주하는 극장에는 시간의 시작과 종말이 없다. 만데르스 목사가 나오는 입센의 〈유령〉이, 헨리 제임스의 〈유령의 집 The turn of screw〉이 그러했다. 앞에서는 말이라는 유령이, 뒤에서는 글이라는 유령이 존재했던 이들, 존재했지만 존재하지 않는 것들을 드러낸다. 보여지는 유령에게는 보여지는 시간만 있을 뿐이다. 극장의 함축적인 시간이 그러할 것이다.

라는 오래된 삶에 의해 새로운 삶의 암시에 사로잡히게 된다. 연극 보러 극장에 간다고 말하는 것이 아니라 극장으로 되돌아간다고 말해야 옳을 것 같고, 연극 보고 나서 극장을 나온다라고 말하는 것이 아니라 삶으로 되돌아가는 것이라고 말해야 더더욱 옳을 것 같다.

2. 극장, 자화상 혹은 풍경

이 글의 주제인 중극장과 거울을 연관시켜보면, 오늘날 극장을 둘러싼 문제들이 그 표현 기술보다는 크기에 더 큰 영향을 받는 것처럼 보인다. 극장 생산의 문제들이다. 한국 연극에서 극장의 크기가 조금씩 커진다는 것은 단순히 자본의 규모, 극장을 생산하는 기술만의 문제로 제한되지 않고, 연극 역사의 영역에 속하는 문제로도 보인다. 극장이 커진다고 해서 삶의 공간이 커지는 것일까? 삶이 복잡하고 다양하다고 해서 극장도 그처럼 변모해야 하는 것인가? 극장의 크기가 오늘날 우리 삶의 자화상처럼 보이기도 하지만, 극장이 소극장에서 중극장으로 혹은 대극장 중심으로 변화한다면, 그것은 연극의 도덕적, 철학적 문제를 야기하기도 한다. 재현과 같은 다시 보기를 통하여 관객들이 심리적, 도덕적 제어 요인을 지니게 되는 것처럼. 겉잡아서 보면, 극장의 중형화가 긍정적인가, 부정적인가 하는 문제일 수 있겠다. 소극장보다 큰 무대에 올려놓을 수 있는 재현된 삶의 형상은 과연 신뢰할 수 있는 것인가? 큰 무대에 올려야 할 만큼, 그만큼 우리의 삶이 영광스러운 것이 되었다는 뜻인가? 아니면 더 크게 비추어보면 삶의 비참함이, 고통스러움이 확연하게 드러날 수 있다는 뜻인가? 삶의 거울과도 같은 큰 무대의 극장에서 보여지는 재현된 삶이 우리 삶의 전범일 수 있다는 뜻인가? 그리하여 소극장에서 중극장으로와 같이 보다 큰 극장으로의 전이가 연극의 완전함에 이르는 길인가? 우리 사회와 삶은 왜 극장을 지니고 있는가? 통틀어 극장은 우리가 끝까지 지니고 있어야 할 재산인가?

프랑스 혁명 당시 귀족 부인들이 감옥에 가야 했을 때, 그들은 반드시 거울을 들고 갔다고 한다. 모든 재산과 영광을 잃고, 아무것도 없는 감옥에서 자기 자신을 위로할 수 있는 것은 자기 자신뿐이었으므로, 유일한 재산인 자기 자신을 확인할 수 있는 것은 거울이기 때문인데, 거울에 비친 모습이야말로 한순간 모든 것을 잃은 이가 스스로를 위무할 수 있는 가상의 영지였던 셈이다. 극장이 과연 그런 역할을 하고 있는 것인가? 그것도 조금 커진 중극장이 우리들이, 우리들의 삶이 거주하는 유일무이한 공간이라고 여겨질 수 있는 것인가? 극장 크기의 변모는 겉으로는 삶의 크기와 연관이 있어 보인다. 오늘날 삶은 어차피 지리멸렬하고 어질어질하여 그 다양성과 복잡성에 상응하는 극장이 필요하다는 주장은 설득력이 있어 보인다. 이는 극장의 환상이 삶의 크기에 깊이 연관되어 있다는 뜻이라고 보인다. 극장이 삶에 덧붙은 것이 아니라 함께 조응하는, 극장이 삶에 사로잡힌 태도로 보인다. 이 점에 대해서는 어느 정도 반대 의견도 가능할 것이다. 그러니까 극장과 삶의 관계 더 정확하게 말하면 반관계가 생략되는 문제일 듯하다. 삶이 커진다고 극장이 커지는(커져야 하는) 것은 전적으로 보여지는 외관의 문제이다. 이런 상정은 극장이 삶의 조력자가 될지언정, 삶과 거리를 두고, 삶을 경계하는 태도는 아니기 때문이다. 외관으로만 보자면, 커진 극장과 무대는 삶의 허영과 하등 다를 바가 없게 된다. 그렇게 되면 커진 극장은 삶의 진정성과는 거리가 먼 것일 수도 있겠다. 관객의 오른쪽이 무대의 왼쪽인 것처럼, 거울 속 오른손이 거울 바깥의 왼손인 것처럼. 이것은 극장의 착란이고, 삶의 기만이라고도 할 수 있겠다. 그 부정적 최댓값은, 가정이지만 삶이라는 모습의 해체이다.

오늘날 삶을 재현하는 미디어는 극장 공간보다 훨씬 크고, 미세하다. 그런 것에 익숙한 관객들에게 작은 극장은 답답할 것이고, 극장은 더 큰 공간으로 그것을 극복하려고 하는 것일 수도 있겠다. 극장이 없다면, 거울이 없는 것처럼, 자기 스스로를 볼 수 있는 시선은 타인의 시선뿐이다. 극장이 더 클수록 더 많은 것을, 더 미세하게 볼 수 있을까? 큰 무대에 세워진 재현된 삶이 실제 삶을 초월한 경우, 관객들에게 남는 것은 충만인가, 공허인가? 극장의 크기와 삶의 진정성의 문제는 균형의 문제이다. 크기가 문제가 아니라 감각의 문제가 여기서 생성된다. 소극장은 중극장과 비교해서 결코 공간의 크기 문제로 결정되는 것은 아닐 것이다. 극장이 거울처럼 보여주는 공간이라면, 그것은 작을수록 잘게 보여져, 자아 깊숙한 곳으로 이끄는 담론을 낳았다. 극장이 삶을 상징적으로 변형시키는 모습은 근대 극장 이후에도 계속해서 이어져왔고, 그것이 연극 역사의 모습 그대로일 것이다. 여기서 극장에서 재현된 삶을 바라보는 주체들의 시선이 분명해질 수 있었고, 자기 자신의 삶과 조응 혹은 대응이 가능할 수 있었다. 현대연극에 이르러서는 괴물화되고, 불구화된 인물들을 통하여 자기 자신을 객관화할 수 있는 능력을 터득할 수 있는 곳이 극장이었던 셈이다. 자기 자신의 바깥 즉 극장에서의 외적인 것을 자신의 내적인 것으로 이끌고, 연결시킬 수 있는 감각을 인지하는 사회적 학습의 장이 될 수 있었던 것이다. 극장에서 이루어지는 공연을 통하여, 관객들이 자기 자신의 흩어진 감각의 소여들에 나름대로의 의미와 형태를 부여하는 바는 극장의 사회적, 교육적 역할로 늘 언급되는 부분들이다. 극장은 언제나 그 시대의 자기 자신을 확인하는 절차이며 동시에 자기를 드러내는 표상의 터였다.

작은 극장이 미세한 시선이라면, 그보다 큰 극장은 많이 담는 용기로 비유할 수 있다. 미세한 시선이 극장 무대에 재현된 모습이 내 모습이라고 이른바 주체를 객관화하고, 자신과 타인을 구별하는 바를 터득할 수 있는 공간을 가능하게 했다. 그렇게 작은 극장은 자신을 인정하고 확인하고 완성하는 과정을 보여주는 곳이다. 그리고 자신이 와해되는 데에까지 이르기도 한다. 다른 면으로는 자기 스스로에 깊이 빠지는 나르시스적 환상에 이를 수 있는 공간이기도 하다.

큰 극장은 이보다 훨씬 복잡한 어떤 형태를 뜻하는 것인가? 나와 다른 수많은 나들의 복합체가 존재하는 것처럼. 작은 극장이 보여지는 존재와 외관이 다른 것에 이른다면, 큰 극장은 그 반대일 가능성이 크다. 앞의 것이 인간의 개별성을 말한다면, 큰 극장은 인간의 보편성에 기울어져 있다. 존재와 외관이 일치하면서, 드러나는 외관이 오히려 존재를 왜곡할 수도 있을 것이다. 크게 보인다고, 다 보인다고 해서, 모든 것이 더 잘 드러나는 것은 아니기 때문이다. 보여지는 것 가운데, 주체가 생략되면서 오히려 외관이 조정되거나 생략되거나, 과장되고 조작될 수 있기 때문이다. 극장이 커질수록 존재의 지속성, 단일성은 깨질 수도 있다. 즉 과거와 단절된 모습으로 비추어질 수도 있다는 것을 염려해야 할 것이다. 이것이야말로 극장이 커지면서, 연극이 보여주는 존재의 모호함이다. 이때, 보여지는 재현된 삶은 스펙터클이 된다. 그것이 전범이 되면, 큰 극장에서의 연극은 더 큰 연극으로 돌진하고, 질주할 수도 있을 것이다.

3. 중극장, 교양과 사회화

작은 극장과 큰 극장의 차이는 극장 앞에 서 있는 관객들의 모습을 떠올리면 차이가 드러난다. 극장 앞에 선 관객이란 무대와 관객의 거리를 뜻한다. 가까이 보기와 멀리 보기인데, 연극을 하는 입장에서는 가까이 보게 하기와 멀리 보게 하기가 된다. 연극이든, 관극이든 시선, 시야, 표면, 그 너머의 문제들이 여기서 비롯된다. 가까이 보기이든 멀리서 보기이든 공통적인 것은 그것이 전부가 아니라는 데 있다. 보여지는 것보다 훨씬 더 많은 것이 숨겨져 있기 때문이다. 감춰져 있는 것이 작은 극장에 혹은 큰 극장 어느 곳에 더 많은지는 참 애매한 문제이다. 극장은 보여주면서 감추는 곳이다. 보여지는 것을 보면서 숨겨진 것, 다른 곳을 따라가는 관객의 여정은 극장의 크기에 따라 달라질 수밖에 없을 것이다. 가까이 볼수록 관객은 제 안으로 들어가게 마련이다. 보는 이의 과거로 흘러들어가는 연극의 순수성을 지닌 소극장의 신화는 여기서부터 지금까지 지속되고 있다. 소극장의 연극일수록 큰 극장의 것보다 관객들이 부자연스럽지만 공연에 사로잡히는 이유는 여기에 있다. 공연에 자기 모습을 비추어봄으로써 자기 스스로의 영혼이 사로잡히기 때문이다. 앞서 말한 것처럼 존재가 두드러질 수밖에 없는 광경이 연출되는 것이다. 반면에 큰 극장에서는 관객의 이러한 신비적 경험이 변모하게 된다. 물리적으로 관객과 무대의 거리가 멀어질수록, 관객이 보는 거리가 늘어나고, 무대가 다시 관객의 눈으로 들어오는 거리와 시간이 증대될수록 관객의 감각은 수축되기 때문이다. 이것은 빛의 논리에서 유추해본 것이다. 연출가가 큰 극장에서 보여지는 외관을 중시하게 되는 이유는 여기에 있다. 큰 극장, 큰 무대가 만들어내는 연극적 환상은 작은 극장의 그것과 결코 상응하지 않을 뿐만 아니라, 삶의 실재와도 부응하지 않게 된다. 이 문제의 기원으로 들어가면, 플라톤이 재현의 환상을 거부한 것에 이르게 된다.[2]

극장이 커질수록, 관객과 무대의 거리가 멀어질수록 실상은 더 큰, 왜곡된 모상이 되고, 관객들은 점점 더 수동적인 입장에 놓이게 된다는 것도 상정해볼 수 있겠다. 유럽의 고전주의 극장들이 보여주었던 엄정한 연극들이 실은 허상의 연극들이었던 역사가 여기에 있다. 공간의 명료해질수록 인위적 것이 더 늘어나기 마련인데, 외관의 치장은 관객들의 사회적 적응, 사회적 합일로도 해석할 수 있다. 관객의 위상은 그가 찾

2 플라톤, 『국가』 10권, X596.

은 극장, 가시적인 표상에 결정되기 시작한다. 이런 연극은 관객의 교양에 이르고, 사회적 과시, 개인적 위장에 이르게 된다.

결론적으로, 한국 연극이 중극장 중심이 된다는 것은 본격적으로 연극이 사회적 교양이 되어가고 있다는 뜻으로 해석할 수 있다. 관객이 사회적 자아를 지니면서 극장에서 연극과 함께 사회적 행동으로 이어지는 과정인 것이다. 이것은 조금 큰 극장에서의 연극이 관객에게 주는 개인의 확장, 경험이다. 개인으로서 관객이 극장에서 타자와 만나고, 대화하고, 자신 속에 다른 세계를 받아들이는 것이다. 소극장에서 자신을 들여다보는 내면화된 관객이 아니라, 소극장에서 벗어나 조금 큰 극장에서 사회가 기대하는 자신을 실재화하는 연대적 관객이 되는 것이다. 자기 자신이면서 동시에 다른 사람으로 기꺼이 변모할 수 있는 존재가 되는 것이다. 연극도 마찬가지이다. 그러므로 중극장 무대로의 변모는 연극 외관의 변질과 달리, 그것 그대로 연극의 실재가 되는 결과를 낳게 된다. 그것은 연극이 교양화되는 것이고, 관객은 이를 통하여 사회적 위계를 점차 넘어서 보편화된 사회 구성원이 되는 것이다. 소극장과 대극장 사이, 중극장, 그것은 소극장과 대극장 사이에 비스듬히 위치하는 극장이다. 연극도 그러할 것이고, 관객들도 마찬가지일 것이다. 자기 자신을 보는 절반의 시선과 타인이 기대하는 나머지 절반의 시선이 공존하는 무대이다. 연극도 더더욱 그러할 것이다. 우리 연극은 지금 그 사이에 이른 것이다. 아니 벌써 혹은 이제 겨우……. (2011)

연극과 선언

0.

선언문은 타인과 자기를 구별짓기 위해서 스스로에게 다짐하는 고백과 같다. 선언문은 타인과의 구별이면서 아울러 이를 통해서 타인들과 또 다른 공모를 하기 위한 공개적 행위이다. 스스로에게 하는 고백이라는 면에서 선언은 내밀한 자족적 행위에 가깝다. 자족적 행위란 이렇게 해야 한다는 강제보다는 이렇게 해서는 안 된다는 저항의 논리이다. 선언은 결과이기보다는 희망을 담고 있다. 우리나라 극단 가운데 선언을 내세워 자신들의 연극 이념을 분명히 규정하는 극단은 그리 많지 않다. 새로운 극단이 선언문을 작성해서 공개한다는 것은 연극 제도와의 변별성을 드러내기 마련이다. 극단이 내세우는 선언과 연극 행위를 하나로 묶어 공감하기는 그리 쉽지 않다. 글로 남긴 선언의 내용과 사라질 연극 행위를 하나로 일치시켜 보는 것이 불가능하기 때문이다. 그러나 극단이 선언문을 공개하는 일은 연극 행위에 앞서는 의지의 자유로운 표현에 속한다.

1.

선언은 무엇보다도 정체성을 규명하고 공식적으로 알리는 일이다. 이를 통하여 형태, 관점, 양상들을 세우는 일이다. 선언은 그러므로 입장이다. 말하고, 행동하는 데 이르게 하는 원동력이고 지침이다. 가장 흔한 선언이 연극의 대중화 선언일 터이다. 이것은 연극의 대중을 무시하고 부정하는 기계적 선언일 확률이 크다. 힘겹지 않은 선언이 유희가 되는 경우는 많다.

2.

극단이 연극에 관하여 뭔가를 선언하기 전에, 연극 그 자체가 단편적일지라도 하나의 선언이기도 하다. 선언은 주목을 요하는, 시선을 끌어당기는 어떤 중심을 지니고 있다. 연극을 이렇게 하겠다는 선언이 아니라, 연극 자체가 선언인 경우, 선언의 중심은 하나가 아니라 복잡하다. 연극을 하면 할수록 선언의 중심은 바뀌고, 정의할 수 없는 어떤 것으로 변모한다. 선언으로서 연극은 그러므로 그 복잡함, 애매함을 반복하면서, 그 중심으로 더욱 들어가기 위하여 지속되고 유지된다. 연극하는 욕망으로서 선언이란 연극이 도달해야 할 지점을 말하는 것이 아니라 노정, 그 흔적일 뿐이다. 이 경우 선언으로 연극하는 것이 아니라, 연극하면 선언이 되는 것이다. 연극하는 이, 그가 선언하는 이가 된다.

3.

선언이라는 단어에는 본질적으로 고독함이 묻어 있다. 선언은 느낌을 말하는 것이 아니라 알고 있는 것을 먼저 말하는 것이기 때문이다. 한국 연극에서 선언은 남용이기는커녕 부족하다. 그러니 선언이 미흡한 한국 연극은 고독한 연극일 수밖에 없다. 선언은 여럿이 함께 할 수도 있고, 홀로 하는 경우도 있다. 선언할수록 연극은 단독자가 된다. 선언은 그러므로 오랜 숙고 끝에 내리는 결정과 같은 것으로, 연극이 홀로 되는 일이다. 선언을 길게 할 필요가 없는 이유는 여기에 있다.

4.

우리가 말하고자 하는 것은, 한국 연극에는 선언이 절대적으로 필요하다는 것이다. 연극하는 이들의 고독은 꽤 많이 언급되었지만, 선언 없는 연극의 고독에 대해서는 일절 말이 없었다. 연극의 고독도 있기 마련이다. 선언하면, 연극은 제 몫을 더 깊게, 신중하게 생각하게 된다. 선언은 연극이 자기 스스로에게 더 가까이, 더 집중하게 되는 일이다. 선언은 연극 하나로부터 출발하지만, 선언 이후, 연극은 고립에서 벗어나고, 선언 이후는 연극을 더욱 단련시킨다. 선언은 연극을 연극답게 하는 잠재력이며, 원동력이다.

5.

선언은 지키는 것이 아니라 자기 자신을 내쫓는 일이다. 연극이 연극을 스스로 추방하고 나서, 새로운 필요성을 얻는 일이다. 선언은 그러므로 끊임없이 계속되어야 하고, 그럴수록 연극은 지속되고, 무한한 것이 된다. 선언의 가장 큰 매력은 연극을 완성되지 않게 하는 데 있다. 선언은 연극의 구속이 아니라 연극하는 자유를 되찾게 하는 데 본래의 몫이 있다. 선언은 추구이다. 추구이되 무한한 추구이다.

6.

선언은 부재이다. 이렇게, 저렇게 연극해야 한다는 선언의 엄격성은 미완성의 연극에 관한 것이다. 선언은 연극의 완성과 미완성을 구분하는 것이 아니라 선언함으로써 연극이 이어지는, 존재 자체이다. 연극이 존재하는 힘은 언제나 연극의 부재로부터 출발한다. 선언은 분명하게 말하는 것이 아니라 오히려 숨겨놓는 것이다. 연극 선언은 연극을 품어놓고, 숨겨놓는 것이지, 드러내는 일이 아니다. 이 세상에 삶의 모든 것을 명백하게 말하는 선언은 없다. 선언은 물이 스미듯, 바람이 곁을 스치듯 연극의 부재 속으로 들어가는 일이다.

7.

연극 선언은 그러므로 아직 연극이 되지 않았다는 뜻이다. 연극 선언은 연극으로의 접근일 뿐이다. 연극을 포획하지 않으면서, 연극이 되지 않는, 연극의 대체물이다. 선언 이후, 연극이 탄생한다. 연극이 태어나면, 선언은 기능부전이고 무효이다. 영원한 연극은 있지만, 영원한 선언은 없다. 연극에 헛수고는 없지만, 연극 선언은 헛수고와 같은 환상이기도 하다.

8.

선언의 길이 있고, 연극의 길이 있다. 연극 선언의 길은 연극이 똑같은 길을 가게 하는 것이 아니라, 연극이 갔던 길을 되돌아오게 한다. 그 원점에서부터 다시 새로운, 그러나 불확실한 곳으로 가게 한다. 연극 선언은 연극이 아니라 연극의 이미지이다. 선언은 연극과 같이 가되, 연극이 아닌 채 연극과 더불어 가는 그림자이다.

9.

연극 선언은 연극을 거부하지 못하고, 연극은 연극 선언을 거부할 수 있는 것이 선언의 한계이다. 연극 선언은 절대적으로 지배력이 없다. 맘대로 할 수 있는 자유는 선언에게는 없지만, 연극에게는 있다. 선언은 처음부터 지배력을 상실한 채, 수동적인 것일 수밖에 없다. 능동적인 것은 언제나 연극이다. 연극 선언은 연극의 주인이 될 수 없다. 그러나 유혹하는 것은 언제나 주인이 아니라 주인 바깥에 있다. 선언은 연극을 이곳에서 저쪽으로, 바깥으로 데리고 가는 유혹이다.

10.

연극 선언은 과거이고, 연극은 항상 그다음, 현재이다. 선언은 그러므로 연극의 기원이다. 버림받은 것이 선언이다. 연극의 즐거움은 연극 이전 즉 연극 선언에 있다. 연극의 쾌락은 연극할 때가 아니라 연극을 말할 때이다. 선언은 연극과 같은 분명한 얼굴이 없다. 선언은 항상 얼굴을 가린 베일이다. 연극은 베일과 같은 선언을 찢는다. 단 한 번, 요동치는 쾌락이다. 한 번의 쾌락을 끊임없는 것으로 이어놓고자 할 때, 연극을 한다. 이때가 연극이 사는 때이다. 연극 선언은 연극의 내재가 아니라 연극의 방출, 더 정확하게 말하면, 연극하는 쾌락의 방출이다. 그 끝은 연극의 희생이다. 하면 할수록 소멸하는 것은 선언이 아니라 연극이다. 이것이 삶이고, 연극의 영광이다.

11.

새롭게 태어난 국립극단의 선언은 아래와 같다.

하나, 우리의 연극은 "지금 여기" 인간다운 삶의 진실을 담는다.

하나, 우리의 연극은 과장과 가식을 벗고 연극 고유의 원형적 생명력을 되살린다.

하나, 우리의 연극은 한국 연극의 살아 있는 유산을 포용하고 동시대의 연극 지평을 새롭게 열어간다.

하나, 우리의 연극은 오늘 한국 사회가 빚어낸 질문들에 대답하고 되묻는 예술적 실천이다.

하나, 우리의 연극은 연극 그 이상으로 나아가 문화적 순화를 시도하고 세계와 대화한다.

12.

한국 현대연극에서 고전적인 선언이라고 하면, 극단 '76단'의 선언이다. 자신들의 행위에 대하여 「극단 '76단'의 기본 성격과 방향」이란 글로 발표했다. 1976년 극단 '76단'이 창단될 때 쓰여진 것으로 보이는 이 글은 열 개의 선언적 문구로 이루어졌다.

1. '76단' 의 존재를 위한 진정한 계기는 강인한 자율성의 획득에 있다고 스스로 믿는다. 참된 자율성이란 자아와 타인에게 책임과 규제를 함께 가지는 일종의 미래를 위한 공동의 끈이기 때문이다.
2. '76단'은 단순한 연극적 행위에만 만족하지 않는다. '76단'은 연극적 행위가 수반되고, 파급시키는 우리들 의식의 심화와 확대에 기여함을 더욱 문제시한다.
3. 그런 뜻에서, 우리는 진정으로 무엇을 말하고자 하는 이야말로 무엇

을, 어떻게 표현할 것인지를 끊임없이 탐구하는 자라고 굳게 믿는다.
4. 따라서 '76단'이 레퍼토리로 선정하는 작품은 동시대의 의식과 창조 활동에 결정적 동기와 상상력을 제공할 수 있는 작품을 우선한다.
5. '76단'은 연극적 표현의 기교로서 표현 수단의 총체화를 이루도록 한다. 표현 수단의 총체화란 순간적이고 연극적 체험이나 정신의 긴장화가 아니고 그 이상의 것이다.
6. '76단'은 이 사회, 이 문화 풍토 속에서 보다 성실하게 자신의 삶을 책임지려는 의식 있는 젊은 연극인들에게 유효한 기회를 제공한다. '76단'은 우리들 뜨거운 욕망의 부드러운 대기이자 강건한 토양이 될 것이다.
7. '76단'이 앞으로 부딪칠지도 모르는 모든 문제들의 해결의 관건으로서 우리는 대화의 통로를 갖는다. 생산적인 대화란 냉정한 이성과 절제력, 그리고 인간적으로 풍부한 감성을 가질 때라야 비로소 가능하다는 것을 우린 안다.
8. '76단'은 결코 서두르거나, 부유하지 않으며, 영속적이고 과감한 개성을 갖는다. '76단'을 그 내부로부터 결정짓는 것은 그 강인한 주관성과 주체에 있다.
9. '76단'은 관조하고 분석 비평하는 것이 아니라 창조하고 파괴하는 자의 것이다. 그러나 우리는 우리를 보호하기 위해서 보다 날카로운 손과 이빨을 가질 것이다. 올바른 정의나 진리보다 오해나 편견이 얼마나 무섭다는 것을 우리는 너무나 잘 알고 있다.
10. 우린 이상과 같은 것을 달성하기 위해서 보다 현실적이고 구체적인 제안들을 가질 것이다. 진정으로 꿈꾸는 자야말로 헛된 꿈을 꾸지도 않는 법이다.

13.

위 선언이 쓰여진 1976년으로 돌아가 선언의 내용을 살펴보면, 연극 행위를 하기 위해서 모인 집단이면서 그 목표가 연극을 뛰어넘고 있음을 발견하게 된다. 또한 동시대의 다른 연극 집단과 구별되는 바를 가늠하게 된다. 이 선언의 내용은 소박하지 않다. 소박하지 않다는 것은 연극하는 의식 이른바 연극을 사랑하는 그러나 기존의 방식이 아니라 매우 낯설게 사랑하는 정신을 뜻한다. 뜨거운 욕망으로 채워진 이들의 선언은 연극 무대, 연극배우, 연극적 사고, 연극적 상상력에 관한 새로운 그들만의 방식을 보여주고 있다. 극단 '76단'의 연극은 오늘이라는 세계를 부정적으로 바라보는 자세로부터 출발한다. 그들의 연극은 현실을 부정하는 대신 현실에서 현실을 빌려 꿈을 꾸고 현실을 드러내며 미래를 탐구한다. "동시대의 의식과 창조활동에 결정적 동기와 상상력을 제공할 수 있는 작품"을 위한 연극 행위란 그들이 꿈꾼 현실이며 동시에 순간적인 연극 체험을 뛰어넘는 총체적 표현 양식이다. 이를 위해서 이들이 강조하는 것은 "자신들의 삶을 책임지려는 의식 있는 젊은 연극인"들로서의 자율성에 기인해서 그것을 공동으로까지 확대하는 일이다. 그리고 관객과의 교류에 있어서는 관객에게 어떠한 정서를 요구할 권리마저 부정하는 이른바 평등주의와 무정부주의적 태도를 지닌다. 열 개로 분리된 위의 선언은 연극적이기보다는 사회적이고, 개인적이기보다는 집단적인 의지를 담고 있다. 그러나 선언의 내용이 너무 거창하기 때문에 그들 스스로조차 이것으로부터 벗어나기 힘들었고, 연극하는 자유를 맘껏 구가하면서도 동시에 그 자유에 제한되고 구속되었다는 모순도 지적할 수 있을 것이다.

14,

타데우즈 칸토르(Tadeusz Kantor)의 연극을 우리는 '죽음의 연극'이라고 기억한다. 그리고 '제로(零)연극', '불가능의 연극'이라고도 한다. 그 이유는 그가 최후로 남긴 연극 선언의 제목이 "죽음의 연극"이었기 때문이다. 선언은 그것이 출판되거나 발화되는 순간부터 그 이전과 이후를 나누는, 나누려는 의지이며, 중요한 잣대 역할을 한다. 칸토르에 있어서도 연극에 관한 선언들은 그의 연극 창조의 이념의 다양한 변화를 연대기적으로 확인할 수 있는 결정적 증거가 된다.[1] 칸토르가 이전에 남긴 다른 여러 종류의 선언과 마찬가지로 이 '죽음의 연극'이라는 제목의 선언은 그의 대표적인 작품 〈죽음의 교실〉로 구체화된다.[2] (2014)

---

1 칸토르가 남긴 연극에 관한 선언문은 1960년 '엥포르멜 연극에 관한 선언문'을 시작으로, 1965년 '제로연극에 관한 선언문', 1968년 '기록연극에 관한 선언문', 1970년 '1970년 선언문' 그리고 1975년 그의 대표적 선언문이라고 할 수 있는 '죽음의 연극에 관한 선언문' 등이 있다.

2 이 선언문은 칸토르가 〈죽음의 교실〉을 준비하면서 쓴 것으로 이 연극에 등장하는 여러 가지 인형과 배우의 조건에 관한 글들을 담고 있다. 전체적으로는 열 개의 짧은 글들로 구성되어 있다. 간단히 살펴보면 다음과 같다.

제1장: 연극 무대에 마리오네트(인형)가 다시 등장해야 한다는 E.G 크레이그의 이론을 긍정하고 있다. 즉 "무대에서 배우는 이제 다시 인형의 역할을 해야 한다는 것이다. 이는 자연에 의해서 창조된 인간은 예술작품의 추상적 구조에서는 오히려 간섭에 지나지 않기 때문이다."

제2장: 인간과 배우는 이제 초인형에게 자리를 내주어야 한다는 크레이그의 이론이 다시 언급되고 있다. 이를 통하여 "관객들은 존재의 행복에 경의를 표하게 되고 신성하게 되고 죽음이라는 것을 즐겁게 존경할 수 있기 때문이다."

제3장: 신비하고 낭만적인 마네킹에서 19세기부터 20세기의 추상적 이성주의에 이르기까지 인간의 인공적인 창조를 논하고 있다.

제4장: 새로운 예술이론인 다다이즘과 연극에 있어서 이미 만들어진 리얼리티 개념의 등장에 관한 부분에 관하여.

제5장: 해프닝의 즉각적인 리얼리티에서 예술작품의 요소를 탈물질화하기에 관하여.

제6장: 개념론의 교조주의에 대한 거부와 아방가르드. "예술에 있어서 삶의 개념은 오로지 삶의 부재에 의해서만 다시 받아들일 수 있다."

제7장: 아방가르드와 마네킹의 등장에 관하여.

제8장: 가장 명백한 리얼리티를 드러내는 마네킹, 전이의 과정을 보여주는 마네킹, 텅빈 오브제로서, 술책으로서, 죽음의 메시지로서, 배우의 모델로서의 마네킹에 관하여.

제9장: 크레이그식의 상황의 해석과 살아 있는 배우의 등장, 혁명적인 순간, 인간의 이미지의 발견에 관하여.

제10장: 전체적 요약으로서 죽음의 조건과 예술과 예술가의 조건에 대하여 언급하고 있다. in D. Bablet(éd), *Le théâtre de la mort*, Lausanne, L'Age d'Homme, 1977. pp. 215~224.

연극의 힘

— 기억이여 말하라

모래야 나는 얼마큼 적으냐
바람아 먼지야 풀아 나는 얼마큼 적으냐
정말 얼마큼 적으냐……

— 김수영, 「어느날 古宮을 나오면서」 중에서

바드러움은 위태로움, 아슬아슬함, 간간함을 뜻하는 말이다. 지난 몇 해 동안 우리나라가 그러했고, 지난해가 으뜸으로 그러했다. 그 결과, 나라와 일상의 삶이 거의 패란에 이르고 말았다. 벼슬아치, 구실아치 할 것 없이 아주 오랫동안 바른 말을 하지 않고, 옳은 일을 하지 않았고, 않고 있기 때문이다. 그들이 벼슬자리를 쥐고 끼리끼리 모여 공명과 부귀를 누리고 있다면, 나머지 사람들은 목숨까지도 내놓고 하루하루를 겨우 살아야 했다. 기실 입은 많은 이들의 삶을 가늠하기조차 어렵다. 나라 살림, 개인의 살림이 결딴났는데도 누구도 걸머지는 사람이 없다. 세상이 정신이 없는 것이 아니라, 아예 미쳐버렸다. 사람들은 땅과 바다 그리고 하늘에서 서슴없이, 버젓이 광포한 일들을 저지르고 있다. 책임져야 하는 이들은 저마다 그 멍에를 떠넘겼다. 오히려 복수하겠다고도 했다. 이건 글자 그대로 난장판을 넘어서는 현상이다. 그사이, 연극에 관한 궁구는 거의 사라졌다. 연극, 삶에 대하여 속속들이 깊게 파고들어가는 문·사·철에 기초한 인문적 성찰들은 크게 줄어들었다. 연극 이전에 삶의 출처를 알아야 했지만 사물이나 말이 나오거나 생긴 근거들은 칼로 베여 무시되었다. 오늘날 이 땅의 생은 아슬아슬한 고비뿐이다. 구역질나는 게염들뿐이다. 이 절멸의 재앙 가득한 세상에서 연극은 도대체 무엇인가? 연극은 제 속 깊은 곳에 무엇을 감춰두고 있는 것일까? 생이 얼마나 더 끔찍해져야 연극은 그것에 맞서 버티는 것이 될 수 있는가? 연극은 모방이라고 하지만, 연극은 시대의 대갚음은 될 수 없는 것일까? 오늘날 연극의 대모는 삶의 문제가 아니라 죽음의 문제일 터이다.

지난 정부 때의 기억 하나가 떠오른다. 대통령을 비롯해서 중앙정부가 국가적 재난이 발생했을 때, 지휘 통제하는 본부를 마련했는데, 신문과 뉴스가 보여준 그곳은 땅속 벙커였다. 그곳은 지상의 어떤 재난도 끄덕없이 피할 수 있는, 권세자들과 전문 행정 관료들의 안식처처럼 보였다. 조명이 켜지고, 세상이 축소된 것처럼 보이는 지하 벙커와 연극 무대는 사뭇 같아 보이기도 했고, 전혀 차원을 달리하는 곳처럼 여겨졌다. 오늘날 연극의 무대가 지하 벙커처럼 보인다면, 그것은 연극이 오늘날 우리들의 삶의 갈피를 꿰뚫지 못하고 있다는 방증일 것이다. 연극은 지하 벙커가 상징하고, 그 안에서 덧그림처럼 언급되는 말들처럼, 세상과 삶으로부터 떨어져 금쳐놓은 공간이 되고 있는 것은 아닐까? 지하 벙커와 연극 무대는 모두 공간을 뜻하는 얼안이지만, 연극은 결코 지하 벙커처럼 그윽하고 아득한 곳이 아닐 것이다. 연극 무대는 지하 벙커가 아니라 바다와 같은 공간에 가깝다. 온갖 세상을 받아들이고, 그 속으로 파고들어가고, 본바탕 갈피를 꿰뚫는 현장이어야 한다. 그러나 우리들에게 남은 시간이 많지 않아 보인다. 정말 모든 것이 공(空)으로 돌아가는 것일까?

치산치수(治山治水)라는 말이 있다. 이것은 무지막지했던 4대강 사업처럼, 산과 물을 가로막고 다스리는 것이 아니라, 산과 물의 마음을 읽는 일이다. 산에 나무를 심는 일이나, 물길을 그대로 놓아두는 일은 모두 산과 물의 마음을 알고 배려하는 것임을 지난 정부는 깡그리 무시했다. 그 결과, 국토는 헌신짝처럼 남루해졌고, 사람들의 성정은 거칠고 사나워졌다. 1983년에 초판된 박태순의 기행문집 『국토와 민중』(한길사)에서 저자는 국토를 "우리의 삶이 춤추는 현장"이라고 썼다. 그 땅이 무너져버렸다. 클로드 레비스트로스는 1955년에 발간한 『슬픈 열대』(Plon, 1993)에서 1937~1938년 브라질 오지 여행을 하고 난 후, "번식하는 문명은 영원히 바다의 정적을 흐트러뜨린다. 생명의 신선함은 이상한 악취의 발산으로 부패해가고, 그 부패는 우리의 욕구를 괴롭히며, 이미 반쯤은 썩어버린 추억들을 거두어 모으게 한다"고 썼다. 그는 서구가 나눈 문명과 미개 혹은 야만의 오류를 들춰내며 원시적이며 자연적인 삶이 지닌 구조, 의미, 체계, 상징 등의 가치들을 폭넓게 서술하고 있다. 제 마음을 제대로 살피지 않고, 사람들의 마음을 잘 읽을 줄 모르고, 마음을 알기 위하여 한 치도 노력하지 않은 이들은 폭력적인 사람들이다. 그런 이들이 산의 나무와 풀 그리고 물이 휘어 나아가는 길의 마음을 읽을 수는 없는 노릇이다. 물과 길의 마음을 지니고 살아가는 이들의 삶을, 레비스트로스는 춤에 비유하여, "삶에서 아무것도 두려워할 것이 없다는 것을 명확하게 입증하는" "정지된 춤(ballet immobile)"(97쪽)이라고 했다. 그는 악의 기원이란 육체적 욕망이 아니라 바로 우리들 문명의 역사로서, 신비스러운 조화의 구조를 지녔던 원시적 과거가 이제 우리의 눈앞에서 파괴되어 소멸하고 있는 것이라고 했다. 따라서 '슬픈 열대'처럼, 이 땅도, 온 누리도 슬픈 것이다.

1970년대 이후, 군부독재 타도, 민주화 열기와 민주화 운동, 문민정부 수립……. 참으로 살기 좋은, 더 나은 세상이 올 줄 알았다. 한반도의 봄인가 했더니 지금은 칠흑 같은 어둠 속, 겨울이다. 가까운 연극동네를 보면, 정권의 앞잡이였던 관변 어용 기관들과 이들이 조직한 행사들이 사라지고, 문화예술위원회 같은 새로운 목대잡이들이 만들어져 지난 악폐들을 제거하고, 그 업과 단절하고, 기원과 근원의 가치를 다물하기 위한 노력이 있었다. 그러나 이를 간잡아 전도(轉導)할 이들과 모임들의 얼개는 슬금슬금 짝수를 잃어갔다. 연극하기는 더욱더 어려워져갔고, 연극하는 공동체는 하나둘씩 해체되었다. 겉으로만 보면 살기 좋은 세상처럼 보이지만, 귀를 씻고, 눈을 감아야 하는 세상의 거짓말과 살풍경은 너무나 가혹했다. 성주괴공(成住壞空)처럼 세상과 삶이 자연의 법칙대로 생성 변화하고, 사라지고 거듭나기 마련이지만, 연극하는 이들 가운데서 권력의 젖과 꿀을 찾아 날아가는 철새와 같은 이들이 많아졌다. 연극하기가 아니라 연극 안팎의 벼슬자리에 마음이 가 있는 이들이 입에 발린 갖가지 말들을 이리저리 늘어놓고 있다. 한마디로 진흙창 똥바다와 같은 세상이다. 인문적 연극 생태계는 결딴난 것이 아니겠는가? 한국 연극의 연대기는 안팎에서 온 수많은 연극들의 풍경으로 가득하다. 일제강점기 아래 사실주의 연극에서 포스트모던 연극, 포스트 드라마에 이르기까지. 앞으로 올 연극은 어떤 연극일까? 어디를 어떻게 파고들어야 연극의 본질을 짐작이나마 할 수 있을까? 이 결딴남이야말로 우선 연극을 가로막고 있는 시대의 암울과 같은 장막 때문일 것이고, 그다음이 시대와 연극하는 이들이 지닌 게염의 뿌리 때문이라고 말할 수도 있겠다. 그럼에도 연극을 믿는 구석은, 세상과 삶을 애잡짤해하는 것이 연극일 뿐이라는 사실이다. 우리가 연극을 챙겨야 하는 이유는 여기에 있다. 타인의 고통이 내게 무엇인가를 묻는 것이 오늘날 연극이 지녀야 하는 벼리이다.

아주 오래전 이야기이다. 유학 시절, 안 위베르스펠트와 미셸 코르뱅 교수가 강의하는 '연극기호학-연극읽기'는 새로운 학문이면서 곤혹스러운 강의였다. 매번 발표를 듣고 토론에 참여해야 했고, 한두 번은 공연을 사례로 분석한 것을 발표해야 했기 때문에 준비하는 것이 만만하지 않았다. 읽기 어려운 책을 마주할 때마다 자신이 무지렁이처럼 여겨졌고, 책을 읽다 오밤중에 이를 때면 한숨처럼 이 공부가 내게 무엇인지를 자문하기도 했다. 아무래도 공부를 계속하는 것이 안 될 것처럼 마음은 찢어졌고, 자신에 대한 못 미더움으로 끙끙거리며 지낼 때였다. 타고난 재주도 없어 주눅이 잔뜩 들어 있었고, 불어로 하는 글공부 또한 아무리 해도 따라갈 수 없었기 때문이었다. 그때 내 안으로 쏟아져 들어온 아침의 절망을 생각하면, 하루하루 겨우 책을 읽고, 서툰 글을 쓰면서 연극의 인문 정신이라는 목적지에 이르려고 허우적거리며 애를 쓴 것 말고는 당최 다른 것이 떠오르지 않는다. 허위단심의 그 시절을 위로한 것은, 위베르스펠트 교수가 쓴 『연극읽기 *Lire le théâtre*』의 결론에 있는, '걸레와 수건들'(Les torchons et les serviettes)이란 작은 제목이 붙은 글 속의 이런 문장이다.

> 주인공은 걸레를 가지고 자신의 빛나는 벗은 몸을 문지르는 반면 깨끗한 수건으로는 무대 바닥을 닦는다.
> (Le héro bouchonne sa glorieuse nudité avec le torchon, tandis que la pimpante serviette essuie le plancher.)

1977년에 출간된 이 책의 맨 끝부분, '잠정적인 결론'(Conclusion provisoire)에 실린 글로 모순어법으로 연극을 말하는 내용이지만, 이 문장은 문명사에서 연극의 지나온 자취를 한꺼번에, 연극에 관한 빛나는 알음알이를 가르쳐주었다. 지금까지도 울컥울컥 슬픔과 좌절을 겪을 때마다, 이 문장은 공부하는 데 힘이 되었고, 글쓰는 데 글초가 되었다. 그렇게 이 문장을 끌어안고 뒹굴면서, 세상을 향한 문을 겨우 열어젖힐 수 있었다. 학위를 받고 귀국을 준비할 즈음, 지도교수는 이렇게 일러주셨다. "학위는 이제 마라톤 경기에 참여할 수 있다는, 주최 측이 뛰는 모든 이들에게 준, 등판에 붙이는 번호판과 같은 것이니, 완주할지, 도중에 그만둘지는 두고 볼 일이야." 돌이켜보면, 훌륭하셨던 선생님 말씀대로 번호판과 같은 등짐을 지고 여기까지 왔다.

2014년 4월 16일, 진도 앞바다에서 세월호가 거꾸로 가라앉아 수장되고, 많은 이들이 죽었을 때, 온 땅과 그 위에 사는 이들이 울부짖으며 아우성치고, 끝없이 소리 죽여 흐느꼈다. 그 후로 삶은 허무했고, 쓸쓸했고, 허전했고, 슬펐다. 그 배를 타고 수학여행을 떠났다가 사고를 당한, 단원 김홍도의 호를 딴 고등학교의 학생들이 남긴 유언을 들을 때마다, 그 젊은이들이 죽으면서 외쳤던 '살고 싶다'는 말을 거푸 되새길 때마다 어찌할 수 없을 만큼 외로웠다. 집에 가는 날이면, 자전거를 타고 꼭 광화문 광장을 가로질러 갔다. 광장 초입, 오른쪽에는 고동업, 김관, 장용철 같은 연극인들이 언제나 가슴에 노란 리본을 달고 유족들의 아픔을 헤아려 살피고, 어루만지고 있었다. 우리들은 가슴 깊은 데서 우러나오는 인정의 인사를 나누었다. 그곳에서 만난 희생된 학생들의 부모들과 가족들은 절망에 빠져 있었다. 진도가 뭍의 끄트머리이고, 팽목항이 삶의 끝자락이라면, 광장은 어린 아들과 딸이 죽은 또 다른 바다였다. 광화문 광장은 뭍과 삶을 재현하는 연극 무대였던 셈이다. 어디서나 희생자들의 가족들은 삶의 현장에서 한 발짝도 움직이지 않았다. 바다를 바라볼 때도, 땅에 발을 딛고 있을 때도, 밥을 먹고 물을 마실 때도, 숨을 쉬고 있는 순간순간 자식들이 돌아오기만을 기다렸다. 땅과 하늘 사이만큼 자식들을 보고 싶었을 것이다. 곧 살아서 나올 수 있겠지 하고, 죽어서라도 시신을 찾을 수 있겠지라고 여기면서, 그러나 죽은 이들은 돌아오지 않았다. 살아남은 이들의 몸은 땅에 머물고 있었지만 정신은 바다에 뛰어들고 있었다. 서럽고 서러웠지만, 그들은 하늘을 올려다볼 수 없었다.

2014년 4월의 비극적 봄은 불볕의 여름을 지나 가을을 헤매던 끝에

2014년 겨울에 이르렀다. 가슴에 불을 당겨야만 견딜 수 있는 혹독한 시절의 연속이다(세월호 희생자 수는 일반인 46명(3명 실종 포함), 단원고 학생 246명(4명 실종 포함), 단원고 교사 10명(2명 실종 포함), 총 304명으로 발표되었다). 그런데 책임지는 이들이 없는 이 판에, 많은 이들이 벌써 이 일을 시나브로 잊고 있다. 시대가 저물고 있다. 가족들은 이제 혼자서, 하염없이 혼자서 울 수밖에 없다. 맨 땅을 밟고 있다는 것마저 실감나지 않는 세상이다. 두렵고, 두려워서 거듭 두려운 세상이다. 『햄릿』에서 죽은 유령이 살아 있는 존재 앞에 나타나, "무섭다! 아, 무섭다! 정말 무섭다!"(1:5)라고 했다. 햄릿은 이런 세상을 "인간의 철학으론 꿈도 꾸지 못할 일이 많은 천지간"(1:5)이라고 했다. 『햄릿』을 다시 꺼내 읽는다. 호레이쇼의 이런 대사, 세상은 "종말이 온 것처럼 병들어 있지"(1:1), 마셀러스의 이런 대사, "이 나라엔 무언가가 썩었어"(1:4), 햄릿의 이런 대사, "악행은 천길 만길 파묻어도 사람 눈에 발각되리"(1:3), "뒤틀린 세월, 아 저주스런 낭패로다."(1:5) 그리고 유령의 장탄식을 떠올린다. 호레이쇼의 두 손이 서로 닮은 것보다 더 닮은(1:2), 유령이 살아 있는 이들에게 이렇게 말한다. "……이 흉악무도한 살인의 원수를 갚아다오…… 나라 전체가 조작된 내 사망 경위로 새까맣게 속고 있다…… 이 얼마나 형편없는 타락이냐…… 잘 있거라, 잘 있거라. 날 잊지 말아라."(1:5) 다시 돌아온, 잘 매장되지 않은, 억울한 죽음의 상징인 유령은 "진실한 유령"(1:5)이다. 1막의 맨 끝에서 햄릿처럼, 우리 시대에 "그것을 바로잡으려고 자신이 태어났다"는 것을 말할 수 있는 이는 누구인가?

연극은 생의 뒤끝에 있는 액정이다. 세월호 비극은 『햄릿』을 다시 읽게 했다. 세월호는 억울한 죽음을 되새겨야 하는 섭리 같고, 『햄릿』은 살아남은 이들의 도리 같다. 예컨대 연극이 죽음을 말하는 것은 죽음의 위상, 그러니까 왜 죽어야 했고, 왜 죽여야 했는가를 말하는 것에 그치지 않는다. 연극은 죽음이 억울하지 않도록, 셰익스피어식으로 말하면, 죽음이 유령이 되어 되돌아오지 않도록, 죽음이 유령에 들어 구천을 헤매지 않도록 옳고 편안한 곳으로 이끌어야 한다. 연극은 죽음을 인도하는 굿이라고, 죽음의 푸닥거리라고 말해도 될 것이다. 참으로 억울하게 죽은 유령은 올바르게 매장되지 않아 구천을 떠돌면서, 이곳으로 되돌아온다. 죽음과 삶의 경계가 없는 유령에게는, 존재하고 존재하지 않는 것 사이의 대립이 없다. 죽은 존재가 다시 되돌아옴으로, 유령은 자유의지와 관계없이, 죽음을 부정하는 힘이다. 우리가 세월호의 억울한 죽음에 응답하지 않는다면, 그 죽음들은 언제나 우리 곁에 다시 유령처럼 되돌아올 것이다. 죽음이 우리들에게 말할 것이다. 우리가 아무리 부정해도 다시 올 수밖에 없는 것이 유령의 존재이다. 그리하여 우리들은 『멕베스』에서처럼, 유령에 대하여 "사라져라, 공포의 그림자여, 비실재의 환영이여, 물러가라"(3:4)라고, 우리 자신의 자유의지가 부정되는 바에 대해서 공포스럽게 말할 수도 있을 것이다. 나아가 햄릿처럼, "죽는 건, 자는 것, 자는 건 꿈꾸는 것일지도, 아, 그게 걸림돌이다. 왜냐하면 죽음의 잠 속에서 무슨 꿈이…… 찾아올지 생각하면…… 그게 바로 불행이 오래오래 살아남는 이유"(3:1)처럼 무서워 어찌할 수 없게 될 수도 있을 것이다. 햄릿의 탄식처럼, 우리들은 죽음 이후에 찾아오는, 스스로가 제어할 수 없고 선택할 수 없는 유령화를 무서워하게 될 것이다. 세월호의 희생자들의 억울한 죽음들을 두려워해야 하는 바는 여기에 있다. 세월호 이후, 우리들은 주체가 없는 삶, 익명적인 삶을 무섭게 경험하고 있다. 죽은 이들은 우리들 곁으로 되돌아와야 한다. 그들이 귀환해야 한다. 돌아와서 망각이 아니라 기억의 편에 자리잡고 있어야 한다. 희랍어로 망각[letheia]하지 않는[a] 것이 진리(aletheia)인 것처럼.

우리 시대 연극의 본질은 타인의 고통에 가 닿는 데 있다. 세월호의 비극으로 고통받는 이들에 대한 책임은 이렇게 해서 연극이 지닌 정의의 문제로 해석될 수 있다. 햄릿이 거리를 떠도는 유랑극단과 더불어 전쟁에서 죽은 트로이 왕 프리암의 왕비 헤큐바를 연기하면서, 헤큐바의 고통을 느끼면서, 지금까지 자신의 존재를 벗어날 수 있었듯이 말이다. 아직도 진도 앞바다에서 사람들은 기다리고 있다. 엄숙함과 긴장감을 뜻하는 팽팽함이란 단어처럼 울리는 팽목항 하늘에 별이 보이지 않는다. 이곳에서 언제까지 이렇게 사람의 도리로 기다려야만 하는 것일까? 지궁스럽게 기다리다 보면 무엇이 올 것인가? 알 수 없다. 다시금 기다리는 것은 무엇인지, 지나간 것을 아쉬워한다는 것이 무엇인지를, 사람다운 삶이 무엇인지를 되묻게 된다. 이 질문은 연극을 공부하면서부터 결코 잊지 않았던 것이다. 배고픈 시절에도, 외로운 시절에도, 세상일과 사람들이 그리울 때조차도. 세월호의 비극 이후, 기다리는 것은 바뀐 것처럼 여겨지지만, 실은 본디 근원적인 것으로 되돌아왔다. 기다림의 대상은 시간 혹은 기억하고 있는 것일 수도 있겠다. 시간이 멈추었다 지나가면서 남기고 간 흔적을 기억하는 것은 몸이다. 연극은 그래서 몸이 기억하고, 기억하는 몸이 말하는 육체적 행위이다. 늙어가는 것, 그것은 결코 감출 수 없고, 피할 수 없는 시간의 흔적이다. 시간의 흔적이 몸 안에 퇴적될수록 늙음이 견고해진다. 베케트의 〈고도를 기다리며〉 속 기다림은 남루한 몸처럼 텅 빈 무대 위에 나열되어 있다. 소품도 기다림의 정체처럼 절제되어 있다. 검정색 해진 양복과 구두, 모자 등이 전부이다. 허한 사물들을 비집고 막막한 말들이 몸에서 도망쳐 나와 무대를 채운다. 인물들이 아그려쥐고 앉아 "갈 순 없어",[1] "왜", "고도를 기다려야지", "참 그렇지" 같은 말들을 하염없이 내뱉는다. 아무리 질기굳게 기다려봐도 고도는 오지 않는다. 그 기다림이 얼마나 고통스러운 일인가를 보여주는 것은 무대 뒤편에 세워져 있는 "잎이 없"는 죽은 나무 한

1 이하 큰따옴표 속 인용문은 〈고도를 기다리며〉의 대사임.

그루이다. 기다림의 아픔, 그 끝은 기다리는 인물들도 앙상한 나무처럼, 돌멩이처럼 사물화되는 것이다. 떠돎과 기다림이 한통속이 되는 비극적인 풍경이다. 들리는 것은 "갈대가 바람에 흔들리는 소리", "날개치는 소리", "나뭇잎 소리", "먼지 소리" 등이다. 인물들이 말하는 "살려달라는 소리"는 "인류 전체에게 한 말이다." 팽목항에서, 안산에서, 광화문에서, 국토와 산하의 길을 걸으며 이를 옥물어야만 했던 유족들에게서 그런 소리들을 들을 수 있었다. 아, 앙얼이여!

바닷속 그 많은 혼백들을 어찌할 것인가? 미친 세월은 끝나지 않고 계속된다. 미친 세월이 할퀴고 간 생채기들이 유족들의 가슴에 새겨진다. 고통이 바닷바람에 뒤틀릴 때마다 비명을 질러댄다. 기다림의 끝은 '마지막 순간'이다. 그러나 진상이 밝혀지지 않는 한, 그 순간은 결코 오지 않고 고통스럽게 연장될 뿐이다. 고통스러운 기다림의 순간들이 반복된다. 이 기다림이 "이젠 너무 늦었다"는 것도 알겠고, "이 세상에 고통을 당하는" 이들이 한둘이 아니라는 것도 알겠고, 인간의 존재에 대해서 "그 속은 달라지지 않는다"라는 것도 알겠다. 또한 살아 있는 우리들에게 "아름다운 옛 추억"이란 괴로운 것임을 더더욱 알겠다. 세월호의 비극 이후, 세월의 흐름은 정지되어 있는 것 같다. 우리들 모두 사람의 마음을 읽을 수 있는 따뜻하고 아름다운 시선조차 없고, 속이 텅 빈 괴물 같다. 남은 것은 앙상한 뼈대뿐이다. 〈고도를 기다리며〉에서처럼, "살아 있는 것은 나무뿐이다(Seul l'arbre vit)." 팽목항 들목에 다시 노란 꽃이 피어나기를 기다린다. 연극은 이제 고통으로 길을 떠나 길로서 존재하는 이들과 함께할 것이다. 제발 말하라, 기억이여! 모래와 바람만큼, 먼지와 풀만큼. (2014)

제2부

비평론 위기의 글쓰기

우리, 시대, 연극

세상이 끝나는 방식은 쾅 하는 소리가 아니라 흐느끼는 소리이다.
(This is the way the world ends. Not with a bang but with a whimper.)

— T. S. 엘리어트, 「공허한 인간들 The hollow men」 중에서

1. 연극의 내경

우리 시대의 연극이란 무엇인가? 최초의 연극인가, 최후의 연극인가? 우리, 시대에 봉사하거나 충성하는 연극인가? 우리 시대, 연극은 어느 곳에 있는가? 시장 한복판에 있는가? 아니면 바다 혹은 산에 있는가? 우리 시대라고 했지만, 이 말은 지금이 아니라 시간을 영접하는 앞날에 해당된다. 여기에 덧붙은 연극, 그렇다면, 이는 연극에 관한 예언으로 들린다. 미리 짐작해서 말하는 예언은 절망의 소산쯤 된다. 부적절한 오늘의 연극을 대가로 얻는 앞날의 의무와 같은 것이다. 오늘의 연극이 지닌 오류를 바로잡는 것으로 출발해서 새로운 것을 부여하는 필요와 같다. 그러나 예언은 다 드러내지 않는 것이 더 큰 미덕이다. 한국 연

극은 결코 변두리에 있어본 적이 없다. 지리적으로 내몰린 적이 없었을 뿐만 아니라 도시 바깥으로 추방당한 적도 없었다. 독창적이지 않았고, 시대를 웅변하는 것도 아니었지만, 한국 연극은 도시에서 관객들을 관조한다. 다만 연극이 있었을 뿐이다. 그것은 수수께끼와 같은 사실이다. 연극이 대중인 관객과 만나는 것이라고 해도, 그 대상이 엄격하게 정의된 바는 없다. 연극하는 데 검열이 사라졌지만, 연극이 과연 어떻게 변모했는지는 구체적으로 서술된 바가 없다. 관객들이 연극을 보면서, 연극하는 이들과 더불어 도시에 사는 부르주아로서 신분이 상승되었는지는 더더욱 모르겠다. 분명한 것은 연극은 계속된다는 것, 연극하게 하는 권력의 보호와 같은 지원금이 있고, 연극하는 동네에 세습되는 협회, 개별적인 공연을 한 곳에 놓고 계절마다 연극의 보편성을 보여주는 이런 저런 이름을 지닌 축제가 있다는 것, 연극하는 배우, 연출가, 극작가와 비평하는 평론가라고 스스로 말하거나 불리워지는 연극의 제도가 증가하고 있다는 것, 지금도 연극하려는 야심을 지닌, 아직 제 모습을 다 드러내지 않고 있는 젊은이들이 있다는 것이다. 이 모든 것이 우리 시대 연극을 모방하는 모습들이고, 한국 연극의 언어를 계속해서 체계화하는 내경들이다. 그러나, 이것은 가정인데, 연극이 시민들에게 무엇을 주었는지는 정말 알 바가 없다. 극장에 오는 즐거움, 예술의 아름다움인지, 아니면 재현된 삶을 보면서 느끼는 수치심? 이런 것은 정말 모르겠다. 글 제목인 우리 시대의 연극은 한국 연극의 내경이 아니라 외경을 말하라는 뜻이다. 지금까지 연극의 베일을 벗기고, 새로운 문체로, 한국 연극의 본성을 객관화하라는 뜻이다. 무대 앞 다 드러내놓지 않은 배우의 목소리처럼, 무대 뒤 희미하게 존재하는 텍스트처럼, 무대 위 어렴풋한 빛처럼.

2. 연극의 시간

연극이 시대와 만난다면, 시대는 저무는 때와 새롭게 시작하는 때의 사이, 연극은 그 사이를 비집고 들어가는 존재와 같다. 한국 연극이 저무는 때와 만난다면, 보이는 것은 연극 자신의 원천일 것이고, 시작하는 때와 만난다면, 그것은 연극의 환상, 비가시적인 연극을 뜻할 것이다. 그러므로 우리 시대의 연극은 보이는 연극이면서, 보이지 않은 연극을 두루 포함하는 과거의 연극이면서, 전미래의 연극이다. 우리 시대의 연극은 그러므로 이 두 개의 연극이 분리된 연극이 서로 침투하면서 형성되는, 같은 육체를 지닌, 언제 어디서나 있어야 하는 연극이다. 있다가 사라지는 연극은 없는 법이지 않겠는가? 연극은 너의 시대, 나의 시대, 우리의 시대를 떠나서 존재하지 않을 터, 시대는 연극의 변함없는 배경일 뿐이다. 연극은 시대와 무관하게 나아간다. 다만 연극이 시대를 타고, 물을 건너가듯 하면서 자신을 잉태한다. 우리 시대의 연극이 가야 하는 길, 가면서 남겨놓는 길의 흔적은 연극의 내용이 아니라 껍질일 뿐이다. 그러므로 우리 시대의 연극이라고 말하는 것은 우리와 시대를 벗어나 언제라도 존재하는 연극을 뜻한다. 그렇지 않다면, 우리 시대에서 멀리 갈수록, 그 길은 출생과 멀어지는 오래된, 늙은 길의 연극, 과거의 연극이 된다. 가야 할 길이라고 하지 말고, 되돌아가야 할 길이라고 해야 연극은 살아 있는 시대의 연극이 된다. 그러므로 우리 시대, 지금 여기의 연극을 문제 삼는 것은 한국 연극이 태아와 같은 연극의 근원으로부터 너무 멀리 떨어져 있고, 둥지를 잃은 연극을 상정하면 좋겠다. 너무 먼 곳에 있는 터라 돌아가기 어려워 이리저리 배회하는 연극이 우리 곁에 있다. 연극의 기술에 대해서는 말할 수 있지만, 연극의 기원에 대해서는 말할 수 없는 연극들이 너무나 많기 때문이다.

3. 연극의 기원

연극은 늘 새로운 것인가? 그래야만 되는 것인가? 아닐 것이다. 시대의 연극을 논하는 것은 항상 기적을 바라는 연극에 관한 것이 되기 쉽다. 마치 위기에 처한 현실 속에서 연극이, 연극을 구원하는 바를 논하는 것은 너무나도 상투적인 일이다. 그런 역사는 우리가 한국 연극을 알기 전부터 있어온 것임에 틀림없다. 우리 시대의 연극을 논하기 위해서는 배우에 관한 경계가 없는 것, 연극이 큰 극장, 작은 극장에서 배회하는 것, 희곡이란 텍스트도 마구 생산되는 것, 그래야만 연극의 존재가 영위된다고 믿는 것 등을 맨 먼저 문제 삼자. 우리 시대의 연극은 과잉의 연극이다. 한국 연극에는 모든 것이 지나치게 넘쳐난다. 남보다 앞서기 위해서, 항상 새로워지기 위해서 늘 먼저, 과거의 모든 것과 결별해야 하는 연극이다. 그러므로 우리, 시대, 연극은 단도직입적으로 생겨난 대로, 유일한 연극으로, 최초의 연극으로, 사라진 연극으로 되돌아가야 하는 연극이다. 변질되지 않는 원천을 찾아 그것을 영원하게 만드는 연극이어야 한다. 과거의 연극을 황홀하게 바라보고, 실천하면서 오늘을 살도록 하는 연극에 관한 것이어야 한다. 연극에 심연이 있다면, 연극 저 밑바닥에 샘과 같은 근원이 있다면, 그곳으로 내려가려는 연극이어야 한다. 끝이 없는 것은 미래가 아니라 과거이다. 연극은 과거의 예술이다. 과거에 있었던 연극이되, 과거로부터 떨어지지 않는 무한한 연극이고, 과거가 부활해서 돌아다니는 연극이다.

4. 상주하는 연극

시대는 날로 변모하는 새로운 미디어이다. 연극은 시대를 머물게 해서 이루어진 고목과 같은 것, 연극은 사실 변화하는 것이 아니다. 연극은 태생만 있을 뿐이다. 태어난 모습 그대로 유지되는 것이지 부활하는 것이 아닐 것이다. 연극비평가로서 연극을 많이 보면 볼수록, 비평가는 자기 자신을 잃어버리게 된다. 그러니까 비평가 자신에게 처음 등록된 연극을 잊게 된다. 비평가는 지금 자신 앞에 놓인 수많은 연극들에 선행되는 연극을 잊어서는 안 된다. 그것을 잊게 되면 연극은 항상 시대와 함께 동행해야 한다. 자기 자신을 보지 않게 되면서부터, 연극은 시작되는 것이 아니라 수많은 목록 가운데 하나의 연극이 된다. 시대와 같이 혹은 더 먼저 가는 연극이 아니라 시대에 격렬하게 개입하는 연극을 보고 말해야 한다. 우리 시대의 연극이란 제목처럼 오늘 혹은 앞으로 다가올 때와 결합하는 연극이 아니다. 다시 태어나는 연극은 맞는 말이지만, 오늘과 내일이 아니라 과거와 만나 드러나는 연극이 옳을 것이다. 우리가 이 시대의 연극에 불만을 지니고 있다면, 이 만남에 대한 오해 탓이다. 연극이 과거 시제를 잃고 현재와 미래 시제로 나뉘고, 그것들을 향해서 나갈 때이다. 연극이 제 과거와 만나게 되면, 무엇보다도 오늘의 모습을 크게 반성하고, 겸손해질 것이다. 사실 두려운 것은 언제나 과거이다. 그것만이 연극의 실체일 뿐이다. 모호한, 애매한, 다 드러나지 않을 만큼 어두컴컴한 곳이 과거이다. 연극은 그곳에 상주해야 한다. 그러나 오늘날 한국 연극은 지금, 여기에 있다. 너무나 현실적이다. 종교는 항상 과거를 내세운다. 연극은 가장 종교적인 예술이었다. 과거가 근원이다. 그런데 현실의 지면은 언제나 과거 대신 덧입히는 옷, 오브제, 조명 등에 멈추어 있고, 붙어 있다. 그것들이 시간을 잊게 하고 항상 반복한다. 오늘날 연극은 우리들에게 과거를 잊게 하는 연극이다. 우리 안에 있는 연극의 발견이 아니라 우리 바깥에 있는 존재한다고 강제하는 연극들이다. 시대가 연극을 만들었다고, 창출했다고 말하는 것이 아니라, 시대가 연극의 산물임을 말할 수 있어야 한다. 반성하자면, 연극은 공간보다는 이처럼 시간의 예술이어야 한다. 시간의 근원, 그것이 어둠이고,

그다음이 빛이다. 그래서 무대는 항상 어둡다. 배우가 어둠 속에서 말할 때가 있는데, 그것은 그냥 말이 아니고, 그냥 들리는 소리가 아니다. 말하는 존재와 배경이 보이지 않은 채, 울리는 소리는 상상 너머의 소리이다. 연극의 지평을 지금 여기가 아니라 아주 오래전으로 되돌려놓는, 좁은 무대와 작은 극장을 사막과 같은 너른 공간으로 확장하는 주문이다. 그 소리를 듣는 관객들은 서서히 갇히는 존재가 된다. 연극은 관객을 과거의 포로로 만든다. 어둠과 빛과 소리로.

5. 낡은 연극

우리 시대 연극은 감동을 지녔는가? 감동이 입김처럼 서리고, 관객들 얼굴 앞까지 닿는가? 연극을 보는 순간 내내 삶이 멈추는 경험을 할 수 있는가? 생명 혹은 생명력은 반복하지 않는다. 그것은 지금, 이전에 존재하는 구체적이지 않은 것이다. 1970, 80년대에만 하더라도 한국 연극은 한국 연극의 기원에 대해서, 한국 연극의 옛날에 대해서 고민했다. 연극을 어떻게 만들 것인가, 연극을 어떻게 지속할 것인가를 고민했다. 지금 돌이켜보면, 그때 한국 연극은 젊지도, 늙지도 않았었다. 한국 연극의 근원을 고민하는 매 순간 새롭게 태어날 수 있었기 때문이다. 그러나 그것을 고민하지 않은 오늘날의 연극은 늙어도 너무 늙었다. 지금도 자꾸만, 더 늙어간다. 새로운 텍스트, 새로운 오브제, 새로운 연출 공간, 새로운 조명, 새로운 기획, 새로운 지원 등으로 연극은 자꾸만 꾸며지고 있다. 기원이 아닌 모습으로, 기원과 동떨어진 모습으로 언제나 새로운 연극이 되고 있다. 우리나라가 노인국가가 되어가는 것처럼, 노인이 되면 다들 닮은 모습을 지니게 되는 것처럼, 늙어가는 것은 조금씩 새로운 것이다. 그것이 낡은 연극이다. 닳고 닳은 연극이다.

6. 먼지, 빛, 비스듬히

우리 시대의 연극의 길, 그것은 연극에 관한 글을 쓰는 비평에도 있다. 비평도 낡은 연극, 닳고 닳은 연극을 이끈다. 이런 연극, 저런 연극을 구분하면서, 길에서 벗어나지 않은 연극들 위에 올라탄다. 비평이 연극을 이동시키는 것이 아니라 같이 하나로 간다. 한국 연극비평이 연극의 장애물이 되지 않은 것은 아주 오래전부터이다. 연극의 외부가 비평이고, 비평의 속살이 연극의 아름다움이라고 할 수 없다. 연극은 비평을, 비평은 연극을 만들어내지 못하고 있다. 오늘날 한국 연극과 비평은 떨림 없는 포옹일 뿐이다. 비평이 연극의 육체가 되지 못할 뿐만 아니라, 연극이 비평의 꿈도 되지 못한다. 때가 되면 만나는 사이, 때가 되면, 그러니까 주기적으로 만나서 서로 추가되는 것에 지나지 않는다. 비평이 지켜야 할 의무는 연극의 오늘, 시대의 앞날이 아니라 연극의 시간이다. 연극을 감시한다는 말을 비평을 공부할 때부터 들었는데, 그것은 곧 연극의 시간을 눈 뜨고 바라보는 것이리라 믿는다. 연극 공연 가운데 가장 아름다운 장면은 언제나 어두운 무대에 한 가닥 빛이 비추일 때이다. 무대는 금세 수면과 같아지고, 그 위에 햇살과 같은 빛이 스칠 때이다. 연극은 이때 비로소 시작된다. 점점 빛이 더해지면서 연극은 점점 더 오래된 것이 된다. 수면과 같은 무대를 비추는 조명은 대개가 약간 기운, 비스듬한 빛이다. 그 빛 사이에 무수한 먼지들을 보는 순간, 연극은 빛으로 시작되고, 빛은 연극에 먹혀버린다. 연극 무대의 조명은 빛이고, 거슬러 올라가면 아주 오래된 태양이다. 아주 먼 곳에서 온 강렬한 빛이다. 연극이 빛을 필요로 했던 것은 어두운 실내에서 한 탓이 아니라 빛 속에 감추어진, 빛이 지닌 과거의 시간, 그 아득한 시간에 대한 그리움 때문이다. 연극은 빛을 끌어당기고, 빛은 과거를 무대 위에 옮겨다놓는다. 무대에서 빛이란 질료는 물처럼 스며들되 침식되지 않는다. 과거에서 온 빛은 낡지 않은 빛이다. 오래된 연극이 그러하다. 우리 시대의 연극에 대해서라면, 나는 이런 오래된 곳에서 온 빛의 연극을 제안하고 싶다. 머리 위에서 반듯하게 수직으로 내려오는 빛이 아니라 비스듬히 내려와 움직이는 먼지들의 잔해를 밀쳐내거나, 먼지들의 움직임에 근접하면서, 과거를 분출하는 연극이다. 앞에서 쓴, 빛과 어둠 그리고 소리로 만든 연극에서 생의 경이로움을 체험한다. (2011)

비평의 어제

— 고민과 실천

우리가 제대로 가고 있는 겁니까? 내가 우리의 안내인에게 물었다…… 우리가 제대로 가고 있는지 아닌지는 그에게 아무런 상관 없는 문제라고 말하는 듯한 얼굴이었다. 우리는 어쩌다가 저런 안내인을 갖게 되었을까?

— 카프카, 「꿈 Träume」, H252 중에서

2015년 1월 23일 대학로에서 '2014년 여석기 연극평론가상' 심사가 있었습니다.[1] 심사 대상 평론집은 2014년에 출간된 김미도의 『무대 너머, 상상과 해석』(연극과인간, 2014), 김옥란의 『백도의 무대, 영도의 글쓰기』(연극과인간, 2014)였습니다. 심사위원들의 의견을 종합하면 다음과 같습니다. 김미도의 평론은 "작품의 내적, 외적 요소들을 균형감 있게 분석했고, 한국 연극의 현황에 대한 거시적 시각을 담고 있다. 오늘날 한국 연극을 연출가의 시대라고 정의하는 것은 중요한 지적이라고 본다. 다만 글의 밀도가 약하고, 작품과 연출가에 대한 호불호가 분명하

1 심사위원은 이태주, 양혜숙, 김미혜, 심정순, 김방옥, 허순자, 안치운이었다.

다 보니 비평이 균형감을 잃고 있는 부분도 있다.” 김옥란의 평론은 “드라마투르기 경험과 편년체식 기술로 비평적 글쓰기의 열정을 보여주었다. 드라마투르기와 비평이 공존할 수 있다면 어떻게 해야 하는지를 보여주었다. 공연 현장과 협업하는 입장에서 해석과 설명에 치중하여 그의 글쓰기에는 평론이 상대적으로 긴축되었다”. 심사위원들은 『무대 너머, 상상과 해석』가 지닌 작품을 보는 참신한 시각, 연출가 중심이라는 주제의식, 연기에 대한 논의를 인정해서 김미도를 2014년 수상자로 결정했습니다.

같은 해, 같은 출판사에서 나온 두 분의 평론집을 정독하고 우열을 가리는 일은 쉽지 않았습니다. 미의식, 미학적 감수성과 글쓰기, 문체의 아름다움으로 연극평론의 사회적 가치를 결정짓는 바를 찾으려고 했고, 연극을 보고 분석하는 비평이라는 글쓰기는 평론가 개인의 미의식, 미적 감수성, 미적 지각에만 한정되지 않고 연극의 사회적 가치나 역사적 의미와 하나로 엮어질 때 비로소 연극평론, 연극평론가로서의 역할이 보다 분명해질 수 있다는 것도 심사를 위한 잣대로 삼으려고 했습니다. 심사위원들은 두 평론집을 비교 분석했고 동시에 이를 통하여 비평의 기능에 대한 의견들을 나누었습니다. 누가 이 상을 받느냐보다는 비평이라는 글쓰기의 감각에 따라 이 상의 가치와 방향 그리고 오늘날 연극평론의 역할이 가늠될 수 있다는 점을 강조했습니다. 이것은 비평가로서의 자의식을 드러내는 방식에 따른 비평적 글쓰기의 차이, 연극평론의 존재 이유나 가치에 대한 논의로 이어졌고, 오늘 이 자리에서 심사평을 말하는 근거가 되었습니다.

1. 연극 비평의 힘, 평론가의 역할

한국 연극평론가, 한국연극평론가협회를 상징하는 여석기 연극평론가상 시상식인 오늘, 이 자리를 빌려, 이 상의 첫 번째 수상자였고, 심사위원인 저는 다른 심사위원들을 대신하여, 여석기 선생의 연극 정신, 비평 정신을 기리며, 수상자를 축하하고 후보자를 위로하며, 우리가 함께 고민하고 실천하려는 평론의 어제를 말하고자 합니다. 매년 이 상을 기리는 바는 연극평론이 무엇인지를 우리 스스로 절실하게 되물어야 한다는 자숙과 자명이지요. 이것이야말로 우리가 되새겨야 할 선생의 유지, 비평 정신이라고 여깁니다. 우리나라 연극평론가들이 모두 모이는 이날, 저는 한국 연극의 어려운 환경 속에서 연극비평이라는 글쓰기의 힘을, 평론가의 역할을 다잡고 싶습니다.

이 글의 제목은 비평의 오늘과 내일이 아니라 '비평의 어제'입니다. 연극평론은 어제의 글쓰기일 듯합니다. 평론에 오늘과 내일이 과연 있을까요? 평론은 처음부터 끝까지 과거라는 완성된 연극에 대하여 글로 써서 완성되는 것이므로, 글로써 어제를 증거할 뿐, 오늘을 담보하거나 미래를 예언처럼 주장하지 않기 때문입니다. 게다가 어제의 평론은 평론이 지닌 힘의 자장을 내세우는 것이 아니라 저 스스로를 반성하려는 뜻도 담고 있기 때문입니다. 연극평론은 무엇으로 쓰여지는 것인가요? 이 질문에 답은 비평의 감각에 있는 것 같습니다. 감각이란 단어를 불어로 쓰면 '상스'(sens)입니다. 이 단어는 동시에 방향과 의미를 뜻합니다. 연극평론의 감각과 방향 그리고 의미는 한통속입니다. 연극평론을 공부할 때에는 연극평론의 사회적 가치에 중점을 두기 마련이지요. 이를 위해서는 연극의 미의식, 분석, 체계가 중요한 내용이 되기 마련일 것입니다. 그런 바탕으로 글을 발표하고, 이름 뒤에 연극평론가라는 명칭을 붙여도 어색하기는 마찬가지였습니다. 연극평론의 아름다움에 대하여 생각하지만 언제나 글쓰기는 미욱하기 때문입니다. 어떻게 글을 쓸 것인가? 연극평론의 이론과 문체에 대한 고민은 현재진행형입니다. 비평은 연극에 대한 물음으로 출발합니다. 어떻게 연극이 그렇게 만들어질 수 있는지, 어떻게 희곡 작가와 연출가 그리고 배우와 무대 미술가는 우리가 상상할 수 없는 것을 상상할 수 있는가를 묻습니다. 그 물음은 언제나 공포와 언어적 한계에 이르게 합니다. 수상자이신 김미도식으로 말하면, "상상과 해석 너머"의 무한한 지평 속에서 글쓰는 자신이 홀로 남겨지는 고독과 공포이고, 김옥란식으로 말하면 "백도에서 영도"로 환원되(어야 하)는 소용돌이 속에 빠져 언어적 한계를 경험하는 것입니다.

연극평론가들인 우리들은 언제나 좋은 연극을 기대하면서, 우리들 눈앞에서 펼쳐지는 수많은 공연들이 바로 나 자신을 위하여 헌정된 것으로 알고, 이를 즐겁고 고맙게 여기는 수혜자입니다. 연극평론은 연극의 진리만을 말하는 것은 아닐 것입니다. 연극평론은 공연의 넓고 깊음을 간과하지 않고, 그 속에서 자기 자신의 삶의 지점과 연결해서, 오늘날 세상의 척도를 가감해서 글로써 들리지 않는 목소리와 보이지 않는 생의 지면(pagus)을 역사적 국면(page)으로 체험하는 것이라고 여깁니다.

연극평론은 가벼운 것인가요? 무거운 것인가요? 시인들은 삶을 수식하는 말로 깃털 같다는 표현을 합니다. 연극평론은 깃털처럼 허구의 연극에, 실제의 생에 가까스로 스며드는 것인지도 모르겠습니다. 연극평론은 연극이 끝난 후, 그러니까 연극의 부재 속에서 글로 연극 속 생과 연극 바깥 세상을 잇는 삽화와 같은 글을 쓰는 일이라고 여깁니다. 그럼에도 평론(가)는 오만하다는 말을 자주 듣던 때가 있었습니다. 비평이라는 작업이 우리의 정신 형태를 드러내는 적합한 것인지요? 사고체계에 있어서 분석과 시스템적인 사고는 비평 정신의 으뜸입니다. 연극비평은 공연을 대상으로, 분석을 통하여 구별하고 병치하는 것이 색깔, 맛, 냄새와 같은 감각 기능을 통한 재현보다 더 고급한 것으로 여겼을 수도 있습니다. 여기에 비평의 오만의 근원이 있었다고 볼 수 있습니다. 단언컨대 한국 연극에 비평(가)이라는 작업은 적합한 것이 아닐 듯 보입니다. 감각과 감수성이 앞서는 삶과 연극적 정서 앞에서 비평은 효율적이지도 않을 뿐만 아니라 이질적이기도 한 탓입니다. 한국 희곡의 제재와 구성 나아가 창작 희곡을 주장하는 몇몇 작가들의 취향은 분석과 거리가 아주 멀어 보이기도 합니다. 이것은 한국 연극, 한국 희곡의 원시성을 말하는 것이 아니라 취향과 전통의 문제일 것입니다. 크게 말하지 않는, 분명하게 따지지 않는…… 그래서 익명적이고 불확정적인 정서에 비평은 결코 우리가 쉽게 받아들일 수 있는 주된 소질이라고 말하기는 어려울 것입니다. 지난 25년간 비평이라는 글쓰기를 하면서, 뿌리를 뽑을 수 없는 나무와 같은 외국 희곡에다가 창작극이라는 이름의 테를 두른 자생적 희곡을 본보기로 삼는 한국 연극과 비평의 비대칭적 형태를 단 한순간도 잊은 적이 없었습니다. 이 땅에서 태어나 자란 저 자신의 문화의 생래적 인자와 후천적으로 배워 터득한 문명적 절차 사이의 차이를 한 번도 부정하지 않았습니다. 예를 들면, 한국 연극의 고유성을 막사발에 비유한다면, 비평은 이를 깨고, 깨어진 부분들을 다른 것과 잇는 혁명적 분석처럼 보입니다. 어떤 것이 삶에 더 풍요로운지는 잘 모르겠습니다. 다만 근대 이후, 한국의 문화와 연극은 자기 스스로의 온전한 믿음을 많이 잃어버린 것은 분명합니다. 그사이에 비평은 새로운 자각 그리고 분석이라는 직분을 내세워 주도적인 자리를 차지한 것도 숨길 수 없는 사실이지요. 그 자리를 견고하게 만들기 위하여, 비평은 외국에서 온, 수입한 숱한 이론들과 함께, 비평이라는 선한 의지가 연극 생산의 활력소로 활용되기보다는 비판의 단초로 변모한 것도 인정할 수 있습니다. 한국 연극에서 연극 공연과 비평은 이중적인 비대칭 관계를 맺고 있습니다. 20세기 초, 동양 연극의 말로와 같은 끝자리에서 서양 연극의 새로운 잉태를 보고, 연극과 글쓰기로 정신의 고통을 말할 권리로 치환해서 내세운 앙토냉 아르토의 이론도, 50년이 훨씬 지난 후에, 시적인 아르토의 의미를 말과 소리의 가치로 정치하게 푼 데리다의 분석적 글들도 한국 연극비평에서 그리 생산적인 입지가 되지는 못했습니다. 아르토가 동양 연극에서 확연하게 본, 서양의 모든 것의 출발인 말하는 '나'라는 주체를 제거하는 그 역성적 연극 혁명과 달리, 오히려 그 반대 방향을 우리는 되새기고, 정언명령처럼 여겼습니다. 논문이나 비평과 같은 글쓰기에서도 주어를 '나'라고 쓰는 것을 아직도 허락하지 않고 있는 우리들의 사유 형태를 보면, 한국 연극은 근대는 미완이고, 탈근대는 잉여일 수밖에 없는 양가적 모순에 빠져 있습니다. 우리의 연극평론 역시 이론을 방패처럼 내세워 쓰여지는 것이 '나', "내"가 이렇게 저렇게 사유한다는 것을 말하는 것보다 훨씬 크고 넓습니다.

2. 평론, 연극의 진실 찾기

연극을 비롯한 예술과 인문학이 남루하기 이를 데 없는 지옥과 같은 신자유주의 시대입니다. 젊은 연극 작가들은 말하기조차 어려운 저소득에 시달리고 있습니다. 오늘날 연극과 연극동네의 풍경은 참으로 투기적이고 이윤을 내세워 상업주의적입니다. 거칠게 말하면 연극을 포함한 예술과 산업이 문화라는 이름으로 서로를 갉아먹고 있습니다. 생산되고 있는 공연의 큰 부분이 크고 작은 뮤지컬인 것이 이를 증명합니다. 본디 이런 상황에 이르면 연극의 멍에는 산업과 문화(적 경향)의 반대편 즉 적대적 위치에 놓여야 하는데, 연극은 그것들과 한통속이 되어 상호 친연적 공생 관계를 맺고 있습니다. 연극 공연에서 작가의, 연출가의, 배우의 창조적 욕망을 찾는 일은 매우 힘들어졌습니다. 연극하는 욕망과 연극 속 인물들의 삶의 형체도 모두 왜곡되어 있어, 연극 작가들의 살갗 일 밀리미터 아래를 보기 어렵습니다. 연극하는 이들의 살림이 애옥하기만 한 것은 오늘날 자본주의 체제, 신자유주의 체제 속에서 과도하게 왜곡된 채 억압되어 있기 때문이기도 합니다. 그럼에도 오늘날 연극하는 작가들은 자신들을 '예술하는' 완전하고도 자족적인 존재라고 여기는 듯합니다. 작가의 고독보다는 서로 모여서 개인을 지우고 집단을 꾸린 이른바 진영의 논리가 강제되고 있습니다. 저는 이것을 우리 평론가협회뿐만 아니라 연극동네의 다른 학술단체들도 경계해야 한다고 생각합니다.

두 가지 예를 들지요. 첫째로, 서울연극협회가 주최하는 서울연극제의 대관 심사 탈락에 대한 앙버팀 그리고 화해에 이르는 과정은 연극평론을 하는 우리들에게 시사하는 바가 많았습니다. 대관 탈락이라는 결과를 본 서울연극협회가 세차게 내대었던 것은 심사위원들의 진술과 백기를 든 항복이었습니다. 처음으로 탈락이라는 결과를 얻어 억울했을 법한 그들은 자기 스스로를 지난 세월 내내 어려운 환경 속에서도 연극하는 완전한 예술가 존재로 규정할 수 있었습니다. 지금까지도 심사를 관장한 기관의 심사 과정에 대한 설득력 있는 설명도 없습니다. 서울연극협회는 심사를 맡았던 평론가들을 향하여 같은 반열의 존재가 되어야 한다고 말하고, 이를 위하여 같은 조직의 강령에 따라야 한다는 것을 무섭게 말했습니다. 이는 연극하는 작가의 고독처럼 글쓰는 개인의 비평적 사유의 자유를 박탈하는 정말 무서운 폭력적 이데올로기의 제안이고, 비평이라는 반성적 성찰을 무시하는 위협이었습니다. 우리는 작가로서의 고독이 창조하는 자유와 등가라는 것을 되새길 필요가 있습니다. 둘째로, 지난해 말미에 있었던, 국립극단의 연극 계간지 『연극』의 폐간입니다. 국립극단의 『연극』은 초대 예술감독이었던 연출가가 부임하면서부터 발행했던 연극 전문지였습니다. 두 번째 예술감독인 연극평론가는 임명 달소수 만에 예술감독의 권한으로 이를 폐간했습니다. 국립극단은 연극만 하면 된다는 것인데, 그건 맞는 말이 아닐 것입니다. 저는 이런 결정이 우두망찰 이해가 되지 않습니다. 폐간을 결정한 예술감독이 글을 쓰는 연극평론가이고 우리 협회의 회장이었고, 세계연극평론가협회의 회장이었다는 사실을 평론가와 연출가들이 대부분인 편집위원들 모두 믿을 수 없었습니다. 이처럼 경악은 우리들의 현실 속에서도 아무렇지도 않게 일어납니다. 예술감독이 『연극』의 편집이나 내용이 자신의 뜻과 맞지 않았다면 조정하면서 이끌어야 했을 것입니다. 그것이 민주주의적 발전이겠지요. 기존의 계간지를 서둘러 짓뭉갤 필요가 있었을까요? 저는 지금도 서울역 뒷자락 국립극단에 가면, 빨간 벽돌에 찢겨진 채 매달린 모양새의 제 모습을 보게 됩니다. 그렇게 될 줄도 모르고 편집위원을 맡았던 것이 참으로 견딜 수 없이 힘듭니다.

국립극단의 『연극』 폐간과 서울연극협회의 문제 제기 그리고 대관 심사결과를 화투패 뒤집듯 하는 심사기관의 얼토당토않는 과정은 뒤로 둔다 치고, 이런 사달(과정과 화해 그리고 그 후까지)은 연극평론의 부재를 단박에 드러내고 있습니다. 한쪽은 연극의 권력을 제 줌 안에 넣고 행사하려고 했고, 다른 한쪽에 있는 우리들은 모두 눈을 감고 있고, 머리를 박고 있습니다. 게염 가득한 몇몇 연극 생산자들은 고통받는 이들의 삶을 비겁하게 왜곡하고 있고, 연극평론은 연극의 안팎을 헤아리는 이성을 비켜가고 있습니다. 위와 같은 사태에 대하여 격양된 형태로, 날카롭게 말해야 하는 바가 연극비평의 몫이 아니었을까요? 연극과 연극평론은 연극을 밝히기 위하여 허위단심 자기 '스스로'를 태워 빛을 들고 있는 존재가 아닐는지요? 15세기 스페인의 위대한 극작가이며 시인이었던 로페 데 베가가 쓴 「부재 Ausencia」라는 시의 제목을 그대로 빌린다면, 연극비평은 연극의 부재 속에서 간절하게 연극을 보고, 듣고, 말하기이며 동시에 연극으로부터 멀리 나아가거나 나아갈 준비를 하면서 연극을 꿈꾸고, 부정하고, 신뢰하고, 글쓰는 것이겠지요.

2015년 1월 말, 한국연극평론가협회로부터 받은 이메일은 서울연극협회를 대표하는 이들과 대관 심사를 맡았던 위원들이 한데 모여 화해하는 내용이었습니다. 심사에 참가했던 이들을 한국 연극의 적이라는 말을 써가면서 드러낸 극단적인 적대감이 어느 순간 살포시한 웃음으로 환원, 치환되는 데에는 몇 주가 걸리지 않았습니다. 왜 연극평론가들은 연극이 아닌 서울연극협회와 싸워야 했는지요? 왜 연극 작가들은 연극이 아닌 평론가와 적이 되어 대학로 길 위에서 육체를 무기로 싸워야 했는가요? 저는 메일에 첨부된 사진에서, 이익과 명분 그리고, 연극예술가로서의 위상을 자기 스스로, 다시 한번 승인하고, 공인하고, 용인했던 이들을, '극적인 타협'이라는 이름으로 목적을 이드거니 성취한 후에 화해라는 이름으로 가벼운 웃음을 휘날리는 장면과 얼굴들을 보고 슬펐습니다. 변호사를 대동하고, 소송이라는 법절차를 내세운 서울연극협회는 심사에 참여했던 평론가들을 향해 죽일 것처럼 달려들다가 적당하게 화내고, 슬쩍 뒤로 물러나면서 상대방을 미지근하게 위로하고, 서로 화해의 제스처를 취했습니다. 이것이 화해인가요? 미욱한 저는 잘 모르겠습니다. 배려는 상대방이 원하는 것을 먼저 놓아두는 것이지요. 연극은 법이 먼저가 아니라 사람이 먼저라는 것을, 사람의 얼굴이 법이라는 것을 말해야 되는 것이지요.

폐간과 화해 이후, 국립극단과 연극동네는 다시 종요로운 시간을 되찾은 것인가요? 이 글을 쓰는 지금, 제 손끝은 흔들리고, 정신은 아득하기만 합니다. 이 과정에서 연극평론이라는 문장은 침묵했고, 연극평론가의 글쓰는 몸짓은 세월호처럼 바닷속, 깊은 좌절에 빠졌다는 것은 분명합니다. 화해는 당사자들이 하는 것이지요. 그러니까 관리와 심사를 맡은 기관과 지원 당사자인 서울연극협회가 하는 것이 맞지 않나요? 중재를 해야 한다면, 그것은 연극평론가들이 나서서 서로 벽을 만들지 않도록 길을 만들어야 할 것입니다. 나아가 평론은 협회와 심사기관 사이뿐만 아니라, 연극 너머에서 감춰져 있는 진리를 찾는 것이 아닐까요?

3. 연극평론의 한계

연극평론은 무엇을 꿈꾸고 있는지요? 연극평론을 반직업으로 삼고 있는 우리들은 연극평론과 평론가의 운명을 무엇이라고 여기고 있는지요? 연극평론은 연극을 통하여 새로운 연극을 찾고, 연극의 그림을 그리는 충동과 같은 것인가요? 글쓰기로서의 연극평론은 연극과 더불어 살면서 더러는 연극판을 엎어버리고 싶어 하는 바를 유보하거나 타협하는 것을 우리들의 질긴 운명으로 받아들여야 하는 것인가요? 연극평론과 평론가에 있어서 앙상블의 대상은 연극(공연)과 그 생산자로부터 시작되어 연극공연과 평론가 제 삶에 이르러야 한다고 생각합니다. 평론가는 공연과 삶을 통합하여 삶의 보편적인 가치를 찾아내는 일을 글로써 합니다. 연극평론은 글로써 우리가 꿈꾼 어떤 그림을 현실적인 것으로 구체화합니다. 연극을 비롯한 평론의 완성은 글로 쓰면서 자신이 주체가 되어 글 안에서 혹은 글 바깥에서 또 다른 연극의 전체에 이를 때입니다. 그렇기 위해서 연극평론가는 텍스트인 공연과 치열하게 관계 맺는 것이지요. 그러나 오늘날 연극평론은 어떤 질곡에 빠져 있습니다. 연극평론은 더 이상 호소력을 지니고 있지 않습니다. 연극을 통하여 연극을 넘어서는, '상상과 해석 그 영도적 글쓰기를, 다시 말하면 어떤 초월적인 의미를 제시하지도 못합니다. 내 안의 욕망과 바깥의 현실을 잇고, 그 연결의 고리 위에 자기 자신의 뿌리를 힘들게 내리고, 그렇게 해서 연극과 삶 그리고 세상을 깊고 높은 곳으로 끌어올려야 하는 것이 아닌가요? 그런 면에서 연극평론과 평론가는 연극 창조의 또 다른 주체이기도 합니다. 저는 우리가 쓴 책과 글들과 앞서서 언급한 일련의 일들을 보면서 평론의 '창조적 야성'을 꿈꾸었습니다. 무대 너머, 영도의 글쓰기를 가능하게 하는 것이지요. 영도의 공간이란 연극 작가나 평론가들이 연극동네의 지위나 권력을 얻으려고 애쓰는 곳이 아니라, 그런 것들의 유혹과 영향을 주의 깊게 차단하면서 홀로 있을 수 있는 중간의 영역 즉 연극과 자기 존재의 밑바닥이지요. 그곳에서 평론가는 비로소 고통받으며 좋은 연극을 빛처럼 찾고 있는 이들을 되살려, 글로 들어 올릴 수 있어야 할 것입니다.

4. 평론, 야성의 회복

야성(wild)은 거칠고 통제할 수 없는 날것을 뜻하지 않습니다. 야성은 있는 그대로의 자연스러움, 본래의 성정을 고치지 않고 있는 그대로, 제 한계를 온전히 받아들이고 지켜나가는 것을 뜻합니다. 요사이 광고는 상업화된 단어인 아웃도어(outdoor)를 야성을 되찾는 것이라고 선전합니다. 레저 산업은 아웃도어를 통해서 고통스런 일상의 삶에서 벗어나 겨우 숨 쉴 수 있을 때 비로소 사람들은 힐링을 경험할 수 있다고 광고합니다. 우리나라 아웃도어 산업은 세계 최고의 수준에 있습니다. 그러나 아쉽게도 우리나라 아웃도어 산업은 욕망의 새로운 길들이기, 전환적인 소비 패턴의 행위로 굳어졌습니다. 자연스러운 삶을 빙자한 유행의 각축장이지요. 여기에는 잃어버린 감각을 되찾는 야성의 회복이 부재하고 대신 새로운 삶의 유행이 유사한 혹은 사이비 야성으로 대체됩니다. 오히려 야성을 깡그리 잊게 되는 것이지요. 야성이 본래 자연으로 되돌아가는 것이라고 한다면, 오늘날 아웃도어는 새롭게 포장되어, 내부 수리가 아닌 외부만 바뀐 채, 오염된 곳에 그대로 주둔하는 신장개업과도 같습니다. 연극과 연극평론에게 절실한 것은 고향과 같은 어제의 '야성'의 회복입니다. 여석기 연극평론가상의 시상은 이런 사유의 흔적들을 새로운 평론집의 책갈피와 줄과 줄 사이에서 찾는 노력일 것이고, 그 결정은 이 일을 하는 우리들 모두의 확인이고, 공감이고, 확장에 대한 동의일 것입니다.

5. 비평의 자취

우리들은 자신의 이름 뒤에 괄호 열고 연극평론가라는 단어를 넣고 괄호 닫고 있습니다. 연극평론가로서 어떻게 해야 제 삶과 연극을 창의적으로 채우고, 가꿀 수 있을까요? 평론가들인 우리들끼리의 우정의 역사는 계속되고 있는지요? 평론(가)로서 연극 작가들과의 축축하고도 깊은 만남은 가능한 것인지요? 평론가에게 가장 아쉬운 것은 모든 공연을 다 볼 수 없다는 데 있지 않고, 자신이 본 공연들을 제대로 읽지 못할 때에 있습니다. 공연은 끊임없이 사랑받아야 하는 존재이지만, 연극평론가는 공연을 제 몸 안에 빼근한 자취로 남기려는 존재이지요. 공연은 평론가의 손아귀에 있지 않습니다. 공연은 평론가에게 사라져가는 하나의 불씨에 가깝지요. 불씨가 된다는 것은 어떤 생애가 확대되거나 미화되는 것이 아니라 화인처럼 자국, 자취를 남긴다는 것이지요. 평론가는 공연이라는 작품의 불에 데고 싶은 존재이지요. 그 불씨가 김옥란의 책 제목처럼 '백도의 무대'이고, 그 자취가 불씨를 피하지 않고 끌어안고, 불씨가 남긴 화인을 지니면서 그 정체가 무엇인지를 사유하는 '영도의 글쓰기' 즉 평론일 것입니다.

두 분의 평론집을 읽고, 공연은 그것을 생산한 작가보다 더 아름답고, 공연을 보니 상상력이 부풀려지는 경우가 많았고, 작가를 보니 상상력이 샘솟지 않을 때가 더 많았다는 것을 알게 되었습니다. 작품 속 시린 풍경이 작가의 모습에서 소멸될 때도 있었다는 서술도 읽었습니다. 그 최악은 평론가가 연극을 만드는 작가들이 작품 생산의 노예가되는 것을 볼 때입니다. 평론가가 작품 속에서 일말의 동지애, 동시대를 읽는 의식을 발견할 수 없을 때입니다. 그럴 때 연극 작가들은 권력과 같은 지위를 누리거나 공공 지원에 기대게 되고, 평론가는 평론가로서의 글쓰기의 삶을 포기하게 되고 세속적 지위를 얻으려고 하는 것입니다. 돌아가

신 평론가 한상철 선생은 자신이 지닌 지식과 열정 그리고 생의 끝자락에 이를 때까지 모든 시간을 연극 읽기에 바쳤습니다. 그것은 선생에게 평론가로서 가장 엄숙한 일이지만 동시에 가장 위험한 일이기도 했습니다. 그의 삶은 희생을 치르고 죽게 되는 삶과 하등 다르지 않았기 때문입니다. 연극평론가는 연극 작가들과 고통을 함께 나누고, 지위를 누리면서 살 수도 있고, 헛된 연극과 사이비 연극 작가들을 멀리한 채 제 삶에 종지부를 찍을 수도 있습니다. 어떤 것이 우리 시대에 유용하고 아름다운지 저는 헷갈리고 있습니다.

6. 꿈꾸는 비평

저는 이 자리를 마무리하면서, 이렇게 말하고 싶습니다. 연극평론가는 연극 앞에 불온한 이름을 지닌 불안한 존재라고, 글을 쓰기 위해서는 무엇보다도 홀로 있어야 하는 존재라고, 이것들이야말로 연극평론가가 절대로 포기할 수 없는 무조건의 전제일 것입니다. 이제 곧 우리들의 육체도 늙어 허물어질 것입니다. 언제까지 명징하게 이성을 부여잡을 수 있을까요? 로고스와 같은 단어, 속내를 이루는 기관과 같은 구문, 비문을 피하기 위한 맞춤법으로 글을 쓰면서 자신의 존재를 사유와 글쓰기에 내맡길 수 있는지요? 연극에 대한 비평이라는 글쓰기로 어떻게 연극과 세상에 저항할 수 있는지요? 연극평론가는 연극을 앞에 놓고, 꿈꾸고 사유하는 무한한 자유를 지닌 존재입니다. 그 자유를 글로 실험하는 자유인입니다. 작게는 적바림으로라도 그것들을 남겨놓는 것이지요. 글을 쓸 수 있는 한, 글을 제대로 읽고 쓸 수 있는 한, 이 자유의 불꽃 속으로 들어가려 합니다. 암울하기 짝이 없는 신자유주의 시대에 도사리고 있는 문제들을 들춰내는 훌륭한 연극 작가들과 그들이 창조하는 연극과 좋은 만남을 하고 싶습니다. 연극과 백병전을 치르면서 자신이 꿈꾸는 연극을 비평이라는 글쓰기의 연극으로 가공하는 평론가들과 우정을 나누고 싶습니다. 그 끝에 글로써 연극과 삶을 공유하는 책을 몇 권 더 낼 수 있다면 다행이겠지요. 거듭 여석기 연극평론가상을 기리며, 우리 연극비평이 불안감과 절망에서 벗어나기를 기대합니다. 김미도 선생의 수상을 축하하고, 김옥란 선생의 글쓰기를 기대합니다. (2015)

연극, 비평, 글쓰기

1. 무지와 야만의 시대, 비평이란?

옛날 옛적에 비평이 있었다. 오늘날 비평의 무게는 크게 줄어들었다. 비평가의 존재도, 그 영향력도 마찬가지이다. 삶의 미래만을 점치는 신자유주의 시대, 모든 삶의 풍경이 천박해졌다. 비평(가)에게, 이런 모습은 악몽의 시대로 기록될 것이다. 무엇보다도 비평은 이런 시대와 길항한다. 비평이 솟구치는 과거로 돌아가려는, 그 자취를 기록하고 사유하는 행위라면, 오늘의 시대는 승자독식의 무풍지대로 변해가고 있다. 2011년 한국 사회를 지배하는 이데올로기는 늙어가는 시간을 지우고, 흘러가는 시간을 더 빨리 앞으로 가게하는 야만이다. 시간을 관조하기는커녕 시간을 지배하려고 하고, 시간의 체험을 제거하는 무지의 폭력이다. 모든 과거를 진부한 것으로 여기고, 실용을 내세워 옛것을 단숨에 없애고, 녹색성장이라고 말하면서 자연을 파괴하는 기만이다. 과거는 결코 동결된 것이 아니다. 왜 다시 비평인가? 비평은 과거로 향하는 빛과 같은 시선이며, 밑에서부터 오는 재회이다. 탐구(investigation)라는 단어가 있는데, 여기서 'vestigitum'은 지난 시간이 남겨놓은 자취를 뜻한다. 공연비평은 사라지고 없는 공연을 대상으로 삼고, 공연이란 과거의 존재를 증명하고, 규정하는 탐구의 글쓰기이다. 사라지고 없는, 그러니까 부재하는, 존재하지 않는, 보이지 않는, 오로지 흔적만을 남긴 공연을 부단하게 찾는 기쁨이다. 비평은 옛날에 대한 사랑이며, 이를 통하여 불안정하기 이를 데 없는 과거(과거의 공연)를 변모한 것으로 만들고, 그것을 질료로 삼아, 그 종량을 발견하고 늘려놓는 역설이다. 예술이 결코 습득된, 반복되는 언어가 아닌 것처럼, 비평(이란 글쓰기)은 예술과 대립되지 않는다.

2. 비평의 거주지는 어디인가?

연극비평의 거주지는 연극의 중심 안에 있으면서 동시에 바깥에 있다. 연극비평은 연극의 경계이다. 피타고라스의 정의에 의하면, 비평가는 바라보는 사람이다. 바라보는 비평은 공연을 창조하는 행동인도, 공연에 대하여 환호하고 갈채를 보내는 관객도 아닌 경계의 존재이다. 다만 지혜롭게 살피고 헤아리기 위하여 이곳과 저곳의 경계에 있다. 비평은 공연의 안과 바깥의 경계에 놓여 있는 셈이다. 경계에 놓인 이는 안에서 피곤한 몸을 잠시 쉴 수 있지만, 안의 동정—변화의 움직임—을 알기 위하여 긴장을 풀지 않아야 한다. 그리고 쓰일 날을 기다리면서 책을 읽고 또 읽고, 붓을 갈아 글을 써야 한다. 일이 여의치 않으면 사방 길로 떠날 수 있어야 하는 존재이다. 경계는 안으로 들어가고, 안에서 바깥으로 나오는 사이이다. 경계에 있는 비평은 그러므로 안주할 수 없다. 잠시 머물러 있는 것도 결국은 더 멀리, 다른 곳으로 떠나기 위해서이다. 나는 북한산의 끝자락, 한 산동네에 살고 있다. 집 뒤 비봉을 거쳐 주능선을 따라 오르면 시구문이라는 아주 작은 문과 만나게 된다. 옛날에는 이 문을 통하여 시신이 좁은 성안에서 넓은 성 바깥으로 나왔다. 문 바깥으로 내버려져 넓은 대지에 도달하는 주검처럼 삶과 죽음이 경계를 이루는 곳이 시구문이다. 인도에서는 이를 죽은 사람의 시체를 던져두는 곳이라고 해서 시타림(屍墮林)이라고 불렀다. 이런 지역은 조용해서 예로부터 수도자들의 정진터가 되던 곳이다. 동시에 무섭고 성가시거나 괴로운 일을 견뎌내야 했던 곳이기도 하다. 시타림에 들어가는 것 자체가 고행이며, 여기에서 시달림, 시달리다는 단어가 나왔다고 한다. 경계에 선 자는 타자의 죽음을 통하여 자신을 반성하고, 이를 위해서는 자기 자신을 바라보아야 한다. 이것이 시타림, 시달림과 같은 경계에 서 있는 비평의 입장이고 태도이고 지혜일 터이다. 북한산에 대동문, 대서문, 대남문, 위문 등과 같이 들어가는 삶의 큰 문들은 많지만 나오는 죽음의 작은 문은 시구문 하나뿐이었다. 시구문의 역사는 조선왕조로 거슬러 올라간다. 빛 광 기쁠 희 자가 쓰인 광희문(光熙門)은 숭례문(남대문)과 흥인지문(동대문) 사이에 있던 시구문이었다. 우리가 여기서 주목할 것은 광(光) 자이다. 이 문자는 물체의 연소를 뜻하는 불 화(火)의 변형에 겸손이나 어짊을 뜻하는 어진 사람 인을 받친 글자로 즉 불을 어질게 들고 있으니 빛난다는 의미이다.

3. 비평, 제 삶의 주름살

연극비평을 시작하면서 나는 이 문과 이 문을 지칭하는 광희라는 글자가 지닌 뜻을 생각했다. 그곳에 가면 모든 것을 새롭게 볼 수 있다. 이 문은 줄리아 크리스테바의 표현대로 "낯선 자"가 되어, "정직하게 존재할 수 있"는 곳이다. 비평은 작고 좁은 문이지만 이곳을 통과한 연극, 그러니까 연극의 이후는 커지고 새롭게 된다. 비평이란 글과 같은 불을 어질게 들고 있어 연극을 빛나게 하는 일이다. 글이 씌어지지 않을 때마다, 비평 행위를 질문할 때마다 나는 산에 올라 이곳으로 발길을 돌렸다. 시구문 앞에 서면 삶으로 들어가서 죽음으로 나오되 다시 죽음이 삶의 여러 길을 낼 수 있다는 믿음을 가지게 된다. 연극은 연극으로만 머물지 않게 된다. 이것이야말로 연극을 빛나게 하는 비평이 가야 할 길이다. 그 길이 발에 길이 덧붙여져 울림의 아름다움과 열림의 의미를 지니게 되는 발길처럼 될 수 있기를 바라고 있다. 연극이 문 안으로 들어가는 삶, 삶을 향한 시선이라면, 비평은 문 바깥으로 나오는 죽음, 부재하는 삶과 연극을 향한 시선이라고 할 수 있다. 비평은 글을 써서 삶과 연극을 되살리고, 삶과 연극의 길들을 새롭게 내놓는 일이다. 이것은 연극의 안과 바깥, 삶과 죽음의 경계, 그 사이에서 가능한 사유에 비유할 수 있다. 글쓰기로서의, 사유로서의 연극비평은 삶과 거짓 삶, 죽음과 거짓 죽음을 갈라놓는다. 그리고 궁극적으로는 자기 자신을 비평의 대상으로 삼는다. 연극비평은 타자로서 공연을 대상으로 삼는 동시에 자기 자신을 반성하는 성찰 행위이다. 그것이 비평가의 존재 방식이다. 연극이 삶과 죽음의 경계라고 한다면, 비평은 공연과 글쓰기를 연결하는 다리이며 문이라고 여기고 싶다. 글의 종류가 어떠하든 글을 쓰는 이는 글로 숨어 들어가 사는 이를 뜻한다. 글은 제 삶의 주름살과 같다. 종종 이런 질문을 받는다. 누구의 글을 좋아하는가. 한 번도 이 질문에 대하여 정확하게 대답해본 적은 없지만, 글로 숨어 들어가 사는, 이른바 '은둔의 작가'들을 글쓰기의 모범으로 삼고 있다. 희곡의 사뮈엘 베케트, 베르나르-마리 콜테스가 그랬고, 소설의 프란츠 카프카가 그랬고, 비평의 모리스 블랑쇼가 그러했다. 나는 글 속에서 연극을 사유하고 싶고, 연극 속에서 글을 쓰고 싶다. 연극이 삶을 비집고 들어가는 문이라고 한다면, 글쓰기는 연극을 통하여 삶을 꿈꾸며 나오는 문과 같다.

4. 비평, 삶의 형식

연극비평이란 내게 있어서 삶과 연극을 글쓰기로 묶어놓고, 열어놓고 있는 그 무엇이다. 연극은 삶의 형식이고 동시에 위대한 책과 같다. 희곡 작가, 배우, 연출가들은 삶의 형식을 주재하고 책을 만든 저자들이다. 비평가는 삶 그리고 책과 같은 연극을 보고, 글로 이 다원적인 세상의 풍경을 말하고자 한다. 연극을 보고 사유하고 꿈꾼 것을 글로 쓰고 싶다. 그리하여 글은 연극보다 더 오래가고, 더 오래 남는다는 것을 보여주고 싶다. 글이 연극의 몰락을 바라지 않는 것처럼, 글도 글이 몰락되는 것을 바라지 않는다. 언제 몰락해서 읽혀지지 않을지 모르지만 그렇기 때문에 더 글을 써야 한다. 비평가로서 잊지 말아야 하는 것은, 글들을 꼼꼼하게 읽어준 많은 독자들과 무대 위아래에서 삶을 음미하면서 보이지 않는 자취만을 남기는 희곡 작가와 배우 그리고 연출가들이다. 그리고 현장에서 수많은 연극들과 백병전을 치르면서 연극비평의 정도(正道)를 가고 있는 이들의 글을 출구처럼 여기며 읽는 일이다.

5. 글쓰기로의 비평

5.1. 연극, 눈앞의 예술

한국에서 연극하는 이들의 가장 큰 고민은, 연극은 연극하는 이들에게 어떤 삶을 요구하는가이다. 연극은 삶과 같이 가는가, 길항하는가? 오늘날 우리들은 정말 연극을 적절하게 창출하고 소비하고 있는가? 우리들은 연극을 '제대로' 하는 것인가? 오늘날 한국의 연극은 연극의 본연으로부터 아주 멀어져가고 있는 것을 두려워하고 있다. 연극을 통하여 연극하는 이들의 고통을 발견할 수 없을 때, 연극과 연극인들의 깨달음도 저절로 없어지게 마련이다. 사실 연극은 그리 심오한 예술이 아닐 터이다. 연극은 눈앞의 예술이다. 죽어 있는 것조차 눈앞에서 생명을 부여받아 살아 있는 것으로 존재할 수 있도록 하는 예술이다. 그것은 인간과 삶이 유한한 것이라는 인식 덕분이다. 연극은 결코 지나칠 수 없는 예술이다. 그런데 한국 어디를 가도 연극이 많다. 연극에 대한 지식과 사유는 점차 줄어들었지만, 정부와 지방자치단체들의 지원도 많고, 연극하면서 사는 이들이 많아졌다. 연극과 섞이는 삶, 연극을 발견하는 삶이 아니라 연극을 이용하는 삶이 팽배해졌다.

5.2. 연극인의 삶은 슬프고 가난한가

연극은 누가 하는가? 누구를 위하여 연극을 분배하는가? 우리는 연극을 말하곤 하지만, 연극하는 이들을 또 연극하는 이들의 삶은 무엇인가? 이 질문 가운데, 연극을 목적어로 문제를 제기하는 경우는 예부터 숱하게 많았다. 연극하는 이들의 삶을 늘 가난한 예술가의 삶의 상징으로 말하는 것이 그 대표적인 경우이다. 이 질문은 그래서 상투적일 수밖에 없다. 연극인의 삶이 슬프고 가난한 것이 아니라 늘 이렇게 똑같이 묻고, 늘 같은 식으로 대답하는 것이 슬프고 가난하다. 연극인의 삶은 슬프지도 가난하지 않았고, 않다는 것이 변함없는 내 생각이다.

5.3. 연극하는 이들과 연극 자체

오늘날 연극하는 이들은 연극보다 연극하는 자기 자신이 잊힐 것 같아 두려워하고 있다. 연극 그 자체는 자기 스스로를 문제 삼지 않기 때문에 사라질 두려움이나 잊혀질 수 있다는 안타까움을 역사의 어떤 순간에도 문제 삼지 않았다. 그것은 연극보다 연극하는 자기 자신이 더 나약한 탓이었을 것이다. 그렇다. 연극은 연극하는 이들에 의해서 그 태를 달리할 수 있지만 그 본연은 언제나 같다. 그러니까 달리 변모한 연극의 역사는 연극하는 이들의 삶의 역사에 가깝지, 연극 그 자체의 역사는 아닐 터이다. 연극하는 이들은 자신들의 삶에서 연극을 제외하면 아무런 존재 가치를 지닐 수 없다.

5.4. 연극, 삶을 객관화하다

오늘날 한국 연극의 극장과 공연은 사뭇 격정적이다. 아니 오래전부터 그래왔다. 냉정하고 평온하다기보다는 시끄럽고 난삽한 편이다. 나 자신도 연극을 공부하고, 그 풍경을 읽어 글로 한국 연극의 흔적을 기록으로 남기는 일 즉 과거화하는 일을 제대로 하지 못하고 있다. 연극사에 연극을 이렇게 해야 한다는 기초적인 율법이란 것은 없어 보인다. 연극적 재능이란 무엇인가? 연극인이란 이러한 재능을 발휘하는 이를 뜻할 것이다. 많은 대학에서, 극단에서 연극을 공부하지만 다들 연극하는 재능을 왜곡하고 있다. 요사이는 맨 기술뿐이다. 연기를 기술로, 연출을 기술로 만들어놓고 강제한다. 웬만한 틀도 이제는 쉽게 구할 수도 있고, 활용할 수도 있다. 그 틀 속에서 나온 연극들은 거의 다르지 않다. 연극적 재능은 무엇보다도, 아니 처음부터 끝까지 삶을 객관화시켜놓을 수 있는 잠재적 힘이다. 이를 위해서 필요한 것은 무대인데, 곧 형식적 틀이다. 삶의 무대, 세상이란 무대란 비유는 여기서 생출된 것임에 틀림없다. 삶을 객관화시키되 내 앞에 삶을 옮겨다 놓는 일, 그것은 그렇게 하기도, 들여다보기도 모두 고통스럽기 그지없는 일이다. 내가 현실이고, 글 안에, 무대 위로 옮겨다 놓은 삶이 허구일 터이다. 그 허구가 곧 내 삶이 아니라고 해도, 그것은 내 삶과 다름없는 엄격함을 지니고 있는, 살아 있는 또 다른 생명체와 같다. 연극을 살아 있는 예술이라고 말하는 이유는 여기에 있을 것이다.

5.5. 연극과 삶

연극은 삶과 공생한다. 이 상식을 다시 풀면, 삶을 매개로 삶과 공생하고 삶과 공생관계를 맺는다. 삶이 연극을 낳고, 연극이 삶을 반추하면서 삶을 낳는다. 삶을 객관화하는 연극 최고의 미덕은 나와 다른 존재의 고통이 곧 자신의 고통일 수도 있다는 것이다. 그리스인들의 정신과 연극이 위대한 바는 이것이다. 오늘날 한국의 연극은 삶의 모든 것을 인간 대접하는 미덕을 잃어버렸거나 잊고 있다. 그리스인들의 정신의 위대함은 삶이 영원한 것이 아니라 삶을 눈앞에서 객관화하는 잔치 그러니까 연극이 영원해야 한다는 깨달음과 그 실천에 있다. 연극은 삶을 살리기 위하여, 문명을 유지하기 위하여 우리들의 삶을 끊임없이 빼앗고 살해한다. 맷돌에 갈리는 곡물처럼, 연극은 삶을 그렇게 잘게 잘라놓으면서 삶을 위로한다. 삶을 위로하는 데 필요한 것이 연극의 형식이다. 삶을 객관화시키기 위하여 부순 삶 그러니까 죽인 삶을 위로하기 위해서 필요한 것이 몸과 말과 글이었다.

5.6. 연극, 삶에서 죽음으로

연극 축제의 장이란 삶을 살기 위하여 삶을 죽이는 처형장이다. 살기 위하여 연극으로 삶을 죽여야 하는 장이다. 연극 축제란 그 끔찍한 살해의 잔치이다. 여기에 죽이기 위하여 엄숙함이 필요하고, 죽어서 다시 태어나는 기쁨이 뒤엉킨다. 이를 다른 말로 하면 승화이다. 연극을 보는 이는 삶을 잃어버려 애도하는 당사자가 되고, 삶을 낳는 어머니가 된다. 극장에서 일어나야 하는 존재는 관객이 아니라 죽어간 삶이다. 삶을 무덤 속에 가두는 일이 연극의 첫 번째 일이요, 죽인 삶으로 새 삶을 거두는 일이 연극의 종국이다. 이를 위하여 삶을 갈아엎었던 바를 참회하고 새 삶을 보고 속죄하는 이들이 연극하는 이들이다. 새 삶은 상징으로서의 삶이다. 매혹으로서의 삶이다.

5.7. 연극의 자율성

오늘날 한국의 연극은 느슨하고 가볍다. 이는 사유하지 않는 배우, 연출가, 극작가를 망라한 연극 작가들의 좌절된 모습이기도 하다. 2000년대 들어와 한국 연극은 신중한 연극이 아니라 멈출 수 없어 그냥 작동되는 연극으로 기록될 것이 틀림없다. 다른 말로 하면 기계 같은 연극들이다. 이는 정부나 지방자치단체의 지원금에 의해서만 공연이 성립되는 절차들이 연극 작가들에게 모두 내면화되어 있는 탓이다. 대부분 한국 연극은 출구 없는 감옥과 같은 정부의 지원금에 사로잡혀 있다. 지원금 제도는 연극하는 재정적 부담을 줄여주기도 했지만, 연극에 관한 근원적인 성찰을 그만큼 제거했다. 바깥으로부터의 지원은 연극하는 삶을 마냥 게으르게 만들었다. 그런 이유로 연극의 자율성, 미적 가치의 공동체인 극단의 주체성은 찾아보기 힘들어졌다. 한국 연극의 특징은 언제나 사회의 산물이라는 점이다. 한국 사회의 일상성은 불안이 늘 반복된다는 데 있다. 한국의 연극은 그것과 하등 다르지 않다. 한국 연극은 단행본처럼 끝나고 다시 새롭게 시작되는 것이 아니라 늘 그렇고 그렇게 연장되는 장편과 같다. 맥락이 사라질 때, 삶과 연극은 지리멸렬해지는 것이 아니겠는가! 연극이 무엇이고, 무엇이 연극이 아닌가, 연극을 어떻게 해야 하는가에 대한 물음보다는, 신자유주의 시대 속에서 비정규직의 전형이라고 할 수 있는 연극하는 이들의 삶에 관한 내용이 더 큰 부분을 차지한다. 이 나라, 저 나라 곳곳에서 매년 정기적으로 벌어지는 공연 축제들은 겉으로는 그럴듯하지만, 내실은 그렇지 못하다. 연극하는 이들의 삶의 토대가 불안할진대, 연극의 문법, 연극의 언어에 관한 성찰, 연극 작가들에게 자기반성을 요구하는 일은 신통치 않을 것이다. 예로부터 악(樂)은 예(禮)와 한 몸이라고 하지 않았던가!

6. 연극과 소통

피를 나눈 이들을 형제라고 한다면, 연극은 관객과 우선 그리고 주변 장르, 그리고 전통의 가치와 현재의 실험이 형제 관계를 맺어야 한다. 그 결과는 우리가 꿈꾸는 사회로 귀결된다. 연극의 존재 방식은 극장에서 관객들과의 만남, 전통과 현재와의 교류에 있을 터이다. 연극의 관객은 책을 읽는 독자 이상의 존재이고, 필연적 요소이다. 오늘날과 같은 우리 사회에 연극이 기여해야 하는 바는 모든 사회적 분리, 소외, 격차, 불평등, 억압 등을 극복하기 위한 헌신이다. 전통을 가로질러 현재에 이르는 이른바 예술적 소통이 곧 연극이라고 할 수 있다. 삶과 사회를 해체하고, 다시 구성하는 구조로서의 연극, 그것을 제도화하는 연극이 오늘날 한국에 절실하다. (2011)

포스트드라마 이후, 연극의 지위

인생은 존재하기 위해서 우리의 육체라는 형식 속에 고정된다. 그러고는 조금씩 조금씩 자신의 형식을 죽여간다…… 인생과 형식 사이의 이 내재적 갈등이…… 가장 완벽한 표현력을 얻게 된다.

— 피란델로, 『작가를 찾는 6인의 등장인물』 서문

1. 이전의 연극, 이후의 연극

오늘날 연극은 쇠약해진 육체와 같다. 좋은 연극들은 드문드문 만들어지고, 관객들은 문득문득 연극을 통해서 자신의 모습을 본다. 이런 연극들은 권태의 연극처럼 보인다. 오늘날 관객들이 연극을 볼 수 있는 시간은 아주 적다. 그러나 시대의 구분을 넘어, 연극의 온갖 형태와 장르 구분을 넘어, "연극의 근원은 교양이고, 교양(인)을 위한 연극이어야 했다. 연극은 당대의 시민들을 과거와 관계 맺게 하는 것이지, 오늘의 스펙을 위한 것은 아니었다. 연극은 모국어 문법의 습득과 사회적 책임을 짊어져야 할 존재이다. 이를 위해서는 삶의 스토리가 중심이다. 그런데 지금은 그 중심이 스토리보다 스타일에 가까이 있다. 그 가운데 가장 요란한 것은 연극이 제 장소를 잃고 이곳을 떠나 저곳으로, 저곳에서 이곳으로 오가고 있는 점이다. 나라 안에서, 나라 밖에서 교환, 교류라는 이름으로 크고 작은 연극제가 점점 많아지고 있고, 실용으로서, 상품으로서의 연극의 역할이 더욱 확대되고 있기 때문이다. 그렇게 해서, 해외 초청으로, 국내 초청 혹은 참여로 오늘날 연극은 시공간의 범위를 확대해서 구성되고, 그렇게 해서 연극이 소비되고, 연극의 지위가 위계적으로 규정되는 듯하다. 오늘날 많은 국가들이 도시국가의 범위를 넘어 세계화가 된 탓인지는 몰라도, 연극이 개별적으로 존재하는 모습을 포기하고 있다. 국제적 축제 혹은 국내 축제와 같은 이름에 기대어 연극이 비로소 스스로의 존재를 발견하고, 연극의 효용을 강화하고 있다. 여기에는 세계화된 경제의 중심 원칙인 신자유주의도 한몫했으리라 여겨진다."[1] 나라와 나라 사이에 시장의 경계가 허물어지는 것처럼, 이 연극과 저 연극의 경계가 소멸되는 이런 현상은 연극의 나르시시즘을 낳는다.

포스트드라마 연극 "이후"의 연극의 지위를 묻는 것이 이 글의 중심이다. '이후'를 말하지만, 그 시선은 연극의 미래가 아니라 연극의 근원, 본성을 향하고 있다. 왜냐하면 포스트드라마 연극 '이후'는 (전통적) 드라마, 포스트드라마 연극에 이어지는, 그러니까 시간의 문제이기 때문이다. 포스트드라마 이후의 연극은 이전에 존재했던 것 이후, 존재했던 것들이 내지르는 다른 세계의 시간, 알 수 없는 과거의 문제이다. 포스트드라마 연극에서, 연극과 연극 작가 그리고 관객은 그 실제를 구분하기 힘든, 하나의 상징적 이미지처럼 존재했다. 연극의 정체성이 무화되기 시작한 때라고 할 수 있다. 연극의 대상이 시대이고, 관객이라고 말할 수 있는 것은 연극을 그것들의 각인처럼 여길 수 있었기 때문이다.

1 안치운, 「한국 연극의 국제화, 국지 혹은 탈구의 정신」, 『연극포럼』, 2011, 31쪽.

그러나 연극은 도시, 나라 그 자체가 아니라, 그것들의 흔적이 쌓인 시간의 구술이지 않겠는가! 오늘날 연극을 이처럼 여길 수는 없을 것이다. 포스트드라마 연극 이전이 종말이라면, 그 이후는 해방이라고 말할 수 있다면 좋겠다.[2] 시간의 해방, 그러니까 연극에서 미래가 아니라 과거가 새어나오고, 권태가 사라지고, 사라진 이들이 다시 등장하는 연극이면 좋겠다. 이후는 종말이 아니다.

일반적으로 이후의 것을 묻는 것은 이전의 것이 불완전하기 때문이고, 이후가 이전보다 더 낫다고 보는, 진화론적 입장의 소산이다. 과연 오늘날 연극이라고 할 수 있는 포스트드라마 이후의 연극과 그것을 둘러싼 조건들은 이전보다 훨씬 더 낫게 혹은 더 복잡하게 적응하고, 넘어서서 다른 모습으로 혹은 시대에 더 유연하게 진화한 것일까? "포스트드라마 이후의 연극"이 시대의 한 국면인지, 아니면 시대를 포괄하는 것인지 구분하는 일은 그리 쉽지 않다. 오늘날이라는 시대 속 "포스트드라마 이후의 연극"이 시작과 끝이 있는 개체인지, 하나의 혹은 여럿의 생명체인지를 묻는 것도 마찬가지이다. 시작과 끝을 지닌 완결 형태의 연극을 찾아보기 힘들다. 오늘날은 연극이라는 유기체를 만드는 세포가 무엇인지를 말하기 어려운 때이다. 그 반대로 유기체로서 연극이 연극 작가들과 관객들로 분명하게 분해된다고도 말하기 어렵다.

연극에서 포스트드라마 이전과 이후를 하나의 원과 같은 것으로 본다면, 이후는 과거의 시간을 돌아오게 하는 재생의 국면이라고 할 수 있다. 그렇다면 이후는 이전의 추억이다. 이후는 이전을 고백한다. 이전과 이후는 서로 대립되지 않는다. 이후는 이전과 밀접하게 닿아 밀어낸다. 지난 것을, 아주 오래된 것을. 이후는 이렇게 이전을 들리게 하면서 새롭게

2 예술의 종말과 예술가들의 해방에 대해서는, 아서 단토, 『예술의 종말 이후』, 이성훈 외 역, 미술문화, 2004 참조.

할 뿐이다. 포스트드라마 연극 이후의 연극이란 그러므로 어둠과 같은 이전, 과거를 말할 수 있는 연극이다.

2. 연극의 생존

2.1. 최초의 연극, 과거의 연극

소포클레스(Sophocle)의 희곡 「오이디푸스 왕 OEdipe-Roi」의 맨 앞, 제관은 약 2,500년(in 430 BCE) 전의 상황을 말한다.

> 죽음의 큰 물결 밑에서 벗어날 수가 없고, 땅에 나는 곡식의 싹에도, 목장에서 풀을 먹는 소들에게도, 부인들의 산고에도 죽음의 손이 뻗치고, 더욱이 염병의 귀신이 불을 뿜어 장안을 황폐케 하고, 그 때문에 집들은 폐허가 되어가고 이 **어두운 지옥의 세계**(Diabolique, incendiaire, foudroyante, fonce des cieux sur la ville une peste atroce qui fait de Thèbes un désert)는 탄식과 눈물로 넘치고 있습니다. … 가장 위대하신 분이시여. 우리 도시가 다시 살아나도록 도와주십시오."[3]

이처럼 죽음, 황폐, 폐허, 어두운 지옥과 같은 과거를 증거하는 것이 가시적인 최초의 연극 즉 연극의 원천이다.

약 2,500년 전, 그때나 지금이나 마찬가지로, 언제나 도시는 어두운 세계일 듯하다. 연극은 언제나, 마찬가지로 도시 안에 있다. 도시에 사는 이가 시민들이고, 도시와 시민이 모여 공화국을 이룬다. 시민들은 자신이 태어난 도시[pol]의 중심에서 관객이 되고, 연극은 시민들을 위해

---

3 Victor-Henri Debidour(Traduction, notices et notes), *Les tragiques grecs: Eschyle, Sophocle, Euripide*, Paris: Le Livre de Poche, 1999, p.514.

서 도시화[polis]되면서 제 역사를 이룩할 수 있었다. 연극은 그렇게 공화국 정신 속에서 생성되고 제 모습, 제자리를 잡았다. 그러니까 도시가 망가지고, 사람들이 고통에 시달릴 때, 연극은 자기 스스로를 착취하며 존재할 수밖에 없다. 오늘날 도시와 시민 그리고 연극 가운데서 가장 많이, 크게 망가진 것은 무엇일까? 완전히 망가진 것은 무엇일까? 도시와 시민을 동일시할 수 있다면, 연극과 동일시할 수 있는 것은 무엇인가?[4]

포스트드라마 연극 이후의 시대란 도시가 사람을 착취하고, 사람이 망가지고, 연극이 그것들과 동일시되는 때를 말한다고 하면 지나친 것일까? 사람들을 살육하는 전쟁은 사뭇 다른 형태의 전쟁으로 변화, 변모했다. 눈에 보이는 피 흘리는 전쟁은 없지만, 모두가 조용히 자기 스스로를 갉아먹으며, 착취하며, 죽어가는 전쟁은 현재진행형이다. 피 흘리며 싸우는 전쟁은 피아가 구분되어 있지만, 자기 자신을 죽이는, 자기 스스로가 조용히 죽어가는 전쟁에는 가해자와 피해자가 따로 구분되지 않는다. 폐해만 남을 뿐이다. 그런 사회 속에서 우리는 오늘날 연극을 어떻게 이해할 수 있는 것인가? 아이스킬로스(Eschyle)의 〈결박된 프로메테우스 Prométhée enchaîné〉 첫 대사처럼, 연극은 언제나 **"이 세상 끝(En terre lointaine)"**, "인적이 닿지 않는 황무지!(nulle présence humaine dans cette solitude)"에서 "인간을 사랑하는 태도를 고치면서(à rompre avec ce tour d'esprit humanitaire)"[5] 시작되는 것이지, 늘 새로운 것은 아닐 것이다. 포스트드라마 연극 이후의 연극은 새로운 연극이 아니라, 이

4 2011년 서울에서 열린 서울국제공연예술제의 해외 초청작인, 콜롬비아 마파 극단의 〈홀리 이노센트〉(롤프 압더할덴 연출, 아르코대극장, 2011. 10. 3~5.)는 연극이 과거의 역사를 어떻게 말해야 하는지, 연극의 태도, 연극하는 이들의 정체적, 미학적 입장이 무엇인지를 분명하게 말하고 있었다. 그러나 이 작품은 관객들로부터 크게 환영을 받지 못했다. 희극처럼 가볍고 즐겁지 않다는 이유로, 우리의 평온하기만 삶을 불편하게 만든다는 이유로. 그러나 남미의 역사를 서울 한복판에서 달리 보여주고 싶었던 연출가는 공연 내내 불안했다.

5 Victor-Henri Debidour, 앞의 책, p.325.

처럼 과거를 살아 있게 하는 연극, 지속적으로 존재하는 연극에 가깝다. 포스트드라마 연극 이후의 연극의 아름다움은 여기에 있다.

2.2. 잃어버린 연극

여기의 연극이 있고, 저기의 연극이 따로 있는 것인가? 어제의 연극과 오늘의 연극이 구분되어야 하는가? 동양의 연극, 서양의 연극, 동시대의 연극, 실험극, 부조리극, 대체연극, 이미지 연극, 포스트드라마 연극 이전 혹은 이후의 연극 등이 확연하게 구분되어야 하는가? 우리는 오랫동안 이러한 구분의 패러다임에 갇혀 있었다. 연극 교과서를 통해서, 앞선 역사를 부정하고 제거하는 부친 살해의 역사를 배웠고, 지역과 언어 그리고 이데올로기에 갇힌 조직과 방어의 연극들이 일고 사그라졌다. 그런 연극들이 오랫동안 우리를 억누르고 있었다. 한 나라 안으로 들어오면, 그곳에는 중심의 연극과 경계의 연극이 확연하게 나눠져 있었던 것도 사실이다. 연극사에도 이곳, 내 연극 바깥의 이질적 연극을 언제나 타자의 연극으로 지정하고 배척했던 역사가 흔연하다.

예컨대 한국 연극이 각 지역마다 지닌 고유한 언어를 회복하기까지는 오랜 시간이 걸렸다. 표준어를 중심어로 정해놓고, 지방의 언어인 사투리를 제거할 때는 사투리가 이국적인, 중심 바깥의 언어라는 판단 때문이었다. 주체가 아닌 언어는 제거해야 할, 반드시 죽어야만 하는 언어였다. 이를 통하여 연극 언어에 '무분별한' 언어가 생략되고, 하나의 공통된 언어만이 절대적일 수 있었다. 우리가 지금, '포스트드라마 연극 이후'라고 말하는 것은, 이제는 이런 이질성에 관한 구분과 배제와 생략 그리고 제거의 역사가 연극 현실에서 사라지고 있기 때문일 것이다. 크게 보면, '포스트드라마 연극' 이전과 이후라는 시대적 구분은 자국의 면역학적 패러다임에서 벗어나는 세계화 과정 이전과 이후의 맥락과 같다.

포스트드라마 연극에서는 이질적인 것들의 다양성, 탈경계와 같은 중심어들이 영향을 미쳤었다. 그리고 연극하는 창조적 작업, 연극하는 이들의 삶은 지역을 벗어나 보편적인 교환의 시대에 이르고 있다는 것을 분명하게 드러내고 있었다. 인용하자면, "경계선, 통로, 문턱, 울타리, 참호, 장벽"[6]을 벗어난 공간 속의 연극들이다. 앞에서 언급한 것처럼, 제 나라를 벗어나고, 제 고유한 모습을 넘어서는 이른바 탈구(脫臼)된 형태로 존재하는 국제적 단위의 연극제들의 확대가 이를 증명한다.

이런 연극들은 연극과 삶을 통합하기보다는 분리시키면서 번식하는, 과잉의 연극이다. 새로운 것들이 연극의 존재를 달리할 수 있다고 믿는 연극이다. 남들보다 먼저, 과거와 결별하는 연극이다. "연극이 타자의 시선으로 존재할 수 있게 되면, 한국 연극이 제 모습을 지닐 가능성은 줄어들 수밖에 없지 않겠는가! 오늘날처럼 신자유주의 시대, 국제 연극제를 통한 연극이 단일화되고, 예속화되는 바를 경계해야 할 이유는 여기에 있다. 그렇게 해서 연극의 아름다움이 결정되고, 연극의 존재가 경쟁 혹은 교환 경제적 가치로 환원되어버린다면, 자국을 가출하려는 '테아트르 에코노미쿠스'들과 이런 연극들이 거주하는 국제 연극제들은 더욱 많아지고, 커질 것이다. 포스트드라마 이후, 한국 연극은 어떻게 되어야 하는가? 연극의 집은 어디인가? 연극의 본향은, 거주지는 어디인가? 우리는 결국 어디로 가는가라고 묻고, '고향'이라고 답한 독일의 시인도 있었다."[7] 포스트드라마 연극 이후의 연극의 문제는 근원으로의 귀향에 있다.

6 한병철, 『피로사회』, 김태환 역, 문학과지성사, 2012, 15쪽.

7 안치운, 앞의 글, 42쪽.

2.3. 유일한 연극

포스트드라마 연극 '이후'의 연극이란 다시, 맨 처음의 연극, 유일한 연극 즉 "이 세상의 끝"에서, 그리고 "이 어두운 지옥의 세계"로 돌아가, 벌거벗은 생명을 사랑하는 태도를 고치는 연극이라고 말하고 싶다. 연극은 시대를 막론하고, 이처럼 두 가지 전제와 항상 같이 있다. 포스트드라마 연극 이후의 연극은 '세상의 끝'과 같은 과거를 항체처럼 지니는 연극이라고 할 수 있다. 변질되지 않은 '끝'과 같은 원천을 찾아, 기어가는, 되돌아가는 연극이라고 할 수 있다. "이 세상의 끝"이란 심연이고, 밑바닥과 같은, 샘과 같은 근원을 뜻한다. 그러므로 포스트드라마 연극 이후의 연극은 끝이 없는 연극이다. 끝이 없는 것은 미래가 아니라 과거이다. 과거가 부활하는, 과거가 돌아다니는 연극을 뜻한다.

"끝, 끝이야, 곧 끝날 거야, 아마 끝나고 말 거야 Fini, c'est fini, ça va finir, ça va peut–être finir."[8] 이는 사뮈엘 베케트의 〈승부의 종말 Fin de partie〉에 나오는 크로브의 첫 대사이다. 이 말은 수사도 거짓말도 아니다. 베케트는 시간의 심연을 알고 있었다. 끝이 없다는 것을. 영원히 과거가 되는 것을, 그것이 과거분사처럼 종결되는 것이 아니라 끝이 분산되면서 끝이 아니라고 말한다. 베케트는 이 대사 앞에 괄호 열고, "시선을 고정하고(regard fixe), 하얀 목소리(voix blanche)로"라는 지문을 대립시키고 있다.[9] 끝이 울리는 지문이고, 소리의 망망대해와 같은 지문이다. 고정된 시선 속에 과거와 연결된 지속, 매듭, 무늬, 흔적이 있다. 목소리(voix)를 수식하는 하얀(blanche)이란 형용사. 하얀 목소리(Voix blanche)는 과거로부터 떨어지지 않는, 망망대해와 같은 무한한 소리이다. 들리

8 Samuel Beckett, *Fin de partie*, Paris: Editions de Minuit, 1957, p.15.

9 위의 책, p.15.

지 않는 목소리가 아니라 소리 자체가 울리지 않는 목소리이다. 말을 하되 울리지 않는다면 소리가 발화되자마자 소리의 근원에 가 닿았다는 뜻일 것이다. 소리의 끝에 있는 소리(voix blanche), 그것은 발화되자마자 사라지는 말의 끝을, 무화되는 말의 끝을 끝내지 않기 위하여, 그 말의 존재를 계속해서 태어나게 하기 위한 소리, 사라진 소리가 부활해서 하얗게 돌아다니는 소리이다.[10] 연극에는 시효가 소멸된 것이 없다. 사라진 모든 것들이 다시 부활해서 끝이 없는 언어가 연극이다. 다시 원전으로 돌아가는 연극, 관객들을 시간과 기억과 언어의 원천으로 이끄는 연극, 스펙터클을 잃어버린 사회를 찾는 연극,[11] 잃어버린 과거를 찾는 연극, 그것이 포스트드라마 연극 이후의 연극이다.[12]

10 엘리어트식으로 말하자면, 하얀 목소리는 흐느끼는 소리이다. "세상이 끝나는 방식은 쾅 하는 소리가 아니라, 흐느끼는 소리이다(This is the way the world ends. Not with a bang but with a whimper)." T. S. 엘리어트, 「공허한 인간들 The hollow men」 중에서.

11 "스펙터클을 잃어버린 사회를 찾는(A la recherche d'une société du spectacle perdue)"이라는 표현은 Guy Debord의 *La Société du spectacle*(Paris: Gallimard, 1992)에서 옮겨온 것이다.

12 그 한 예가 극단 '뛰다'라고 할 수 있다. 이들은 2001년 2월에 창단. 2010년 6월, 화천군의 지원을 받아 화천군 신읍리 신명분교로 이주했고, 이주 후 예술가들과의 네트워킹과 마을 주민들과의 관계 맺기에 주력하면서 지역의 다양한 삶을 연극 창조의 콘텐츠로 활용하고 있다. 이들은 공동 작업과 공동 분배라는 원칙, 연극에서의 친환경적인 요인들을 강조하면서 삶과 연극 만드는 일을 일치시키고 있다. 연극을 통해 자신들이 삶의 진리를 마주하고, 삶의 모든 것들을 보기를 바라면서, 자신들이 말하는 "유목연극"을 실천하고 있다. 극단 '노뜰'의 경우도 마찬가지이다. 이 극단은 2000년 가을 원주 외곽인 문막읍 후용리의 한 폐교로 이주하면서 삶과 연극 창조를 일치시키고 있다. 이들이 지닌 연극적인 삶이란 "연극과 일상이 하나로 뭉쳐 온전히 연극에 집중할 수 있는 독립적인 시간과 공간을 갖는 것"이라고 할 수 있다. '독립'은 고립을 의미하는 것이 아닌, '연극에 집중할 수 있는 시공간'이며 '자기 성찰이 가능한 장'을 의미한다. 이를 위하여 농촌의 폐교로 들어와 "공동 생활"을 하게 되고, 단원을 뽑을 때 우선적으로 "공동 생활을 견딜 수 있는가"를 중요하게 여겼다. 지금 이들은 공통적으로 예술의 상업화, 산업화, 자본의 영향력으로부터 독립할 수 있는 방안을 찾고 있다. 이것이 이들을 일상의 어려움을 이겨내고 연극하는 근원적인 물음을 지속하게 하는 요인이라고 할 수 있다. 이 두 극단의 공통점은 연극과 공동체 생활을 위하여 '자발적 가난'을 선택하고, 그것에 만족하는 데 있다. 윤소영, 『공동체 활동 관련 사례분석 및 지원방안』, 한국문화관광연구원, 2009, 90~101쪽 참조; 엄현희, 「연극은 공동체 정신을 더 발휘해야—원영오」, 『공연과 리뷰』 가을호, 2006, V-54 참조; 김슬기, 「말없이 말하다, 부재 그리고 존재—극단 노뜰」, 『한국연극』 12월호, 2008 참조; 「레지던시 극단을 만

3. 한국 연극과 아시아 연극

포스트드라마 연극 이후의 연극, 그 재생의 모습을 한국 연극과 아시아 연극에서 떠올려본다. 한국 연극에서 아시아 사람들, 아시아 문명, 아시아의 삶, 아시아의 문화와 예술 등과 같은 용어들의 울림은 친숙하되 낯설다. 한국 연극은 아시아 연극의 세례로부터 멀리 떨어져 있었다. 일상의 삶에서도 아시아의 오해, 몰이해는 크다. 그러니까 우리 삶이 알게 모르게 아시아로부터 적게 혹은 크게 떨어져 있다. 한국 연극도 잊혀지고 있다. 포스트드라마 연극 이후에, 한국 연극과 아시아 연극과의 관계를 묻는 것은 유럽 연극 다음에 아시아 연극, 그다음은 라틴아메리카 연극 혹은 이슬람 연극에 이르는 것을 결코 뜻하지 않는다.

한국 사회, 한국 연극은 공통적으로 아시아 사회, 아시아 연극으로부터 멀리 떨어져 있다. 이것은 우리의 삶과 문화를 아시아와 연관시키지 못하고 있기 때문일 터이다. 사회 변화, 발전이 산업 개발과 이로 인한 성장만이 아니고 교양과 인간의 깊은 이해임에도 불구하고, 성과주의 중심의 한국 사회는 그동안 얻은 것보다 더 많은 것을 잃었다. 강제적 형식과도 같은 한류라는 현상이 있고, 그것이 아시아 대중문화를 이끄는 지배적 문화코드로 보이지만, 한국 연극은 아시아를 대표하는 절대 연극이 아닐 것이다.

오늘날 한국 사회의 불균형을 말하는 이들이 많은데, 이는 내부적으로는 우리 자신에 대한 인문적 성찰의 부재이고, 외부적으로는 아시아에 속한 나라이되 아시아 여러 나라들의 고유하고 진정한 삶을 무시한 결과이기도 하다. 우리는 아시아의 엘리트가 아니라 아시아의 한 일원

나다—수레무대, 노뜰, 뛰다」, 『한국연극』 5월호, 2012 참조; 고영직 외, 『희망의 예술』, 경기문화재단, 2007, 256~258쪽.

이라는 것, 경제와 권력의 엘리트가 되기보다는 아시아적 삶의 이상, 그러니까 아시아의 인문적 교양을 지닌 조화로운 삶의 중심에 놓여야 한다는 것을 거의 잊고 있다. 연극과 삶이 지녀야 하는 삶의 심미안적 가치를 잃고 있다는 뜻이다. 우리 시대, 한국 연극의 고유한 숙제는 아시아의 삶과 문명에 대한 교양의 부활이라고 할 수 있다.[13] 오늘날 한국인들의 삶이 교양으로부터, 한국 연극이 근원인 아시아 연극으로부터 동떨어져 있다는 것은 자명해 보인다. 정신을 가르는 교양의 부재는 타 문화에 대한 몰이해로 쉽게 이어진다. 가까이 있어도 인간적, 문화적 유대가 없다는 것은 우리가 삶의 서사화 같은 정신적 전승과 무관하다는 뜻이 아니고 무엇이겠는가? 그것은 최종적으로 우리 자신의 몰락으로 이어질 것이라는 우려를 하지 않을 수 없게 한다.

필자의 경우, 아시아의 삶과 아시아 연극을 이해하기 시작한 것은 그리 오래된 일이 아니다. 돌이켜보면, 삶과 문명의 이해를 돕는 교양을 위해서 일찍부터 아시아 바깥 즉 유럽에 기울어져 있었다. 근대 이후, 한국 연극도 많은 부분 나라 밖의 연극에 의지하고 있었다. 유럽의 교양이 많은 지식인들이 의지했던 교양이었고, 문화였다. 연극을 전공한 이들에게, 문학과 예술의 전형적 토포스는 서양의 그것에서 많은 부분 비롯되었다. 이렇게 해서 그것을 삶과 한국 연극의 순수로, 진실로 여겼다고 해도 지나치지 않을 것이다. 진정한 앎은 나와 이웃을 연대하는 의식을 낳게 하고, 이를 적극적으로 실천하는 것이 아니겠는가! 아시아 삶과 문명에 대한 교양의 필요성이 절대적인 이유는 여기에 있다. 아시아 문화 교류를 위해서는, 아시아 다른 나라에서 온 이들을 배척하지 말고, 그들과 더불어 아시아 문명과 삶에 대한 교양을 키우는 이들이 늘어나

13 신민경, 「아시아 예술인들의 공동창작 에너지를 함께 나누기 위하여—광주에서 진행된 아시아 아트플렉스 신체 워크숍」, 『한국 연극』 2월호, 2007 참조.

야 할 것이다. 연극으로 그들과 아시아적 삶을 꿈꾸며 연대하는 일이 많아져야 할 것이다. 아시아의 아름다움과 진실을 안다는 것은 곧 우리 자신을 잉태하는 삶의 근원이고 고유한 양식이며 요람이기도 한 탓이다. 결론으로 포스트드라마 연극 이후, 한국 연극의 시선은 과거의 연극, 근원의 연극인 아시아 연극으로 향한다. 포스트드라마 연극 이후의 한국 연극은 아시아 삶의 근원에 가 닿아야 한다. 삶에 대한 교양의 회복, 근원인 아시아에 대한 이해야말로 포스트드라마 이후의 한국 연극의 몫일 터이다. 연극의 복권과도 같은. 그래서 독창적[original]이라는 것은 언제나 기원[origine]에 가깝다는 것을 뜻한다. (2012)

한국 연극의 연대기
—『한국연극학』(2002~2013년)에 게재된 논문을 중심으로

1. 아직도 가야 할 길

한국연구재단에서 예술 분야 연구를 담당하는 곳이 문화융복합단이다. 올해 사업의 하나가 '예술체육학술진흥협의회'의 구성과 이를 통한 예술체육 분야의 새로운 지원 정책 수립이다. 일차적인 사업의 내용은, 각 학회가 학술대회를 치르고, 해당 학문 분야의 연구 동향과 이에 따른 지원 정책을 제안하는 학문 분야별 보고서를 발표하는 것이다. 각 학회에서 보고된 글들을 모아, 연구재단은 향후 예술체육 분야 지원을 위한 근거 자료로 활용하려고 한다. 연구재단은 발표자의 내용 중에 해당 학문 분야의 연구 동향, 특성, 지원 방향, 현 지원 방향의 문제, 해외의 지원 방향 사례, 지원 관련 개선 방향, 정책적 제언 등이 포함되기를 바라고, 예술체육진흥협의회 소속 아홉 개 학회가 한 번씩 모 학회와 학제적 연관이 있는 다른 학회의 학술대회에 참여하여 위와 같은 내용의 글을 발표하도록 하고 있다. 최종적으로 문화융복합단은 발표된 예술체육 모든 분야에 대한 내용을 통합해서 새로운 지원 정책을 마련하려고 한다. 이 발표문은 이와 같은 현황을 염두에 두고 씌어졌다.

1.1. 연구와 지원의 문제: 연극 연구는 연극만으로 충분한 것이지 않겠는가

이 질문에 대한 대답은 그렇지 않다이다. 연극이 다종다양하고, 연구자의 입장과 방법론은 저마다 각기 다르지만, 연극은 연극 연구와 더불어 완성된다는 사실은 부인하기 어렵다. 연극 연구에 힘입어 연극은 연극 너머로 갈 수 있다. 연극(희곡, 공연, 연극 생산자들을 포함하여)이 연극을 뛰어넘을 수 있는 것은 연극 연구에 의해서이다. 연극이 연극으로 끝나는 것이야말로 연극의 문제일 터이다. 그동안 연극 연구에 있어서, 연구재단을 포함하여 지원의 내용을 보면, 연극 연구보다 훨씬 많은 지원을 받는 것이 연극 실천(공연, 창작 중심 분야)이다. 그러니까 공연을 위한 지원금이 연구를 위한 지원금을 훨씬 초과했다. 이는 한국문화예술위원회, 문화관광부, 각 지역의 문화재단 등의 지원금 현황에서 드러난다.

한국 연극은 너무 잘사는 나라의 연극도 아니고, 너무 못사는 나라의 연극도 아니다. 이런 상황에서의 연극 연구는 연구의 중심에 있는 나라와 그 바깥에 있는 주변부 나라의 연구와는 확연하게 다른 기회를 지니고 있다고 볼 수 있다. 연극 연구는 연극의 편안함에 머물지 않고, 오히려 연극이 어려움을 겪게 하기도 한다. 연극 연구는 연극 이전과 이후를 통틀어 새로운 관계를 형성하게 하기 때문이다. 이것은 연극의 내연과 외연이 확장되는 출발이기도 하다. 연극 연구는 연극의 문제를 야기하고, 연극이 지닌 제 안의 문제를 문제 밖으로 빠져나오게 하기도 한다. 그리고 연극이 이 문제를 해결할 수 있는, '가능한 연극'이 될 수 있도록 한다. 연극 연구는 연극을 배우고, 연극을 직시하고, 연극을 고통스럽게 한다. 연구 연구의 부재는 연극이 안주하는, 연극이 안팎의 관계를 넓히는 고통을 잊게 한다. 이때 연극은 아주 멀리 가버린다. 연극이 '돌아버린다(verrückt)'. 그것은 연극의 확장이 아니라 연극이 쉬운 길에 안주하는 것이고, 연극이 겪어야 할 고통의 회피라고 할 수 있다. 그 끝에 연극은 자폐적이 되어 시들어버리게 되는 것이다. 연구 연구는 교정제, 해독제와 같은 역할로 연극과 더불어 괴로워하기이며 연극과 동시에 성장하는 것이다.

프랜시스 베이컨은 『학문의 진보』에서 "지식은 한계를 짓고, 주의 깊게 받아들여야 하는 것 가운데 하나"라고 썼다.[1] 연극 연구에 즐거운 일은 거의 없는 편이다. 연극 연구는 연극을 받아들이고, 책임지기이다. 연극 연구는 연극이라는 진리에 헌신하는 것이다. 그리고 연극과 더불어 실천과 이론의 균형 잡기에 이른다. 연극 연구는 연극을 도구로 삼아 다른 어떤 것을 획책하지 않아야 한다. 연극 연구에 있어서 필요한 도구가 있다면, 그것은 연극에 대한 의지, 연극을 사랑하기일 터이다. 우리는 다시 물어야 할 것이다. 연극 연구가 자발적으로 선택하는 삶의 도정인가, 아니면 생계 수단을 확보하기 위한 전문가가 되기 위한 것인지를. 분명한 것은 오늘날 연극 교육을 포함한 연극 연구의 방향이 인문주의적 바탕에서 점점 멀어지고 있는 점이다. 그것은 산업화, 도시화, 민주화 추세에 따른 연극의 쓰임새의 변화에 기인한 결과라고 볼 수 있을 것이다. 대학에서 연극 교육은 점점 소수 엘리트들이 자발적으로 선택하는 삶의 도정이 아니라 생계 수단을 확보하기 위한 전문가 훈련 과정으로 바뀌고 있다. 동시에 교육이 대중화되면서 교육의 내용이나 가치 평가 등이 다양화되어가는 것처럼 연극 교육도 그런 변화를 겪고 있다. 앞서 언급한 연극 연구의 변화는 이런 환경과 무관하지 않다. 한국 연극 연구에 있어서 경계해야 할 것은 연극 연구의 주제가, 인간이 삶의 주체로서보다는 생산 도구로 인식되는 것처럼, 연극 연구와 교육의 본말이

1 프란시스 베이컨, 『학문의 진보』, 이종구 역, 신원문화사, 2003, 18쪽

전도되는 현상일 것이다.

2. 연극 연구의 동향 분석: 주제 분류를 중심으로

그동안 연극 연구는 크게 변화하였다. 연구 주제, 연구 방법론 등이 진화하였고, 연극을 공부하는 학회도 다양해졌다. 주제별로, 영역별로, 지역별로 학회가 만들어졌고, 대학에 연극학과를 비롯해서 연극 관련 학과들도 많아졌다. 이에 따라 석사, 박사 학위 취득자들도 현격하게 늘어났다.[2]

연극 연구[3]의 주제의 중심은 전통적인 연극 교육에 관한 것일 수밖에 없다. 크게 보면, 연극 연구의 주제는 다음과 같이 분류할 수 있다. 1) 연극 실기(실천)이 차지하는 비중: 여기에 연극사에 관한 연구, 연극철학 연구, 희곡 분석, 텍스트 비평과 같은 해석의 문제, 작품과 그 외연을 연구하는 드라마투르기 연구, 연출, 배우의 훈련과 심리학적 접근, 무대 장치, 공연의 수용에 관한 사회학적 접근, 공연의 전 과정(production-réception-modèle)에 이르는 기호학적 연구 그리고 기타 학제적 연구가 이어진다.[4] 2) 연극 연구의 조사 방법론: 질문서, 공연 사진과 같은 이미

---

2 학회가 주제, 영역, 지역별로 다양하게 만들어지는 것이 한국 연극학 연구에 순기능만 한 것은 아닐 것이다. 연극 연구를 하는 학회끼리 소통하는 바는 크기 않기 때문이다. 또한 연극학과와 유사한 학과가 대량으로 배출하는 석 · 박사 학위와 교수의 연구영역 평가를 가늠하는 논문들의 양산이 한국 연극학 연구의 질적인 변화를 가져왔다고도 보기 어려운 점이 있을 것이다.

3 연극 연구라는 용어는 나라별로 조금씩 차이를 보이고 있다. 영국, 이탈리아에서는 이를 Recherche théâtrale, 프랑스는 Etudes théâtrales, 독일, 오스트리아는 Science du théâtre, 헝가리에서는 Sciences du théâtre, 폴란드는 Théâtrologie 등으로 표기한다. André Veinstein, *Théâtre: Etude, Enseignement, Eléments de méthodologie*, Louvain: Arts du spectacle, 1983. p.12.

4 이러한 연구 주제는 1955년 처음으로 런던에서 세계연극학회(La Fédération internationale pour la Recherche théâtrale)가 창립된 이래, 줄곧, 변함없이 지속되고 있는 내용들이다. 그

지 연구, 비디오 등 자료에 의한 연구. 3) 연극 용어에 관한 연구: 연극(théâre), 스펙타클(spectacle), 공연(représentation), 배우의 연기 용어와 그 이론에 관한 연구. 4) 연극 표현에 관한 연구: 텍스트, 공연 속 연극적 언어에 관한 미학적 연구(말, 동작, 오브제, 실험연극, 무대 공간, 무대장치, 빛, 소리, 장치, 의상 등). 5) 연극 제도와 관객에 관한 연구: 지원 정책, 기획과 문화자본주의, 관객. 6) 새로운 연구 방법론의 이론 소개: 연극인류학, 연극기호학, 퍼포먼스 이론, 연극교육학 등. 7) 학제적 연구: 연극과 춤, 마임, 인형극, 서커스, 축제, 연극의 탈중심주의, 총체극, 시민을 위한 시립극장, 마을(공동체) 연극.

연극 연구의 동향은 학과, 학회, 연구자들의 증가 현상과 더불어 한국에서 연극을 공부하는 연구자들이 연극과 그 주변 학문을 아울러, 무엇을 생각하고, 무엇을 느껴왔는지, 무엇을 말하려고 했는지를 증명한다. 2003~2012년에 이르는 동안 『한국연극학』에 게재된 논문들을 분석하면, 그 스펙트럼이 매우 넓다는 것을 확인할 수 있다. 『한국연극학』에 게재된 논문들은 글을 쓴 저자들이 연극과 더불어 치른 힘겨운 정신적 노동의 산물이고, 연극과 연극이론들과 씨름하면서 자기 자신의 사유를 보다 높은 차원으로 이끈 저작물이라고 할 수 있다. 이 발표문에서 지난 10년간의 논문들을 주제별로 분석한 것은 한국 연극학의 연구자들이 그동안 어떤 길을 걷고 있었는지를 알기 위해서이다. 필자는 게재된 논문들을 분석하면서, 논문의 주제들을 가능한 단순하게 정리하려고 했다. 그렇지 않으면 분류할 때 왜곡될 수 있었기 때문이다. 논문의 중요한 주제에 초점을 두어 분류하다 보니, 논문의 저자 입장과 달리 분류 정리되는 경우도 있을 것이다.

이전에는 1948년 유네스코에 의해서 설립된 ITI가 실기와 이론 연구를 아우르는 기관 역할을 했었다.

2.1. 2002~2012년 『한국연극학』에 게재된 논문 분류

이 기간 동안 게재된 논문의 총수는 286편이다. 아홉 가지 주제는 연극사, 연극이론, 작품 분석, 연극 · 공연 비평, 연기론, 공연이론, 응용 연극, 공연 기법, 퍼포먼스이다. 연극사 주제는 서양, 동양, 한국으로 구분했고, 연극이론 연구 주제도 동 · 서양 그리고 한국 연극이론으로 나누었다. 고전과 현대 희곡 연구에 해당되는 작품 분석 주제는 우리나라 작가와 다른 나라 작가로 크게 분류했고, 다른 나라 작가의 경우, 국가와 작가별로 다시 세분하였다. 연극 · 공연 비평 주제는 공연된 희곡의 경우에 해당되는데, 국가별과 작가별로 크게 분류하였다. 연기론은 동서양을 막론하고, 연기 방법론에 해당되는 논문들을 중심으로 정리한 것이고, 공연 현상 주제는 연극 표현에 있어서 새로운 기법에 속하는 미디어론, 관객론 등에 관한 것이다. 응용 연극 주제는 교육 연극, 연극 치료, 뮤지컬에 관한 것이다. 공연 기법 주제는 연극 제작에 해당되는 기획, 무대장치, 음향, 연출 등 연극 제작 실습에 관한 것이다. 끝으로 퍼포먼스 주제는 무용(춤) 연극, 퍼포먼스를 포함하고 있다.

주제별 분류	논문 수		논문 비율/286편
1. 연극사	80		28%
1-1. 서양 연극사	27		9.5%
1-2. 동양 연극사	9		3%
1-3. 한국 연극사	44		15.5%
2. 연극이론	73		24.7%
2-1. 서양 연극이론	이론	13	4.5%
	무대	8	2.7%
	연출	3	1%
2-2. 동양 연극이론	이론	9	3%

주제별 분류	논문 수		논문 비율/286편
2-2. 동양 연극이론	무대	6	2%
2-3. 한국 연극이론	이론	12	4%
	무대	10	3.5%
	연출	12	4%
3. 작품 분석	120		42%
3-1. 서양 희곡	35		12%
3-2. 한국 희곡	26		9%
3-3. 국가별 정리	그리스	3	1%
	노르웨이	3	1%
	독일	3	1%
	루마니아	1	0.3%
	영국	6	2.1%
	일본	1	0.3%
	프랑스	16	5.5%
	한국	26	9.1%
4. 연극 · 공연 비평	80		28%
4-1. 작가별 정리	박근형	3	1%
	보알	1	0.3%
	브레히트	1	0.3%
	셰익스피어	7	2.4%
4-1. 작가별 정리	안톤 체호프	1	0.3%
	오태석	3	1%
	이윤택	4	1.4%
	장 주네	2	0.7%
	콜테스	5	1.7%
	헨리크 입센	2	0.7%
4-2. 국가별 정리	그리스	2	0.7%
	독일	6	2.1%
	리투아니아	1	0.3%

주제별 분류	논문 수		논문 비율/286편
4-2. 국가별 정리	미국	4	1.4%
	벨기에	1	0.3%
	아일랜드	1	0.3%
	영국	1	0.3%
	일본	2	0.7%
	중국	2	0.7%
	프랑스	8	2.8%
	한국	23	8%
4-3. 연극 · 공연 비평	2		0.7%
5. 연기론	23		8%
5-1. 배우	6		2.1%
5-2. 연기론	17		6%
6. 공연 현상	34		12%
6-1. 미디어, 문화론	26		9.1%
6-2. 관객론	8		2.8%
7. 응용 연극	16		5.6%
7-1. 교육 연극	6		2.1%
7-2. 뮤지컬	6		2.1%
7-3. 연극 치료	4		1.4%
8. 공연 기법	43		15%
8-1. 기획, 경영	13		4.5%
8-2. 무대장치	6		2.1%
8-3. 연출론	13		4.5%
8-4. 극작법	11		3.8%
9. 퍼포먼스	10		3.5%
9-1. 무용 연극	6		2.1%
9-2. 퍼포먼스	4		1.4%

2.2. 2003~2007년과 2008~2012년 사이의 논문 주제 변화

분류	논문 수		2003~2007	2008~2012	결과
1. 연극사	80		48	32	감소
1-1. 서양 연극사	27		17	10	감소
1-2. 동양 연극사	9		4	5	증가
1-3. 한국 연극사	44		27	17	감소
2. 연극이론	73		45	28	감소
2-1. 서양 연극이론	이론	13	6	7	증가
	무대	8	7	1	감소
	연출	3	3	–	감소
2-2. 동양 연극이론	이론	9	7	2	감소
	무대	6	5	1	감소
2-3. 한국 연극이론	이론	12	6	6	–
	무대	10	6	4	감소
	연출	12	5	7	증가
3. 작품 분석	120		56	64	증가
3-1. 서양희곡	35		16	19	증가
3-2. 한국 희곡	26		12	14	증가
3-3. 국가별 정리	그리스	3	2	1	감소
3-3. 국가별 정리	노르웨이	3	2	1	감소
	독일	3	2	1	감소
	루마니아	1	1	–	감소
	영국	6	–	6	증가
	일본	1	1	–	감소
	프랑스	16	8	8	–
	한국	26	12	14	증가
4. 연극 · 공연 비평	80		30	50	증가
4-1. 작가별 정리	박근형	3	–	3	증가
	보알	1	–	1	증가

분류	논문 수		2003~2007	2008~2012	결과
4-1. 작가별 정리	브레히트	1	1	–	감소
	셰익스피어	7	2	5	증가
	안톤 체호프	1	1	–	감소
	오태석	3	–	3	증가
	이윤택	4	2	2	–
	장 주네	2	–	2	증가
	콜테스	5	–	5	증가
	헨리크 입센	2	1	1	–
4-2. 국가별 정리	그리스	2	2	–	감소
	독일	6	6	–	감소
	리투아니아	1	–	1	증가
	미국	4	2	2	–
	벨기에	1	–	1	증가
	아일랜드	1	1	–	감소
	영국	1	–	1	증가
	일본	2	–	2	증가
	중국	2	–	2	증가
	프랑스	8	2	6	증가
	한국	23	10	13	증가
4-3. 연극 · 공연 비평	2		–	2	증가
5. 연기론	23		11	12	증가
5-1. 배우 연구	6		2	4	증가
5-2. 연기 이론	17		9	8	감소
6. 공연 현상	34		14	20	증가
6-1. 미디어, 문화론	26		10	16	증가
6-2. 관객론	8		4	4	–
7. 응용 연극	16		7	9	증가
7-1. 교육 연극	6		3	3	–

분류	논문 수	2003~2007	2008~2012	결과
7-2. 뮤지컬	6	4	2	감소
7-3. 연극 치료	4	-	4	증가
8. 공연 기법	43	19	24	증가
8-1. 기획, 경영	13	7	6	감소
8-2. 무대장치	6	3	3	-
8-3. 연출론	13	4	9	증가
8-4. 극작법	11	5	6	증가
9. 퍼포먼스	10	4	6	증가
9-1. 무용 연극	6	2	4	증가
9-2. 퍼포먼스	4	2	2	-

3. 연극 연구의 현황과 문제점

위 주제 분류에 의하면, 연극사의 비중은 논문 80편/28%이고, 연극이론은 73편/24.7%, 작품 분석은 120편/42%, 연극과 공연 비평은 80편/28%, 연기론은 23편/8%, 공연 현상은 34편/12%, 응용 연극은 16편/5.6%, 공연 기법은 43편/15%, 퍼포먼스는 10편/3.5%를 차지하고 있다. 지난 10년간을 5년 단위로 끊어 분류하면, 감소한 주제는 연극사(48편에서 32편으로), 연극이론(45편에서 28편으로)이고, 증가한 주제는 작품 분석(56편에서 64편으로), 연극 · 공연 비평(30편에서 50편으로), 연기론(11편에서 12편으로), 공연 현상(14편에서 20편으로), 공연 기법(19편에서 24편으로), 퍼포먼스(4편에서 6편으로) 분야이다. 응용 연극 주제 역시 최근에 이르러 그 게재 수가 증가하고 있다.

위에 나와 있는 것처럼, 연극 연구의 오래된 '중심 주제'는 연극사, 연극이론, 작품 분석이라고 할 수 있다. '바깥 주제'는 비평, 연기론, 응용 연극, 퍼포먼스, 공연 기법, 공연 현상 등이다. 지난 10년 동안 중심 주제의 비중은 조금씩 줄어들고 있고, '바깥 주제'들의 비중은 증가하고 있다. 이것은 오늘날 연극의 연구의 방향이 연극이론에서 연극 실천 쪽으로 옮겨가고 있다는 것을 말하고 있다. 더 정확하게 말하면, 연구의 주제가 연극 실천 쪽으로 미끄러져가고 있다. 앞으로 '바깥 주제'들 비중은 응용 연극, 공연 기법 주제들의 증가처럼 더욱 커질 것으로 보인다. 중심 주제에서 바깥 주제로의 이동은 연극의 존재를 교환가치로 환원하는 것으로도 여길 수 있다. 연극의 응용가치 혹은 교환가치가 연극의 안팎에서 단기 수익처럼 잠재성을 폭발적으로 발휘할 거라는 예상은 어렵지 않다.

연극 연구는 연구자 개개인의 학문적 고민과 성찰의 결과, 집합체라고 할 수 있다. 여기에는 시대나 사회 환경이 큰 영향을 미치고 있다. 한국 연극 연구 주제의 변모는 한국 사회가 강조하는, 공물과 같은 실용적 가치와 무관하지 않다. 또한 지금까지의 지원 정책의 결과라고도 할 수 있을 것이다. 이러한 변모는 한국 연극 연구의 폭을 확장하는 장점과 더불어 연극 연구에 있어서 인문적 가치의 감소라는 단점을 낳기도 한다. 응용 연극, 미디어, 퍼포먼스 이론 등 연극 실천에 관한 논문들의 양산은 지난 10년간의 정보통신 기술, 디지털 기술의 발달이 연극 제작에 많은 영향을 미치고 있다는 방증이다. 정보의 확대와 수용은 한국 연극의 세계화 확산에 기여한 바도 있지만, 한국 연극의 수준이 비약적으로 높아졌다는 것을 증명하지는 않는다. 오히려 연극은 자유롭고 글로벌한 시장 경제 속에서 연극 바깥의 논리에 의지하게 되었다. 정보와 커뮤니케이션의 확대로 고유한 극단의 존립은 어려워졌고, 연극인들의 고립감은 더욱 커질 수밖에 없었다. 이것은 연극의 불안을 낳았다. 학회의 분립, 연구 주제의 경계 없음 등이 그러한 부산물이라고도 할 수 있다.

자유화, 정보화, 세계화의 시대에 한국 연극(공연, 실천)은 폭주하고 있다. 그것은 오늘날 연극이 연극 시장의 자본 논리를 무시하지 못한다. 연극이 고유한 연극으로 자리 잡는 것이 아니라, 그 주변을 배회하기도 한다. 극단의 연극 실천은 지자체와 같은 문예 지원을 담당하는 기관으로부터 많은 지원을 받고 있다. 이 경우 연극 생산을 위한 지원은 연극이 시민과 국민을 위한 것이 되어야 한다는 데 그 의의가 있다. 그러나 지원금이 연극과 연극 연구를 소모품처럼 만들고 있다는 지적도 새겨들어야 할 부분이다. 연극의 이론 연구와 실천은 이와 같은 시대의 흐름과 어떤 관계를 유지해야 하는가? 연극이 주변 장르와 섞여 잡종이 되고, 지원의 중심에 놓인 극단의 연극 생산자의 경우처럼, 오늘날 한국 연극 연구의 주제가 시대의 흐름과 겹쳐지면서 연극의 비대화가 초래되기도 한다. 연극 생산이 늘어난 것처럼 보이지만, 연극이 굳게 관계를 맺고 있었던 사람과 사람 사이, 전통과 관습 등을 잃고 있다. 이것의 최종은 극단과 같은 연극 생산 공동체의 해체이고, 이것은 곧 한국 연극과 연극 연구의 위기일 터이다. 연극 시장이 자본의 논리에서 벗어날 수 없는 것처럼, 연극 연구의 방향은 연극의 시장 전면화와 무관할 수 없다. 연극 시장의 변모가 연극 연구에 제약을 주긴 해도 한편으로는, 다양한 연구 주제가 가능하게끔 기여하고 있는 바도 있다는 유연화된 입장도 가능하지만, 오늘날 연극 연구와 연극 시장의 변모는 본질상 이율배반적이다. 여기에 연극 연구를 위한 공공 지원의 어려움이 있다.

한국의 연극 연구는 분명하게 분화하고 있다. 연극 연구는 변화해야 하는가? 연극 연구에 있어서 변화하지 않는, 변화하지 않아야 하는 것도 있어야 하지 않겠는가? 지원의 방향은 무엇인가? 연극 연구 주제가 '중심 주제'에서 '바깥 주제'로 변화하는 것은 연극이 세상과의 거리 없음으로 읽히기도 한다. 중심 주제가 연극이 세상과의 일정한 거리를 두고 연극과 연극 속에 반영된 시대의 본질과 삶을 말하는 것이라면, '바깥 주제'는 합리적 기준, 세계화 같은 덕목을 내세워 연극의 현재화를 꾀하는 것이라고 말할 수 있을 것이다. '바깥 주제'의 확장은 연극이 시대의 흐름을 받아들이는 각오와 실천, 이를 위한 합리화에 해당된다.

3.1. 연극 연구의 주제들: 지원의 현황과 방향

한국 연극 연구에 있어서 중심을 이루는 연극사와 연극이론에 관한 논문들은 점점 줄어들고 있다는 점을 다시 언급하자. 이 주제들은 연극학을 위한 기초 분야라고 할 수 있다. 그러나 오늘날 연극 연구는 당장 쓸모 있는 응용 실행에 더 많은 비중을 두고 있다. 더 이상 연극 연구의 성스러운 가치들은 존재하지 않는다. 연극 연구의 고정된 본위라는 것은 찾아보기 힘들다. 주식시장의 논리처럼 지표들에 관한 연극 기획에 관한 연구도 많아졌고, 공연에 관한 주관적인 열광들, 유행 현상들을 담은 연구들도 두드러지고 있다. 그것은 동시에 연극 연구가 재생산되는 것이 아니라 새로운 가치들, 새로운 모델들의 출현으로, 연극에 관한 대문자의 역사가 아니라 도구적 가치의 비약이라고도 볼 수 있을 것이다.

한국연구재단의 연극 연구 지원의 방향이 조정되어야 한다면, 이 부분을 제일 먼저 염두에 둘 필요가 있겠다. 그동안 지원의 중심은 실기와 공연이라는 점을 내세우면서 실용주의와 기능주의적 연구에 치중되었고, 연극의, 한국 연극의 근본을 따지는 연구 주제는 줄어들고 있다. 그것은 대학 연극학과에 개설되어 있는 단위 과목들을 보면 쉽게 알 수 있다.[5] 연극 연구와 밀접한 대학의 연극 교육이 연극의 실행을 중요하게 여기고, 연극의 근본과 가치, 연극과 사회 그리고 연극과 사물의 상관관계 등 근원적인 물음에는 인색한 편이기 때문이다. 그것은 누구의 몫인가. 근원적

5 연극과 교육은 서로 밀접한 관계를 맺고 있다. 연구는 교육을 통해 그 연구의 중요성을 지속시키고, 발전시킬 수 있기 때문이다. 이를 위해서 교육은 연구의 내용을 프로그램화하게 된다.

인 물음과 비판, 인문학적인 지성이 실종된 연극 연구와 연극 교육은 당연히 도구적이며 실용적인 교육이 지배하게 된다. 연극 연구는 이와 같은 연극 교육에 의해서 결정된 방향과 속도에 따라 움직이는 기계가 아닐 것이다. 연극 연구는 연극 실천과 교육의 식민지가 아닐 것이다. 연극 연구와 교육의 식민지란 지성과 비판이 거부당하고, 한국 연극의 권력과 직결된 곳이다. 연극 교육은 한국 연극을 위한 작가들을 배출해내지만 연극 연구는 한국 연극의 이해(혹은 기억의 간섭)를 넘어서는 것이라고 할 수 있다. 이 점이 연극 연구 지원의 큰 방향이 되어야 할 것이다.

연극 연구의 주제에 관한 논의는 연극을 포함해서 인문, 사회 교육의 새로운 모습을 찾는다는 것과 맥을 같이한다. 연극 바깥에서 문제와 해결점을 찾는 대신 새로운 연극의 모습을 연극의 안, 그러니까 연극 연구의 내용에서 찾는다. 연극 연구의 다양한 주제(의 변이)는 모든 것이 일회적이고, 실용적인 기술이 판을 치는 세상에 쓸모 있는 지식이 되지 못한다. 그런 면에서 연극과 그 연구는 써먹을 수 있는 앎과 실천에 해당되지 않는다. 연극 연구는 써먹을 수 없는 연극과 비실용적인 연극에 대한 앎과 실천을 사람다움, 인간다움의 가치로 바꾸어놓으려는 노력이라고 할 수 있다. 연극과 그 연구는 삶과 세계에 대한 근본적인 통찰을 위한 방법이며 제도이다. 이에 관해서 언급되어야 할 한 가지 주제는 (서양)연극사에 관한 연구 방법, 태도이다(역사 주제가 동양에서는 제왕의 학으로 추앙되었던 것처럼). 연극 연구와 교육에 대하여 서양과 우리가 접근하는 차이는 크다. 서양의 연극과 교육에 관한 연구와 논의는 그들이 이룬 근대적인 연극이론과 실천, 교육에 대한 반성이라면, 우리는 반성이 아니라 수입과 이식이며, 그것에 관한 무반성에 가깝다. 한국 연극에서 연극 연구와 교육에 있어서 필요한 것은 반성적 성찰이라고 할 수 있다. 이 부분은 "공동체의 물리적 생존 유지를 위한 앎으로부터 그 내적인 조직과 이 조직을 근거짓는 윤리적, 법적 규범 체계에 이르기까지 오늘 우리의 삶은 지난 3000년간의 서양 문화, 그 가운데에서도 특히 지난 3세기에 걸친 서양 학문과 사회의 진전 결과에 결정적으로 힘입고 있"[6]는 것의 반성과 같은 맥락이다.[7] 한국 연극에서 서양 연극은 단순히 서양 연극이라고 할 수 없을 만큼 한국 현대연극의 전범이며, 이를 대학의 연극 교육이 주도하고 있다. 이런 현상은 앞으로도 더욱 심화될 것이다.

3.2. 연구의 제도, 지원의 제도

연극 연구의 준거점은 무엇인가? 연극 연구는 연극이라는 존재를 받아들여, 연극을 말하면서, 정확하게 말하면 연극의 결핍을 드러내면서 연극의 부재를 확인하는 것이다. 그것은 연극(이론과 실천을 포함하여)은 이래야 한다는 것이 고정되어 있지 않다는 것과 연극의 고정된 제도를 부정하는 것을 뜻한다. 연극 연구는 한국 연극(연극 실천과 교육을 포함하여)의 부재를 말할수록 연극 제도의 결핍을 드러내고 수정하고 채워 넣는다. 연극 연구는 연극 제도, 연극의 모든 것을 미리 세워놓고 강요하는 것이 아니라 그것들의 결핍에 따라 자신의 용도가 결정된다. 연극 연구는 이미 존재하면서 지위를 확인받는 것이 아니라 부재하면서 존재하는 제도의 탈을 씌우고 벗긴다. 제도의 탈을 말하면서, 결핍 있는 제도를 제거하지 않고 그것이 지닌 하나만의 가능성을 인정하면서 하나만의 제

6 소광희 외, 『현대의 학문체계』, 민음사, 1994, 39~40쪽.

7 이 부분을 확인할 수 있는 것은 현행 연극 교과서의 내용이다. 초중등 교과서에는 반공 이데올로기의 고루한 답습, 전통적인 농촌 봉건사회에 대한 이야기, 문학적 연극론이 주류를 이루고, 대학에서는 서구 사실주의 연극의 아류로 자족하거나 실험이라는 탈을 쓰면서 자족하는 바가 크다. 그리고 산업자본주의 시대에 있어서, 극장 산업은 연극의 공리성과 효용성보다는 연극의 상업성에 절대적으로 의지하고 있다. 이런 경향도 한국 연극 연구의 방향에 영향을 미치고 있다.

도가 아니라 제도들의 제도들을 가능하게 만드는 성찰이다. 결론적으로 연극 연구는 참인 앎(episteme)의 연극과 보이는 견해(doxa)의 연극을 규명하는 성찰에 비유할 수 있다. 그런 면에서 연극 연구의 주제의 다양성을 위한 세분화, 각론화에 대한 논의는 깊게 논의할 필요가 있겠다.

연극 연구는 연극에 대한 응답이되 일정하지 않고 고정되어 있지 않다. 제도가 고정된 것의 결과라면 연극 연구는 제도의 고정성을 문제 삼는다. 그런 면에서 연극 연구는 지금까지 연극이라고 고정된 '유명과 익명과 유사의 것들'을 수정하는, 수정해야 하는 요구와 같다. 연극 연구와 지원은 한국 연극의 정체성에 관한 중요한 물음으로부터 시작되어야 한다.[8] 연극 연구는 지난 제도의 현상을 말하는 것이 아니라 다시금 우리에게 연극에 대한 생각과 태도를 어떻게 가져야 하는가를 되묻는 일이다. 연극의 주류와 아류를 나누고, 연극의 중심과 변두리를 나누고, 연극의 보수주의와 엘리트주의를 선호하면서 스스로를 계속 구속할 것인가? 연극 연구는 연극의 본질과 더불어 연극의 고유한 가치를 찾고 그것과 함께 연극이 생존을 다할 때까지 지니고 가야 할 숙명 혹은 숙제와 같은 것이다. 지원 제도의 개선을 위하여 제안할 내용은 다음과 같다.

1. 창작극과 번역극의 구분, 서구 연극의 모방과 계승의 차별화에 관한 연구.
2. 학교에서 교육되는 연극을 중심으로, 연극 교육의 권력과 폭력에 관한 연구.
3 문화 다원주의 시대에 연극 예술인과 연극 지식인의 정체성에 대한

8 한국의 연극 연구와 연극 교육은 사실주의 연극이라는 이데올로기적 외투 속에 머물러 있었던 것도 사실이다. 연극 실천에 있어서는 창작극을 끊임없이 부르짖는 만큼의 결핍처럼 서양 연극의 콤플렉스로부터 벗어나 있지 않다는 것도 사실이다. 여기에 부수적으로 재창작, 해체 등과 같은 담론이 넘쳐흐른다.

연구.

4. 한국어 부활을 위한 한국 연극 고전에 관한 연구.
5. 글쓰기로서의 희곡과 사물과 세상을 번역하는 공연에 관한 인문학적인 연구.
6. 연극 연구에 있어서 학제적 연구의 필요성에 관한 연구.
7. 연극의 미래와 연극 연구의 미래: 연극의 식민화, 세계화에 관한 연구.
8. 연극 연구의 일반화가 연구와 교육의 엄격함, 지적 기율을 무시함으로써 야기되는 연극의 인플레, 연극예술이라는 미명 아래 연극을 독보적 존재로 인정하려는 것을 반성하는 연구.
9. 연극 연구 기회의 평등과 내용과 수준 사이에 변증법적 갈등에 관한 연구.
10. 연극 연구 단체들의 새로운 연대성에 관한 연구.
11. 연극을 위협하는 신기술과 연극 문화에 관한 연구.
12. 21세기 시민성을 위한 연극 교육에 관한 연구.

4. 연극의 베리타스, 연극의 후마니타스

연극의 아름다움, 연극의 이상은 자신과 삶을 객관화시켜놓은 데 있다. 연극의 탁월함은 곧 객관화의 능력이다. 연극 연구는 이 객관화의 능력에 주관적 해석을 덧붙이는 과정이라고 할 수 있다. 대상인 연극을 연극 생산의 출발점인 생산 주체자에게 되돌려 연관시켜보도록 하는 것이다. 달리 말하면 연극 연구는 담론을 통하여 연극을 무대라는 천상에서 지상의 삶, 앎의 세계로 되돌리는 반성적 역할을 담당한다.[9]

9 오늘날 연극은 점점 더 아카데미즘이 아니라 저널리즘에 기울고 있다. 연극이 요구하는 것

지금까지 한국 연극의 연구는 인문적 바탕에서 연극의 전체를 묻고 인식하는 단계에서 연극을 분류하고, 연극의 특수성, 전문성을 내세우는 단계로 옮겨가고 있다. 연극 연구에 있어서 철학적, 인문적 정신의 고취는 각개화되는 연극의 전문성을 극복하는 일이라고 할 수 있다. 이 부분은 연극 지원에 있어서도 매우 중요한 성찰이라고 할 수 있다. 왜냐하면 철학적, 인문적 정신이 배제된 연극 연구의 개별화는 연구를 직업이 되기 위한 도구로 남게 하기 때문이다. 이때 연극 연구가 지녀야 할 본분인 비판적인 본질은 망각될 수밖에 없을 것이다.

결론적으로, 연극 연구에 대한 지원의 방향은 연극 연구의 방향을 낳기도 하고, 같이 가기도 한다. 중요한 것은 연극, 연극 연구가 삶의 지평을 넓히는 교양, 사회적 사상, 절차라는 점이다. 그 종결은 연극 연구가 연극을 철학하는 일이다. 여기에 사유하는 이동과 교류가 있다. 연극 연구가 연극 실천과 그 현실적 요구에 응하는 것인지, 장기적 전망으로 연극의 앎을 추구하는 것인지, 연극 연구가 기초 연구 주제를 방어해야 하는지, 응용 연구 주제에 비중을 두어야 하는지, 연극 연구가 실천을 위한 이론의 종속인지, 이론과 실천의 통합인지, 나아가 한국 연극 연구를 위한 독자적 연구 방법의 확립은 어떻게 가능한지…… 연구와 지원에 있어서 심각한 연극 연구의 중심 주제와 바깥 주제와의 충돌이라기보다는 연극 연구 주제에 있어서 공유할 가치의 부재일 터이다. 우리는 이러한 숙제를 풀어야 할 때에 놓여 있다. (2013)

은 저널리즘적 협찬이고 협력이고 이해이다. 연극 연구가 경계해야 할 부분은 아카데미즘을 포기하고 저널리즘으로 기우는 것이다.

한국 연극의 국제화

1. 세속 도시와 연극제

연극이 이론화되고, 특수화되고, 개별화되었던 역사가 있었다. 대학에서 연극사를 배울 때, 서양 연극사, 동양 연극사로 구별하듯. 고대, 중세, 근대, 현대연극으로 구분하듯. 그 가운데 우리가 주목해야 할 것은, 그리스의 연극은 시민연극이었다는 개별적이면서 독특했던 양상이다. 도시에서 이루어지는 연극은 그곳의 구성원인 시민 모두를 위한 연극일 수밖에 없었다. 가족이라는 오이코스의 윤리보다 도시라는 폴리스의 윤리가 앞서는 연극, 폴리스의 윤리를 시민의 덕목으로 삼고 있는 시티즌이 주인공이 되는 연극이었다. 그것은 모든 이들이 예로부터 이상적 인간을 염원하고 형성해온 도시 공동체와 궤를 같이한다. 연극을 통한 이상적 인간, 공동체 사회의 구현은 한 나라, 한 사회의 도덕성과 문화의 이상을 상징하고 구현한다는 점에서 문화(연극) 엘리트와 권력 엘리트와는 크게 구별된다.[1]

---

1 그리스 시대, 도시를 구성하는 구성체인 올림피아, 신전인 델포이, 병원인 쿠스, 토론하는 아고라, 허구의 극장 가운데 하나인 극장은 시민 전체의 만남의 공간, 자기 정화의 장이었다(반대로, 도시 구성체였던 올림피아 경기장은 금녀의 공간이었다). 이 시대 연극 이념을

도시 윤리를 강조하는 시민연극은 무엇보다도 교양이고, 교양(인)을 위한 연극이어야 했다. 시민연극은 당대의 시민들에게 과거와 관계맺는 연극이지, 오늘의 스펙을 위한 연극이 아니었다.[2] 시민연극은 모국어 문법의 습득과 사회적 책임을 짊어져야 할 사회적 존재로서의 삶의 스토리가 중시되었던 연극이었다.[3] 그런데 지금은 이상하다. 연극이 제 장소를 잃고 이곳을 떠나 저곳으로 가고 있다. 나라 안에서, 나라 밖에서 연극제가 점점 많아지고 있고, 실용으로서, 상품으로서의 연극이 더욱 커져가고 있기 때문이다. 그렇게 해서, 해외 초청으로, 국내 초청 혹은 참여로 오늘날 한국 연극은 일정 부분을 넘어 구성되고, 그렇게 한국 연극이 규정되는 듯하다. 연극이 개별적으로 존재하는 모습을 날로 포기하고, 국제적 축제 혹은 국내 축제와 같은 경우로 연극의 힘을 발휘하고, 연극의 효용을 강화하려고 한다. 몽테뉴가 그리 말했다. "학자는 언제나 모든 공직을 멀리해야 하는 법"(『수상록』, 25장)이라고. 그 이유는 학자는 항상 자신을 불안 속에 놓아두어야 하고, 아는 기쁨만큼이나 의심하는 일이 학자에게 중요하기 때문일 것이다. 연극은 음악과 달리 드러내고 보여주는 예술이라, 자기 스스로를 경계해야 할 것들이 많은 장르이다.

연극은 어떤 곳에서 생성되고, 어떤 곳에 놓여 있어야 하는가? 역사적으로 연극의 각인은 태어난 장소[pol]를 중심으로, 이렇게 해서 도시

집대성한 아리스토텔레스의 『시학』에 나오는 모방, 창작은 역사보다 훨씬 더 철학적이며 가치가 높다는 정언은 연극의 가치를 저 높은 곳으로 가져다놓았다. 이를 통하여 보편적-개별적, 카타르시스-탄생의 굴레로부터 해방됨과 자기정화, 황홀경을 시민들은 체험할 수 있었다. 극장에서 현실 세계와 거리를 두면서, 이를 사유하는 기쁨(chorus-choris)을 누릴 수 있었다.

2 연극은 그 시대를 살아가는 이들의 삶의 이력서와 같은 것이 아니겠는가? 그것은 오늘날 우리가 말하는 스펙보다 큰 것이 아니었겠는가! 상품이 아닌 작품으로, 욕망이 아닌 만족, 경쟁이 아닌 공존이 가능한 것이 아니겠는가!

3 특정한 지식이 아니라 삶 전체를 관조하는 원리로서의 연극, 연극은 인문학의 주제인 인간적 교양(humanitas)과 상통하는 것이었으리라.

화된[polis] 연극으로 성장하고, 자리를 잡아가는 역사가 아니겠는가? 연극이 이렇듯 공연으로 생성되고, 제 역사를 이룩했지만, 오늘날 연극은 연극제라는 집합적 단위 속에서 가시적인 모습을, 실체를 지닌다. 연극이 개별적 존재로서, 그것이 연극의 원천으로서 비롯될 수는 없는 노릇인가? 이제 제 살던 곳에서, 제 삶을 가지고 연극을 만들고, 제 삶의 주변 사람들 앞에서 공연하는, 이른바 시민전쟁과 같은 연극 최초의 모습은 상실된 듯하다. 현재라는 눈으로 과거를 말하는 연극은 드물기만 하다. 국제적 단위의 연극제가 확대되는 바는 한편으로는 한국 연극의 자생적 지대가 열악하기 때문일 수도 있고, 다른 한편으로는 오늘날 연극이란 장르가 제 나라를 벗어나 국지적으로 혹은 제 고유한 모습을 벗어난 탈구된 형태로 존재할 수밖에 없는 지경에 이르렀기 때문일 수도 있겠다.[4]

그렇게 다시 질문할 수도 있다. 연극의 태생은 무엇인가? 공연을 통한 연극은 혼자 혹은 다발로 묶여 있어야 하는가? 여러 공연이 한데 묶여 축제라는 이름으로 공연하는 경우, 연극이 삶 속에서 만들어져, 삶 속으로 들어가고, 공연을 통하여 삶 바깥으로 외출할 수 있는 가능성은 점점 줄어들게 된다. 연극이 출생한 고향의 모습은 간 곳이 점점 없어진다. 원래 연극은 유랑극단처럼 떠돌이의 성격을 지녔었다. 여기에 탈[ex], 정지[stase]와 같은 쾌락의 개념들이 있었는데, 그것은 연극이 삶 속과 삶의 바깥을 구분하지 않고 머문다는 뜻이었을 것이다. 그렇게 해서 연극은 삶의 다른 시간(hétérochronie)과 다른 공간(hétérochtonie)을 한

4 1988년 서울 올림픽을 계기로, 국제 공연예술제, 국제 연극제는 크게 시작되었다고 보여진다. 그 후, 2011년 제11회 서울국제공연예술제에 이르기까지, 국제적 단위의 행사는 많이 늘어났다. 지방자치제가 시작되면서 이와 같은 행사들은 각 지역에서도 개별적으로 열리게 되었다. 한편으로는 지역을 중심으로 연극의 지방자치화를 꾀하는 것이기도 하지만, 분별 혹은 무분별의 행사들, 부실 혹은 유실의 행사들, 유명 혹은 무명의 행사들이 복잡하게 섞여 있다.

꺼번에, 통째로 보여줄 수 있었을 것이다. 연극이 지닌 공간의 이동성은 삶이라는 현실 공간을 여행하는 것으로 보면 좋을 것이다. 그러나 오늘날 연극제는 사실 유목민의 삶과 같은 연극들이 아니라 팔려가고, 팔려오는 연극들로 채워진 도매상과 같다. 연극제라는 둘레 속에 있는 공연들은 출생의 단계에서 훨씬 벗어난, 나아가 출생의 기원마저 지워진 채, 잠자리를 옮겨다니는 존재처럼 보일 때가 있다. 그리고 연극제에 몸담은 공연들은 한 곳이 아니라 두루, 여러 곳을 돌아다니는, 둥지를 잃었지만, 늙지 않는 존재들이다. 분명한 것은, 오늘날 연극의 왕국은 옛 고향을 떠난 오늘, 이곳을 떠난, 태생과 거리가 있는 먼 연극(제)임에 틀림없다. 그 속에 연극들은 시간의 부피를 지니면서 부패하지도, 노쇠하지도 않게 된다. 언제나 변질되지 않는 채 존재한다. 무엇이 진짜 연극인가? 고향인 도시에 있는 연극? 고향 밖에서 디자인된 연극? 이곳이 아닌 연극제라는 이곳 바깥에 존재하는, 존재하다 다시 이곳으로 돌아오는 연극의 매력은 무엇인가? 연극의 태생이란 연극이 자기 스스로 언제나 타자가 되어, 시간처럼 돌아오지 않는 여행자가 되는 것이다. 반면에 연극제의 연극은 돌아올 것을 약속한, 외출하는 연극이다. 발자국과 같은 삶의 자취를 잠시 남기고, 흔적을 보여주는 연극이다.

연극제가 많아지고 커지는 현상 앞에서, 물어야 할 것은 연극의 기원에 관한 것이다. 그리고 연극이 태어나는 곳, 태어나는 힘, 태어나고 사라지는 시간에 관한 것이다. 연극의 태반은 어디인가? 고향과 같은 태반이, 출생의 기원과도 같은 그곳에서 저 먼 곳으로 바뀌고 있다.[5] 연극

5 기원전 4000년경 메소포타미아에서 시작된 도시의 기원은, 농경문화의 발달, 잉여물의 창출, 그리고 떠돌이 유목 생활에서 일정한 장소에 근거를 둔 정착 생활로의 전환을 전제로 하였다. 이 당시 도시인들은 자연환경에 적응하는 과정에서 획득한 지식으로 스스로의 인공 환경을 창출하고 자연으로부터 자신을 분리시킬 수 있게 되었다. 이에 따라 형성된 최초의 도시는 기본적으로 농업경제에 근거를 둔 잉여물의 교환, 저장 장소가 되었으며, 이 과정에서 형성된 비생산 지배계급의 권위적 상징물을 재현하는 공간으로 조성되었다. 최

이 죽고, 다시 태어나는 것이 아니라 연극이 돌아다닌다. 연극제의 연극은 출생의 시간이 불분명하다. 저곳에서 벌어지는 연극제에 가기 위하여 연극은 언제나 사라지는 현재이어야 하고, 현재 속에 있어야 하기 때문이다. 그리하여 연극제에 포함된, 초청된 연극들은 모태로의 회귀가 아니라 미지에로 나아가는[venture] 애드번처[adventure]에 가깝다. 그리하여 현대연극이란 세속화의 산물이 된다. 삶의 세속화, 연극의 세속화는 무엇보다도 삶을 지배했던 종교와 형이상학으로부터 해방된 삶과 연극을 뜻한다.[6] 언어, 장소, 시간의 한계를 모두 사라지게 해야 존재할 수 있는 연극이 이곳 아닌 저곳에서 열리는 연극제 목록 속의 연극들이다. 보는 이들이 개입할 여지가 없는 경우도 많다. 보는 이의 입장에서는 느닷없이 내 앞에 놓인 연극들이고, 하는 이들의 입장에서는 이곳에 연루되지 않은, 근거와 근원으로부터 자유로운, 어디서나 존재하기 위하여 규칙적인, 장소와 조건을 떠나 합류할 수 있는 연극이다.

2. 집 떠난 연극들의 거주지, 연극제

연극이 집을 떠나서 갈 수 있는 곳은 시장이다. 연극제는 그것이 일정 기간 동안 확대되는 큰 시장이라고 할 수 있다. 연극과 시장이란 조합은 연극 교과서에서 찾아볼 수 없는 용어라고 할 수 있다. 연극은 본디 경쟁을 할 수 없는 장르였고, 시장을 필요로 하지 않았다고 볼 수 있다. 연

병두, 「도시 공간의 혼돈과 도시적 삶의 피곤」, 『당대비평』 여름호, 2000, 146쪽.

6 세속을 뜻하는 영어 'secular'는 세계를 뜻하는 라틴어 'saeculum'로부터 나왔다. 세계라는 세쿨룸이 시간의 경과를 뜻하고, 같은 뜻을 지닌 'mondus'는 공간의 변이를 뜻한다. 존재를 시간적으로 파악한 결과인 세속이란 단어는 막연하나마 무엇인가 열등한 것을 의미한다. 세속이란 종교적 세계와는 반대되는 것으로 변하는 이 세상을 뜻하기 때문이었다. 세속주의는 다른 주의(ism)와 같이 세속화가 낳은 개방성과 자유를 위협하는 부정적인 것이다. 세속화가 근본적으로 변화되지 않는 세계의 폐쇄성으로부터 해방을 뜻한다면 세속주의는 하나의 이데올로기 새로운 폐쇄성을 강요한다.

극제는 인위적으로 연극을 생산, 소비하는 곳이다. 연극의 제도에서 인위적인 것이 있었다면, 국가의 지원이라고 할 수 있다. 국가의 지원은 연극 시장이 부재하는 이유를 전제로, 연극 생산에 국가가 개입하는 사회보장의 개념이라고 보면 좋을 것이다. 그러한 지원전통은 오늘날까지도 어느 정도 지켜지고 있다.

우리에게 익숙한 연극제의 풍경들을 들여다보자. 그 안에 거주하는 연극들은 어떠한 모습들을 지니고 있는가? 예컨대, 아비뇽 연극제와 에든버러 연극제는 나라 밖 연극제들 가운데 가장 유명한 연극제라고 할 수 있을 것이다. 많은 연극들의 품행은 그곳으로 달려가려고 한다. 이런 연극제를 스스로 추방하고, 이와 같은 명성 있는 국제적 단위의 연극제의 주변화의 길을 걷는 연극들이 없는 것은 아닐 것이다. 그럼에도 그곳에 매년 한여름, 세계 구석구석에서 만들어진 연극들이 가장 새로운 연극처럼 등장한다. 한 달 남짓 머무는 연극들이 늙은 옛 도시 골목에, 집과 사람 사이에 존재한다. 우선 아비뇽이란 도시의 환경부터 읽어보자. 세상에 아비뇽을 닮은 도시는 없어 보인다. 아비뇽은 비행장도 있고, TGV라는 고속 기차역도 있고, 일반 기차역도 있지만, 도시가 아니라 한적한, 조금 큰, 중세 마을이라고 해야 옳을 듯하다. 아비뇽은 하나의 극장이고 동시에 골목과 관객이, 극장과 식당이 한데 모여 만드는 공연이다. 구아비뇽은 성곽으로 둘러져 있고, 그 밖에는 론 강이 흐르고 있다. 교황의 유수, 그러니까 로마 교황청이 본향을 잃고, 이곳까지 내몰려진 채 옮겨온, 갇혀 있던 곳이다. 그때가 서기 1309~1377년이다. 이 기간을 교황권의 몰락이라고도 하고, 종교에 관한 인문적 사유의 새로운 전기를 마련한 시기라고도 한다. 지금, 이곳, 프랑스 오지에 속하는 아비뇽은 세속 마을이다. 아비뇽은 두 개의 얼굴을 가진 야누스이다. 아비뇽은 과거 종교의 허무와 오늘 세속의 쾌락이 공존하는, 가장 신자유주의적인 공간이다. 세상에서 멀리 떨어진 이곳에서, 오늘의 연극이 존재하면서, 제 모습을 모색한다. 연극으로서는 생전에 이런 곳에 살았나 싶은, 옛날과 같은 곳이기도 할 터이다. 연극은 집을 나왔으므로, 제 모습에 황홀할 것이다. 연극은 이곳에서 예속될 뿐, 결코 저항하지 못한다. 아비뇽 기차역에서 내리면, 마주 보는 길을 따라 걷게 되어 있다. 아비뇽에서 가장 넓은 이 길은 연극으로 들어가는, 은밀하지는 않지만 그래도 걷는 이들을 신중하게 이끄는 공명의 길이다. 일상으로부터 멀어지는 길, 인간의 동물적 시간을 박탈하는 길, 예측할 수 없는 연극의 시간 속으로 이끄는 길이되, 연극에 시장 원리, 경쟁 원리를 침투시키는 길이다. 연극이 상품처럼 거래되는 영토의 들머리이다. 죽음에서 부활로, 겨울에서 봄으로 다시 오는 전설의 야누스는 그래서 1월이지만, 아비뇽에서는 7월이다. 연극이 인간의 세상으로 매번 오는, 연극이 인간 속에서, 혹은 인간이 연극 속에서 분리되지 않는 것처럼 보이는 한여름 밤의 꿈과 시장이 이곳에 있다. 흔히들 국제 연극제가 열리는 이곳을 연극의 왕국처럼 일컫기도 한다. 연극이 경제적 삶으로 환원되는 곳이다.

아비뇽 연극제, 꼭 65년 전부터의 일이다. 이곳에서 한여름, 한 달 동안 내내 연극이 판을 치고 있다. 온 마을이 연극 공연으로, 연극 보는 사람들로, 연극에 관한 정책과 시장의 활로를 위한 토론으로, 수많은 포스터들로 가득 채워져 있다. 아비뇽 연극제의 목록은 거의 뒤죽박죽이다. 우선 인(in) · 오프를 망라해서 너무 많은 작품들로 채워져 있기 때문이다. 연극이 연극과 섞이고, 사람들이 사람들과 엉킨다. 축제 기간 동안 아비뇽 사람들 대부분은 연극하는 이들, 관객들에게 집을 빌려주고, 다른 곳으로 가서 바캉스를 지낼 터이다. 조금 과장하자면, 연극과 관계 없는 주민들은 연극제에 집을 빌려주고, 그러니까 한 달을 벌어 일 년을 살 수 있다고 한다. 세속 마을치고는 가장 실속 있고 멋진 곳이다. 나라도 이렇게 살 수 있다면 한 달 내내 연극을 부리나케 할 수 있을 것 같다. 분명한 것은, 아비뇽 사람들은 연극을 인질로 삼아 자기 자신과 집들을, 도시를 짧게 비운 다음에 길게 채운다는 사실이다. 연극의 정치경제학이 여기에 있다. 아비뇽 사람들이 연극과 함께 가는 동반자인지는 아직 모르겠다. 이곳에서는 말이 필요 없다. 연극은 말을 뛰어넘는, 말하지 않는, 말 너머의 터전이다. 세계 곳곳에서 온 수많은 이들이 아비뇽을 감시하는 목동들처럼 가벼운 옷차림으로, 한여름 햇살을 견디며 묵묵히 도시를 채운다. 관객이 아니라 연극을 지키면서, 연극을 보는 보초병 같다는 생각도 들었다. 한여름, 이곳은 시간이 아니라 비시간적 공간이 된다.

교황과 프랑스의 중심 종교인 가톨릭이 썰물처럼 떠난 자리에 연극이 밀물로 자리잡고 있다. 이것은 종교의 역설이고, 연극의 영광이다. 많은 공연장은 새로 지은 것이 아니라 용도 폐기된 오래된 교회 건물이 대부분이다. 아비뇽에서 성스러운 교황과 교회는 세속의 연극과 극장으로 탈바꿈되었다. 유럽에 이성과 민주주의가 보편화적으로 실현되었다고 해도 2천 년 교회가 이처럼 시시하게 보여지는 풍경은 가치의 몰락으로 볼 수도 있다. 극장이 된 천년 교회 건물에서 탄식이 새어나온다. 그곳에서 본 공연들은 권위 있는 종교의 신음처럼 여겨지기도 했었다. 교회 무대에 서 있던 배우들의 목소리는 낮았다. 아비뇽은 세속 도시의 즐거움이 보장된, 한여름 밤을 위한 마을이 되었다. 종교가 아니라 오로지 연극으로만 말이다. 다른 나라에서 이런 마을, 도시는 찾아보기 힘들다.

연극제 기간 동안, 이곳에서 연극이 종교처럼 구제와 정화의 기능을 담당하고 있다고는 보기 어렵다. 다만 종교의 운명을 보고, 연극의 실용을 성찰할 수는 있었다. 아비뇽 연극 축제만 보고 연극 만세라고 두 손을 치켜 올리는 일은 과장이고, 억지이고, 무리일 터이다. 전 세계에서 꾸역꾸역 몰려드는 수많은 사람들은 관객 이전에 집을 나와서 세상을 여행하는 방랑자라고 해야 옳을 듯하다. 연극은 집을 나와 떠도는 이들과 가장 잘 어울리는 자유이며, 여행하는 이들이 세상을 보는 눈과 같다는 것은 말할 수 있을 것 같다. 극장 바깥은 길과 광장을 막론하고 모두 만남과 담론과 사교의 자리였다. 극장이 따로 있는 것이 아니고, 아고라가 저 건너편에 있는 것도 아니었다. 전 세계에서 온 많은 이들이 집을 나와, 떠돌다 이곳에 와서 연극을 보고, 음식과 술을 먹으며 춤을 추고, 거기에 말의 빛으로 깊은 밤의 어둠 속에 빠진다. 극장에는 언제나 관객들이 듣고 싶어 했던 말들이 있었다. 옛 교회에서처럼. 집을 나온 관객들과 고향을 등진 연극이 만나서 끝도 나이도 잃은 채, 한여름의 야시장을 만들어놓는다. 연극제는 이렇듯 삶과 연극을 거의 완벽하게 비물질적으로 만들어놓는다.

3. 연극제는 연극 시장

우리나라 연극들이 참여하고 싶어하는 이 축제의 장은 아비뇽 오프이다. 오프는 인과 달라 시장이다. 축제 기간 동안 아비뇽이 비물질적인 공간이라면, 오프는 지극히 물질적인 공간이다. 이곳은 연극의 어둠이 아니라 빛, 한여름의 햇살이 아니라 극장의 조명 아래에 있다. 연극의 옛날이 아니라, 연극이 소비되는 오늘이고, 시장이다. 그런 탓으로 오프에 참여하는 극단들은 오프 극장을 소유하고 있는 이들의 초청을 받아야만 한다. 가령 한국과 같은 아비뇽에서 먼, 유럽 연극과 대조를 이루는 출생의 연극들이 이곳에서 공연 초청을 받기 위해서는 제 모습을 찢어야 한다. 대물림된 한국 연극의 전형일지라도, 이곳, 이곳의 시간에 숨어들어가야 한다. 이를 위해서는 과거의 시간을 버리고, 아비뇽의 삶들과 동일한 질료로 환원되어야 한다. 그런 탓으로 입은 옷이 거의 비슷한, 똑같은 연극들이 많다. 나는 그것을 한국 연극의 영토 확장이라고 여길 수 없었다. 오히려 제 모습을 숨기고, 알지 못하는 곳으로 움츠려 들어가는 모습으로 보였다. 그러므로 아비뇽에서는 동일한 질료의 연극들만 만들어진다. 고향을 떠난 연극은 이렇게 머물고 있는 이곳의 시간과 공간에 포로가 되어야 한다. 그러므로 말하지 않은 연극이 될 수밖에 없는 것이다. 입으로 말하지 않는 대신, 입을 다물고 소리를 내기 위하여 사물을 두드리고, 위로 뛰고, 아래로 구르면서 땀을 흘리고, 눈물 흘리는 모습을 보여준다.

아비뇽은 짧은 기간 동안 온갖 연극을 창출하고, 연극을 대량 소비하는 몇 안 되는 곳임에 틀림없다. 오래전, 무한과 외포를 자랑했던 중세 교황의 성지였던 덕분이라서? 아니면 종교의 성지가 세속의 극장으로 바뀌고 너무나 인간적인 마을로 탈바꿈된 곳이라서? 아니면 14세기 종교가 지녔던 철학적 정신과 정치적 권력이 사라지고, 그 자리를 그것과 무관한 교양과 오락과 같은 연극이 대신하고 있기 때문에? 이런 질문들은 아비뇽에 있는 동안 계속되었다. 구종교는 신연극을 질투하지도 않았다. 교황의 감옥과 같았던 곳이 연극으로 공공의 앎과 즐거움의 교류 장소로 변모하게 된 것은 우리들에게도 좋은 공부거리임에 틀림없다. 여기에는 프랑스 문화정책의 중심인 연극의 지방자치(décentralisation)도 한몫했을 것이다. 그러나 예전처럼 아비뇽 연극제의 핵심 주제였던 장 빌라르(Jean Villar)의 민중연극론은 거의 사라진 듯하다. 연극제는 인과 오프로 구분되는데, 오프는 철저하게 상업적인 연극들이 중심이다. 100석 정도의 작은 소극장이 즐비했는데, 대부분 아침 10시부터 저녁 11시까지 7~10개의, 공연 시간이 한 시간가량 남짓한 작품들을 거푸 공연하고 있었다. 추방된 연극, 포로가 된 연극들이 여기에 있었다. 아니 이렇게 연극의 제 모습을 잃어버리게 하고, 바깥으로 내몰고 있는 연극제의 오프 시장이 있는 것이다. 아비뇽과 같은 연극제는 시장의 원리, 경쟁의 원리로 파악해야 할 것이다.

2011년 여름, 이곳에서 한국 작품으로 말없이 동작만으로 관객들을 대하는 〈추격자〉, 판소리와 브레히트를 엮은 〈판소리 사천가〉가 있었다. 그리고 작년에 이어 한불 합작 형식인 〈코뿔소〉도 있었다. 처음으로 주불 파리 한국문화원과 예술경영센터가 마련한 '한국연극센터'도 문을 열어 관객들에게 현대 한국 연극 공연과 마케팅에 관한 많은 정보들을 주었고, 이 주제에 관한 발제도 있었다. 이런 행사는 아비뇽 연극제에 이어서 에든버러 연극제에서도 행해지는 것으로 알고 있다. 아비뇽의 오프는 철저하게 연극 시장 노릇을 하고 있다. 나는 그것이 한편으로 못마땅했고, 다른 한편으로 거역할 수 없는 연극 시장의 논리로 이해해야 했다. 반성하는 지식은 언제나 승자 독식의 실용에 뒤지는 법이라는 것을 모르지 않지만, 연극은 미학, 예술, 철학, 인문의 경계를 넘어서 시장의 상품이라는 것을 아비뇽이라는 세속 도시에서 즐겁게 혹은 조금 쓸쓸하게, 그것도 한여름 뙤약볕에서 땀 흘리며 보아야 했다. 그곳에 머무는 동안, 오프 극장을 지닌 경영자들을 만나 계약하려는 한국의 극단들, 초청 작품을 선정하려는 한국에서 열리는 국제 연극제 담당자들도 만날 수 있었다. 이제 한국 연극이 서울 혹은 한반도에만 있는 것은 아니었다. 상업연극은 언제나 창작 이전에 의도가 선행된다.

4. 연극의 순정

세 편의 우리나라 연극이 참여한 2011년 여름, 아비뇽 연극제의 오프는 난폭했다. 공격적이었다. 동양풍은, 한국풍의 연극들은 이야기가 아니라 가벼운 볼거리에 속했다. 오프의 매니저, 정확하게 말하면, 아비뇽 시에 작은 소극장을 가지고 있거나, 운영하고 있는 이들은 그런 연극으로 한국 연극의 가출을 이끌었다. 앞으로 이와 같은 경우의 수가 증가할 것이다. 한국 연극이라는 영역에서 보면, 이런 연극들은 분산된 조각들과 같은 연극들이다. 문제는 경쟁과 시장의 원리로 운영되는 아비뇽 연극제에 순정한 연극은 있는가이다. 있다면 어디에 있는가? 우리에게 아비뇽 연극제는 무엇인가? 연극제 오프에 초청받으면 좋은 것은 계약대로 출연료를 벌 수 있다는 것이다. 듣기로는 반반씩 나눈다고 한다. 예술경영센터는 공연 가능한 작품을 선정해서 지원을 해주고 있다. 이런 이유로 한국 극단들의 참여는 더 늘어날 것으로 보인다. 또한 아비뇽 연극제에 (초청, 계약 등의 형식으로) 참여함으로써 한국 연극 안에서 극단의 위상을 향상시킬 수도 있겠다.

위험한 예상인데, 이를 위해서 연극이, 한국 연극이 갈피를 잃을 수도 있을 것이다. 앞서 언급한 것처럼, 아비뇽의 오프는 아비뇽의 큰 부분을 차지하면서, 극장(프랑스 기획자를 포함하여)의 위력이 이곳에서 공연하려는 한국 극단의 순정을 훨씬 능가하고 지배하는 곳이기 때문이다. 문제는 연극의 순정과 경영 사이의 길항 혹은 순항이다. 아비뇽은 순정보다는 경영이 앞서는 세속의 진영이다. 구교황처럼 연극의 순정도 빛바랜 것처럼 보일 수 있기 때문이다. 그러나 가령 길거리 포스터에서 우연히 보게 된 이런 구절들은 충분히 매혹적이고, 연극 방랑자들의 발걸음을 멈추게 한다. "연기란 물러가는 파도와 같은 것(Jouer, c'est comme une vague qui se retire)" 그리고 세속도시의 즐거움에 빠질 수밖에 없게 만드는 술집의 이름이 "자기 앞의 와인(Le vin devant soi)"…… 이 모든 기억들을 한데 모으면, 교황이 떠난 아비뇽은 한여름, 연극으로 시민전쟁이 아닌 문화산업 전쟁을 치르고 있다. 연극의 가출이 가속화되는 이유는 여기에 있다. 그 결과 연극이 말을 점점 잃고 있다. 말이 노래와 춤으로, 넌버벌(non verbal)로, 한 시간가량의 볼거리로 축약되는 순간부터, 연극제의 한국 연극의 무엇을 남겼는지는 제대로 알려지지 않게 된다. 연극에도 일생이 있다면, 그곳에서 한국 연극이 무엇을 하며 보냈는지도 잘 알 수 없게 된다. 유일하게 전해지는 것은 연극제로의 여행 기록뿐일 수도 있겠다. 그 증거는 이와 같은 연극제에 참여한 공연들의 텍스트와 비평이 불어 혹은 영어로 번역되는 경우가 거의 없다는 데 있다(앞서 예로 든, 브레히트의 〈사천가〉와 이오네스코의 〈코뿔소〉는 원 희곡으로 보완되거나 종결되는 경우이다).

사족으로, 아비뇽 위 작은 도시인 림은 재즈 음악으로, 아래 도시인 아를은 사진으로, 그다음 도시인 몽펠리에는 춤으로 각기 연극제와 같은 규모와 내용의 전쟁을 치르고 있다. 즐겁게, 가볍게, 그러나 꼼꼼하게 무서운 전쟁을 마다하지 않고 있다. 이런 곳으로 우리들의 외출은 더욱 많아질 것이다. 바깥에서 열리는 연극제에 나가기 위하여, 그곳을 연극의 거주지로 삼기 위하여 어떤 방식으로라도 더욱 미화되고 다듬어지는 모습의 공연들이 만들어질 것이다. 문제는 이렇게 외출을 위한 연극, 외출한 연극의 언어가 진짜인지, 가짜인지에 달려 있다. 언제나 바깥을 떠도는 연극들은 멈추는 그곳의 시선을 모방하고, 의지해야 하기 때문이다. 이른바 연극의 예속화 문제이다. 바깥의 연극제의 시선을 내면화하면서 한국 연극의 모습을 구축하는 경향이 점점 더 커질 것이기 때문이다. 그런 영향이 강화되면, 한국 연극은 비판적인 모습을 더 잃을 수도 있을 것이고, 기껏해야 한국 연극이 어떤 모습인지를 묻는 정도에 머물게 될 것이다. 연극이 타자의 시선으로 존재할 수 있게 되면, 한국 연극이 제 모습을 지니는 가능성은 줄어들 수밖에 없지 않겠는가! 오늘날처럼 신자유주의 시대, 국제 연극제를 통한 연극이 단일화되고, 예속화되는 바를 경계해야 할 이유는 여기에 있다. 그렇게 해서 연극의 아름다움이 결정되고, 연극의 존재가 경쟁 혹은 교환 경제적 가치로 환원되어 버린다면, 자국을 가출하려는 '테아트르 에코노미쿠스'들과 이런 연극들이 거주하는 국제 연극제들은 더욱 많아지고, 커질 것이다. 한국 연극은 어떻게 되어야 하는가? 연극의 집은 어디인가? 연극의 본향은, 거주지는 어디인가?

5. 지역 공연예술 축제는 어디로 가는가?

세계화는 가치의 동화라는 것을 전제로 모든 독특한 것을 일소해버린다. 이 발제문의 주제는 제3세계 공연예술제 특성화 사례 연구이지만, 크게는 공연예술 축제의 지역화(나아가 세계화를 위한 기획)에 대하여 묻는 바이기도 하다.[7] 지금까지 지역과 지역 축제는 하찮은 것으로, 중심과 중심의 축제는 진지하고 중요한 것으로 분류된 것을 떠올리면 오늘의 주제는 참신하다. 아무튼 오늘의 주제를 풀어 쓰면, 축제의 독창성, 지역 축제란 무엇인가? 나아가 고유한 무대 미학을 세계 무대에 자신 있게 선보일 가무악적 요소가 종합적으로 구현되는 음악극 공연 작품이란 무엇인가? 이러한 공연을 모은 고유한 축제의 개발 및 제작을 위한 발전 방향은 과연 어떻게 가능한가에 관한 모색일 터이다. 지역 그러니까 지역의 축제는 장소와 삶이 연관된 고유한 축제 모델의 생출이 관건이다.

이에 관해서는 지역의 축제가 국지적인 축제로 남고(나아가 세계화의 중심이 되는 것), 아니면 지역의 고유성을 내세워 중심으로부터 벗어나 아예 탈구적인 것이 되는 것인가를 되물을 필요가 있을 것이다. 오늘날 세계화라는 명제 아래 유배와 추방을 겪지 않은 것이 드물 터이니까. 아주 오랫동안 이런 질문에는 그 대상이 무엇이든 고유성과 보편성으로 구분짓고, 고유성을 위해서 보편성을 혹은 보편성을 위해서 고유성을 내세

7 이에 관한 주제는 다음와 같다. 각 지역별로 다양한 축제가 무수히 존재하고 그 속에서 공연예술 축제들도 지역별로 다양하게 개최되고 있다. 지방에서 공연예술 축제로 기반을 다지기 위해서는 지역적 특성이나 축제만의 독창성을 확립하여야 하며 지역과 함께 성장해야 한다. 공연예술 축제들이 자신의 컬러를 찾는 것은 그 지역의 특성과 밀접한 관계를 맺는 것으로부터 출발해야 할 것이다. 지역축제로서 자리매김한 공연예술 축제들의 사례와 논의를 통해 지역 공연예술 축제가 자신만의 컬러를 지닐 수 있는 발전 방안을 모색해보고자 한다.

우거나 지우는 예술의 심미적인 것과 정치경제적인 부분들을 논의했었다. 이것을 문화의 헤게모니적 본능이라고 말할 수 있을 것이다. 지난 시절에는 지역이 지역을 벗어나 중심에 놓이기 위한, 중심에 이르기 위한 노력, 전략이 있었을 뿐이다. 이것은 세계화를 내세워 이 중심에 놓이기 위한 전략이었지, 중심에서 벗어나기 위한 의도적, 타자와 구별짓는 능동적, 스스로 독립하기 위한 적극적 탈구 노력은 아니었다. 중심에 비해서 국지는 변방에 해당되는 열등한 개념이었고, 탈구는 아예 떠올릴 수 없는 위반과도 같은 위험한 개념이었다. 물론 지금도 중심, 선진, 일등을 내세우는 세계화라는 배타적 가치는 '인간적 교환의 총체성을 구현한다고 주장'하면서 우리의 온 삶 속에서 강화되고 득세하고 있다고 보여진다. 그런데 이곳 도봉산, 수락산, 불암산을 경계로 서울과 인접한 의정부에서 국제적 규모의 축제를 치르면서 지역성, 지역의 고유성을 말하는 것은 독립군 정신, 독립국의 쨍쨍한 기세를 떠올리게 한다. 오늘날 모든 가치는 통합되는 경향이 크다. 시장과 기술 그리고 자본이 그렇게 만든다. 이른바 세계화라는 것이 아니겠는가? 이것의 과정과 결과는 단지 물질적, 경제적 이윤 추구와 하등 다르지 않다. 지역과 지역 축제의 고유성은 그러므로 물질적이고 나르시스적인 가치들로부터 벗어난 탈-물질적 가치를 추구하는 대안적 가치에 관한 물음일 터이다.

아주 오래전 아니 얼마 전까지만 해도, 세계는 서로 다른 것들의 복합체였다. 인종, 문화, 삶, 언어, 가치 등 모든 면에서 그것이 당연했고, 또 그럴 수밖에 없었다. 내 집 밖의 세상은 항상 미지였고, 두렵기까지 한, 신선한 그 무엇이 있는 '저쪽, 어떤 다른 세상'이었다. 어둠이 있었고, 숲이 있었고, 그 사이에 언어가 잠들어 있었다. 그러나 70년대 이후, 이런 것들이 사라졌고, 전 지구는 오로지 경제적 수치만으로 1, 2, 3세계로 나눠졌고, 선진국과 후진국, 그 사이에 개발도상국 등으로 등급이 매겨지게 되었다. 모든 면에서 선진이 중심이고, 그 중심이 최상이라는 가치는 더욱 강화되고 있다.[8] 특히 2000년 이후, 세계화라는 이름으로, 점차 때로는 매우 성질 급하게 서로 다른 세계들은 공통점이 많아졌고, 자민족 중심주의는 파열되기 시작했고, 정체성이란 단어 앞에는 '동일한'이라는 수식어가 붙게 된 것도 분명한 사실이다. 세계화는 신기술로 더욱 팽창하고, 정치적, 경제적, 문화적 지배가 득세한다. 국제적 규모의 시장이 형성되고, 나라와 나라의 무역도 지역과 지역과의 확대된 거래 양태로 맺어지게 되었다. 그 결과 삶의 내실과 지역이라는 지리적 경계가 모호해지고, 모든 면에서 보편적이라는 개념으로 중심을 향한 일종의 브랜드화가 생겨나기 시작했다. 요즘은 개인도 지역도, 나아가 국가도 브랜드화하는 것이 대세이다.

이런 현상은 지금도 전 세계적으로 계속되고 있지만 그 비판과 우려도 적지 않은 것이 사실이다. 그 대안의 사유가 '국지와 탈구'이다. 중심을 향한 전지구적 경향은 고유한 나 자신과 지역의 실존적 영역이 없어지거나, 보편적인 다른 것으로 변모인데, 끊임없는 소비화 과정을 강제하기도 한다. 교육도 개개인을 전 지구적 편재 속에 놓이게 하고, 이를 위해서 영어와 같은 외국어를 모국어보다 더 많이 공부하도록 한다. 이른바 전 지구적 이념을 내세울 때 큰 몫을 하는 것이 언어의 세계화 현상이다. 우리가 학교 다닐 때에는 학생 개개인의 스펙은 인격이었을 뿐이다. 그러나 오늘날 개인의 브랜드화는 종교의 원격 복음주의처럼 개인의 세계화일 터인데, 그 목적은 애매하고, 그 현상은 창백하다. 모두가 어릴 때부터 영어 배우기에 바빠 잠을 자지 못해 혈안이다. 눈에 물이 아니라 피가 들어 있는 혈안, 그런 눈에 자기 자신과 살고 있는 지역 그리고 이 세상은 결코 제대로 보이지 않을 것이다. 앞서 언급한 '국지와

8 UN 혹은 UNESCO의 보고에 의하면 하루에도 여러 개의 소수 언어들이 사라지고 있고, 숲과 그늘이 크게 줄어들고 있다고 한다.

탈구'는 이런 철학적 배경의 산물이다. 의정부국제음악극축제도 작게는 의정부라는 지역의 브랜드화 작업으로 출발해서, 음악극 축제의 세계화, 상품화(mondialisation, globalization)를 논하게 될 것이다. 여기에 지역의 고유한 축제에 관하여 우리가 고민해야 할 바는 무엇인가?

6. 축제에 앞서 지역을 말하는 것은

무엇보다도 비약적인 세계화의 흐름 탓 혹은 덕분으로 간주된다. 의정부/국제/음악극/축제. 이렇게 쓰고 보면, 거처의 규모로서 의정부와 국제가, 내용과 형식으로서 음악극과 축제가 서로 어깨를 나란히 한다. 의정부라는 작은 지역이 국제가 되고, 음악극이 축제가 되는 것을 상정해볼 수 있다. 아직 '의정부 음악극'이라는 고유한 브랜드는 없으니까. 사실 음악극 축제 앞에 의정부라는 지역의 이름을 브랜드로 더하는 것은 축제의 물질성을 넘어서는 일일 듯싶다. 축제가 지역을 내세우는 것은 축제의 영혼과 같은 것으로, 음악극이라는 축제의 물질성을 앞서는 가치를 말하는 태도이다. 그것은 한편으로 고유한 이곳을 내세우면서 축제의 다원성과 그 가치의 다원주의로 이어진다. 동시에 의정부국제음악극축제라는 고유한 브랜드화는 음악극은 어디로 가는가에 대한 성찰이고, 이는 곧 음악극과 그 축제를 어떻게 변형시킬 수 있는가, 또 음악극 하는 우리들을 어떻게 변형시킬 수 있는가에 대한 문제이다. 지역을 내세우는 축제는 이미 세계화된 축제와 대응되는 것을 보인다. 세계화된 축제들과 구별되는, 별로 알려져 있지 않은 지역의 공연예술 축제들은 어떠한가를 살펴볼 필요가 있을 것이다.

지금까지 의정부국제음악극축제와 같은 지역 축제는 교류, 상품화, 세계화를 겨냥했고, 이를 통해서 우리가 보여주는 것만 아니라 우리가 타자를 만나 변화되거나 변화하는 모습들, 그 여정을 잊지 않아야 한다는 점도 내세우곤 했다. 이보다 선행되어야 하는 것은 다음과 같을 것이다. 의정부라는 지역, 이곳의 삶의 역사에서 획득된 음악극적 가치들을 하나로 모을 필요와 의정부라는 지역을 미완, 미완성으로 여기는 중심주의의 폭력으로부터 벗어남이다. 의정부국제음악극축제는 과연 어떤 길을 선택하고 걸을 것인가? 중심을 지향하는, 중심의 문화가 지닌 테러리즘과 맞서는 전략은 무엇인가? 그것은 결국 의정부라는 지역과 음악극이라는 물질, 그리고 축제라는 문화의 몫이다. 모든 가치가 동등한 것은 아니다. 지역 축제에서 출발해서 국가 브랜드화에 이르는 일련의 과정은 한국 음악극의 세계화를 위하여 한편으로는 보편적 특성들을 내세우는 쪽으로 향했고, 다른 한쪽으로는 한국 음악극의 세계화를 위해서 그 보편적인 특성들을 소멸하는 쪽으로 기울기도 했다.

7. 우르비노—고음악, 세계 대학연극 축제

이탈리아의 오래된 도시 우르비노에서는 매년 고음악 축제, 대학 연극 축제가 열린다. 필자는 4년 전에 이곳 우르비노 대학에서 열린 대학 연극 축제를 다녀왔다. 우르비노는 뒤로는 아페니노 산맥이, 앞으로는 아드리아 해안이 멀리 보이는 아주 작은, 그러나 아름다운 중세 마을이었다. 대학 극장과 작은 마을의 광장, 교회에서 공연이 있었다. 우르비노 고음악 축제도 같은 때에 함께 열리고 있었다. 관객 말고도 여러 나라에서 온 연극학과 교수들이 약 150명쯤, 학생들은 약 100명쯤 되었고, 유럽에서 온 고음악 연주자들도 매일 밤 공연과 심포지엄을 이어나갔다. 참가자들인 교수와 학생, 연주자들은 우르비노 대학 기숙사에서 함께 지냈고, 대학 식당에서 하루 세 번 같이 식사를 했다. 매일 오전, 오후 주제별 세미나, 워크숍이 영어, 불어, 스페인어로 열렸다. 필자는 둘째 날 오전, “연극과 기억”이라는 주제를 발표했다. 연극을 창조하는 과정에서 기억의 획득, 보존, 변형, 표현이라는 네 단계가 지니는 미학적 가치에 관한 것이었다. 저녁 식사 후에는 중세 성이었던 대학의 극장에서 공연을 보았다. 중세에 지은 성안에는 대학과 작은 마을이 그대로 공존하고 있었다. 공연이 끝나면, 성안 광장의 카페에는 참가자들이 관객들과 함께 공연에 관해서 이야기를 밤늦도록 나누었다.

이런 축제에는 대개 공연에 이어 심포지엄과 총회가 있기 마련인데, 노벨 문학상을 받은 다리오 포가 왔다. 축제 집행위원회는 다리오 포와 아우구스토 보알을 특별 초청했다. 연극으로 권력과 폭력에 저항해 자신의 삶이 멍울로 변했지만, 그는 큰 사람이었고, 존경받는 영웅이었다. 무대 위에서 한 그의 강연은 한 편의 즉흥극이었다. 여든 살에 접어든 그는 여전히 능숙했고, 미국과 이스라엘의 레바논 공격을 서슴없이 비판했다. 끝 무렵, 그는 우리를 향해 말했다. 코미디는 슬픔의 정조로 하는 판타스틱이라고. 다음날 그와 함께 찍은 사진이 지역 신문에 게재되기도 했다. 함께 오기로 한 아우구스트 보알은 몸이 불편한 이유로 참석하지 못했다. 다리오 포를 보면서, 이탈리아가 1944년부터 1954년까지 경험한 나치-파시스트 지배가 떠올랐다. 실제로 우르비노 마을의 회관과 골목길 곳곳에 광포했던 나치-파시스트에 저항하다 죽은 마을 사람들의 애국심을 기리는 글들이 벽면에 새겨져 있었다. 축제의 공간은 실재이면서 동시에 삶과 공연을 아우르는 표상이기도 했다. 지역 축제가 가장 먼저 지니고 있어야 하는 가치는 공간의 독특성이 아니겠는가. 우르비노 축제는 삶의 공간에 축제와 반성의 문화가 서로 공존할 수 있도록 했다.

축제에 참가한 관객으로서 가장 커다란 감동은 공간과의 차별적 경험에서 왔다. 축제의 장소인 우르비노가 무엇보다도 매혹의 장소였다. 그곳은 삶의 시간을 강렬하게 만드는 터였다. 중세 마을의 골목이 주는 신비함, 그것은 물질적 세계를 넘어서는 황홀감이라고 할 수 있는데, 그것을 오래된 골목과 집 곳곳에서 느낄 수 있었다. 라틴어 신비(mysticus)의 어원은 침묵을 뜻한다. 그곳에 비밀이 있다. 우르비노와 같은 낯선 곳에 처음 다다르면, 길은 이렇게 묻는 것 같다. “당신은 그동안 어디 있었어요?”라고. 그 질문의 답은 첫발을 내딛는 것으로 충분하다. 그러면 시간이 멎어버린 길은 더 이상 질문하지 않고 침묵한다. 그것이 우르비노의 오래된 길과의 첫 만남이었고, 시작이었다. 이제부터 낯선 것들이 친숙한 것이 되고, 멀리 있는 것이 가까이 다가온다. 침묵하고 있던 집과 골목 그리고 사람들의 냄새가 나기 시작한다. 어떤 때는 그것들이 쉴새없이 몰려든다. 전혀 본 적이 없는 사람들, 전혀 걸은 적이 없는 길들이 섬세하게 다가온다. 같이 간 한 학생이 우르비노, 그 중세의 길에서 몽상에 잠겨 헤맨 적이 있었다. 그는 문명의 도식과 같은 ‘현대’에 사는 자신이 중세라는 ‘시대착오적’ 환각에 빠졌었다고 했다. 자신이 비사실적으로 여겨졌고, 길을 잃었다는 망연자실 속에서 감각은 놀랍게도 더 열리고, 중세 우르비노의 마을 사람이 지금 다시 등장한 것처럼, 현재의 자신이 소멸되는 것을 느꼈다고 했다. 그것은 단절이되, 한 개인의 실존적 절망이 아니라 자기 자신을 둘러싼 억압을 스스로 폐위시키는 것이었으리라. 이런 곳에서 길을 잃으면, 자신이 녹초처럼 녹아내리고, 아주 시원적인 존재가 되는 경험을 하게 된다. 길은 지배력을 행사해서 길 잃은 이의 눈을 무기력하게 만들고, 가슴으로 느끼게 한다. 길을 잃고 걸어가는 모습에 극단적인 정숙함이 있다. 길을 잃고 헤매는 그에게 우르비노의 전통의 신비함을 지닌 오래된 길들이 말을 걸고 있었던 것이다. 그에게 말을 하기 위하여 침묵으로 손을 내밀고 있었다. 침묵 속에서 길 걷기, 그것은 비밀 속을 걸어가는 것. 길을 잃으면 침묵할 수밖에 없었을 것이다. 침묵, 그것은 낯선 길이라는 타인과 친해지는 내밀한 상태이며, 귀 기울이는 일이며, 자신의 몸을 낮추는 일이며, 그 길에 발을 들여놓는 일이다. 그리하여 배우는 일이다. 이를 위해서 우르비노와 이곳의 축제는 자신들의 독특성을 파괴하는 세계화라는 폭력, 바이러스들과 싸우고 있다. 그 무기가 자신만의 고유한 공간, 독특성에 기반한 지역 축제일 터이다.

8. 이집트—카이로국제실험극페스티벌

필자는 제18회, 2006년 카이로국제실험극페스티벌에 처음으로 다녀왔다. 이집트, 보이는 것 모두가 문명의 기원인 나라가 아닌가. 이곳에서 실험극 축제라니? 오래된 나라 이집트, 이집트로 가는 길은 근원으로 가는 길이 아니겠는가. 그 길은 어두웠고, 날은 뜨거웠다. 비행기에서 내려다본 카이로는 희뿌연 먼지 색깔로 어두운 편이었다. 공항에서 카이로 중심까지는 채 한 시간이 걸리지 않았다.[9] 카이로 중심인 모하메드 알리 모스케가 있는 시타델을 지나가자 이어서 죽은 이들의 거주지인 공동묘지가 나타났다. 도시 한 구역 전체가 공동묘지인 셈이다. 필자에게 이것이 삶의 실험인 것처럼 보였다. 그 안에 살아 있는 이들이 죽은 이들과 함께 살고, 죽은 이들이 그들 곁에 누워 있다. 어린이들은 삶과 죽음을 구분하지 않고 놀고 있었다. 그런 탓일까? 이집트 사람들은 죽음에 대해서 별로 두려움을 가지고 있지 않아 보인다. 실험극을 보기도 전에 필자는 저절로 돌로 된 무덤 곁에서 뛰어놀며 살고 있는 이집트 아이들을 보

9 한여름, 카이로 시는 삶의 도가니탕처럼 뜨거웠다. 삶의 실험 속, 사람들은 서로 삿대질하지 않고, 그러려니 하면서 차들 사이를 비집고 길을 건너간다. 차들이 울려대는 경적 소리로 인해 도시는 소음으로 가득했지만, 죽음을 가까이하고 사는 이들의 태도는 묵직했다. 호텔 창문을 열면 그 소리들이 방 안으로 고스란히 들어왔다. 이른 아침부터 늦은 저녁까지 카이로는 소음과 매연으로 넘쳐났다. 처음에는 이곳이 아프리카라는 것도 떠올릴 수 없었고, 이곳이 고대 이집트 문명지라는 생각도 할 수가 없었다. 곁에 나일 강이 흐르지만, 눈에 들어오지 않았다. 카이로의 도시 건물들은 오래된, 매우 아름다운 건축양식으로 된 것임에도 불구하고 관리가 제대로 되지 않아 낡은 것들이 많았다. 살균된 세상에 살았던 탓으로 이런 것들만이 자꾸만 눈에 들어왔다. 카이로는, 이집트는 자신만의 독특성으로 낯선 이방인들에게 반란을 하고 있었던 셈이다.

면서 죽음에 대한 생각을 하게 되었다. 삶의 실험은 연극 이전부터 벌써 경험되고 있었다. 삶은 그러므로 연극 이전이다. 그것이 실험이지 않겠는가? 죽음이라는 질서와 겉으로 보이는 도시의 무질서가 실험의 풍경이었다.

카이로 축제는 이집트 전체 연극을 결코 대표하지 않을 뿐만 아니라 그런 의도도 없어 보인다. 이 축제는 국가가 담당하는 큰 행사로 카이로 시민들과는 거리가 있어 보였다. 이들에게 중요한 것은 이집트의 존재, 아랍과 아프리카의 연대와 같은 의식이었다. 연극제에 참석한 나로서는 극장 안의 연극보다는 극장 바깥의 삶이 훨씬 연극적이었고, 실험적으로 보였다. 실제로 카이로에서 연극과 삶은 하등 구별되지 않았다. 실험과 반실험, 보편과 세계화의 구별이 가능하지 않았다. 카이로국제실험극페스티벌의 취지는 아랍 연극을 통해서 세상을 보는 것이고, 세상의 눈으로 아랍 연극을 읽어내는 일이다. 그것은 연극이라는 창조적 행위가 인류의 보편적인 표현이라는 믿음 덕분에 가능한 것이리라. 필자가 본 아랍 연극들은 세계화된 연극에 격렬하게 저항하는 연극이었다. 그래서 이들의 연극은 옛날 방식의 연극인 경우가 많았다. 카이로라는 도시에는 의외로 많은 극장이 있었다. 오늘날 세계 연극의 기술적 구조로 보면, 매우 뒤떨어진 연극임에 틀림이 없었다. 그것은 하나의 다른 층위일 뿐, 비교되는 층위가 아니었다. 그럼에도 어떤 연극이론에 지배적으로 길들여진 필자는 이곳에 있는 동안, 자꾸만 최악과 최상의 연극을 구별짓는 시도를 해야 했다. 아랍 연극이 지닌 고유한 놀이와 연극들이 지닌 고유한 원칙들을 이해하려 들지 않았다. 주최 측과 아랍 연극은 고유했고, 그것을 보는 필자의 눈과 태도가 실은 폭력적이었다. 아랍, 아프리카 연극의 독특성을 이해하려는 것이 아니라, 그 연극들의 수준을 가늠하고, 세계적으로 유통되는 연극들과 비교하면서 독특성을 무시하려 했기 때문이었다.

아침과 오후에는 주제별 심포지엄에 참석했고, 저녁에는 밤늦게까지 여러 나라에서 온 극단의 공연을 보았다. 카이로에 있는 여러 극장에서 공연이 있었는데, 극장들은 주로 영국 식민지 때 세워진 것들로 보였다. 극장의 건축양식은 모던했고, 크기도 웅대했다. 우리와 같은 소극장은 그리 많지 않았다. 극장은 이들에게 공공건물과 같은 것이었다. 있을수록 모르는 이집트 연극을 더 알고 싶어졌다. 외국에서 초청받아 온 우리들은 호텔과 심포지엄 장소 그리고 극장을 오고 갔고, 운전하는 이들은 우리들을 유적지나 오래된 시장과 같은 장소에 꼭꼭 데려다주었다. 아무튼 이집트 정부가 큰 예산을 연극에 투자하고 있다는 것은 분명해 보였다. 하지만 시민 관객이 많지 않았던 것은 경제적 가난과 중앙집권적 공권력 때문일 것으로 여겨졌다. 삶의 빈한함에 비해서 극장은 너무나 컸다. 이집트의 공공기관 건물들은 시민들을 압도할 만큼 크다. 극장도 그 예외가 아닐 듯싶다. 이런 경우, 연극은 지배권력의 장식이 될 위험이 많았다. 극장의 크기가 지닌 오만함은 곧 권력의 상징으로 보였다. 거칠게 말하면, 이집트처럼 제3세계의 공연예술 축제가 지닌 문제 하나는 연극을 통해서 시민들의 이목을 끄는 것이 아니라 연극제를 통하여 세계 다른 나라의 이목을 집중하려는 의도이다. 그럼에도 이들 연극을 잘 들여다보면, 서양 연극에 대항하는, 자신들만의 연극과 놀이에 고유한 규칙들을 지니고 있다는 것을 발견하게 된다. 이것이 참으로 고마웠는데, 이런 식으로 연극과 축제에 참여한 이들은 공연으로 자신들의 인간적 면모들을, 삶의 진성성으로의 회귀를, 공연과 축제를 통하여 자신들만의 권리를 잃지 않으려 했다.

축제는 사실 수많은 만남과 대화의 장이다. 그것은 오해를 이해로 바꾸는 기회이기도 하다.[10] 카이로 극장과 그 주변 골목길에서 만난 사람

10 필자는 그런 경험을 세암이라는 친구를 통해서 할 수 있었다. 카이로에서 숨 쉬며 산지 열

들은, 야만인을 평정한다고 했던 서양의 오래된 지배를 받았던 이들은, 언제나 친절했고 따뜻했다. 자연의 아름다움에 대한 정의는 언어로 고정되어 있지 않다. 그것은 언어로 고정될 수 없다는 것을 뜻한다. 끊임없이 생성되고 변모하는 것일 뿐, 인간의 언어로는 정의될 수 없는 신성이라는 것이 그곳에 있기 때문일 것이다. 기원을 잃어버린 이들이 이집트를 찾는다. 이집트에서의 실험극 축제, 그것은 낯선 삶의 재발견이면서, 끔찍한 허구와 같은, 동일화되는 세계 연극 앞에서 자기 스스로의 연극을 추구하는 분리의 장이기도 했다. 그것이야말로 축제는 문화적 기원을 원칙으로 삼아야 한다는 뜻이 아니겠는가! 끊임없이 침입해오는 근대 혹은 탈근대라는 새로운 얼굴에, 제 나라의 얼굴이 없는 비인격성의 삶과 예술에 나 자신의 얼굴, 기원, 과거, 역사적 존재에 대한 기억을 복원시키는 곳이 아니겠는가! 그리하여 실험이라고 말하지만, 새로워져야 한다는 진보의 논리에 저항해서 전통과 기원의 권리들을 되찾는 정당한 노력이 아니겠는가! 제3세계 혹은 지역 공연예술 축제의 끝은 방향(orientation)이란 단어처럼 동쪽(orient)의 재발견이지 않겠는가! 그것은 제 문화가 지닌 전통의 재생이고, 서양, 서쪽이 아닌 아시아성, 흑인성, 아랍성, 이슬람성과 같은 지역에 근거한 개념의 발견일 터이다. (2011)

흘이 넘을 무렵, 세압이라는 친구와 함께 식사를 할 수 있었다. 그는 내게 자신을 '아이 엠 스토롱 맨'이라고 말했다. 나는 무엇에 강하냐고 되물었다. 그는 간략하게 덧붙였다. 하나는 이집트 사람이라 강하고, 다른 하나는 사막에서 태어나고 자랐기 때문에 강하다고 했다. 그는 베두인(Bedouin) 족 출신인데(베두란 단어는 사막에 사는 이들을 뜻하는 아랍어), 자신들은 그림자를 뛰어넘을 수 없다는 것을 잘 알고 있다는 아름다운 말도 했다. 그러고 보니 나는 이집트에 와서 카이로에만 머물 뿐, 그 바깥을 나가보지 못했다. 사막을 걸어가보지 못했고, 나일 강을 따라 흘러가보지도 않았다. 강하고 아름다운 이집트는 그곳에 더 많이, 더 온전하게 있을 것이다.

국가, 연극, 전략 상품

— 국지, 중심, 탈구

1. 국가 브랜드를 통한 연극의 세계화는 어디로 가는가?

이 장의 주제는 작게는 국립극장 국가 브랜드 공연 작품의 개발 및 제작을 위한 발전 방안"이지만, 크게는 국가와 연극 그리고 연극의 세계화를 위한 전략 상품에 대하여 묻는 바이기도 하다. 이 주제에 관한 통념은 아래 각주 1의 사업 목적이고, 이를 통한 국가 브랜드 공연 사업 제2기(2009~2011년)를 맞이하여 한국적 무대 미학을 세계 무대에 자신 있게 선보일 가무악적 요소가 종합적으로 구현되는 국가 브랜드 공연 작품의 개발 및 제작을 위한 발전 방향 모색, 즉 국가 브랜드 모델과 그 생출이다. 그렇다면 국가 브랜드화는 국지적인 한국 연극이 세계화의 중심이 되는 것, 아니면 탈구(脫臼)적인 것이 되는 것?

개인적으로도, 이것은 큰 문제가 된다. 공부를 할 무렵, 세계는 서로 달랐다. 그 후 점차 때로는 매우 성질 급하게 그 다른 세계들은 공통점이 많아져 자민족 중심주의는 파열되기 시작했고, 정체성이란 단어 앞에는 '동일한'이라는 수식어가 붙게 되었다. 국가 브랜드에 앞서, 개인을 브랜드화하는 것이 있었고, 지금도 계속되고 있다. 그것은 나 자신의 실존적 영역이 없어지거나, 다른 것으로 변모하기 위한 끊임없는 소비화 과정을 강제한다. 교육도 개개인을 전 지구적 편재 속에 놓이게 하고, 이를 위해서 영어와 같은 외국어를 모국어보다 더 많이 공부하도록 한다. 이른바 언어의 세계화 현상이다. 개인의 브랜드화는 종교의 원격 복음주의처럼 개인의 세계화일 터인데, 그 목적은 애매하고, 그 현상은 창백하다. 민족간 전쟁은 더 참혹해지고 있고, 에이매치라고 하는 국가간 스포츠 대결은 자민족 중심주의를 훨씬 초월하는 또 다른 전쟁이다. 철학은 이 파열의 끝자락에서 몇 개의 알갱이들을 주워 모았다. '관계적 사유'나, '리좀적 관계'와 같은 것들이다. 한국 연극, 작게는 국립극장의 국가 브랜드화 작업, 그러니까 연극의 세계화, 상품화(mondialisation, globalization)의 벡터와 스칼라는 여기에 있다.

1.1. 연극의 국가 브랜드화는 연극을 어떻게 변형시키는가

연극에 앞서 국가, 국가 브랜드를 말하는 것은 비약적인 세계화의 흐름 탓 혹은 덕분으로 간주된다. 사실 연극 앞에 국가 브랜드라는 말을 더하는 것은 연극에 대한 물질성일 듯싶다. 아래 사업 목적[1]의 나열은 그럼에도 영혼과 같은 연극의 물질성에 앞서 가치를 말하는 태도이다.

---

1 사업 목적에 관한 자료는 다음과 같다.

국가대표 공연예술 작품 제작 및 유통 활성화 유도. 한국의 전통문화를 소재로 한 중·대형 국가 브랜드 작품을 개발함으로써, 민간 상업예술과의 경쟁에서 고사 위기에 처해 있는 기초 예술 분야를 진흥할 수 있는 토대를 마련하고 국가를 대표할 수 있는 공연 작품 개발.

사물놀이, 난타 등의 성공을 이을 전통연희의 현대화 작업 및 상설 공연, 해외 문화 교류를 위한 국가 차원의 전략적 지원 필요.

문화산업 시대에 우리 민족의 풍부한 설화 구조를 바탕으로 한 작품을 현대인들의 문화적 욕구를 반영하는 문화상품으로 제작, 공연함으로써 다수의 상설 및 해외 순회 공연을 통해 대표적 전략 상품으로 육성 필요.

한민족의 정서를 담은 설화를 현대적으로 재해석한 작품을 제작하여 한민족이 공감하고 세계인이 인정하는 작품 제작.

그것은 한편으로 연극(문화)의 다원성과 가치의 다원주의를 드러낸다. 동시에 연극의 국가 브랜드화는 연극은 어디로 가는가에 대한 성찰이고, 이는 곧 연극을 어떻게 변형시킬 수 있는가, 또 연극하는 우리들을 어떻게 변형시킬 수 있는가에 대한 문제이다. 그렇다면 이미 세계화된 연극들은 어떠한가를 살펴볼 필요가 있을 것이다. 그것들은 세계적 보편화를 내세우지만, 또한 그 결과로서 동질화를 보여주지만 실은 너무나 변별적이다. 그런 연극들은 항소할 수 없는, 빈 구석이 없는 너무나 창백한 연극들이다. 스타벅스 커피숍의 세계화는 동네 다방을 추방하고 배제한 결과인 것처럼, 마트의 세계화를 위해서는 재래시장을 무너뜨려야 하는 것처럼. 그리하여 동네 다방과 재래시장이 회복 불가능하게 되는 것처럼. 세계화된 연극은 추방과 배제의 산물일 수도 있겠다.

그 의도와 계획은 전 지구적 연극을 뜻하는 것일 터인데, 그것이 가능하겠는가?

1.2. 연극의 상품화와 세계화

연극을 보는 눈은 1) 본디 인문적 시각의 문화에서 출발해서, 2) 교양, 예술적인 것의 이해로 나아가고, 3) 이제는 세계화할 수 있는, 상품으로서의 문화로 이어져 있다. (이 세 가지 정의로의 변화를 어떻게 받아들여야 하는가가 가장 힘든 숙제이다.) 오늘날 연극 바깥에서 인간이 경험할 수 있는 모든 문화적 대상을 상품으로 만들어 이익을 얻고 있는 현상은 오래되었다. 한국 연극의 세계화란 이름은 짐짓 정치에서 벗어난 세계화된 경제를 떠올리게 한다. 3)의 경우, 그 배후에는 서양에서 모든 정치적 환상이 몰락한 19세기 이후, 국가 관념이 사라지고, 경제적 근대화가 주종을 이루고, 경제가 정치에서 벗어나 전 지구를 하나의 세계로 만들어 전 지구적 총체가 되고, 모든 문화적 절차와 행위들이 시장과 경제 논리로 환원되는 고통스러운 풍경이 자리 잡고 있다. 한 나라의 연극을 재건하고, 그것을 드러내 국가 브랜드화, 세계화하기 위한 주요 문제에는 이에 대한 성찰이 선행되어야 할 것이다. 연극에 대한 정의도 이런 환경에서는 달리할 필요가 있을 것이다. 우리의 모든 문화적 유산과 태(胎)와 같은 육체적 살림살이 등을 달리, 새롭게 담아내는 것이 연극의 역할일 터이다. 〈태〉를 국가 브랜드로 설정한 바는 이런 요소들을 두루 지니고 있다는 판단 때문이었을 것이다.[2]

연극의 상업적 문화와 세계화가 가능하다면, 한국이라는 인류학적, 지역적인 문화 사이의 싸움이 필연적이다. 〈태〉가 그런 첫 번째 경우라면, 무엇보다도 이 작품이 문화적 공간으로서 의미를 획득해야 한다. 이는 지역적이되 전 지구적인 가치 사이의 공간 싸움이다. 우리 삶의 역사에서 획득된 연극적 가치들의 총체와 이를 상품화하고 세계화한 문화 사이를 공유하는 문화적 공간, 그것이 분명해야 한다. 이를 위해서 언어와 같은 연극의 하부구조가 변하지 않아야 한다. 또한 상품화, 세계화를 통해서, 우리가 보여주는 것만 아니라 우리가 타자를 만나 변화되거나, 변화하는 모습들, 그 여정을 잊지 않아야 한다.

2. 연극 국가 브랜드 사업의 혼란과 숙제

모든 연극(문화)는 동일한 가치와 동일한 존엄성을 갖지만, 모든 가치

2 아래 운영 방향은 이를 현실화하려는 것으로 보여진다. 운영 기본 방향에 관한 자료는 다음과 같다.

한 나라를 상징하는 예술작품은 국가의 위상을 높이고 이미지를 제고하는 데 큰 역할을 한다. 국가를 대표하는 국립 예술단체인 국립극장의 4개 전속단체, 국립극단, 국립창극단, 국립무용단, 국립국악관현악단의 우수 예술인을 활용하여 세계무대에 자신 있게 내놓을 수 있는 한국적 미학과 공연 양식을 선보임과 동시에 세계인이 공감할 수 있는 우수 공연 레퍼토리를 제작하여 적극적인 해외 공연을 추진함으로써 국가의 위상을 제고하고 국가 간 활발한 문화 교류의 토대를 마련함.

가 동등한 것은 아니다. 〈태〉는 말들[words]과 세계들[worlds]의 전쟁 사이에 있다. 오태석이 쓴 〈태〉가 지닌 말들과 국가 브랜드화된 공연으로서 국립극단의 〈태〉가 지닌 세계들에는 서로 일치하는 부분이 있고, 불일치하는 부분도 있다. 그동안 국가 브랜드화 작업은 한국 연극의 세계화를 위하여 한편으로는 보편적 특성들을 내세우는 쪽으로 향했고, 다른 한쪽으로는 한국 연극의 세계화를 위해서 그 보편적인 특성들을 소멸하는 쪽으로 기울기도 했다.

일반적으로 세계화는 가치의 동화라는 것을 전제로 모든 독특한 것을 일소해버린다. 지난 국가 브랜드 1기의 사업 기간 동안, 〈태〉는 가치의 혼란 속에 있었다고 말할 수 있을 것이다. 〈태〉가 널리 이해될 수 있다는 생명과 같은 문화적 신념을 확대하고 내세우기 위하여 〈태〉가 지닌 죽음과 같은 존재론적 불일치는 가능하면 부정하고 지워야 했다. 공연이 확대되면서 가무악이 증가한 것은 그러한 방증일 터이다. 두려운 표현이지만, 경제의 세계화가 곧잘 자국의 고유한 언어를 축소하거나 포기하도록 하는 결과를 가져오는 것도 같은 맥락이다. (인간이라는 종(種)에게 가장 고유한 기능은 언어 능력이지 않겠는가! 연극은 그 나라 언어의 음성학적 체계, 형태소-구문론적 체계, 어휘론적이고 의미론적 체계의 총합이 아니겠는가! 만약 다른 나라를 겨냥하는 세계화를 위하여 한국 연극에서 모국어를 줄인다면, 그것은 경계해야 할, '세계적 지역화(glocalisation)'라는 문제가 되지 않겠는가? 미학적 언어 체계가 다른 춤과 음악도 예외일 수는 없을 것이다.)

오늘날 전 지구적 세계화, 작게는 연극의 세계화는 높은 곳으로의 고양인가, 낮은 곳으로의 환원인가? 상승적 고양인가, 영도(零度)적 환원인가? 아래 각주[3]에 들어 있는 내용 가운데, '(한 나라의) 역사에 대한 시

3 이에 관한 자료는 다음과 같다.

시비비를 논하는 것'과 '꺼질 듯 이어지는 생명력에 대한 경외, 생명의 강인함과 소중함'은 서로 대비된다. 이렇게 연극의 세계화된 시장에서 공연의 가치는 뒤섞인다. 이 섞임과 혼란이야말로 이 사업의 가치에 이르는 과정이다. 〈태〉를 누구나, 어디서나 볼 수 있고, 느낄 수 있는 동질화에다 겹쳐지는 〈태〉만의 파편화, 이 두 가지가 뒤섞이는 것이다. 그러므로 아래 각주 3에 들어있는 내용처럼, '역사에 대한 시시비비를 논하는 것이 아니라'가 아니라 논해야 하는 것이며, '생명의 강인함과 소중함을 느끼게 해준다'는 강제는 사업 목적의 순위에서 내려앉아도 좋을 것이다.

3. 국가 브랜드 사업에 대한 기대

세계화를 위한 국가 브랜드화에도 끝이 있다면, 이라고 가정하자. 연극의 보편적인 것들이 사라지는 경우를 떠올려보자. 앞날에 대한 입장은 아래 각주[4]에 들어 있다. 국립극장의 이 사업이 우러러보는 기존 몇

국립극단 — 〈태(胎)〉(오태석 작/연출) 국립극장 국가 브랜드 1기(2006~2008) 사업 공연 작품

3개년(2006~2008) 계획에 의거, 국립중앙극장의 전속단체별로 각 1개씩의 국가 브랜드 공연 작품을 제작(국립극단 〈태〉, 국립창극단 〈청〉, 국립무용단 〈춤 · 춘향〉, 국립국악관현악단 〈네 줄기 강물이 바다로 흐르네〉)

생명에 대한 경외: 2006년 11월 국립극장 달오름극장에서 막을 올린 국립극단 〈태〉는 국립극단 60여 년의 역사를 대표하는 레퍼토리로 선정된 작품이다. 조선시대 세조가 단종을 폐위하고 스스로 왕위에 오르는 어지러운 정세 속에서 사육신(死六臣)의 한 사람인 박팽년의 며느리가 삼족지멸(三族之滅)의 화를 면하고자 갓 태어난 아들을 종의 아들과 바꿔치기하여 살려내는 것이 주요 내용이다. 이 작품은 역사에 대한 시시비비를 논하는 것이 아니라 꺼질 듯 이어지는 생명력에 대한 경외를 그리고 있다. 극의 결말 부분에서 박팽년의 자손이 세조의 손에 의해 '일산'이라 이름 붙여지는 장면은 생명의 강인함과 소중함을 느끼게 해준다.

4 이에 관한 자료는 다음과 같다.

2006~2008년에 걸쳐 14.6억이라는 예산으로 4개 부문의 전통 예술 장르에서 국가 브랜드 공연 작품이 양산되고 이의 해외 진출의 성과와 현지 해외 무대에서의 괄목할 만한 호

몇 나라들의 브랜드화된 공연의 모델들이 사라지거나, 아니 세계화 시장에 예상하지 못한 다른 나라들이 준비한 국가 중심적 공연 사업들이 많아지는 현상들을 짐작해보자. 그때, 이 사업은 즐비한 연극의 세계화가 하나만의 연극 문화를 만들 수 있다는 점을 경계해야 한다. 하나만의 문화는 곧 비문화일 터이다.

그동안 이 국가 브랜드 사업으로 〈태〉는 자신의 볼륨을 증식했다. 작은 공연이 큰 공연이 될 만큼 부풀어 올랐다. 인물들이 늘어났고, 무대 의상도 화려해졌고, 무대가 상대적으로 커졌다. 그것은 한편으로 〈태〉가 지닌 삶과 죽음과 같은 육체적 살림살이의 유산에 대하여 우리 자신이 아니라 우리 자신을 보는 이들의 시선에 근거했기 때문일 것이다. 국가적 브랜드로서 〈태〉를 볼 다른 이들은 우리들보다 경제적, 문화적 헤게모니를 쥐고 있는 쪽일 확률이 많다. 다른 한편으로 그들의 힘에 의해 〈태〉의 내면을 조정할 수밖에 없는 경우였다면 이는 다시 고려할 문제가 될 터이다. 〈태〉라는 작품에 유전자가 있다면 이것이 변모했을 수도 있다는 가정을 해보자. 수많은 역사와 생명 앞에서, 수많은 타자들 앞에서 〈태〉가 역사와 생명의 법칙들을 바꾸도록 강제할 수는 없는 노릇 아닌가. 국가 브랜드를 위한 작업, 그것은 〈태〉가 많은 사람들에게 하나의 문화로서 자리 잡는 것, 그러니까 나와 같은 문화가 아니라 연극을 통하여 이웃나라의, 다른 문화를 발견하는 것이 되어야 할 것이다. 나와 다른 타자 사이에 존재하는 공간, 이름하여 문화적 공간의 생출이라고 해도 좋

평의 성과를 이루어내어 향후 지속적인 해외 진출의 계획과 가능성을 열어놓은바 이를 토대로 2009~2011년의 2기 사업에서는 보다 전략적이고 치밀한 검증과 계획을 바탕으로 한국적 얼과 혼이 숨 쉬는 완성도 높은 가무악적 종합극을 제작하여 세계 무대를 공략하는 국가 브랜드 작품을 개발함으로써, 민간 상업예술과의 경쟁에서 고사 위기에 처해 있는 기초 예술 분야를 진흥할 수 있는 토대를 마련하고 국가를 대표할 수 있는 공연 작품을 개발하고자 함 — 전통 연희예술의 창조적 계승 및 현대화를 통하여 국민들의 문화 향수 기회 증대는 물론 한국을 방문하는 관광객 대상의 상설공연과, 세계 무대를 겨냥한 전략적 국가 브랜드 문화상품 창출.

을 듯싶다. 나의 〈태〉는 너에게 하나의 장애물일 수도 있고, 나와 너를 잇는 하나의 통로일 수도 있겠다. 국가 브랜드화 작업에는 모든 것의 총화, 모두가 하나를 이룬다는 입장을 포기하는 것이 필수적이다. 내가 기대하는 것은 국가 브랜드라는 문화적 계약을 통하여 개별적이며, 특별하며, 독자적인 권리의 확보이다.

4. 다시 희곡을 읽었다

공연에 비해서 희곡은 얼마나 멀리 놓여 있는가? 〈태〉를 잊지 못하는 이유는, (종(從)의 아들의) 죽음으로 폭력에 대응하는 상징적 의미에 있다고 여겨진다. 종의 아들의 억울한 죽음은 역사 속에서 재생산될 것처럼 보이는데, 눈먼 권력에 대한 실제적 테러와 같다. 하찮은 것으로 보이는 종의 아들의 억울한 죽음이 있고, 자신의 죽음을 타인의 죽음으로 대체할 수 있는, 죽음마저 바꿈질하는 비겁하고, 오만한 주(主)의 권력이 함께한다. 스스로의 죽음이 포악한 정치권력을 가로질러 간다. 이때 종의 아들의 죽음은 그 어떤 권력보다 절대적 우위에 놓이게 된다. 죽음보다 더 큰 무기는 없다. 종의 죽음으로 주의 권력이 부활하고 영속화되는 〈태〉가 보여주는 살림살이가 섬뜩하다. 〈태〉의 세계화, 국가 브랜드화를 통하여 이러한 연극의 탈구적 가치를 기대한다. (2009)

연극 산업과 연극 정책

1. 공연, 예술, 산업

예술 가운데, 연극이 있었고, 연극은 공연예술에 속했다. 하여 연극은 공연이었고, 공연은 예술이었고, 연극은 예술이었다. 그런데 연극 혹은 공연이 산업이라고 말하고, 산업이 되어야 하고, 정책이 필요하다고 말한다. 오늘날 우리들의 삶의 양식과 예술의 양식을 변화시키는 것은 많다. 수도 없이, 끝도 시작도 없이 삶과 예술이 변화되어야 한다는 것은 필연적인 일이면서도 그 변화의 속도가 끔찍하고 섬뜩하기만 하다. 그렇다면 한국 연극의 정책도 빠른 속도로 변해야 하는 것일까? 볼거리가 많아진 시대, 자본주의와 독립 채산, 흑자 경영과 경영의 합리화, 디지털 시대와 문화예술, 미디어와 테크놀로지 등을 언급하지만, 예나 지금이나 연극을 하기 위해서는 사람과 극장과 관객이 한곳에 모여야 하고, 셰익스피어의 희곡을 공연하기 위해서는 연출자, 배우, 무대 기술자, 극장 등이 필요하다는 것은 400년 전이나 지금이나 마찬가지가 아닌가. 결국 생산성은 변함없는데 제작비 인상과 인건비 때문에 공연예술은 위기를 맞고 있다.

한국 연극계는 아직 연극이 산업이라고 당당하게 내놓고 말하는 것 같지는 않다. 한편으로는 연극이 산업과 관계맺는 것이 낯설고, 다른 한편으로는 산업이고 싶지 않기도 할 것이다. 최근에 뮤지컬 공연이 커지고, 뮤지컬 공연의 큰 수입과 작은 수출이 이루어지면서 공연예술계에 산업이란 용어가 적극적으로 쓰이기 시작했을 수도 있다. 한국 연극은 산업이기에는 아직 크기가 부족하고, 그렇다고 연극을 산업이라고 일컫는 것을 마다할 수도 없고, 산업이어야만 한다는 자각으로 산업이 되고자 적극적이지도 않다. 오히려 연극 바깥에서 연극을 산업이라고 몰아세우고, 연극을 산업의 하나로, 산업의 잣대로 연극 전반을 저울질하려는 경향이 더 크다. 한 가지 예를 들면, 연극 제작의 큰 부분을 지원(예를 들면, 정부와 지방자치단체, 문예진흥기금, 민간 지원 등)에 의지하고 있는 것만 보아도 연극 생산과 소비의 분리, 재정적 독립을 잘라 말하기는 어렵다. 그럼에도 우리는 연극을, 공연을 산업으로 말하려 한다. 여기에 위험한 것은 없는가? 산업일 수 없는 연극이 연극 바깥의 요구로 산업으로서의 연극이 되고, 산업으로서의 연극을 말하는 것은 가능한 것인가? 그리하여 어느 날, 연극의 '예술' 대신 연극의 산업이 자리를 바꾸는 경우에 연극은 온전할 수 있을까? 거의 모든 예술이 산업의 대상이 되고 있는 지금, 그것을 거부하는 일도 쉽지는 않겠다. 관련 산업이라는 것이 있으니까. 연극 주변에 영화, 광고, 뮤지컬, 텔레비전, 문화 기획 및 이벤트, 라디오와 같은 시장이 있으니까 말이다. 그런 면에서 공연예술 산업은 예술 산업 발전에 있어서 필수적인 중간재 역할을 맡고 있다는 점에 동의하게 된다. 문화경제학에서는 이를 두고 가치사슬(value chain)이란 용어를 사용하는데, 연극이 하나로 독립 존재하는 것이 아니라 주변 장르와 잇고, 붙고, 혼성하는 바를 강조한다. 그런 점에서 "공연예술 분야는 일종의 사회간접자본으로서 사회 일반 산업의 발전은 물론이고, 문화 산업의 전반적인 발전을 위한 인프라 역할을 수행한다"고 볼 수 있다. 단일한 연극 시장과 가치 사슬에 묶인 연극 이웃 시장을 비교하면 후자의 매매 규모가 더 클 것이다.

연극 산업과 연극 정책의 필요성을 말하기 위해서는 1) 공연을 만드는 생산자, 기획하면서 매개하는 기획자 그리고 관객들을 일컫는 소비자에 이르기까지 이들이 분리, 분업되었다는 것과 2) 공연이 작품으로서, 문화상품으로서 교환될 만큼 인정을 받고 있다는 것이 전제되어야 한다. 그것은 전적으로 자율성을 전제로 한다. 연극도 예술사회학에서 말하는 것처럼 상징재(象徵財)라고 할 수 있다. 이는 작품과 작가는 연극이라는 상징의 틀을 가지고 서로 자신의 견고한 집을 세우기 때문이다. 지금까지 공연예술계는 산업화 시대에 끊임없이 위기론이라는 도덕적 명분에 더 치우쳐 있는 것 같다. 그럴수록 정부의 지원금 제도에 의지했던 것이 사실이다. 지원금 제도는 위기를 극복하는 수동적인 대안에 머물 수밖에 없다. 공연예술의 독립과 산업의 갈림길에서 중요한 것은 작가와 단체의 현실적 존립 근거에 대한 성찰이다. 그것은 무엇보다도 시장 논리일 터이다. 지원금이 있어야 공연이 가능하다는 것은 시장 논리에 기초한 공연예술의 산업화에 반하는 일이다. 지원금의 필요성이 확대되는 것은 물질이 예술동네에서도 가장 큰 영향력을 행사하기 때문이다. 물질과 산업을 떠받치는 가장 큰 요소가 경제적 기반인 것처럼, 작품 활동—여기서는 주로 연극과 춤을 대상으로—에 있어서 작가의 창조적 상상력보다는 작품 제작의 물질적 토대가 더 중요하게 여겨지고 있다. 이것 역시 공연예술의 산업화를 가로막는 일이라고 볼 수 있다.

그렇다면 연극은 지원, 산업 가운데 하나를 택해야 하는 것인가? 아니면 지원 이전에 있었던 동인제처럼 우정과 인연과 결연을 바탕으로 한 독가촌 모습을 회복해야 하는가? 연극을 위한 지원의 시대가 이어지고 있는 지금, 그렇다고 끝없이 지원할 수 있는 것이 아니라면 연극은 당연히 산업을 귀담아 들어야 한다. 다시 예전의 독가촌 시대로 돌아갈 수 없는 것이라면 연극은 산업으로 가 닿을 수밖에 없을 것이다. 이것은 연극의 입장에서 보면 유혹이되 하기 어려운 결정이다. 정책에 의한 지원이 길어질수록 그 끝은 생명줄이 될 수도 있고, 병줄이 될 수도 있을 것이다. 어느 순간 그 줄을 송두리째 놓아야 할 때 쩔쩔매는 일은 불 보듯 뻔한 일이 아닌가? 그렇다면 연극의 '산업'은 결국 지원에서 한 발짝 더 나아가는 것이되, 지원 이전에 행했던 독립살이 즉 독가촌 시대로 되돌아가는 일이기도 하다. 독립살이, 독가촌이 보다 전문화하는 꼴로.

2. 단일한 연극의 산업

필자는 개인적으로 연극의 '산업'과 정책의 필요성을 긍정한다. 산업을 단순히 투자를 해서 이익을 내는 가능성을 극대화하는 것으로만 해석하지 않는다면 더더욱 그러하다. 우선은 지원에서 벗어난다는 것 때문이고, 새로운 독립을 할 수 있기 때문이다. '산업'을 연극의 진면목을 드러낼 수 있는 과정으로 본다면 그래야만 한다고 본다. 독가촌의 연극에서 지원의 연극 그리고 산업의 연극으로의 변모는 이단의 길을 걷는 노정도 아니고 별종의 일을 찾는 것도 아니다. 그 길은 미룰 수 없는 필연의 과정일 것이다. 왜냐하면 연극과 연극을 하는 사회는 필연적으로 연극을 둘러싼 안팎의 변화에 깊이 개입되어 있고, 연극의 생산이란 곧 현실의 반영과 반성을 전제로 해야 할 것이기 때문이다. 정치적으로 개방 사회의 요구, 경제적으로 풍요와 바른 분배의 실현이라는 요구는 점점 커지고 있기 때문이다. 이와 같은 현상은 공연예술계뿐만 아니라 온 사회의 주된 방향이 되고 있다. 이런 변화는 예술의 발전과 아울러 연극과 같은 공연예술의 비중을 한층 더 인식하게 하게 계기가 될 것이다.

구체적으로 연극 산업을 위해 정책이 할 수 있는 일들은 다음과 같다. 첫 번째 대안으로는, 문예회관 대극장을 포함해서 기타 지역에 공공 극장을 새롭게 만들거나, 그에 적합한 기능을 부여하고, 상임 연출가를 지명해서 그 기간 동안 안정적으로 공연할 수 있도록 하는 방안이다. 프랑스 파리에는 다섯 개의 국립극장이 있고, 각각의 상임 연출가들이 있다. 각 지역에는 상응하는 극장들이 있어 연극의 지방자치를 꾀하고 있다. 두 번째 대안으로는, 문화유산으로서 극장 건축에 관심을 갖고 지원하는 일이다. 오래된 극장의 보수, 관리, 새로 지어질 극장의 관리, 지원 사업을 포함할 수 있다. 서울만 하더라도 지어진 지 오래된 극장을 보기 힘들다. 세 번째로는 개인이 운영하는 독립된 극장들을 지원하는 방안이다. 독립 극장의 운영을 맡는 작가와 연출가, 배우들의 자격을 심사하고, 지속적으로 지원할 수 있는 기금을 마련해서 지원하는 방식을 고려해볼 수 있다. 마지막으로는 희곡 작가 지원 사업인데, 이것은 단순히 공연을 위한 것이 아니라 출간을 위한 지원이 되어야 할 것이다. 이에 국내 순회 공연, 해외 연극제 참여 등을 돕는 지원 사업을 덧붙일 수 있다.

그러나 달리 생각해보자. 연극 산업이라는 것이 연극 그 자체보다는 연극을 다른 사람들에게 보여주기 위한 전략으로 강제되면서 더 이상의 의미가 되지 못하는 경우를. 연극 정책으로 연극을 진흥시켜야 한다고 하면서 연극과 그 바깥의 관계를 연구할지언정 연극과 연극인에 대해서는 공부하지 않는 경우를. 연극이 산업으로 탈바꿈하거나 산업의 탈을 쓰고 그럴듯하게 출발했지만 연극과 연극인이 뿔뿔이 사라지는 경우를. 연극 산업이란 꿈이 깨어지면 남는 것은 연극과 연극인들이 지닌 제 팔자뿐이 아닌가. 그것으로 제 갈 길을 가야 하는 경우를. 연극 산업은 분명 연극의 전진을 부추기는 일이지만, 그 산업의 결과가 불투명하거나, 산업의 진로가 다른 영향으로 반대에 봉착하게 되면 연극은 예전처럼 스스로 자립할 수 있을 것인가를. 복고를 무릅쓰고 분투할 수 있을 것인가를. 연극이 낯선 산업 속에서 경험하게 될 적막과 비애 같은 것을 놓칠 수 없다. 그렇게 되면 연극은 그 어떤 시대보다 더 처절해질 것이고, 고독해질 것이다.

시장 논리와 더불어 또 다른 존립 근거는 창작의 자율과 원칙을 존중하는 태도일 것이다. 연극은 자본주의 사회에서 역설과 같은 것으로 존재한다. 그것은 다들 돈 놓고 돈 먹기 식으로 삶을 저울질할 때, 삶 속에 그렇지 않은 것도 존중받아야 한다는 역설이다. 그것은 한 뼘 크기의 땅에 유기농법으로 농사를 지으면서 유전자 조작을 통한 대량생산으로 유통구조를 지배하고 있는 큰 나라에 저항하고자 하는 노력이라고 해도 좋다. 지금 우리에게는 이런 태도가 필요하다.

3. 연극을 위한 정책은 연극 공부로부터

일반적으로 산업은 이윤 극대화를 목표로 한다. 그러나 공연예술 산업을 담당하는 극단과 작가들은 영리나 이윤 극대화보다는 좋은 공연을 생산하는 데 더 많은 비중을 두어야 할 것이다. 그런 면에서 미국의 연방예술기금(National Endowment for Arts)의 일곱 가지 목표를 염두에 둘 필요가 있을 것이다. 그것은 다음과 같다. 1) 예술 교육, 2) 청소년을 위한 방과후 프로그램, 3) 문화유산의 보존, 4) 예술에 대한 접근 증대, 5) 파트너십—학교와 교사, 예술가와 예술 기관, 기업과 정부, 시민과 시민단체들이 함께하는 것—의 형성과 강화 6) 예술 기관의 지원과 안정화 도모, 7) 창작과 발표.

아래와 경우들은 연극과 춤이 산업화를 꾀하면서도 본래 지녔던 창작, 생산의 미덕을 잃지 않은 예에 속할 것이다.

하나의 에피소드: 프랑스의 파리 근교에 '수영장(La Piscine)'이라는 극장이 있다. 극장 '수영장'은 실제로 1930년대에 만들어진 수영장이었

다. 1979년 샤트네-말라부리라는 조그만 마을(우리의 구(區)단위)이 고정된 장소 없이 떠도는 극단 '캉파뇰(Théâtre du Campagnol)'에게 버려진 수영장을 맡아 극장으로 이용하도록 요청했다. 이 마을은 우리의 농촌처럼 많은 이들이 도시로 빠져나가 텅 비어가고 있었다. 주민들은 자신들의 삶과 마을을 되살리기 위하여 유용성을 낳는 공장이나 병원이 아니라 그 반대에 속하는 극단을 유치했다. 극단은 논의 끝에 주민들의 제안을 수용하고, 500명이 들어갈 수 있는 무대 공간과 카페, 무대공작실, 연습실, 사무실을 수영장 안에 두었다. 1985년부터 이 극단은 자신의 이름 외에 이 마을 극단이 되었고, 정부로부터도 지원을 받게 되었다. 한 극단에 의해서 버려진 수영장이 연극 창작과 만남 그리고 상상력의 공간으로 다시 태어난 셈이다. 이 극단의 첫 프로젝트는 〈도시가 말한다〉였다. 그것은 배우들이 마을 사람들을 찾아가 그들의 삶과 추억의 이야기를 모아서 작은 공연으로 만드는 일이었다. 이 프로젝트가 성공을 거두면서 마을 사람들은 연극을 보러 극장에 오게 되었고, 이 극단은 자신들의 연극 공간의 모델로서 수영장으로 만든 극장을 더 늘릴 수 있었다. 배우들은 2미터 정도로 파인 수영장이란 공간에 빠져서 연기를 한다. 수영장은 무대 위가 없는 지하 동굴 무대 같다. 그들은 관객들을 올려다보지 않는다. 극단은 새롭게 연기하는 방식을, 관객들은 달리 연극을 보는 방법을 터득하지 않으면 안 되었다. 이처럼 극단이야말로 본받아야 할 모델을 구하지 않고 필요와 욕망에 따라 스스로가 모델이 되는 것이 아닌가.

두 번째 에피소드: 프랑스 '태양극장'의 연출가 아리안 므누슈킨은 1970년대부터 연극의 중심인 파리를 떠나 외곽 공원 숲에 자리잡고 새로운 극단의 운영, 버려진 무기 창고를 극장 공간으로 이용하면서 새로운 연극 이념을 추구하면서 유명해졌다. 관객들은 중간 휴식 시간 때에 배우들이 직접 만들어 파는 샌드위치를 사서 같이 먹을 수 있고, 그들의

부엌에 들어가 공동생활을 경험할 수 있고, 극장에 있는 카페에서 앉아 배우들과 함께 차를 마시면서 이야기를 할 수 있다. 관객들은 또한 공연 전 표를 팔거나 극장 앞 마당을 쓸고 있는 연출가를 볼 수 있다. 극단의 유토피아, 연극의 이념과 그 시민성을 추구했던 그는 "이제 유토피아가 끝났고, 순수한 개인주의가 끝났다. 이제 우리들은 막 다시 태어나고 있다"고 말한다. 유랑은 계속되어야 하는 것처럼.

세 번째 에피소드: 1997년 서울국제연극제에 참가했던, 〈메이비〉를 공연한 마기 마랭 무용단도 파리의 위성도시인 크레테이에서 지방 도시인 리옹의 변두리로 자리를 옮겼다. 마기 마랭은 좋은 곳을 두고 나쁜, 버려진, 후미진 장소를 택했다. 먼저 제의한 곳은 극단이 아니라 변두리 마을이었다. 무용단은 무엇보다도 관객에 대한 서비스를 위해서, 제도화된 단체에 끼지 못하는 젊고 새로운 사람들을 만나기 위해서, 낙후된 시골 마을에 춤을 통하여 문화적 촉매 역할을 하기 위해서라고 말한다.

일반적으로 우리들은 공연예술이 특정 계층에 한정되어 있다는 것과 공연 시장이 협소하다는 것을 내세워 공연예술 산업과 그 정책의 필요성을 강조했다. 특정 계층에 한정되었다는 점을 극복하기 위해서는 예술 소비자들의 향수 능력과 문화 공간의 확충을 말해야 했고, 공연예술은 단순한 상품이 아니라 문화 상품이고, 공연 산업은 4차 산업 혹은 문화 산업, 문화의 시대로 이어진다는 것을 인정했고, 이를 바탕으로 정부나 지방자치단체의 공적 지원을 주장하고 실천했다. 공연예술 시장의 협소화를 해결하기 위해서는 소비자에게 공연예술을 선택할 수 있는 기회를 주고, 공연예술 산업의 정보를 대중화하고, 예술 행정가의 전문성 확보 등을 강조했다. 그 결과 작가와 작품의 공연성, 예술성보다는 매스미디어를 이용한 혹은 조작한 기획성이 공연의 성공 여부를 결정짓는 요인이 되고 말았다. 그렇게 되면, 동일한 가치와 동일한 합법성을 가지고 있는 특이한 사건들만 존재할 때는 모든 것이 실제적으로 의미가 없어지는 것처럼, 공연예술은 "차이도 없고, 기억도 없으며, 오로지 구경거리만 있"게 되는 것 아닌가.

필자는 예술이 민주화되고, 상업화되어가고 있는 지금, 낡은 생각처럼 보이는 공연예술 작가들의 전문성을 덧붙이고자 한다. "다시 공연예술의 공부를 말하는 것은 미래의 작가들에게 어떠한 삶이 인간적인 삶인가 판단 내릴 수 있는 개인의 비판적인 의식, 인간적인 삶을 실현하는 열정과 같은 주체적인 관심을 일깨우는 데 있다. 모든 것이 지식의 소유와 능률로 인하여 사회적 계급이 형성될 때, 문화는 소외와 억압을 낳는다. 한국 공연예술의 많은 이들은 스스로 다른 장르에 비해서 소외와 억압을 받고 있다고 여기고 있다. 삶의 양식이 소유 양식으로 변한 지금 이들은 저절로 혹은 학교에서 배운 것을 단단히 기억하고 고수하면서 새로운 것을 창조하지 않는다. 수동적으로 지식을 소유하기만 하는 사람들은 결코 변화하지 않는다. 극단적으로 주관적인 문제에 대해서 배운 것에 대한 조건반사적인 응답으로 넘겨버린다. 우리에게 절실한 공연예술 공부는 이런 파행적 현상들을 되돌아보는 자연적 힘이며, 극복의 힘이 되어야 할 것이다. 침묵의 문화를, 재갈 물린 자의 강요된 침묵을 놀이 문화로 즉 표현과 창조 그리고 행동의 문화로 바꾸는 일이다. 연극에 관한 정책은 공연예술 공부와 마찬가지로 객체로서의 소비된 삶에서 주체로서 비판적 의식을 갖게 만드는 과정이고, 이것은 끊임없이 묻고 생각하고 깨닫고 변화하는 것을 연습하는 것을 깨닫는 것이다. 브레히트는 자신의 연극을 혁명의 예행연습이라고 하지 않았던가. 혁명의 대상은 침묵의 문화, 자연적인 것에 반하여 문화적인 것, 주체로서의 비판적인 교육에 반하는 객체로서의 비합리적인 현상을 말한다. (2005)

연극, 우리를 슬프고도 화나게 하는 것들

1. 연극은 삶의 고고학

2014년 4월, 남녘 진도의 바다는 억울한 죽음과 통렬한 아픔으로 기억될 것이다. 그것은 바다의 숨결인 파도가 쓰나미처럼 몸과 삶의 현장을 깡그리 뒤덮은 것이 아니라, 인간의 탐욕과 일의 졸속 그리고 생의 가치에 대한 무지와 공화국 정신의 부패가 가져온 결과이다. 배의 정령이 있는 곳을 예로부터 배밑인 용골(龍骨, ballast keel)이라고 불렀다. 그것이 뒤집어진 것이다. 그곳에 갇힌 채 목숨을 잃은 젊은 영혼들은 영원히 우리들 가슴속에 자리 잡고 있고 있으면서 떠나지 않을 것이다. 억울한 죽음들이 너무나 많고 흔한 나라라는 것이, 뒤집힌 배처럼 우리 삶과 사회체계가 모두 엉망이라는 것이 모든 이들을 슬프게 했고, 화나게 했다. 국가, 정부의 겉과 속은 너무나 달랐다. 공화국의 체제와 가치를 다시 생각해야 할 때이다. 숱한 젊은 생명들이 목숨을 잃은 그즈음부터 연극이 이래야 하고, 저래야 한다는 생각은 사치처럼 느껴졌다. 연극의 몫이 있다면, 우선 억울한 이들의 삶과 죽음을 저장하고 기억하는데 데 앞장 서야 할 것이다. 그들의 원통함을 빌리거나 부여받아 우리가 어떻게 살아왔고, 어떻게 살고 있는가를 말하는 것은 어느 시대, 어느 곳에서나 가난한 연극이 지닌 훌륭한 미덕이며, 제 몫일 터이다. 연극이 종합예술이 아니라 삶의 예술인 이유는 여기에 있다. 억울한 이들의 죽음에 이어서 되돌아오는 것은, 산 자들 곁으로 오는 유령과 같은 그들의 삶이다. 떠나지 못하고 다시 돌아오는 삶, 억울해서 떠나지 못하는 삶, 연극은 역사적으로 억울한 죽음의 기억과 명상으로 시작되었다. 그다음은 상식에 관해서 묻는 문제이다. 연극은 결코 상식과 동거하지 않는 예술이다. 연극은 상식을 물음의 대상으로 되돌려놓는다. 상식이 지닌 비굴한 모습들, 상식이라는 이름으로 가장 헐값에 가치를 전도하고, 판단하고, 가치 체계를 영속하는 일, 그렇게 되어, 상식이 한 치의 의심의 여지도 없이 명백하고도 분명한 진실이 되어가는 일에 대해서 딴죽을 걸고, 되묻고, 다시 영도의 상태로 되돌려놓는 예술이다. 연극은 이렇게 해서 삶의 고고학이 된다. 우리가 연극에 대해서 글을 쓰는 것은 고고학에서 겨우 삶의 지형도를 그려보는 것에 불과할 뿐이다.

2. 왜 우리는 연극을 하는가

젊은 학생들을 실은 배가 진도의 깊은 맹골수도에 잠기기 시작한 때는『연극』에 실릴 편집위원의 글을 쓸 무렵이었다. 글을 준비하는 내내 애도 음악을 줄창 들으면서 하염없었다. 연극에 관한 글을 편하게 읽는 일이 어려웠다. 연극 책을 제껴놓고 일제강점기에 제 목숨과 삶을 송두리째 희생해서 나라를 구한 의로운 사람들에 관한 책들을 읽기 시작했다. 한국의 근대사 혹은 독립운동사를 공부하기 위해서가 아니라 우리 곁에 있었던, 영원히 살고 있는 이들의 훌륭한 모습들을 떠올리고 싶었기 때문이었다. 책방에서 김원봉, 윤봉길, 박열, 이봉창과 같은 독립운동의 의사들에 관한 책들을 구해서 읽기 시작했다. 이들은 한결같이 고유한 자기 스스로의 목숨을 던져 나라의 정신을 구한 분들이다. 오늘날 학교는 공화국의 정신인 공생과 무관한 지식만을 앞세워 경쟁을 유도하고, 자아실현과는 동떨어진 상급학교 진학과 취업을 위한 기관으로 추락한 터라, 조국 광복의 선구자들인 이들의 삶은 거의 잊혀진 채 책과 같은 기록 속에서 겨우 남아 있을 뿐이다. 보라, 산[山]처럼[若]이라는 호를 지어, 잃어버린 조국의 정의를 위하여 고향을 떠나 의열단을 만들어 일제 원흉을 처단했던 약산 김원봉의 의로움을, 1932년, 스물네 살의 나이에 상해 홍구공원에서 침략의 원흉들에게 폭탄을 던져, 조선의 독립 정신을 세계 곳곳에 알린 젊디젊은 매헌 윤봉길 의사의 죽음을, 같은 해, 서른한 살의 나이에 도쿄 요요기 연병장에서 일왕을 겨냥한 폭탄을 던진 이봉창 의사의 단호함을, 1923년 관동 대지진 당시 일본 왕을 폭살하려 했다는 혐의로 22년 2개월을 복역했던 아나키스트 박열 의사의 의연함을. 초등학교 시절에 처음 알게 된 독립 의사들의 이름을 다시 떠올리며, 4월 내내 독립운동가들의 삶을 읽고 되새겼다. 이준, 안중근, 안창호, 김구와 같은 고결한 분들의 이름들도 여기에 덧붙여야 할 것이다. 독립운동가들에 관한 책을 읽을수록 의사들이 지닌 의로운 삶을 새롭게 알게 되었다. 그리고 나서 오늘 우리의 삶이 도대체 무엇인지를, 우리의 연극은 어디까지 왔는지를 저절로 깨닫게 되었다. 질문은 복잡했지만, 답은 오히려 간결했다. 신자유주의 시대 속에서 우리는 중요한 삶의 가치를 모두 잃어버렸고 무턱대고 돈만을 위해서 살고 있다는 것이다. 공화국 속, 일상의 삶과 정의 그리고 사회 체제의 건강함을 되찾아야 하는 것처럼, 오늘날 한국 연극도 자신의 내면을 되돌아볼 필요가 있다. 생을 던져 왜 연극을 해야 하는지, 어떻게 해야 하는지 다시 처음부터 되물어볼 필요가 있겠다. 한국 연극의 복판에 국립극단이 자리하고 있다. 연극 앞에 국립이라는 지위가 붙는다. 개인의 자유와 창조 정신에 기초한 사립이 아니라 공화국 정신인 공공성의 가치를 내세우는 공립과 다른 국립이라는 것은 뭘 뜻하는가? 왜 국가는 연극을 필요로 하는가? 왜 국가는 연극을 세우는가? 우리 삶에 연극이란 무엇인가? 삶의 장신구인가? 허영인가? 『연극』지는 어떻게 연극을 분석하고 기록해야 하는가?

3. 연극이 희망을 가져올 수 있을까

프랑스 대중가요에 〈자전거 A bicyclette〉라는 노래가 있다. 1959년에 작곡되었지만, 1969년 자전거 경기의 전설적 인물인 에디 먹스(Eddy Mercks)가 '투르 드 프랑스(Tour de France)'에서 다섯 구간을 우승할 때, 이브 몽탕이 불러 대중들에게 알려졌다. 50년대 파리 바깥에 살던 한 유대인의 고단한 삶 속에서 자전거가 준 희망을 말하는 삶의 간주곡과 같은 노래. "이른 아침, 자전거를 타고…… 길 위를" 달리는 이는 노래의 맨 마지막에 이르러, 시골길에서 잠시 자전거를 풀 위에 눕혀놓고 같이 간 친구들 몰래 여자 친구의 손을 잡았던 잔잔한 기억을 되살린다. 그리고 이렇게 두 번씩 말한다. "이건 내일을 위한 거야. 암, 그렇고 말고. J'oserais demain". 동사 'oser'는 용기 내어 한다는 뜻으로 대개 그다음에 구체적인 동사나 행위를 뜻하는 목적어가 오기 마련인데, 생략한 것으로 보아, 이 노래는 무엇을 한다는 것을 한정짓지 않은 채 열어놓았다. 자전거가 그들을 희망으로 이끌고 있는 셈이다. 한국이 무척 무겁다. 곧 여름이 되면 햇빛에 눈이 부시고, 다들 더위에 지칠 것이다. 이럴 때, 잠시 하던 일을 곁에 놓고 공부면 공부, 삶이면 삶, 희망이면 희망, 연극이 되가져올 수 있는 것들을 깊이 숙고하고 되찾아야 할 것이다. 프로이트는 '행복이란 어릴 적 소망을 이루는 것'이라고 했다. 어릴 적 소망을 근원적 소망이라고 읽는다. (2014)

제3부

작가론 흔적과 자취

육체의 글쓰기

— 한상철과 연극비평

진리는 서서히 눈부셔야 한다.
그렇지 않으면 모든 사람은 장님이 된다.

— 에밀리 디킨슨의 시「말하라, 모든 진실을, 하지만 비스듬히 말하라 Tell all the truth, but it slant」(# 1129)

1. 생이 육체를 떠나고

1.1. 육체로 그려낸 삶

인간이 자기 홀로 무슨 가치가 있겠는가?[1]

선생은 생애 동안, 비장의 노동인 연극을 배달하셨다. 그러다 쓰러지셨고 돌아가시기까지, 대학병원 중환자실에 오랫동안 홀로 누워 계셨

1 한상철,『한국연극의 쟁점과 반성』, 현대미학사, 1992.

다. 병원 길 건너편은 선생이 계셨던 대학로 연극동네. 눈 감고 침묵하셨던 병원과 눈 뜨고 꿈꾸셨던 연극동네 사이, 봄과 여름이 훌쩍 지나갔다. 그때가 까마득하다. 돌이켜보면, 꽃이 필 때부터 질 무렵까지였다. 서울에 있는 친구들은 선생께서 위독하시다는 전갈을 파리에서 연구년을 보내고 있는 내게 무겁게 알려주었다. 그리고 마지막 소식도 전해주었다. 죽음은 언제나 낯선 힘과 같다. 존경했던 선생의 부음은 나 자신을 불안하게 했다. 공부하고 있는 것들조차 무의미하게 여겨졌다. 죽음처럼 살아 있는 존재를 감응하게 하는 것은 없다. 나는 머물던 대학 기숙사 마당에 나가 우두커니 서서 기숙사 너머 포르투갈 성당을 쳐다보기도 했고, 방으로 들어와 레퀴엠을 듣기도 했다. 결국 병문안도 드리지 못했고, 장례 때도 참석하지 못했다. 선생의 49재도 지났다. 낙엽 쓸어담는 어느 가을날 아침, 선생의 흔적을 되새겨본다. 바투 빗자루질하는 것처럼 선생의 책들을 읽다가 잠시 멈춘 곳, 고개를 돌려 뒤돌아보니, 연극과 한 생이 포개진 길이 나 있다. 젊은 날에는 연극이 생을 조붓하게 길들였고, 나이가 들어서는 생이 연극을 수놓으면서 포옹했던 아름다운 길이다. 흔적뿐인 선생의 그 길이 아득하고 망연할 뿐이다. 선생이 평생 쓰신 글들을 죄다 읽어보았다. 연극과 함께한 선생의 생은 연극과 생이 "그래야만 하는가? 그래야만 한다, 그래야만 한다(Muss es sein? Es muss sein, Es muss sein)"라는 주저와 결연한 의지의 말을 남긴 베토벤의 현악 4중주 16번(op.135) 3악장과 같다. 그러면서도 선생의 부드러움은 연극과 생의 장에서 이룩한 절제와 균형감의 자취였다. 육체를 떠난 선생의 삶, "숱 짧은 빗자루 하나"[2]를 떠올리게 한다.

2 최하연, 「가위를 든 그녀」, 『피아노』, 문학과지성사, 2007, 20쪽.

1.2. 풍경과 시선

운명은 갈수록 비참해진다.[3]

몇 해 전, 선생을 모시고 강원도 인제군 남면 동아실 계곡에 있는 한 폐교로 여행을 한 적이 있었다. 오지에 있는, 교실은 단 한 칸뿐인 매우 작은 폐교였는데, 선생은 처음 제안을 받으시고 여러모로 불편할 것이라고 하시면서 손사래를 치쳤다. 그즈음 선생은 건강이 많이 쇠약해지셨던 터라, 난 소박한 마음으로 화전민이 지은 군불 때는 방에서 며칠 동안 주무실 수 있도록 해드리고 싶었었다. 선생이 강원도 오지 산속에서 지내시다 보면 흙과 공기 그리고 물의 기운에 도움을 받아 몸이 조금이라도 나아지실 것 같다는 기대를 먼저 했었다. 다행히 신남을 지나 남전리부터는 승용차가 덜컹거리며 마을 옛길을 따라 산속 폐교까지 갈 수 있어서 선생은 걷지 않으셨고, 2박 3일 동안 지내실 수 있었다. 첫날, 선생은 무엇보다도 흙과 나무로 지은 너와집의 불 지핀 뜨거운 방이 좋다고만 하셨다. 같이 간 학생 몇몇이 음식을 준비하는 동안 선생과 함께 희미한 옛길을 따라 산속을 산책하기도 했다. 풍경 좋은 곳에 이르러서는 잠시 멈추어 계시다 마른 풀들을 꺾어 한 다발로 묶어서 가지고 내려오시기도 했다. 밤에는 선생 곁에 누워 이리저리 불편한 바가 없도록 신경을 쓰면서 잠을 잤다. 선생은 곤히 주무시기만 했다. 아침에 일어나서는 아침 햇살이 머무는 초가집 마루 난간에 앉아 계시면서 앞산을 하염없이 바라보시기만 했다. 그 시선 끝에는 풍경만 있었다. 그러고 나서는 산책을 조금 하셨고, 다시 방으로 들어가 잠을 청하셨다. 선생이 내게 해주신 말씀은 "안 선생, 자고 나니 참 좋아"라는 것뿐이었다. 선생은 식사와 잠자리의

3 『현대극의 상황과 한국연극』, 현대미학사, 2008, 283쪽.

환경이 불편했음에도 편하다라는 말씀으로 우리들을 위로해주셨다. 그곳에서 선생을 모시고 함께 머무는 동안, 나는 군불이 꺼지지 않도록 불목하니 노릇을 기꺼이 했다. 둘째 날, 선생은 일어나신 후부터 앞산만을 바라보셨고, 나도 선생의 시선을 따라 앞산만 바라보았다. 선생은 주로 마루에 앉아 계셨고, 나는 하루 종일 땔나무를 가슴으로 들고 마당을 오가거나 선생의 앞에서 억새풀처럼 서 있기만 했다. 문득 선생은 웃으시면서 말씀하셨다. "안 선생은 좋겠어. 이런 데를 자주 올 테니까. 그런데, 어휴, 이런 곳을 어떻게 알았어?" 선생의 말끝은 살짝 올라가는 듯했다. "전 공부하기 싫어지면 이런 곳에 오곤 했어요"라고 말씀드릴 수밖에 없었다. "이곳에 와서 제대로 공부를 할 수 있었어요"라고 말씀드리기에는 내 삶의 깊이는 얕고, 공부는 너무 부족했다. 이 글을 쓰면서 그곳에 다시 다녀왔다. 훌쩍. 폐교 마당은 지지난해 수해로 묵정밭처럼 되어가고 있었다. 선생이 앉아 계셨던 툇마루에는 선생의 그림자만 있었다. 그곳을 같이 간, 비평 공부를 하는 제자에게는 이렇게 말했다. "바로 이곳에 앉아 계셨어. 그리고 저 앞산만 바라보셨지." 이내 해가 저물자마자 금세 어둠이 찾아왔다.

1.3. 고결한 삶과 비평

> 진지하고 심각한 연극은 뒷전으로 밀려나고, 쉽고 가벼운 연극만이 활개를 치며……[4]

자연 속에서 선생과의 대화는 매우 짧았고, 선생도 잠언처럼 말을 삼가셨다. 다들 인적 드문 산속 아주 작은 폐교에서 제 할 일을 하고 있는

4 『현대극의 상황과 한국연극』, 현대미학사, 2008, 5쪽.

것처럼 보였지만, 무심히 선생의 말씀에 귀를 대고 있었던 것 같다. 그렇게 깊은 산속, 좁은 공간에서 이틀 밤을 보낸 후, 강원도 산골을 떠나 선생의 연희동 댁까지 모시고 갔다. 돌이켜보면, 숲은 고요했고, 충만했고, 선생은 소박하셨다. 그러고 나서도 몇 년 동안 공연예술 아카데미에서 극작, 비평 전공의 좌장을 맡고 계셨던 선생을 모실 수 있었고, 한겨레신문이 마련한 오태석 선생과 함께한 좌담에 같이 참여할 수 있었다. 그때 선생은 술 한잔도 하지 않으셨다. 병원에 입원하시기 한 해 전쯤의 일이다. 지하철에서 선생을 우연히 뵌 적이 있었다. 선생은 노약자들을 위한 자리에 앉아 졸고 계셨는데, 선생 앞에서 서 있었던 나로서는 어떻게 해야 할지 한참 동안 망설여야 했다. 깨어나실 때까지 서 있어야 하는지, 선생을 깨워드린 후 인사를 드려야 할지 달리는 전동차 속에서의 선택이 쉽지 않았다. 그런 고민을 하고 있는 사이에도 선생은 눈을 감으신 채 계속 계셨다. 선생의 얼굴에 검은 점들이 많다는 것을 그때 알게 되었다. 나는 결국 내려야 할 곳보다 훨씬 앞서서 내렸다. 그것이 선생의 편안함을 방해하지 않는 일인 것만 같았기 때문이었다. 그때 선생은 땅속 전동차를 타고 멀리 가셨다. 눈 감으신 채, 천박한 세상의 풍경을 보시기보다는 꿈을 꾸시면서 조용히 앉은 채 먼 곳으로 가고 계셨다. 선생이 가신 곳은 "좋은 작품 하나두 없"[5]는 소악(小惡)스러운 산문의 장소가 아니라 그보다 높은 고결한 시의 텃밭이었을 것이다.

1.4. 반성하는 삶과 비평

짧은 글을 모아놓은 이런 유의 책이 지닌 가치에 대해 늘 회의적이었고, 글 자체도 불만이 없지 않은 터라 책을 내는 데 주저해 왔었다. 특히

5 허순자, 『연극인 10—허순자의 인터뷰』, 연극과인간사, 2005, 40쪽.

그간의 한국 연극을 보는 필자의 시각이 너무 비판적이고 부정적이어서 다시 그것을 들추기가 괴로웠었다.[6]

이 글을 쓰기 위해서 선생의 저서들을 모두 읽었다. 선생이 쓴 글 가운데서 생과 연극을 아우르는 문장들을 골랐다. 조금 혼란스럽지만 그것을 몇 번이고 곱씹으면서 선생이 마저 풀어 쓰지 못한 바를 이어 붙이고 싶었다. 선생의 글이 희미한 옛길과 같은, 약속과 같은 것이었다면, 그 길을 흔연히 따라갔고, 그 길 끝에서 사유의 흔적들을 발견할 수 있었고, 여기에 길어 올릴 수 있었다. 그것은 선생과 함께 본 짧은 풍경이 지닌 소리와 같다고 하면 좋을 것 같다. 그렇게 해서라도 죽음마저 박탈하지 못한 선생의 뜻을 지금, 여기에 되새기고 싶었다. 선생은 과묵하셨다. 하실 말씀이 누구보다도 많았을 터인데, 와병하신 이후로 단 한마디도 하지 못하게 되셨다. 무엇보다도 선생은 글 쓰는 비평가로서 자신을 고지하는 책 만드는 일을 저어하셨다. 이처럼 선생의 생은 드러내놓는 현출이기보다는 연극으로 탈은폐해서 반성하는 삶 그 자체였다. 필자의 이 글 가운데 작은 글씨는 선생의 글이고, 그 밑자리에 이어지는 부분은 필자가 선생의 뜻을 새겨 이어 붙인 글이다. 선생을 추모하는 글이 이런 형식을 지니게 된 것은, 이번 『연극평론』 특집호에서 여러 필자들이 선생에 대해서 글을 쓰기 때문인데, 선생의 뜻이 후학들에게 이렇게 이어지고 있다는 것을 다짐처럼 영전에 보여드리고 싶었기 때문이다.

6 『한국연극의 쟁점과 반성』, 현대미학사, 1992, 6쪽.

2. 연극과 삶을 생각하고

2.1. 숨은 비평가

연극은 예술에서도 가장 난폭한 장르이다.[7]

한 편의 연극은 인생+무엇인데, 그 무엇이란 다름 아닌 인생에 대한 해석이다. 이 해석이 바로 연극의 존재 이유라 하겠다.[8]

연극하는 이들의 삶이란 무엇일까? 연극은 연극하는 이들에게 어떤 삶을 요구하는가? 그런 삶이 연극이 존재해야 하는 이유에 답할 수 있는 것인가? 필자 역시 연극과 공연에 관한 글쓰기는 미욱할 뿐이다. 이 부분에 있어서는 오늘날 한국 연극이 연극의 본연으로부터 아주 멀어져가고 있다는 판단도 한몫을 한다. 그것을 한국 연극의 기구한 운명이라고 말해도 좋을 것이다. 연극인은 연극을 생산하는 작가를 뜻하는데, 오늘날 연극(인)은 연극을 들이마시고 있다. 관객들은 연극하는 이들을 너무나 자주, 그것도 너무나 쉽게 만나고 본다. 연극하는 작가들을 만나면 대부분 살아서 연극하는 어려움, 슬픔 같은 것을 자족적으로 말한다. 비평가는 그들이 연극하는 삶을 살고 있다고 굳게 믿고 있지만, 그들은 그것을 너무 자주 말하고 있다. 그래서 그들을 만나서 이야기를 나누고 나면, 연극을 읽어야 하는 임무보다는 슬픔 같은 것이 커질 수밖에 없다. 지금도 비평가는 연출가나 배우들을 자주 만나지 말아야 한다는 믿음은 변함이 없다. 극작가와 연출가는 무대 뒤에 숨어야 하고, 배우들은 무대 위에서만 존재하고, 비평가와 관객은 객석에 앉아 있다가 극장 앞으로 나와 사라져

7 『한국연극의 쟁점과 반성』, 현대미학사, 1992, 213쪽.

8 『현대극의 상황과 한국연극』, 현대미학사, 2008, 32쪽.

야 한다는 믿음을 안고 있다. 비평가로서 극작가와 연출가 그리고 배우를 알면 알수록 제 방식대로의 독자적인 글쓰기가 어려워진다. 그 이유는 매우 단순하다. 첫째는 그들을 아는 만큼, 그것이 글쓰기에 개입하고, 글쓰기를 방해하기 때문이다. 그 통에 서로가 편해질 수는 있지만, 연극 그 자체로 보면 불행해지는 것이다. 둘째는 그들과 가까이 지내면서 그들이 말하면서 드러내고 싶어하는 삶의 깊은 우물 속을 들여다볼 힘이 없기 때문이다. 한국 연극은 연극하는 이들이 한통속으로 뭉쳐, 끼리끼리 하는 연극이 되어가고 있다. 그런 이유로 해석이 결여된 한국 연극은 삶의 작은 소리에 귀 기울이지 않고 있고, 사회적 연민조차 표출하지 못하고 있다. 관객들은 더 많이, 더 빨리 연극을 해독할 수 없는 존재가 되어가고 있다. 한국의 현대연극은 유폐된 공간 속에 머물러 있게 되기 때문이다. 그 결과 연극은 하찮은 것으로 주저앉고 있고, 그렇게 여겨지고 있다. 그 끄트머리에 연극과 연극하는 이들 모두가 조금씩 제 모습을 잃은 채 지내고 있다고 말해도 될 것이다. 이것이 오늘날 한국 연극의 역설이다.

2.2. 비평가의 몫

> 나는, 누가 불러주는 사람이 없는데도 극을 쓰고 있는 사람이 있음을 안다. 남이 다 외면하는데도 우리의 극을 하려고 애쓰는 사람들이 있음을 안다. 나는 그런 사람들이 존재함을 여간 자랑스럽게 느끼지 않는다. 한국의 연극은 그들에 의해서 비로소 우리의 연극이 될 수 있기 때문이다. 내가 상대해 이야기하고자 하는 사람은 오직 그 사람들이다.[9]

한국의 연극동네에는 참 많은 단체들과 모임이 있다. 연극에 대한 정의 가운데, 만남의 예술이라는 것이 있는데, 연극인들은 만나도 너무나

9 『현대극의 상황과 한국연극』, 현대미학사, 2008, 64쪽.

자주 만나고, 그런 조직체를 많이 가지고 있다. 나는 이런저런 조직에 들어 있지 않은, 독립된 연극 작가들을 만나고 싶다. 조직에 들어가지 않아도 연극에 대한 자기 자신의 열망과 연극하는 고통을 견뎌낼 수 있는 이들을 한껏 보고 싶다. 공연이란 작품은 글쓰기처럼 연극하는 이들의 삶의 반영이 아니겠는가. 한국 연극은 작가들의 삶이 반영된 작품들이 크게 없는 편이다. 연극을 연극답게 하는 연극과 연극인의 독자성은 있는 것일까? 지난 역사에서 보면, 금과 은을 화폐로 쓰는 민족들이 있었고, 그것을 삶을 수놓는 장신구로만 쓰는 민족들이 따로 있었다. 연극의 현실은 지금 전적으로 앞의 경우에 속한다. 뒤의 경우에 해당되는 연극의 역사를 상상하는 이들이 얼마나 될까? 선생이 그토록 갈구했던 '상대해 이야기하고자 하는' 연극인을 찾아 일으켜 세우는 일이 우리들의 몫일 터이다.

2.3. 물음으로서의 연극비평

오늘 한국적 여건하에서 연극을 한다는 것은 대단한 고난을 각오해야만 되며, 그것을 계속한다는 것은 연극에 헌신하겠다는 각오가 서 있음을 보여주는 것이다. 고난을 극복하고 한 가지 일에 헌신한다는 것은 누구에게나 존경의 대상이 된다. 그러나 오늘날 한국적 여건하에서 연극을 한다는 것은 거의 불가능한 일이고 불가능을 불가능인 채로 보여주고 있는 연극은 이미 연극이 아니다. 그런데도 연극을 계속하고 있는 것은 오로지 타성과 체념에 의한 행위에 불과하며 그러한 행위야말로 조소의 대상이 되지 않을 수 없다. 이 두 개의 상반된 태도는 물론 오늘 한국 연극에서 복합적으로 나타나고 있다. 그러나 결과론적으로 볼 때 조소의 태도가 역력한 것은 부인할 길이 없다.[10]

10 『한국연극의 쟁점과 반성』, 현대미학사, 1992, 249쪽.

연극에 대한 질문도 연극을 상대적 목적어로만 여기고 묻고 답했을 뿐, 연극을 주어로 말하는 경우는 그리 많지 않았다. 그러니까 연극하는 나는 연극을 이렇게 한다 혹은 연극을 이렇게 사유한다라는 쪽으로 질문하고 대답했을 뿐이지, 연극이 연극하는 나와 나의 삶 전체를 이렇게 요구하고 지배하고 있다고는 묻지도 답하지도 않았다. 위의 큰 질문은 이렇게 옮겨 적을 수 있겠다. 자기 자신을 위하여 연극하는 것이 먼저 아니겠는가? 연극에 입문한 이래, 연극예술이 연극을 하려는 이들에게 분명하게 요구하는 삶은 무엇인가? 이 삶은 분명 다른 삶과 구별되는 삶일 터이다. 그러니까 우리들 자신이 연극을 위하여 어떤 삶을 지탱해야 하는가를 묻는 것과 연극이 연극하는 이들에게 당연히 요구하는 삶의 방식을 알아내는 것은 같지 않다. 앞의 질문이 상대적이고 변화무쌍한 것이라면, 뒤의 질문은 보다 근원적이다. 그리고 무한한 연극이 유한한 연극하는 이들에게 삶의 존엄성을 깨닫게 해주고, 느끼게 해주는 달가운 것이다. 이것이 오늘의 연극과 작가들이 지녀야 할 해인(海印)적 덕목이다. 연극이라는 지혜와 깨달음이 어떻게 가능하겠는가? 그것을 가능하게 하는 반성적 성찰은 도대체 무엇인가? 선생이 생애를 걸고 한 물음이었다.

2.4. 연극의 반성

> 관객은 연극을 무시했던 적이 없다. 그러나 연극은 관객을 무시해왔다.[11]

연극과 연극인에 대해서 슬프고 가난하다는 말은 더 이상 하지 않아야 한다. 그것은 너무나 상투적 삶의 반영일 뿐이라 더더욱 옳지 않다. 언제

---

11 『한국연극의 쟁점과 반성』, 현대미학사, 1992, 304쪽.

나 슬프고 가난한 삶을 살아가야만 하는 연극인들이 하는 연극을 상상하면 말문이 막힌다. 연극은 그런 삶을 연극인들에게 강요한 적이 없다. 연극하는 것이야말로 제 삶에 있어서 운명적이라고 말하지 말아야 한다.

3. 연극과 사회를 말했고

3.1. 비평의 깊이

오늘날 한국 사회는 급격한 변화를 겪고 있다. …(중략)… 그야말로 혼돈 그 자체다. 이러한 혼돈의 시대, 혼돈의 사회 속에서 연극의 사회적 역할과 기능은 필연적으로 과거의 그것과 근본적으로 아주 철저하게 다르고 달라져야 할 것이다. 그러나 오늘의 한국 연극의 형편은 한마디로 변화하는 이 사회에 아주 무력하게 대처하고 있고, 어느 의미에서는 사회의 혼돈 그 자체가 연극 자체의 혼돈으로 화했다고도 볼 수 있다. 그렇기 때문에 현재로서는 한국 연극에 내일의 이상적 사회는 물론이려니와 오늘의 사회 현실 그 자체도 정직하게 반영시켜줄 것을 기대하기 힘들다."[12]

선생의 생애 내내, 희망은 현실과 점점 멀어지고 있었다. 선생의 늙어가는 육체와 달리 고뇌는 점점 더 확고해졌고, 분명해졌다. 선생 앞에 놓인 생의 끝자락처럼, 연극의 끝을 보시면서 힘들게 지내실 수밖에 없으셨다. 그러니까 1970년대에 이미 지녔던 선생의 고뇌는 30년이 지난 2008년에 이르러 '오늘의 시대가 연극의 시대는 아닌 것 같다'는 진술로 이어지고 있다. 오늘날 우리들은 연극을 제대로 하고, 이해하는가? 이렇게 선생은 줄곧 묻고, 되물었다. "정신적인 차원에서의 깊은 삶의 세

12 『현대극의 상황과 한국연극』, 현대미학사, 2008, 56쪽.

계"[13]와는 너무나 먼 연극들을 경계했다.

3.2. 편견으로서의 비평

> 우리는 잘했든 못했든 이 시대에 산 연극인이고 비평가이다. 우리들의 행동은 우리의 동시대인에게도 중요하지만 우리의 후세인들에게 더욱 중요하다. …(중략)… 우리는 서로와 자신에게 보다 가혹해져야 되겠고, 우리의 중요 목표인 한국연극의 전통 수립에 장애가 되는 것으로 생각되는 모든 것을 제거하는데 노력을 기울여야 된다.
>
> …(중략)…
>
> 무엇을 많이 꾸미는 것이 아니라 오히려 그것을 버리고 가난해지는 것이다.[14]

공연에 대해서 글을 쓰는 비평적 활동은 정반대로 주관적 편견의 정점에 이른다. 그것은 돌로 치면 모가 난 돌맹이와 같다. 이에 대한 판단은 대부분 부정적이므로, 모가 잘린 원만한 관계의 글쓰기가 비평으로 둔갑하게 된다. 마냥 똑같은 판박이 글이 쓰여지는 이유는 여기에 있다. 비평이란 글쓰기 역시 버리고 가난해지는 법을 배울 일이다. 옹이가 나무의 힘이 되는 것처럼.

3.3. 연극의 시대는 오는가?

> 그동안 세상의 변화도 물론 많았지만, 정말 경천동지할 정도로 바뀐 것은 연극과 연극 문화의 환경이었다. …(중략)… 진지하고 심각한 연극

---

13 『공연과 리뷰』 여름호, 2008, 194쪽.

14 『한국연극의 쟁점과 반성』, 현대미학사, 1992, 128쪽.

은 뒷전으로 밀려나고 쉽고 가벼운 연극만이 활개를 치며 …(중략)… 예전에는 연극이 사회 담론이 될 만한 주제와 화제를 제공하였으나 이제는 평론가가 나서서 왈가왈부할 계제가 제공되지 않고 또 그럴 필요도 없다. …(중략)… 이처럼 공연 건수는 차고 넘치지만 오래 기억할만한 우수 공연은 거의 없다…확실히 오늘의 시대가 연극의 시대는 아닌 것 같다.[15]

선생이 추구했던 비평은 "반지성적인" 한국사회에서 "자신의 사상과 주장을 명확하게 밝히려는 노력"이고, "자신의 주장과 이념을 뚜렷하"게 드러내는 것이었다.[16] 달리 말하면 서로 다른 비평적 글쓰기라고 할 수 있다. '서로 다른 비평', 그것은 비평의 수준을 나누는 것이나, 작가와 텍스트에 관한 호 · 불호를 가르는 것을 훨씬 넘어서는 보기 힘든 풍경이었다. 작가들이 비평을 통해서 얻고자 하는 것은 글자 그대로 '호평'이다. 그것은 관점의 다양함을 배제하는 너그러움과 따뜻함이기도 하지만, 작가와 텍스트를 나락에 떨어질 수 있게 하는 자경(自警)을 앗아가기도 한다. 오늘날 비평은 둔감한 것이 아니라 오히려 약삭빠를 뿐이다. 거사(巨事)와 같은 비평적 글쓰기를 찾아보기 힘든 이유는 여기에 있다. 연극비평 역시 종이처럼 구겨져 있기 때문일 것이다. 그런 이유로 비평은 스스로를 추스르기 위하여 무엇보다도 먼저 자신을 경계해야 한다는 자경을 염두에 두어야 한다. 비평적 글쓰기에도 방하(放下)라는 것이 있다면, 연극에 대하여 글을 쓰는 이들은 근거가 박약한 비평적 구별과 작가와 텍스트에 관한 집착을 가능한 놔버려야 한다. 오늘날 한국 연극의 비평가들은 작가와 텍스트 그리고 그 바깥의 연극 제도에 대하여 너무 많은 집착을 지니고 있다. 본연의 글쓰기보다는 연극 제도의 번잡함 속에 갇혀 있는 작가의 모습은 텍스트 속에 그대로 묻혀 있다. 작가와 텍

15 『현대극의 상황과 한국연극』, 현대미학사, 2008, 5~6쪽.

16 허순자, 앞의 책, 45쪽.

스트 그리고 연극 제도에 관한 바른 선구안을 지녀야 한다는 강박과 같은 비평가의 자세를 긍정적으로 보면, 그것은 지난 세월 한국 연극이 비평에게 맡긴, 비평의 화엄적 입장이라고 할 수 있을 것이다. 그것은 한국 연극에 여러 가지 균열을 낳았다. 작가와 텍스트, 작가와 비평가, 생산자와 소비자 그리고 무엇보다 삶과 연극의 균열. 모가 난 비평은 모가 난 비평가의 삶과 하등 관계가 없다. 이 두 개를 등가로 놓는 것은 생의 억지이고, 저급한 사회적 윤리일 따름이다. 선생은 그 복판에 서 있었다. 그리고 쓰러지신 후 다시 일어나지 못했다. 글쓰기라는 노동이 비평가의 생을 조금씩 갉아먹는 것은 모든 작가와 매한가지이다.

3.4. 해석의 산물

> 비평가는 예술에 붙어먹는 기생충이라는 악의는 연극과 비평의 공존과 협조를 부인하는 짓이다. …(중략)… 훌륭한 예술 작품이 없이는 비평 또한 훌륭한 열매를 맺기 힘들다.[17]

선생이 제기한, 이 문제는 이론적으로 보면, 연극 공연을 작품으로 보는 태도와 텍스트로 보는 태도의 차이라고도 말할 수 있다. 공연을 연출가의, 극작가의 소유 개념으로 보는 사고에는 롤랑 바르트의 말대로, 근대 자본주의 성립의 이론적 근거였던 사적 소유라는 개념과 일치한다. 공연이란 작품은 이들의 개성적 사유와 언어의 집적물로서 그들이 생성한 단 하나만의 의미로 귀결된다. 이것은 작품의 완성이고, 그 해석은 전적으로 생산자인 작가의 의도에 기초한 것이라고 할 수 있다. 그러니까 작가와 작품은 분리할 수 없는 인격적 동일체와 같다. 작가는 작품의 창

---

17 『한국연극의 쟁점과 반성』, 현대미학사, 1992, 127쪽.

조 주체이고, 독자와 같은 관객은 그것을 수동적으로 받아들이는 소비자에 지나지 않았다. 여기서 중요한 것은 작가와 작품이 내건 단 하나만의 내용, 의미, 표현이다. 앞서 모가 난 비평이란 작품과 이를 부정하는 텍스트 즉 매우 복수적 해석의 산물이다. 직물이라는 원래의 뜻처럼 텍스트는 여러 코드가 상호작용하는 대화의 장이다. 여기서 층위라는 개념이 일컬어졌다. 그리고 이 복수적 개념의 의미들을 위해서는 읽는 이들도 자신의 독특한 의미를 생산해야 한다. 독자 혹은 관객의 이 행위는 텍스트를 흡수하고 변형하는 것을 뜻한다. 비평적 활동은 이것을 옹호하려는 의식의 산물이다. 비평가로서 좋은 텍스트를 읽고 나면, 뭔가를 '쓰고 싶어'진다. 비평가 자신을 공연이라는 텍스트 속에서 흡수하고 변형시키고 싶게 된다. 그것은 곧 비평가가 텍스트에 응답하는 전신적 행위라고 할 수 있다.

3.5. 비평의 소외

> 정신적으로나 예술적으로 후퇴했다고 말하면, 마치 역사는 진보한다는 나이브한 낙관주의를 역행하는 이단 같지만, 어리석은 낙관주의는 정직한 비관주의보다 더 위험하다는 역사의 교훈 쪽에 오히려 귀를 기울임으로써 미래에 대한 비전을 가져보는 쪽이 더 현명하리라 생각된다. 그러기 위해서는 현재에 대한 냉정하고 날카로운 관찰과 비판이 필요할 것이다.[18]

비평적 글쓰기는 글 맨 앞에 쓴 것처럼, 비장의 힘든 노동이다. 그것은 텍스트에 자신의 기억과 사유를 짜깁기한, 그렇게 짜나간 글쓰기이다. 선생의 비평적 행위는 속으로는 텍스트와 비평가 자신의 대화를 낳

---

18 앞의 책, 261쪽.

았지만, 겉으로는 공연의 작가들과 끊임없는 대립을 야기시켰다. 참으로 힘들었을 것이다. 비평가가 공연의 작가들과 일대일로 굳어지는 것을 경계한 터라, 안팎으로 그렇게 되는 것을 경계하지 않으면 안 되었을 것이다. 비평가는 그들과 같은 연극동네에 있지만, 분리되고 싶은 존재이다. 그 최댓값은 텍스트로부터의 소외가 아니라, 연극을 만드는 또 다른 작가가 되는 것이다. 공연이라는 의미를 글쓰기라는 언어적 행위로 더욱 북돋는 텍스트의 한 구조가 되는 것이다. 이를 위해서는 비평가는 글을 쓰는 자기 자신을 한 치도 거르지 않고 비판해야 한다. 언어 자체가 텍스트마다 달라져야 하기 때문이고, 늘 새로운 언어의 틀을 만들어 내야 하기 때문이다. 텍스트는 의미를 생산하는 끊임없이 움직이는 역동의 장이다. 그동안 한국 연극에서 극작가와 비평가, 연출가와 비평가의 논쟁은 공연을 작품으로 보는 것과 텍스트로 보는 것과의 서로 다른 태도 때문일 터이다. 연극이란 작품을 주도권을 쥔 극작가와 연출가 즉 공연의 작가들이 만들어낸 일의적 세계를 부정한 탓이다. 이런 작가 의도를 읽는 비평에는 오로지 작품의 확인만 있을 뿐이지 재생과 부활은 거의 불가능하다. 작품은 부동적 위치에 머물게 되고, 고인 물처럼 썩게 될 수밖에 없는 노릇이다. 그런 이유로 텍스트가 낳은 산물은 상호텍스트성이라는 것이 아니겠는가. 선생은 주저하지 않으셨다.

3.6. 비평의 형식

우리는 20세기 거의 전 기간을 독립된 민주주의 국민으로, 인간의 존엄과 자유를 지키며 물질적 부를 향유하는 시민으로 살아본 적이 없었다.[19]

---

19 『현대극의 상황과 한국연극』, 현대미학사, 2008, 147쪽.

재현 문화로서의 연극의 탁월함과 독창성은 삶을 통하여 속죄하는 바와 밀접하다. 이것이 집단의식과 연결되면 연극은 축제가 된다. 오늘날 우리나라 많은 곳에서 열리는 연극 축제는 이것과 사뭇 무관해 보인다. 삶의 복판으로부터 슬쩍 비켜나온 것이 축제라고 여긴다. 한국 연극의 많은 축제의 장은 삶의 복판이 아니라 삶의 외곽이고 외장이다. 그 이유는 "연극을 왜 하느냐는 물음, 자기성찰 같은 게 상실되어버린"[20] 탓이다.

3.7. 비평의 회복

> 오늘의 문화현상 중에서 가장 우려되는 현상은 모든 것을 가볍게 웃어넘겨버리려 드는 '트리비얼리즘'이다. 진지성과 성실성이 결여된 문화는 이미 그 자체가 병든 문화로서 …(중략)… 오늘 한국 연극의 정신적 빈곤을 드러내는 또 하나의 현상이 신파극의 부활이다. …(중략)… 그 허황된 과장과 지독한 센티멘털리즘과 예술적 기율의 부재가 팽배하는 트리비얼리즘과 야합하여 생의 진실성과 진지함을 덮어버린 …(중략)… 신파극은 오직 연구의 대상으로서 우선 연극 실험실로 돌려버려야 된다.[21]

> 요즘의 한국 연극을 보고 있노라면 연극은 이제 죽은 것이 아닌가 하는 느낌이 들 때가 적지 않다. …(중략)… 연극은 죽었다. 결코 빈말이 아니다.[22]

정말 연극은 죽은 것일까? 연극 삶을 살기 위하여 관객은 사라지는 공연, 죽어가는 삶을 살면서 살려달라고 외치면서, 슬픔에 사무쳐 발버

---

20 『공연과 리뷰』 여름호, 2008, 194쪽.

21 『현대극의 상황과 한국연극』, 현대미학사, 2008, 75쪽.

22 위의 책, 91~92쪽.

둥치고 있는 존재이다. 상복을 입은 엘렉트라처럼. 극장은 연극이 삶을 죽이는 터이다. 그리고 죽인 삶을 묻고 새로운 삶의 이삭을 틔우는 너른 밭이다. 연극의 형식은 그 이삭을 이삭으로가 아니라 가루로 빻아서 새로운 것을 잉태하는 뜨거운 자궁이다. 그리고 관객들은 자궁 속에서 구워 익힌 것을 나눠 먹는다. '빵과 인형극단'이 그러했다. 그들은 무대 한 구석에 빵을 굽는 화덕을 늘 만들어놓고 연극을 시작했다. 요즘 말로 복사열을 내는 오븐인 셈인데, 그곳에서 늘 빵을 구워 공연이 끝날 무렵에 관객들과 나눠 먹었다. 아주 오래전에, 그들은 우리나라에 와서도 남산 국립극장 너른 마당에서 그렇게 했다. 그들은 빵을 주었지만, 실은 연극이라는 빵이 되어 우리들에게 먹힌 존재들이었다. 기꺼이 먹히는 사람들, 그들이 연극하는 사람이다. 빵을 굽는 뜨거운 열정이 곧 연극하는 이들의 열정인 셈이다. 삶을 무덤 속에 가두는 일이 연극의 첫 번째 일이요, 죽인 삶으로 새 삶을 거두는 예술이 연극의 두 번째 일이다. 이렇게 쓰고 나니, 이 삶은 그리스 주신이며 연극의 신인 디오니소스가 겪어야 했던 으스러짐과 재생의 과정과 하등 다를 바가 없다.

3.8. 비평의 희망과 실천

오늘도 역시 새로운 아픔과 상처가 여전히 계속되어가고 있다.[23]

양질의 연극을 창조하려는 노력이 없는 한, 우리 연극은 외면당하고 반연극적 편견을 더 심화시킬 것이다.[24]

23 『한국연극의 쟁점과 반성』, 현대미학사, 1992, 110쪽.

24 『현대극의 상황과 한국연극』, 현대미학사, 2008, 130쪽.

진흥기금은 취로사업비는 아니다.[25]

연극의 뒷배경은 사실이고, 앞가림은 허구이다. 사실의 배고픔과 분노가 허구를 낳는다. 그런 면에서 허구는 하나의 음모이며 이야기이며 사실의 호소이며, 사실을 달래는 씨와 같다. 이것이 연극의 고전적인, 숭고한 정신이다. 허구는 더러 사실을 선동하기도 하지만, 궁극적으로는 사실의 먹잇감과 같다. 허구로 사실과 싸우는 것이 아니라 허구라는 손을 내밀어 사실과 화해를 청하기 때문이다. 허구는 연극이 가진 특권이다. 그런 면에서 보면, 한국 연극을 지탱하는 이러저러한 지원 보조금은 허구인 연극이 사실과 결탁하는, 그 대가로 받는 뇌물처럼 보인다. 지원금을 받아 의지할수록 허구는 감금될 수밖에 없고, 스스로를 포기할 수밖에 없는 노릇이다. 오늘날의 지원금은 연극의 구제도 즉 연극의 앙시앙 레짐이다. 연극은 지원금이 아니라 연극인 스스로의 절실한 요구에 의해서 만들어져야 한다. 허구는 연극이 확립해야 할 주어진 자유의지이며 실천이다. 관객의 호응은 이것에 보내는 갈채이다. 오늘날 한국 연극은 연극을 창출하기 위한 여러 가지 요소들을 다 가지고 있는데, 개중 빠진 것은 허구 정신이다. 무대, 텍스트, 배우, 장치 등이 있지만 연극이 없다니 무슨 뜻일까? 허구는 연극을 연극답게 만드는, 비유를 하자면 빵을 부풀어 오르게 하는 효모와 같은 것이다. 효모는 빵의 허구이다. 연극에서 그것들이 자취를 감추었다. 이때 남는 것은 연극에 대한 환각일 뿐이다. 비장의 노동이 있다면 가볍고 허튼 노동도 있기 마련이다.

25 『한국연극의 쟁점과 반성』, 현대미학사, 1992, 252쪽.

3.9. 비평의 욕망

> 좋은 연극의 패러다임이 바뀌어버렸어요. …(중략)… 연극은 결국 삶의 문제, 진지한 삶의 문제 …(중략)… 작품이 없는데, 무슨 비평을 합니까?[26]

> 인간이 패배하는 것은, 모르고도 알고 있다고 생각되는 것들에 의한 것뿐이다.[27]

유언처럼 선생은 이렇게 말씀하시면서 글쓰기로서의 비평과 숨쉬기로서의 생을 동시에 마감했다. 좋은 작품과 좋은 비평의 부재는 한국의 현대연극의 쇠락을 의미한다. 도대체 연극은 다 어디로 갔는가? 연극을 만들고, 구경하는 이들의 정신까지도. 한국 연극의 거점이라고 하는 대학로를 비롯한 연극 지역에는 공연 투기꾼들만이 알게 모르게 공연장을 중심으로 구경값을 올리며 폭리를 취하며 재미를 보고 있다. 대학로는 엄격하게 말하면 연극을 모아놓는 곳이 아니라 연극을 내쫓는 곳이 아니겠는가? 그렇게 해서 한국 연극의 질 낮은 평등을 이루는 곳이 아니겠는가? 이제 대학로 극장들의 전유물이 된, 날로 늘어나는 뮤지컬 공연은 수입품이든 아니든 보는 이들에게 눈의 포만감을 준다. 그것은 날로 더 심해질 것이다. 연극은 이제 사람들의 간절한 욕망 속에서 존재하는 것이 되어버린 것은 아닌가? 연극 없이도 사람들은 아무런 불편 없이 지낼 수 있게 된 것이다. 연극이 없다고 아우성치고, 작은 소란이 있었다는 말은 들어보지 못했다. 그 누구도 내게 연극을 달라고 말한 적이 없었다. 분명 연극은 빵과 밥보다 훨씬 못한 것임에 틀림없다. 연극 없이도 삶의

---

26 「이 시대는 연극의 시대가 아니다」, 『공연과 리뷰』 여름호, 2009, 193~194쪽.

27 『현대극의 상황과 한국연극』, 현대미학사, 2008, 281쪽.

평화는 찾아온다. 긴 역사 동안, 연극의 생산이 충분하지 않았으므로 연극의 분배 또한 제대로 이루어진 적이 없었다. 여기서 한국 현대연극의 젖줄과 같은 거점을 어디에 마련해야 하는가라는 문제가 제기될 수밖에 없다. 이름하여 연극의 국산화라는 문제이다.

4. 연극과 글쓰기로 사셨네

4.1. 비평의 의식

> 최근 우리의 연극은 정체와 무기력의 늪에 빠져 있거나 정신적 도덕적 타락에 침윤되어 있음을 본다.[28]

> 오히려 극장은 화려한 반면에 무대는 더욱 초라해 보일 수가 있다.[29]

> 사실 나는 요즘 다른 무엇보다도 연극 얘기가 나오면 자리를 피하고 싶고, 자꾸 어눌해지는 자신을 발견한다. 극장에 가기가 두렵고 사람 만나기가 거북스럽다. …(중략)… 좋은 작품이 좋은 비평을 낳는다는 것은 역시 명언이다. …(중략)… 욕은 듣는 사람에게 불쾌한 만큼 하는 사람에게도 불쾌한 법이다. 특히 비판은 창조적 재생이 가능하다는 예측 밑에서 해야지 그렇지 못할 때 그것은 듣는 자나 하는 자에게 오로지 해독이 될 뿐이다.[30]

연극이 죽은 시대에, 선생은 유언과 같은 말들을 이처럼 쓰셨다. 연극은 어머니와 같은 여일한 여성형의 예술이다. 단박에 말하자면, 오늘날

28 『한국연극의 쟁점과 반성』, 현대미학사, 1992, 184쪽.

29 『현대극의 상황과 한국연극』, 현대미학사, 2008, 131쪽.

30 『한국연극의 쟁점과 반성』, 현대미학사, 1992, 249쪽.

한국 연극은 독보적인 남성형에 가깝다. 땅과 수난과 은혜의 연극이 아니라 결코 훼손되지 않는 기념비와 같은 연극이다. 연극하는 이들의 기쁨은 극장을 찾는 낯선 사람들을 맞이하는 데 있다. 서구 고대 문학에서 읽을 수 있는, 그 낯선 사람들 속에서 천사를 대접할 수 있다는 데까지는 말하지 않겠다. 한국 연극을 찾는 관객들에게는 낯선 이들이 거의 없다. 낯선 사람을 받아들이지만 겉으로 보면 너무나 쉽게 많은 이들을 받아들이는 예술도 연극이다. 그런 면에서 연극은 명백한 예술이지만 크게 합리적인 예술은 아니다. 달리 말하면 연극은 그러한 합리를 뛰어넘은 예술이라고 말해야 옳을 것이다. 어두컴컴한 저승과 같은 극장에서 삶의 의식을 치르는 이들은 모두 같다고 믿기 때문이다. 한국 연극에 필요한 것은 이러한 예식을 공유하기 위한 시련과 고통을 통한 생명 의식이며 신비한 삶에 접근하는 노력일 터이다.

4.2. 비평, 삶의 양식

> 좋은 작품은 비평하는 입장에 서 있는 사람에게 그의 행위를 정당화시켜주고 그의 행위를 보람 있는 것으로 만들어준다. 왜냐하면 비평의 본분은 결점만을 들추어내는 것이 아니라 좋은 점을 찾아주는 것이기 때문이다. 따라서 비평이 그 비평의 기능을 다할 수 있기 위해 항상 우수한 작품이 곁에 있어야겠다는 요구는 비평의 운명이라 할 수 있다. 작가와 비평가 사이에 흔히 있는 적대 관계에서 비평가에게 복수할 수 있는 유일한 기회는 정말로 우수한 독창적인 작품을 생산해내는 것이라는 이유는 바로 비평의 그러한 운명 때문이다.[31]

삶이 죽음으로 되돌아가 다시 씨알로 되살아오는 연극…… 그래서

31 『한국연극의 쟁점과 반성』, 현대미학사, 1992, 249~250쪽.

연극은 예로부터 가을 추수가 끝나는 즈음에 절정을 이룬다. 먼저 죽(어야 하)고 나중에 태어나는 예술이므로. 그러나 허튼 말이기도 하겠다. 오늘날 성스러운 것은 사라졌으므로. 성스러운 운명, 성스러운 국가, 성스러운 공화국이란 단어는 참으로 낯설기 그지없지 않은가! 나아가 연극하는 이들은 연극이라는 의식을 집전하는 사제와 같이 종신직이 아니지 않겠는가! 근대 한국 연극의 선구자들의 의식은 거의 모두 연극이라는 교리를 설명하고 실천하는 예언자와 제사장처럼 되고 싶어 했다. 어떤 부분에서는 스스로 그런 존재라고 여겼다. 한국 근대연극사를 보면, 순회극단의 역사가 한쪽을 차지하는데, 이들은 연극예술의 선각자라는 자각을 지니고 있었으며, 연극을 보물로 여겨 방방곡곡을 찾아다니며 그것을 봉헌하고자 했던 이들이라고 말해도 될 듯하다. 그러나 이들의 계획은 그리 성공적이지 못했다. 그 이유는 그런 행위가 연극의 증식보다는 세속적 영광의 교두보였을 수 있었기 때문이었을 것이다. 오늘날 연극은 그래서 즐겁기는 하지만 경건하지는 않다. 디오니소스 신과 여신도들이 행렬할 때, 그들이 손에 쥐고 몸에 단 여러 가지 소품들 거의 모두 빵으로 만든 것이었다. 섬세한 장신구들은 밀가루 반죽으로 구워 만든 것이었다. 그들은 곡물의 낱알에서 겨를 골라내는 도구인 키를 들고 행진했었다. 나는 여기서 밀가루와 빵과 포도주에 주목하고 싶다. 이 부분은 연극의 삶, 삶의 연극을 이해하는 데 매우 중요한 단서가 될 수 있다. 디오니소스 행렬을 포도 수확기를 맞아 곡물의 여신 축제에 포함시켰기 때문이다. 이름하여 빵과 포도주 그리고 연극이 이렇게 한통속이 되는 순간이다. 낱알에서 빵을 생성하는 죽음과 삶의 양식 그리고 그것에 덧붙여지는 포도주의 양식, 그것은 무거운 양식과 가벼운 양식, 엄숙한 양식과 즐거운 양식의 복합이다. 연극은 이렇게 삶과 같은 성스러운 씨알의 죽음과 부활의 예술인 셈이다. 지상에서 가장 좋아했던 일이 연극하는 일이었다면, 그것을 계속할 수 있어야 하는 것처럼.

4.3. 비평의 법칙

> 연극은 인류가 알고 있는 최상의 커뮤니케이션의 방법이고, 생의 본질에 가장 가까이 접근할 수 있는 양식[32]

> 연극에서 우리의 동시대인으로서의 한국인과 그의 삶이 사실 그대로 의미 있게 묘사되는 경우가 거의 없다는 사실은 오늘의 한국연극에 대한 비판의 표적이 된 지 이미 오래다.[33]

지난 몇십 년 동안, 한국 연극에는 많은 외국 연극들의 공연이 있었다. 외국 공연에 대한 빗장이 있었던 것은 아니었지만, 이런저런 축제에 외국 공연들은 물밀듯 쏟아져 들어왔다. 자국의 공연을 보호하기 위해 외국 공연에 대한 보호관세가 필요한 것인가? 한국의 공연이 외국에서 공연을 한 경우도 많았지만, 이제는 공연은 국제 시장을 형성할 만큼 탈바꿈되었다. 시장은 경쟁과 이윤을 추구할 수밖에 없다. 아비뇽, 에든버러 연극제 등과 같이 잘 알려진 세계 유수의 공연 축제는 정확하게 말하면 공연의 아트 마켓이다. 세계 연극의 조류는 여기서 결정되기 마련이다. 옛 연극은 사람들의 기억에서 사라지고, 새로운 연극들이 연극의 법칙으로 적용되기 시작한다. 그 결과 가난한 연극은 점점 더 가난한 연극이 될 수밖에 없고, 부자 연극은 좋은 연극이라는 이름으로 점점 더 부유한 연극이 될 수밖에 없다. 연극도 세상의 법칙, 시장의 논리대로 적용될 수밖에 없게 되었다. 예컨대 엘지아트센터에서 수입한 공연들을 보면서, 엄두도 낼 수 없는 메커니즘을 지닌 공연들을 멍하니 바라볼 수밖에 없었던 적이 많았다. 이렇게 되자, 자국 안에서도 메

---

32 『현대극의 상황과 한국연극』, 현대미학사, 2008, 32쪽.

33 위의 책, 244쪽.

이저와 마이너 연극들이 구분되었고, 마이너 연극들은 자신들의 연극이 패배하고 있다는 것을 받아들일 수밖에 없게 되었다. 소농과 같은 연극 집단들은 연극 생산을 그만두는 것 외에는 달리 도리가 없게 되었다. 겉잡아서 말하면, 연극의 생산과 유통은 영원하지만, 눈도 뜨지 못하고 더듬거리는 작고 연약한 연극들은 보잘것없는 것으로 치부되어 점차 잊혀져갈 뿐이다.

4.4. 겸손한 비평

> "이 우울한 연극 풍토에서 연극을 사랑하는 심정은 여일하여 …(중략)… 끝으로 이 책의 출간의 배경과 숨은 힘이 되어 준 모든 연극인들에게 …(중략)… 감사하다고 인사를 드리고 싶다.[34]

연극의 빛과 같은 진리가 있다면, 그리고 그곳에 도달하고자 한다면 분명한 것은 연극의 대지로 돌아가는 것일 게다. 그러나 어떻게 그곳에 갈 수 있단 말인가? 연극의 땅으로 되돌아가 연극을 심어 빵과 같은 공연을 어떻게 수확할 수 있단 말인가? 연극의 권력으로부터 멀어져, 여일한 심정으로 농부처럼 승려처럼 연극하는 것은 가능한가? 농부의 아들로 태어나 수도원 성직자였던 멘델이 떠오른다. 가난한 농부의 아들이 신앙심으로 식물의 유전에 매달려 좋은 종자를 건져낸 모습은 오늘날 한국 연극의 식물성을 추구하는 데 중요한 단초가 된다. 세상과 거리를 두고 살되, 삶을 전적으로 신앙에 의지하면서 세상에 봉사하는 삶을 추구하는 멘델의 삶은 오늘날 한국 연극에 시사하는 바가 크다. 멘델이 말한 종의 불변성, 그것은 곧 파괴할 수 없는 연극의 고유한 특성과

34 『현대극의 상황과 한국연극』, 현대미학사, 2008, 6쪽.

형질을 깨닫게 한다. 멘델이 말한 과학적 유전의 법칙은, 유전적 성질은 시간과 환경의 변화에도 불구하고 결코 사라지지 않는다는 것이다. 물려받은 연극의 전통, 다른 말로 하면 연극의 유전은 사라지지 않을 것이다. 그렇게 믿고 싶다. 아직은. 선생은 연극의 유전, 그것에 감사하다고 인사를 드리고 가셨다. 간명하되 지상을 떠나면서 남기신 따뜻하고도 겸손한 인사이다.

5. 생은 다시 육체로 기어들고

선생은 젊은 시절부터 그로토프스키의 말을 자주 인용하셨다. 사실 선생은 에릭 벤트리보다 훨씬 더 많이 그로토프스키의 입장에서 생과 연극을 하나로 통일하고 계셨던 것이다. "우리가 자기를 지키기 위해서 필요한 것은 자꾸 무장을 갖추는 일이 아니라 무장을 해체하는 일이다"라고.[35] 그리고 "예술가만큼 시대의 고뇌를 통렬히 느끼는 사람은 없다. 예술가만큼 시대를 앞지르고 내일을 예시해주는 사람도 없다. 그러나 우리는 오늘날 그처럼 아무 비평적 안목도 갖지 못하고 무분별하게 번역극을 하고 있는 사람들에게 그 같은 예술가적 명예와 존경을 바치고 싶지 않다. 예술가가 그의 예술 행위로 존경을 받지 못하게 된 사회, 그것은 참으로 개탄해 마지않을 풍토요, 사회다. 그런 사회에 어찌 미래를 기대할 수 있겠는가."[36] 그렇구나. "우리의 정신을 피폐하게 만들고, 우리의 삶을 추하게 변화시킨"[37] "오늘의 시대가 연극의 시대는 아니다"[38]

35 『현대극의 상황과 한국연극』, 현대미학사, 2008, 27쪽.

36 『한국연극의 쟁점과 반성』, 현대미학사, 1992, 286쪽.

37 『현대극의 상황과 한국연극』, 현대미학사, 2008, 147쪽.

38 위의 책, 5쪽.

라는 선생의 말씀, 자꾸만 울리고 울린다. "자기의 모든 것을 연극 속에 던지"[39]시면서 자신을 해체하셨던 선생은 우리들에게 "오직 벌거벗은 영혼과 진실에 대한 뜨거운 사랑만"[40] 남기셨다. (2009)

39 『한국연극의 쟁점과 반성』, 현대미학사, 1992, 105쪽.

40 위의 책, 128쪽.

부름과 만남
— 황정현과 교육연극

내가 땅에 묻힐 때, 내 잘못이 당신을 괴롭히지 않기를…… 날 기억해줘요. 그러나 내 운명은 잊어주기를.

When I am laid in earth, May my wrongs create no trouble in thy breast; Remember me, but ah! forget my fate.

— Henry Purcell, 〈Dido and Aeneas〉 부분

1. 자신보다 고귀한 가치들

한 사람을 만나서, 그에 대해서 글을 쓴다는 것은 기억 속 이야기와 시간의 흔적들을 건져낼 뿐만 아니라, 그가 지니고 있었던 깊고 어두운 마음의 심층까지를 포함해야 하는 정성이다. 황정현 선생의 추모 심포지엄의 글을 청탁받고, 책상에 앉아 참 오랫동안 지정거려야 했다. 선생이 남긴 것은 참 많았지만, 그것들을 한데 모으는 일이 어려웠다. 삶에 대한 단정, 그것은 삶의 재발견을 위한 그동안의 모든 시간들을 없애야 하는 노력이다. 삶의 원천까지 거슬러 올라가야 하기 때문이었다. 단절, 그

것은 원천으로 거슬러 올라가기이다. 한 사람의 생은, 살아 있을 때, 책들의 집처럼 도서관이 되고, 생을 달리하고 나면 시간을 축적하는 박물관이 된다. 삶의 흔적들을 모은 도서관의 풍경과 박물관의 시간은 겉잡아서 의식과 무의식의 분리를 뜻하는 것은 아니다. 선생이 보여준 것들이 기억 속에 선생의 그림자처럼 남아 있다. 겸손한 웃음, 단아한 걸음걸이, 늘 정장 차림의 옷매무새, 결코 큰 소리로 장황하게 말한 적이 없는 예의 등이 그가 보여준 도서관 속 정렬된 삶의 풍경이라면, 작년 오늘부터 한 해가 지난 지금, 박물관의 시간은 제대로 보이지 않는다. 박물관(museum)은 기억[muse]의 집[um]이다. 기억은 과거의 시간이고, 과거의 시간은 그대로 머물러 있지 않고 변형되기 마련이라, 선생이 남긴 그림자보다 훨씬 어렵고 복잡한 기억, 심혼과도 같은 것들은 해석이 필요한 일이다. 선생과 함께했던 나날들을 다시 꺼내 읽었다. 기억들은 선생의 심혼에 대하여 이렇게 말하는 것 같다. "선생은 삶 내내, 참아내느라 당신 스스로를 억눌렀어야 했어, 한 치도 어긋남 없이 집과 학교를 오가는 정직한 삶을 사셨어, 강의실에서도 결코 앉아서 강의한 적이 없으셨어……. 누구에게도 제 삶의 걱정거리들을 말할 수 없으셨어……." 육체에도 용수철이 있었던 것처럼 그렇게 선생은 사셨다. 선생에 대해서 기억하는 것들은 거의 모두 선생의 결여일 수도 있다. 선생에 대해서 아는 것보다 모르는 것과 알아보지 못한 것들이 더 많을 수 있다. 마치 17세기 영국의 작곡가 헨리 퍼셀의 오페라 〈디도와 에네아스 Dido and Aeneas〉(1689), 마지막에 나오는 노래 〈내가 땅에 묻히게 될 때 When I am laid in earth〉의 후렴구처럼, 선생은 자신을 기억하되(remember me), 아무도 불편하게 하지 않게 하려고 제 운명을 잊으라고(잊으려고, but ah! forget my fate) 한 것 같다

선생을 만나게 된 것은 그로부터, 단 한 번의 투명한 '부름' 덕분이었다. 부름은 이름을 솟아오르게 하는 소리 행위이다. 그 부름은 그가 세상

을 떠났을 때도 똑같이 내게로 다가왔다. 부름은 다가옴이다. 오랫동안 선생이 편찮으셨던 것을 알고 있었던 터라, 그 마지막 부름의 울림은 사뭇 달랐다. 부름은 글을 쓰는 것이고 듣는 이에게는 번역하는 것이다. 그 부름이 명백해도 예측 불가능한 죽음처럼 설명할 수 없는 부분이 있다. 마지막 부름이 떨고 있었다. 불안한 부름이었다. 부름이 날 떨게 했다. 나는 두려웠다. 부리나케 차를 몰고 말을 하지 않은 채 강을 건너 달려갔다. 강물이 바다로 휩쓸려 들어가는 것 같았다. 선생은 큰 병원, 지하 장례식장에 누워 있었다. 아마도 눈꺼풀이 닫혀 있었을 것이다. 일어나지 못한 채. 그렇게 그가 있었고, 더 이상 부름은 없었다. 부름은 부르다라는 동사의 명사형이다. 누군가를 부르다, 불린 이는 부른 이에게로 다가간다. 부름은 다가서서 만나는 일로 매듭지어진다. 그러나 부름도 죽음에 익숙하지 못하기는 마찬가지였다. 영원한 결별은 불가능하다.

1990년대 초반 혹은 중반, 아, 이렇게 날짜가 불안하게 가라앉는다. 선생을 서초동 서울교대, 그의 작은 연구실에서 처음 만났다. 익숙하지 않은 공간이었다. 마지막 부름이 있었을 때, 일원동 삼성병원에서 눈을 감은 그를 만났다. 병원은 맑고 깨끗하게 보였지만, 그곳은 선생이 더 이상 가지 못한 채 누워 있는 항구 같았다. 장례식장은 더 이상 병원이 아니라 살아 있는 우리들의 미래를 반영하는 곳이었다. 계단을 따라 내려가는 것이 겁이 났다. 병원 장례식장은 이전에도 몇 번 와본 터라 물어볼 필요도 없는 곳이었다. 모퉁이를 돌아서 선생이 있는 곳으로 가기까지는 어둠을 기다려야 했다. 그 끝은 어디일까? 바다? 선생은 기다리고 있는 것일까? 아무것도 보지 않고 곧장 익명이 아니라 유명의 이름을 따라갔다. 선생의 가족들이 위태롭게 있을 것 같아 걱정이 되었다. 장례식장은 한 생의 부분이 아니라 생의 전체가 있는 곳이었다. 죽은 자가 있는 세상의 중심이었다. 삶이 이제 비로소 독자적이고 단수적인 존재가 되는 곳이었다. 영정은 언제나 존재 그 자체에 비해서 빈약했다. 영정 주위를 감싼 국화꽃은 무늬를 이루고 있었지만, 죽은 이를 재생할 수는 없었다. 영정은 사공 없는 빈 배와 같았다. 소멸이란 이런 것일까?

2013년 12월 9일 월요일, 선생은 학교에서 동료와 제자들에게 고별 강의를 했다. 오후 6시에, 그것은 세상을 향한 아름답고도 뜨거운 고별사였다. 다음 날, 화요일, 선생은 생사를 달리했다. 봄날이 아니라 차가운 겨울이 시작될 무렵이었다. 고별 강의, 그것은 목청껏 노래하는 것이었을까? 고별 강의 이후, 선생은 식물처럼 말이 없었다. 죽음은 삶을 지탱하는 열기의 소멸이다. 자신에게 닥칠 불행에 대한 걱정을 하셨던 것일까, 갑작스러운 고별 강의는 죽음 앞에서 변경이나 지연 아니면 취소가 가능한 것이었으리라. 그것은 우리들의 희망이었을 뿐, 선생은 죽음 앞에서 조금 서둘렀다. 어둠과 죽음은 같이 있었다. 죽음을 멈추게 할 수 없다는 것을 어둠 속에서 알고 계셨던 것이었을까? 고별 강의 후 돌아가셨다는 것은 매우 상징적이다. 고별 강의하면서 그가 본 것은 무엇이었을까? 죽음이 들이닥치는 순간에 선생이 본 희미한 여명 같은 것이 고별 강의의 언어였을 것이다. 생의 끝자락에서 한 고별 강의는 집단적인 언어가 아니라 지극히 개인적인 언어의 정수, 자신의 양심과 한 치도 어긋나지 않는, 삶의 모든 진정성과 일치하는 언어였으리라. 삶이 언어에, 언어가 삶에 매혹되는 순간이었을 것이다. 더 이상 지식 간의 계급도 없는 언어들, 너와 나를 구분하는 싸움도 없는 언어들, 그렇다고 교과서적인 언어들도 아닌, 독선적이지도 않은 언어였으리라. 우리는 선생의 마지막 언어의 의미를 완전하게 이해할 수 없다. 그리고 갑자기 선생은 응시를 멈추었다. 화석처럼 굳어져버린 것이었다. 더 이상 선생에게서 열정을 보지 못하는 순간이었다. 죽음은 삶의 방식에 동의하지 않는 것, 삶에 적대적인 것, 우리 모두를 배제하는 것…….

선생을 만나서 알고 지냈다는 것은 무엇일까? 부름은 열정의 소산이고, 만남의 능산이다. 부름은 끌어당겨서 새겨놓는 눈금과도 같은 것이다. 부름은 곧 한 세계로의 침투와 같은 만남을 가능하게 한다. 부름과 만남은 이렇게 나와 다른 세상을 받아들이는 것이고, 그렇게 지속되면 좋은 것이다. 선생이 처음으로, 우연하게 한 부름은 자연의 부름과 같았고, 마지막 생이 끊긴 죽음 뒤의 부름은 불안이 엄습했던 부름이었다. 모두 선생이 한 과거의 것이었다. 처음에는 서서, 나중에는 누워서, 그 차이만 있을 뿐이었다. 앞의 첫 부름과 뒤의 끝 부름은 모두 근원을 만들었다. 지금 그 근원에 이르고 있다. 무엇이 선생을 알게 했을까? 어떻게 선생 앞에서 이르게 되었을까? 부름은 머물러 있음이다. 왜 선생은 날 만나자고 했을까? 이 글을 쓰면서 그것을 알고 싶었고, 찾아내고 싶었다. 선생은 언제나 명백했다. 선생의 삶은 나보다 훨씬 엄숙했다. 선생은 길들여진 삶에 언제나 반복적이었다. 부름 사이에서 우리들은 만났고, 이곳저곳에서 얼굴을 마주했고, 연극교육, 교육연극에 대하여 많은 이야기를 나누었다. 선생은 문학교육의 장에 있었고, 나는 연극교육의 장에 있었다. 지금 돌이켜보면, 선생은 문학으로 연극을, 나는 연극으로 문학을 기다리고 있었다. 부름은 기다림을 낳는데, 선생은 그의 연구실에서 언제나 버티고 앉아 기다리고 있었다. 우리들은 서로 벗어나기 위하여 만난 것 같다. 빈 벽면이 없는 그의 방에서 책들만이 선생이 기다리고 있는 모습을 바라보고 있었다. 선생의 연구실 문을 열고 들어가자, 선생은 읽던 책을 덮고 문 앞으로 다가왔다. 나는 그냥 혹은 유심히 선생을 바라보았다. 선생은 책들로 뒤덮인 긴 테이블을 정리하고, 마실 물을 내어주었다. 해가 진 저녁 즈음, 복도에는 사람들의 인적이 드물었다. 막막했던 것은 좁은 연구실의 공간보다는 그 안의 시간에서였다.

2. 손을 내민 과거들

선생은 왜 문학으로 가득한 방에서 연극 책을 읽고자 했던 것일까?

문학보다 더 오래된 과거로 연극을 생각했던 것일까? 문학이 감동이라면, 연극은 그보다 더 오래된 감동 같은 것이라는 것을 알게 된 이유 때문일까? 문학의 시선에서 보면, 연극은 결코 새로운 시선이 아닐 것이다. 다만 문학이 부르는 이름과 같은 것이라면, 연극은 그 부름이 거주하는 공간이라고 할 수 있다. 아니면 문학이 부르는 것이라면, 대답하는 것이 연극이라고 말할 수도 있을 것 같다. 문학의 선생이 연극의 날 부르는 것은 환대였다. 문학보다 연극이 모든 사람에 속하며, 모든 이들이 혼자 혹은 여럿이 사용할 수 있는 것이다. 문학이 부르는 것에 연극의 대답을 듣기 위하여 선생이 애타게는 아니지만 기다리고 있었던 것은 분명해 보인다. 말로써의 부름이 문학의 목마름이라면, 연극은 그 부름을 체험하되, 더러는 공개적으로, 다른 이들과 함께 성찰하는 것이라고 할 수 있다. 문학이 자신이 쓰되 주로 3인칭으로, 혹은 2인칭으로 말하는 것이라면, 연극은 처음부터 나와 타인을 공개된 장소에서 가담의 협의자로 만들어버린다. 문학이 명상이라면, 연극은 육체가 모여 만든 공동체와 같다.

선생은 문학에서 연극으로, 그러니까 교육연극으로 문학이라는 개인의 한계 속으로 곤두박질치는 것을 스스로 방해했고, 그렇게 되도록 하지 않았다. 문학이 연극으로 자신의 계보를 반영한 것은 문학이라는 개인이 비로소 집단이라는 연극 속으로 옮겨오는, 이를 위해서 문학이라는 사회 속에서 분리되는 불안 혹은 기쁨이었을 것이다. 많은 이들이 교육연극을 연극의 효용으로 말하지만, 선생이 문학에서 연극에 이르고자 했던 것은 단순한 응용이나 효용으로 말해질 수 없다. 고별 강의 후, 선생의 육체가 벼락처럼, 갑작스레 멈춘 것처럼 선생은 온몸으로 살고 싶었기 때문이었으리라. 교육연극으로의 경도가 문학의 원인, 결과가 아니라, 선생 자신의 원인이고, 결과일 것이다. 개별적인 것의 산물로서 문학이 아니라, 삶을 재현하는 연극, 그 안의 육체에서 선생은 진정한 얼굴을 찾고 싶었을 것이다. 연극은 삶을 드러내고 재현하는 육체의 미묘한 몸짓이다. 선생은 교육연극에서 이 신선한 삶의 원천을 찾고 싶으셨다. 그사이 선생의 삶의 꽃봉오리는 앞당겨 시들어갔다.

선생을 만난 이후부터 생을 마감할 때까지, 처음 읽는 책이 있었고, 책을 같이 읽는 이웃들이 있었다. 그러나 선생의 괴로움을 전혀 알지 못한다. 젊은 날, 초등학교에서 교사로 근무하면서부터 다시 문학 공부를 했던 그 시기에 겪은 고통을 알지 못한다. 그것을 조금이라도 짐작할 수 있다면, 선생이 왜 문학 이후에 교육연극을 그토록 고집스럽게 찾으려 했는지를 알 수 있을 것 같다. 선생은 살아 있으면서 그것을 결코 이웃들에게 알려주지 않으셨다. 아마 제자들도 그것을 짐작만 할 뿐, 모르고 있을 것이다. 선생은 자신의 삶을 결코 미화한 적이 없는데, 마찬가지로 근원에 대해서도 말해주지 않으셨던 것 같다. 서울교대 그의 연구실에서 만남은 작은 밀교를 공부하는 의식 같았다.

밀교는 밀교답게 조촐했다. 그러니까 작은 모임이 아니라, 그 만남이 아름다웠다는 뜻이다. 밀교는 말보다 다른 어떤 것이 지배하는 공간이었고, 공동체였다. 처음에 내가 가져간 이 분야 책들은 각자 앞에 놓인 음식처럼 보였다. 책 앞에서 우리가 나눈 말들은 실은 건성이었다. 선생의 눈은 먹을 음식 앞에서 빛나고 있었다. 그런 이유로 선생의 얼굴도 제대로 보지 못한 적이 많았다. 선생은 배가 늘 고프셨다. 연극 앞에서 선생은 다른 세계에 놓인 자신을 바라볼 수 있었다. 먹을 음식이 눈앞에 놓이면 배가 고프고, 영혼은 떨리는 법이다. 선생은 그 밖의 너무 많은 것을 단호하게 외면했다.

매년 여름방학이 되면 선생은 가평의 도대리로 초대하곤 했다. 가평 북면에서 너른 평야가 있는 제령리를 지나 명지산 쪽으로 가자면 도대리를 거치게 된다. 그 왼쪽에 깊은 백둔리가 있다. 도대리에서 적목리를 거쳐 도마치 고개를 지나면 화천군 사내면이고, 오른쪽 지촌천을 따라가면 춘천시 북한강 상류에 이르게 된다. 도대리 바로 위, 용수목 조무락골은 근대 한국의 밀교 터로 마음의 상처를 지녔던 이들이 세상을 외면하고 모여서 새로운 시간을 체험했던 곳이었다. 도대리 작은, 오래된 화전민 가옥에서 선생은 촌장처럼 보였고, 그곳에서 우리는 처음으로 술을 마시기도 했다. 선생은 술에 약한 나보다 더 약했다. 선생은 젊은 시절부터 몸이 아프거나, 약해질 때마다 이곳에 와서 지냈다고 말했다. 선생과 선생의 동료들이 도대리 화전민 집들을 구입했을 즈음이야말로 선생이 가장 과감했던 때였으리라. 그것은 도대리가 우리나라 화전민의 역사와 삶이 고스란히 잠긴 곳이었고, 중심에서 떨어진 생의 빗장을 여는 중요한 오지였다는 것을 선생은 잘 알고 있었기 때문이다. 도대리는 포옹보다는 분리를 허락하는 곳이다. 도대리에 머물게 되면 눈이 커지고, 침묵 속에 빠지게 된다. 말을 많이 하지 않아도 되는 곳에서 살아나는 것은 눈이다. 도대리는 시선이 남는 깊은 곳이다. 그곳에 가서 저 아래를 내려다보면, 젖은 계곡물이 굽이쳐 흘렀고, 그 위로 빛이 스며들고, 그 건너편에는 있는 초등학교가 모든 것을 기다리고 있었다. 그 허리춤을 계곡물이 감싸고 흘러가고 있었다. 도대리에 있는 선생의 밀교 터는 현실을 비틀어서 새로운 것을 꿈꾸고자 한 이들에게 능히 이상향과 같았다. 그것에 가면 누구나 은자가 된다.

부름은 만남이되, 의식을 낳기 마련이다. 선생과 선생의 제자들을 만나면서 교육연극에 대하여 책을 읽고, 강의를 하고, 글을 쓰고, 워크숍을 했지만, 역설적으로 그 분야에서 멀어지기 시작했다. 생의 잡사에 더 많은 관심을 지니게 된 탓이다. 그즈음 연극은 점점 지리멸렬해지고 있었다. 연극은 사라지지 않지만, 제 몫을 제대로 하지 못하고 있었다. 연극은 정부의 지원에 겨우 명맥을 유지하고 있었지만, 그 대가로 연극 정신, 연극하는 이들의 작가 정신은 점점 위축되고 소실되고 있었다. 그런 이유로 교육연극이나 연극에 대해서 거짓말을 할 수 없었다. 연극은 아주 오래된 집이다. 문학과 연극보다 선행되는 예술이 있다면 유일하게 음악일 것이다. 그즈음, 나는 연극 공부에 부끄러웠고, 음악에 빠져, 아니 음악이라는 너른 바다에 빠져 있었다. 선생의 교육연극 공부는 이 지점에서 출발했다고 볼 수 있다. 연극의 몰락과 위축은 곧 교육의 몰락과 변형을 뜻했다. 연극과 교육의 몰락은 만남의 상실을 뜻한다. 교육연극은 만남의 가치를 최고로 여기고 삶의 저변, 교육의 밑바닥을 헤매는 연극 예술의 보물이다. 밀교 정신은 만나되 몰래 만나 삶의 근원에 매달리는 것이다. 연극과 교육이 광포하게 변모하면서 제정신을 잃고 있을 때, 교육연극을 생각하는 밀교는 새로운 의식을 낳는 서막과도 같았다. 교육연극은 매혹적인 의존이었다. 그러나 나는 이때부터 조금 더 비겁해지기 시작했다. 연극교육, 교육연극에서 떨어져 연극 이전의 것들에 매달리기 위하여 더욱 비언어적 영역으로 빠져 들어갔다. 선생이 날 불러준 희망에 결코 보답하지 못했다. 선생은 날 불러서, 더 공부하자고 말하고 싶어 했으리라. 이 자리를 빌려, 그동안 비언어적 공간 즉 침묵의 공간에 빠져있던 바를 선생에게 고해야만 하겠다.

3. 달리 되는 매혹의 존재

선생은 언제나 변함이 없는 분이셨다. 말하는 것, 걷는 것, 먹는 것, 생각하는 것, 이웃들을 대하는 것, 제 삶을 사는 것에서 늘 시작부터 끝까지 변함이 없었다. 모르긴 몰라도, 선생은 언제나 집과 연구실을 오가면서 제 삶의 대부분을 보냈을 것이다. 나는 그것을 한 치도 의심하지 않고 믿고 있다. 삶과 공부에 있어서 처음부터 생의 끝자락까지 '변함없음'이야말로, 선생이 문학에서 출발하여 연극에서 발견하고, 교육으로 실천하고자 했던 고귀한 미덕이었을 것이다. 그것은 아무것도 하지 않았다는 것이 아니라 여러 갈래 것을 하면서도 추구하려 했던 생의 가장 고귀한 덕목, 그것의 발견이었다. 교육은 어느 곳, 어느 시대에서나 사람에 의해서 사람을 위한 것이어야 하고, 사람을 위하되 참됨을 위한 것이어야 하는 변함없음을 선생은 언제나 믿고 실천했다. 연극이 언제나 고통, 슬픔, 욕망, 소외, 남루를 결코 외면하지 않고 곁불처럼 생의 둘레를 돌보는, 그 변함없음처럼. 선생은 그것을 미리 알았고, 그것을 문학교육과 접목시키려 했고, 그것으로 더 많은 사람들을 행복하게 만들려고 했었다. 그사이 선생의 몸은 조금씩 야위어갔고, 굳어지기 시작했다. 그 자신 말고는 아무도 그것을 미리 알아차리지 못했다. 희생 없는 대가, 아니면 대가 없는 희생…….

돌이켜보면, 서초동 서울교대, 가평의 도대리 연수원, 영국 워릭, 우리는 이곳에서만 서로 만났다. 예외적으로, 교육연극학회를 만들기 위하여 단 한 번 대학로 미술관에 있는 카페에서 만난 적이 있었다. 만남이 20년이 넘었다면, 이것은 말이 되지 않는다. 겨우 고작해야 이런 곳에서만 만났다니. 앞서 말했던 것처럼, 선생이 날 불러, 우리는 선생의 연구실에서 처음 만났다. 어둠이 시작될 무렵, 오후 늦게 어둠이 잠긴 긴 복도를 가로질러 선생의 연구실 문을 두들겼고, 문을 연 맞은편에 선생이 앉아 있었다. 선생은 마실 것을 주었는데, 그것은 항상 정해져 있었다. 병에 든 커피가 있었고, 그 다음 해부터는 직접 커피를 내려주셨다. 아주 간단한 절차였다. 남들처럼 커피에 대하여 미감을 발휘하는 언사가 뒷받침된 것도 아니었다. 그리고 맨 마지막 절차는 학교 앞에 있는 식당에 가서 저녁을 먹는 것이었다. 여기서도 그가 선택하는 식사는 매우 간단했다. 술을 별로 드시지 않는 선생은 한잔하자는 말을 거의 하지 않으셨다. 선생의 식사 속도는 무척 빨랐다. 매번 선생의 속도를 따라가기가 어려웠다. 뭐가 그리 바쁘셨던 것일까? 선생은 하고 싶은 일이 많았다. 욕망은 어느 정도 자신의 두려움과 같을 것이다. 식사 후에 선생은 다시 어둠 속을 걸어 학교로 들어간 적이 많았다. 밤은 더욱 깊어지고 있었다. 그러면서도 선생에게도 어떠한 자부심도 찾아볼 수 없었다. 선생은 한 번도 격렬하지 않았고, 완고할 정도로 독실했을 뿐이다.

우리들의 대화는 가족에 대하여 묻는 일이 먼저였다. 그다음에는 교육연극 문헌에 관한 정보를 나누었다. 그게 전부였다. 선생의 큰딸과 동갑인 딸이 내게도 있었기 때문에 우리는 자연스럽게 딸을 매개로 성장과 젊은이들의 앞날에 대하여 말들을 나눌 수 있었다. 그러고 나서야 가지고 간 교육연극에 관한 책들을 꺼내서 그의 책상 위에 올려놓을 수 있었다. 선생은 내가 유학 시절에 공부했던 케케묵은 책들을 하나하나 들쳐보았고, 그 가운데서 읽어야겠다는 책들은 꼭 빼놓아 복사해서 자신뿐만 아니라 제자들에게도 나누어주었다. 그 책들을 매주 모여서 같이 읽었던 시절도 있었다. 그때 강독했던 책들이 나중에 선생과 제자들의 번역으로 출간되었다. 그 책들은 한국에서 교육연극의 이론서들 가운데 맨 먼저라서가 아니라 좋은 문헌으로서 공부하는 이들에게 큰 도움이 되었다. 그때 읽었던 책들 가운데, 『연극은 지적 행위인가』[1]가 2007년 평민사에서 출간되었다. 그즈음, *Dorothy Heathcote: collected writing on education and drama*[2], *Play, Drama and Thought: The Intellectual Background to Dramatic Education*[3], *Drama and feeling*[4] 등과 같은 책을 가져갔고, 그것들을 함께 읽었다.

만나서 책을 읽으며 1990년대가 흘렀고, 2000년대에는 선생과 함께

1 리차드 코트니, 『연극은 지적 행위인가』, 황정현 · 양윤석 역, 평민사, 2007. 원서는 Richard Courtney, *Drama and Intelligence-A cognitive theory*, McGill–Queen's Univ Press, Monréal, 1989.

2 Edited by Liz Johnson and Cecily O'Neil, Hutchinson & Co. London, 1985.

3 Richard Courtney, Simon & Pierre, Toronto, 1989.

4 Richard Courtney, McGill–Queen's Univ Press, Monréal, 1995.

한국교육연극학회를 만들어 교육연극의 이론과 실천을 확대하고자 했었다. 그사이 서울교대 교사연수 프로그램에는 '교육연극의 이론과 실천'이라는 과목이 생겨, 많은 교사들이 이 강의를 듣기 시작했다. 그리고 선생의 대학원 과정에 교육연극을 전공하는 이들이 하나둘씩 몰려들기 시작했다. 그들은 선생의 말대로, 함께 공부하는 모임 '서초피아'를 만들기도 했다. 선생과 그의 제자들은 교육연극 과정의 반석을 만드는 열의로 앞장섰던 개척자와 같았다. 2000년대에 나는 여러 번 교사 연수에, 대학원 강의에 불려갔다. 참 많이, 연극의 미학이론과 교육연극의 이론을 하나로 묶어 숱한 '설'을 풀었다. 강의가 끝나면 늦은 저녁 시간이 되기 마련이었다. 차를 운전해서 한강을 건넜고, 남산을 가로질러 광화문에 이르렀고, 그다음에는 다시 북악산 자하문 고갯길을 따라 집으로 들어갔다. 그러고 나서 다시 왔던 길을 반대로 서초동 교대로 가곤 했다. 교육연극은 언제나 집으로, 학교로의 귀향이다. 귀향은 향수를 낳는 법, 향수(nostalgie)는 돌아가는[nostos] 아픔[algos]이다. 한 사람이 집 바깥으로 나와 누군가를 부르고, 누군가에 의해서 불리고, 만나서 뭔가를 하거나 나누다가 결국 집으로 달리 되어, 다시 들어가는 리폼의 과정, '쉽지 않은' 여정이다. 집을 나올 때 나와 다시 집으로 귀향하는 나는 조금 다르다. 교육연극은 내가 누군가에 의해서 조금 다르게(allo) 되어가는 '사이', 그 어간에 관한 눈여겨봄과도 같다.

연극은 무엇인가를 말하는 것이지만, 집중적으로 밀어붙이는 것이다. 배우가 연극에서 말하는 것은 암기해서 말하는 것과 다른 무엇이다. 교육연극은 텍스트의 분석과 크게 무관하다. 교육연극은 연극을 암기하는 것이 아니다. 교육연극은 연극 워크숍처럼 실습하고, 공연하는 것과도 크게 멀다. 음악을 연주하는 이들이 어느 순간에 눈을 감고 하는 것처럼, 교육연극이 반복된 실습이나 예정된 공연이 아니라면 그것은 연주에 가까운 것이다. 연주를 육체로 하듯, 자신의 육체 내부에 새겨 넣는 연주처럼, 그렇게 한 번 하고 돌아오지 않는 것을 위하여 밀어붙이는 것이다. 교육연극에서 배우는 작가이고 동시에 연주가이다. 그렇게 해서 배우는 것이다. 배워서 다시 태어나는 것이다. 교육연극의 본질은 배우가 자신의 본질을 만나고, 보는 것이되, 그것을 결코 다 볼 수 없다는 데 있다. 교육연극은 배우의 애도만이 있을 뿐이다. 다시 태어나기 위하여 자신과 매번 결별해야 하는 면에서 그렇다. 선생은 언제나 새롭게 배우고 싶어 했다. 그것을 즐거움으로 여겼다. 우리가 만나서 나눈 이야기는 배운다는 것을 빼고는 매우 단순했다. 문학이 연극과 만나 문학의 장벽이 무너지고, 나중에 연극의 벽이 사라졌다. 부름은 이제 와서 보면, 비밀과도 같은 것이었다. 교육연극은 장벽을 없애고 간격을 사라지게 함으로써 배울 수 있다는 것을 증거한다는 사실을 알게 되었으므로. 문학과 연극의 경계가 사라지자, 문학의 숲이, 연극의 어둠이 사라지는 것이다. 교육연극은 이렇게 비밀의 가장자리에서 함께 비밀스럽게 노는 것이다.

지난해 선생은 삶에서 벗어났다. 우리들 곁을 떠나 먼 곳으로 가, 침묵하고 계신다. 난 선생이 무슨 음악과 누구의 노래를 좋아했는지, 교사에서 교수로 이어지는 동안 생의 기쁨과 좌절이 무엇이었는지를 제대로 알지 못한다. 배낭을 등에 지고 높고 깊은 산에 오른 적이 있었는지, 수영을 해본 적이 있었는지, 자전거 타기를 좋아했었는지, 무슨 음식을 자주 즐겨 드셨는지 아는 바가 없다. 참으로 죄송할 따름이다. 선생은 언제 어디서나 교육과 연극 이외에는 말한 것이 거의 없었기 때문이다. 선생이 남긴 문헌들을 보아도, 교육과 연극에 관한 것들이 대부분이고, 곁으로 말하는 사소하고도 일상적인 내용들을 찾아볼 수 없다. 이제 선생이 돌아올 길은 멀고 아득하기만 하다. 선생을 추모하는 심포지엄이란, 사회에서 벗어난 선생과 결별하는 것이 아니라 그의 삶 전체를 해석해서 우리들 안으로 재편입시키는 의식이다. 장례가 외양의 복제라면, 추모는 외양을 떠나보내고 편입된 그를 반기는 일이다. 이제 서초동 언저리에서 날 불러 끌어들이는 이는 없다. 경복궁역에서 타고 가던 지하철 3호선 서울교대역도 아득한, 먼 곳이 되고 말았다. 지하철에서 내려 잠수부처럼 13번 출구로 기어올라 왔던 이마저 사라지고 있다. 한 사람이 지금 곁에 없다는 것으로 '곳'이 없는 것을, 장소가 모호해지고 있다는 것을 절로 깨닫는다. 만남이 없으므로 연극이 부재한다. 계절의 순환도 멈춘 것 같다. 조금 알 것 같은, 전에 존재했던 선생을 다시는 보지 못할 것이다. 그 대신 이제부터는 선생이 잉태한, 선생의 매혹으로부터 열중하는, 사랑하는, 배우는 이들을 보게 될 것이다. 이게 모두 다 한통속이다.

연극은 달리[allo] 되는, 다른 존재로 새겨지는[graphy] 알로그라피(allography)이다. 그래서 선생은 "교육연극은 연극과 교육의 단순한 물리적 결합이 아니라 연극과 교육의 본질이 화학적으로 융합된 새로운 영역의 학문"이어야 하고, "교육과 연극의 기계적 결합이 아니라 …(중략)… 예술적 관점에서 두 요소를 조명함으로써 화이부동을 가능"[5] 해야 한다는 것을 굳게 믿었다. 선생을 교육연극의 정체성을 찾는 데 앞장선, 자신의 삶에 꼼꼼하기 이를 데 없는, 후학을 아낌없이 사랑한 분으로 기억하는 이유는 여기에 충분하게 있다. 그렇다면, 숙제는 '연극의 힘(les pouvoirs du théâtre)'을 믿고 실천했던 선생이 뿌려놓은 바를 증거하고, 선생의 현존을 우리들 마음속 깊은 우물 속에 넣어두는 일이다. (2014)

5 황정현, 「역자 서문」, 리차드 코트니, 앞의 책.

현실과 연극

— 차학경과 반문화로서의 연극

1. 연극의 미래

2008년 가을, 교토 조형예술대학이 공연한 〈딕테〉의 심포지엄(2008. 9. 16~22)에 참석해서 발제를 했다. 교토 조형예술대학의 공연과 심포지엄은 이미 오래전에 기획된 행사였다. 〈딕테〉는 한국 여성이 쓴 작품이고, 텍스트에서 사용된 언어는 다국적 언어였다. 한국어, 불어, 일어로 쓰여진 이 작품은 다국적 문화 교류를 앞세우는 일본의 대외문화 정책에 잘 맞는 것이었다. 봄에는 연출가와 조연출 그리고 기획을 맡은 이들이 한국 배우들을 출연시키기 위하여 서울에 와서 공개 오디션을 했고, 두 명의 여자 배우와 한 명의 남자 배우를 골라 체재비, 출연료, 항공비에 관한 계약을 맺었다. 조형예술대학 연극학과의 교수이기도 한 연출가 마쓰다는 일본과 한국 배우들과 함께 두 달 넘게 공연 준비를 했고, 공연 언어로 불어, 영어, 일본어를 사용했다. 공연은 성공적이었고, 공연 내내 유료 좌석은 모두 매진되었다. 공연에 앞서 그리고 공연 일정 동안 두 번의 심포지엄이 있었다. 주제는 '반문화로서의 연극—일본과 한국 사이에서'였다. 일본 참여자로는 독일 철학을 전공한 호소미 가즈유키 교수와 리쓰메이칸 대학의 문화사회학을 전공한 이케우치 야스코 교수 등이 있었다. 이 자리에서 나눈 주제의 내용들은 〈딕테〉 공연, 연극, 언어, 자국어, 모국어, 이동문학(디아스포라 문학), 격차사회, 제국의 언어, 식민의 언어, 세계화와 연극 그리고 언어와의 관계 등에 관한 것이었다.

2. 쓰기에서 받아쓰기로, 개인에서 역사로

다국적 언어로 쓰여진 〈딕테〉가 다시 무대에 오르는 것은 연극이 삶의 진부성과 균열을 넘어서는 큰 역할을 지니고 있다는 변함없는 이유 때문일 것이다. 이번 공연은 왜 연극이 필요한가, 연극은 오늘날 무엇을 해야 하는가에 대한 질문에 중요한 대답을 마련해주었다. 연극은 또 하나 다른 글이되, 쓰기이며, 읽기이다. 글쓰기와 읽기로서의 연극은 모든 예술의 명제처럼 새로운 삶의 방식과 사회제도를 꿈꾼다. 글쓰기와 읽기로서의 연극은 현실의 소산이면서, 그 현실을 초월하는 능산이다. 글이 쓰기에서 받아쓰기(Dictée)로 되면 능동(active)에서 수동(passive)으로 변화한다. 수동적 글쓰기인 딕테는 쓰여지는 순간, 글 쓰는 자신이 퇴화될 수밖에 없다. 글 쓰는 자신이 드러나는 것이 아니라 (타자에 의해서 발화되어 들리는 대로) 쓰여지는 내용이 전면에 드러난다. 쓰기가 내용에 집착하는, 무엇을 쓸 것인가를 고민하는 행위라면, 받아쓰기는 받아 쓰는 자신이 고민하는 행위이다. 그것은 올바르게 적어야 한다는 것을 강제하는 말하는 이의 권력과 독재에 대한 것이다.[1] 〈딕테〉의 작가 차학경은 말해지는 내용에 앞서서 말하는 이를 먼저 말한다.

그녀는 말하는 시늉을 한다. (무엇과 비슷하다면) 말과 비슷한 것을.

1 받아쓰기(dictée)와 독재(dictateur)의 어원은 같다.

노출된 신음, 낱말들로부터 뜯겨져 나온 편린들, 그녀는 정확성을 측정하기 위해 주저하기 때문에, 입으로 흉내내는 짓을 할 수밖에 없다. 아랫입술 전체가 위로 올라갔다가는 다시 제자리로 내려앉는다. 그리곤 그녀는 두 입술을 모아 뾰죽이 내밀고 무엇을 말할 듯(한 마디, 단 한 마디) 숨을 들이쉰다. 그러나 숨이 떨어진다. 머리를 약간 뒤로 젖히고, 어깨에 힘을 모아 이 자세로 남아 있는다.[2]

낯선 나라에서 젊은 시절 내내, 모국어가 아닌 언어를 배우며 받아 적어야 했던 작가 차학경에게 민족이란, 국적이란 피할 수 없었던 근거였던 셈이다. 다른 언어로 세상을 받아 적을수록 "그녀는 타인들을 허용"(23)해야 했고, "한 떼가 되어 들끓도록, 모든 불모의 공동이 부어오르도록, 타인들은 각기 그녀를 점령"(23)했다. 그리하여 그녀의 몸에서는 "종양의 층층, 모든 공동이 새 살이 된"(23)다. 그리고 "모든 잉여물들을 축출한다."(23) 이처럼 "기다림으로 해서, 말하려는 고통으로부터의 기다림, 말하지 않기까지. 말하기"(24)의 고통을 경험한다. 한편으로는 "발설"(25)을 위하여, "민족과 국가를 잊어야 했었고, 다른 한편으로는 "멈춤"(25) 즉 잊지 않기 위하여 애를 써야 했었다. 잊을 때 언어가 분열되고, 잊지 않으려고 할 때 고통의 근원이 내려간다. 그런 면에서 딕테라는 받아 적는 글쓰기 행위는 글쓰기를 넘어서는, 글 쓰는 자신이 고통받는, 그러니까 저자를 고통으로 내모는 폭력일 수도 있다.

쓰기와 받아쓰기의 차이는 크다. 〈딕테〉만 하더라도 영어로 먼저 쓰여졌고, 그 안에 한글, 불어가 공존한다. 차학경의 국적이 한국이라고 하더라도 이 작품은 한국과 무관할 수도 있고, 유관할 수도 있다. 받아쓰기는 애초부터 글쓰는, 정확하게 말하면 글을 쓰려고 하는 자신(의 욕

2 차학경, 『딕테』, 김경년 역, 어문각, 2004, 23쪽. 이후 본문의 괄호 속 숫자는 이 책의 쪽을 말한다.

망)이 먼저가 아니라 받아 적어야 하는, 받아쓰게 하는 억압이 선행되는 것이므로, 〈딕테〉는 저자가 자연스럽게 한국에서 태어나 한글과 한자어를 배우고 썼으며, 미국으로 가서 영어의 세계에서 지적 성장을 이루었고, 유럽 문명의 선험적 영역에 속하는 불어, 라틴어로 그 영역을 넓히려고 했던 바에서, '한' 나라라는 지도적 맥락을 훨씬 넘어설 수밖에 없다. 이 지점에서 인문학을 전공한 일본 학자들은 탈식민주의, 탈제국주의, 다양성(diversity), 혼성성(hybridity), 이질성(heterogeneity)과 같은 용어들로 이 작품을 대할 수 있었다. 지난 2008년 3월 22일, 있었던 공개 심포지엄 자리에서, 나는 '동아시아 문학과 예술의 문제'라는 주제로 작품의 내연에 대해서 언급했었다. 언어와 언어의 사이를 말했다. 두 번째 심포지엄에서는 동아시아라는 지리적 배경을 먼저 말하고 이 작품을 달리 보고 싶었다.

3. 연극의 역할—원인과 결과는 개인적이되 역사적이다

동아시아는 그동안 작게는 동아시아 국가들끼리, 크게는 미국이나 유럽과 같은 대륙의 나른 나라와 원하든, 원하지 않든 싸워야 했었다. 그 후 동아시아 문학이나 예술의 결은 그 결과를 승자의 미학으로 기록하고 수식하는 것이 아니라 가학의 고통과 피학의 고통을 말하는 데 있었다. 차학경도 그 예외가 아닐 성싶다. 고통에 이르는 폭력의 원인과 결과는 개인적이되 역사적이다. 그런 면에서 차학경의 〈딕테〉는 동아시아라는 지역적 환경을 공유하고 있는 우리들에게는 과거의 작품이 아니라 미래를 여는 작품이라고 할 수 있다.

심포지엄의 제목인 '반문화로서의 연극—일본과 한국 사이에서'도 여기에 속할 것이다. '반문화'란 한쪽이 다른 한쪽을 일반적으로 억압하는 산물로서가 아니라 그것에 대항하는 의미일 터이다. 적어도 지금까지는 식민제국주의라는 것이 문화적 통치와 같은 명분을 내세워 식민과 지배를 정당화했으므로, 연극을 비롯한 예술은 그것에 저항하는 의미로서 '반'문화를 상정하는 것이 아니겠는가? 억압을 피할 수 없는 식민과 제국주의 글쓰기가 받아쓰기를 강요하는 것이라면, 그것이 문화라는 이름으로 자행되는 것이었다면, 당연하게, 반문화는 받아쓰기에서 쓰기를, 억압에서 해방을 되찾는, 원래의 자리인 쓰기와 해방으로 되돌아가는 환원적 글쓰기 행위이되 미래의 글쓰기가 될 수밖에 없다. 그러므로 딕테라는 받아쓰기에서 그 안에 매몰된 쓰기를 발견하여 일으켜 세우는 일이 오늘의 공연이며, 오늘 이 자리에서 이뤄지는 말의 잔치 즉 심포지엄이다. 달리 말하면 잃어버린 말들을 되찾아 그것을 함께[sym] 먹는 [posium] 자리이다.

말들을 잃어버린 이가 있다면, 그 말을 빼앗은 이가 있을 것이고, 그 원인이 있을 것이다. 말들을 일부러 잊고 싶지 않았다면 빼앗는 행위는 폭력일 수밖에 없다. 잃어버린 언어를 되찾는 행위는 고통이 뒤따르는 순결할 행위이되, 다시는 잊지 않고, 잃어버리지 않기 위하여, 널리 알리기 위해서는 지난한 분열적 행위를 겪어야 한다. 그것은 나무가 죽기 전에 열매를 많이 열리게 하는 것으로 비유할 수 있다. "가능한 최소한의 언어(dire le moins possible)"인 유언(last words, testament, will)이란 말하는 입장에서 보면 말하기의 최종이며, 유언을 듣는 입장에서 보면 말들의 절정(을 체험하는 순간)이다. 유언은 말하고 듣는 모든 이에게는 현재 완성형이 아니라 미래 완성형인 발화 행위이다. 그렇게 되어야 한다는 것보다 더 강한, 그렇게 되지 않으면 안 되는 언어적 강제의 최상급이다. 유언을 하는 입장에서 보면, 유언하는 행위는 매우 불리한 행위이다. 유언하는 이는 그 결과를 알 수 없기 때문이다. 그러나 아무도 유언에 반박하지 않는다. 축소하지도 않는다. 듣는 자를 불편하게 할지라도 경의를 표할 수밖에 없는 언어가 유언이다. 유언의 정당화를 위해서 필요충분한 조건은 단 하나, 말하는 이의 죽음과 듣는 자의 살아 있음이다. 그리하여 유언이 완성되는 순간, 그러니까 죽음이 말하는 이의 삶을 덮칠 때, 그리하여 삶이 아니라 죽음이 사라지는 그 순간, 수동태[passive voice]와 능동태[active voice]의 구분은 무화된다. 〈딕테〉가 도달하는 지점은 바로 여기이다. 수동과 능동이 없는, 그러니까 쓰기와 받아쓰기가 경계—어둡고 고통스러운 모색—가 사라지는 접점이다. 여기서 우리는 작가의 죽음, 작품의 탄생이라는 저 유명한 아포리즘을 다시 언급할 수 있다.

수동과 능동의 구분이 없는 지경에 이르는 것이 글쓰기의 미래, 미래의 글쓰기이다. 말들이 사라지고, 쓰기와 받아쓰기의 경계가 사라지는 그 순간부터 차학경의 글쓰기의 본질이 생성된다. 글쓰기의 완성, 문학의 완성, 연극의 완성이라는 용어가 가능하다면, 그것은 유언처럼 될 때가 아니겠는가! 그것이야말로 예술이 지상에서 누릴 수 있는 최고가 아니겠는가! 극장은 박물관이 아닐 것이다. 문학과 연극은 유언처럼 이 세계 속에 남아 있다. 〈딕테〉 첫 페이지에 담긴 "어머니 보고 싶어요. 배가 고파요, 가고 싶다. 고향에"라는 글처럼, 그것은 미래를 향해 가고 "싶은" 것이다. 미래의 다른 말은 본질이다. 본질과 같은 미래는 여기에 있는 것이라 "멀리서 왔다(Elle venait de loin)."(〈딕테〉 첫 줄에서) 그 본질은 여성에 가깝다. 〈딕테〉에서 사포, 유관순, 어머니, 잔 다르크, 성 테레사는 연결되어 있다. 여성은 역사의 길고 긴 고통의 시간을 체험하고, 뚫고 가는 시인이다. 여성은 시간의 부재(l'absence du temps)가 아니라 체험이며 존재이다. 사라지지 않고 영속하는 것이 최고의 저항이라면 그것은 여성일 수밖에 없다. 그것은 차학경 문학의 본질에 속한다. "육신보다 더 적나라하고, 뼈대보다 더 강하며, 근육보다 더 탄력있고, 신경보다 더 예민한 이야기를 쓸 수 있"는 존재이다(〈딕테〉 맨 앞 사포의 인용구에서).

4. 익명의 말들(Parole anonyme)

익명의 말들은, 그 언어는 우리들에게 중요한 것을 말해주는 것인가? 옮겨 적어보면 참 엄격하다. 흩어지고, 닫히고, 낯설고, 내용과 같은 무엇을 보호하려고 하는 것 같기도 하고, 글쓰는 이를 감추고 있는 것 같기도 하고, 읽는 이의 눈에 보이지만 분명하게 설명할 수 없는 수수께끼와 같은 어떤 것이다. 글쓰기의 형태를 개인적인 것에서 비개인적인 것으로 중화시키는 것(neutralité impersonnelle)이기도 하다. 글쓰기의 가장 중요한, 첫 번째의 원칙을 강조하지만 그것을 무시하는 듯한, 그러면서도 계속 반복하면서 나아가는 것이 아래와 같은 익명의 말들이다.

> 문단 열고… 마침표… 마침표… 쉼표… 쉼표… 따옴표 열고… 물음표… 따옴표 닫을 것… 쉼표… 따옴표 열고… 마침표… 멀리서 온 마침표… 따옴표 닫고…
>
> Aller à la ligne… point… point… virgule… virgule… ouvre les guillemets… point d'interrogation… ferme les guillemets… virgule… ouvre les guillemets… point… point loin point… ferme les guillemets… (〈딕테〉 첫 페이지 첫 문장)

작품만이, 글쓰기 그 자체만이 중요하다는 뜻인가? 흔히 말하는 글쓰기의 영도에 도달하기 위한 것인가? 글쓰기의 본질은 문단 열고에서 따옴표 닫기에 이르는 것이 아니라 그 사이에 있는 쉼표, 마침표, 물음표, 느낌표, 따옴표와 같은 것이 된다. 차학경 문학의 본질은 이러한 표들 사이에 넣는 만들어진 문학이 아니라, 그 사이에 있는 것을 보는 것이 아니라 찾아내는 것에 가깝다. 작가는 작품을 알지만, 작품은 작가를 알지 못한다. 여기에 문학은 비문학(non littérature)이, 연극은 비연극(non-théâtre)이 된다. 연극을 벗어나 연극을, 문학을 벗어나 문학을 찾는 것이 된다. 차학경은 문학에, 글쓰기에 아무런 확신을 가질 수 없었다. 그는 이렇다라고 말하지 않고, 글쓰기라는 자체로 간접적으로만 말할 수 있었다. 자신의 작품은 이런 것이라고 결코 말하는 법이 없었다. 단지 그것에 쉼표처럼, 물음표처럼, 따옴표처럼, 마침표처럼 숨어 들어가 있을 뿐이었다. 숨어서 사라졌을 뿐이다. 여기에 차학경 문학과 공연은 모두 반문화가 되는 것이다. 그것은 과거의 문학, 문화가 아니라 지금, 여기로 '오고 있는' 문학이며 문화이다. (2008)

한국 연극과 배우
— 박정자와 배우의 근원

누군가의 기억 속에는 남아 있고 싶어. 아버지는 죽지 않으려면 누군가의 기억 속에 살아 있어야 한다고 가르쳤잖아.

Je veux rester dans le souvenir de quelqu'un, comme tu m'as appris qu'il fallait rester dans le souvenir de quelqu'un pour ne pas mourir.

— 베르나르-마리 콜테스, 〈서쪽 부두〉, 93

1. 읽혀지는 배우, 읽혀지지 않는 배우

1.1. 읽혀지지 않은 배우

배우 박정자(1942~)는 연극적 재능이 탁월한 배우임에는 틀림없다. 배우의 탁월함은 연기를 잘하는 것이고, 보다 중요한 덕목은 오랫동안 하는 것일 터이다. 그것이 배우의 열정이다. 배우 박정자에게 있어서, 그가 능동적으로 50년 동안 연극을 했다는 것만큼 탁월함은 없다. 배우로 산 세월, 그것은 배우로서 처음부터 끝까지 삶을 객관화시켜놓을 수 있는 잠재적 힘을 뜻한다. 배우로서 산 50년의 반은 매 순간 움직이면서 살아 있어야 했던 동물적인 삶이고, 나머지 반은 무대 위에서 말을 했던 언어적 삶이라고 할 수 있다. 배우 이전의 삶은 그가 임신을 하고, 자녀들을 키우고, 아내로서 산 여성적인 삶일 터이다. 우리가 알고 있는 배우 박정자의 50년은 동물적 삶과 언어적 삶에 해당된다. 나머지는 우리들이 결코 알 수 없는 삶이다. 배우의 능력은 지금, 여기서 보이는 것보다, 끊어지지 않는, 그러니까 움직임이 멈추고, 말을 하지 못하는 바가 없는, 결코 기능부전이 되지 않는 잠재적인 힘에 있다. 그것이 배우의 창조적 힘이다. 배우가 보여주는 것은 감추는 것이라고 할 수 있다. 배우에게 필요한 것은 그러므로 그 힘들이 펼쳐지는 자장이다. 배우에게 무대가 필요한 이유는 여기에 있다. 이는 배우가 지닌 잠재적 표현 능력의 틀을 뜻한다. 배우가 있는 무대가 삶의 무대이고, 극장 무대가 세상이란 비유는 여기서 생출된 것임에 틀림없다. 우리가 배우를 통하여 읽어야 하는 것은 그가 감추고 있는 것이다. 그것이 배우가 지닌 잠재적 힘, 즉 배우의 유혹이다. 50년 연기한 배우 박정자는 보여졌을 뿐, 읽혀지지 않은 배우이다.

1.2. 다시 태어나는 오래된 존재

배우는 삶을 객관화시키되 관객 앞에 삶을 옮겨다놓는 일을 하는, 관객을 유혹하는 존재이다. 입증하기는 어렵지만, 그것은 배우 자신이 자신 자신의 삶과 집을 떠나야 가능한 일이라서 어렵고, 자기 자신의 삶부터 들여다보아야 하는 고통스럽기 그지없는 일이다. 배우는 자신 자신부터 유혹하고, 관객들을 데리고 다른 곳으로 옮겨가는 매혹의 존재이다. 다른 곳인 극장, 무대에서 배우인 내가 현실이고, 옮겨다놓은 삶이 허구일 터이다. 배우 박정자는 적어도 이런 것을 믿고 있는 것 같다. 연극이란 허구가 곧 내 삶이 아니라고 해도, 그것은 내 삶과 다름없는 엄격함을 지니고 있는, 살아 있는 또 다른 생명체와 같다는 것을. 50년이라는 배우의 연륜, 연극을 살아 있는 예술이라고 말하는 이유를 저절로 알 것 같다. 연극의 아름다움, 연극의 이상은 배우가 무엇보다도 자기 자신과 수많은 삶을 객관화시켜놓은 데 있다. 연극의 탁월함은 무엇보다도 배우가 지닌 이러한 객관화의 능력이다. 배우 박정자는 그런 노릇을 50년 했다. 배우의 노고, 배우의 세월은 우리들의 삶을 규격화하고, 재생산하고, 규범을 만드는 일과는 동떨어진 일이다. 배우는 결코 반복하는 이가 아니라, 늘 다시 태어나는 오래된 존재이다. 어느 날, 자기 자신도 낯설게 여겨지는, 자기 스스로를 이방인처럼 바라보는 존재이다.

1.3. 작은 사회의 주인

공연은 배우와 관객이 맺은 관계일 터이다. 피를 나눈 이들을 형제라고 한다면, 연극은 관객과 우선 그리고 주변 장르와 불가분의 형제 관계를 맺는다. 그 큰 결과는 우리가 꿈꾸는 사회로 귀결된다. 배우를 단순한 존재가 아니라 복잡하고, 미묘하고, 위험한 존재로 여기는 전통은 이렇게 생겨났을 것이다. 배우 박정자는 한국 현대연극에서 살아남은 몇 안 되는 여성 배우이다. 그 주변에 그와 같은 연혁을 지닌 배우들이 없는 것은 아니지만, 배우 박정자만큼 자기 자신과 관객들의 관계를 중요하게 여기는 배우는 흔하지 않다. 그는 언제나 이렇게 말한다. 연극의 존재 방식은 언제나 극장에서 관객들과의 만남에 있다고. 이 말을 바꾸면, 배우로서의 그의 존재 방식은 항상 집에서 일탈된 극장에서 관객들과의 마주 봄에 있다. 연극의 관객은 책을 읽는 독자 이상의 존재이고, 필연적 요소이다. 배우 박정자에게 이런 소명은 누군가의 기억 속에 남아 있어야 한다는 집착으로도 보인다. 집착은 배타성을 낳는다. 그런 이유로, 그는 배우지만, 작은 사회의 주인처럼 보인다.

1.4. 배우의 꿈

교과서 차원으로 말하면, 연극은 사회적 덕목을 지니고 있다. 연극이 사회에 기여해야 하는 바는 모든 사회적 분리, 소외, 격차, 불평등, 억압 등을 극복하기 위한 헌신이다. 극장에 들어오기 위해서는 표를 구입하기만 하면 되는 것처럼. 극장은 평등한 공간이고, 그곳에서 모든 관객들이 평등하게 만나는 것처럼. 이러한 헌신적 절차를 위하여 앞장서야 하는 이가 배우이다. 배우는 말을 하는 존재이고, 말을 하기 위하여 나서야 하는 존재이다. 그리스어로 말하면, 배우는 말을 많이 할 수 있는 존재, 그런 권리를 지닌 존재를 뜻한다. 사회가 그것을 관용하고 있는 셈이다. 예술적 소통이라고 할 수 있는 이런 관계맺음으로 연극은 상징에 가까운 사회적 제도를 낳는다. 다른 말로 하면 허구로 공화국을, 물의 나라를 짓는 셈이다. 그것이 확대되면, 그러니까 극장에서 배우를 위시한 연극 작가들과 관객들은 공연을 통하여 우리 삶과 사회를 꿈꿀 수 있게 된다. 한국 현대연극의 역사는 100년을 훨씬 넘는다. 수많은 배우들이 꽃처럼 빛났고, 강물처럼 흘러갔다. 속절없이 흘러가는 세월처럼, 그들이 우리들 앞으로 다가왔고, 우리를 이끌고 어디론가 같이 갔었고, 우리의 오늘을 까마득하게 잊게 했고, 우리를 침묵하게 했고, 우리를 다시 태어나게 했다. 배우의 빛이 관객인 우리들에게 빚을 남겨놓았다. 이제 배우인 그들의 족적, 그들의 사유, 그들의 연혁을 기록하는 일은 살아남은 우리들이 갚아야 할 책무일 터이다. 인류가 연극을 하기 시작한 때부터 줄곧 무대 공간, 연극적 상상력을 삶의 유토피아와 같은 공동체로 말하는 이유는 여기에 있다. 삶과 사회를 해체하고, 다시 구성하는 구조로서의 연극, 그것을 위하여 앞장서는 이들은 연극에서 언제나 배우이다.

그 자리에 배우 박정자가 우뚝 서 있다. 그도 이제 나이 일흔이 되었다. 50년 배우의 시간 속으로 추락했던 삶이다. 주름 없이 늙어가는 이는 없다. 그러나 관객이 기억하는 배우는 젊은 존재가 아니라 언제나 아름다울 뿐이다. 살아 있음으로, 자유로움으로.

1.5. 배우가 남긴 자취

말하라, 배우들이여! 이 말은 소설가 나보코프의 자서전 제목인, 기억이여, 말하라를 패러디한 것이다. 배우로서의 50년, 생의 한없는 추락이다. 그 시간의 층위를 글로, 사진으로 담아내는 것은 어려운 일이다. 그를 바라만 보았던 관객들이 이 글을 읽으면서 그를 다시 볼 것이다. 이 글을 읽는 독자들은 읽으면서 그를 떠올릴 것이다. 우리 모두는 결국 그를 뒤쫓아 여기까지 왔다. 추억에 사로잡힌 이들은 그가 아니라 독자이며 관객인 우리들이다. 과거의 삶은 언제나 눈부시다. 배우 박정자를 제대로 만나는 길은, 눈을 감고 그의 손을 맞잡는 것이다. 그를 껴안는 것이다. 모든 매개를 없애고 그를 만나 접촉하는 일이다. 그것이 그를 우리들 기억 속에 남아 있게 하는, 그를 사라지지 않게 하는 행복이다.

2. 배우에 대한 글쓰기

2.1. 살아 있는 배우의 불완전한 정의

배우에 대하여 글을 쓰는 일은 무엇보다도 배우가 살아 있는 경우와 이미 세상 혹은 무대를 떠난 경우에 따라 크게 달라진다. 살아 있는 배우에 관하여 글을 쓰는 일은 배우의 과거보다는 배우의 미래를 말하는 서문과도 같다. 배우의 미래, 그것은 존재하지 않는 배우에 관한 부재의 기록일 터이다. 살아 있는 배우에 관한 글은 그런 이유로 그가 출연한 공연에 관한 실제 비평에 머물 수밖에 없다. 반면에 지금, 여기에 있지 않는, 존재하지 않은 배우에 관해서 글을 쓰는 일은 배우가 걸어온 길을 찾아 기록하는 일일 터인데, 이것은 가능하되 제한적일 수밖에 없다. 공연의 연대기를 기록하는 것은 사실에 속하는 일일 뿐, 배우의 삶과 연기를 총체적으로 되돌아보는 일을 대체하지 못한다. 배우에 관한 완벽한 연대기와 서술은 공연에 대한 만족감, 무대 위에서 연기하는 동안 그가 경험한 바를, 그가 무대 위에서 보여준 존재와 행위를 기록하는 일을 모두 망라해야 한다.

이 글에 서술된 배우 박정자에 관한 내용들은 은밀한 것이기보다는 수집된 것들이 대부분이다. 그가 버린 것이 아니라, 그가 언제나 소유하고 있다가 드러낸 것들이다. 다른 곳에 가기 전에, 이곳에 숨기는 것이 아니라 그저 밝게 비추어 보여주는 것들이다. 배우 박정자는 우리들에게 아직도 많은 '것'들을 공급하고 있는, 살아 있는 배우이다. 그'것'들에는 그가 하는 연기, 그가 쓴 글, 그가 하는 도시 속 사회적 행위들이 두루 포함되어 있다. 살아 있는 그에게서 배우로서의 기원, 나아가 근원 기억을 찾는 것은 오리무중일 수도 있다. 살아 있는 배우가 머무는 처소는 무대가 아니라, 극장이 아니라, 극단이 아니라 방랑일 터이다.

배우는 연극을 위하여 연극의 작가들 가운데 누구보다도 자기 자신을 송두리째 헌신하는 존재이다. 무대 아래 연출가보다 더, 희곡 속 극작가보다 훨씬 더 구체적으로 연극을 사는, 연극적 존재이며 나아가 연극 그 자체이다. 배우의 연극에 대한 헌신이란 제 삶이 언제나 연극을 같은 마음으로 실천했다는 뜻이다. 그것은 자신을 엄격하게 통제하는 일이며 동시에 자신의 의지와 욕망에 투항 혹은 저항하는 일이기도 할 것이다. 한국 연극에서 배우가 되고자 했고, 배우가 되어 좋았고, 결국 배우가 된 이들은 그리 많지 않다. 젊은 시절, 작가는 뼈를 깎는 아픔으로 글을 쓰고, 배우는 제 몸을 불에 달군 쇠처럼 두드리고 연마해야 가능한 직업이라고 배운 적이 있다. 그 후로 젊은 배우들을 만났고, 늙어가는 수많은 배우들을 보았고, 유령처럼 사라진 배우들을 기억하고 있고, 자기 스스로 하나의 나라를 이룬 배우들을 우러러보았다. 그 가운데에는 낯선 타국에서 제 몸에 기름을 부어 분신자살을 한 배우도 있었고, 일찍 요절한 배우도 있고, 갑자기 병원에 입원해서 지상으로 걸어 나오지 못한 배우들도 있었다. 이제는 완전히 퇴행되어 자신의 추억을 끊임없이 이야기하는 늙은 배우들의 구술도 받아 적어보았다. 배우들은 한결같이 돌아갈 수 없는 회귀 불능의 질병을 앓고 있는 환자처럼 보였다. 배우들에게 공통적인 것은 '다 한때'가 있었다는 것이 아니라, 그 과거로 돌아가지 못하는 서글픔이다. 배우는 관객의 눈길을 잃어버릴 때부터 늙기 시작한다. 그리고 자기 스스로에게 복종하지 않을 때 방만해지고, 연극 시간으로부터 아예 멀어지게 된다. 결국 이름을 스스로 지우게 된다. 그들에 비하면, 배우 박정자는 살아 있어 행복한 배우가 아니라 언제나 배우로 있어 '문제의 배우'라고 여기게 된다. 퇴행이 없는 배우, 사라지지 않는 배우, 관객들이 무턱대고 그와 같은 배우의 자력에 끌리게 되면, 보게 되는 것은 배우의 몸뚱어리뿐이다. 배우에 관해서 글을 쓰는 것은 배우의 외관을 넘어서는 일이다. 가장 좋은 방법은 같이 늙어가면서 같이 망각되어가는 것일 뿐이다. 그냥 자취만을 남긴 채 사라지는 것이다. 애면글면 관객의 시선을 독차지하지 않고, 그냥 잔재물처럼, 과거로 남는 일이다.

배우 앞에 끊임없는 염려로 보아주는 관객들이 있고, 배우 뒤에는 공연의 물꼬를 터주는 연출가와 극작가들이 있다. 연극의 역사는 배우로 시작되고, 배우로 끝을 맺는, 그러므로 배우의 역사라고 해도 지나치지 않을 것이다. 무대라는 매혹된 공간, 관객을 지배하는 시간 속에서 배우는 자기 자신도 알 수 없는, 어떤 깊은 곳에 있는 존재이다. 배우에 관해서 글을 쓰는 나는 언제나 배우의 육신이 아니라 배우의 심연, 그 바닥에 이르고 싶을 때가 있다. 연극이란 인물들이 배우의 심연 위로 기어오르는 무의식과 같은 부력이지 않겠는가! 배우의 매혹은 인물을 포로로 삼고, 언어를 분출하는 데 있다. 배우는 인물의 양분을 빨아 기생하고, 인물은 배우의 내실로 들어가 국적과 언어, 시간과 환경을 뛰어넘어 무한하게 생존한다. 인물은 배우를 추적하고, 배우는 인물을 방랑한다. 방랑은 버리고 떠나는 일, 배우의 방랑은 제 삶의 근원으로 한 발 한 발 나아가는 것이다. 그러므로 배우의 방랑은 진보가 아닐 것이다. 배우 박정자는 나이를 떠나, 연극을 하기 전부터, 그러니까 얼굴을 지니고 있던 그때부터 지금까지 그대로이다. 처음부터 완결된 형태로, 어떤 인물도 그를, 배우로서의 그의 얼굴을 달리 만들어놓지 않았다. 그는 자신을 벗어나지 못했다. 배우 박정자의 글들은 언제나 확신에 가득 차 있다. 그것은 제 삶에 대한 열정, 연극에 대한 희망이 아니라 말소된 자신의 자각에서 나온 것으로 보인다. 가 닿을 곳은 제 삶의 기원일 터이다. 그곳이 땅이 아니라면 무대일 테고, 더 깊은 심연과도 곳이라면 배우 박정자를 정의할 수 있는 유일한 공간, 영원한 존재인 어머니일 터이다.

연기의 물결

배우는 몇 개의 얼굴을 지니고 있을까? 얼마나 많은 표정으로 얼굴을 바꿀 수 있을까? 배우의 최초의 얼굴은 무엇일까? 배우도 꿈을 꿀까? 그 꿈도 재생할 수 있을까? 현대연극의 큰 나무로, 배우 예술의 아름다움을 실천한 삶으로, 연기 이론을 정리한 대가로 여겨지는 러시아의 연출가, 배우였던 스타니슬라프스키는 배우에는 두 종류가 있다고 했다.[1] 첫 번째는 자신을 사랑하는 사람으로서의 배우이다. 그런 이는 창조된 역의 모습을 보이기보다는 자신의 개인적인 모습을 보이는 배우이다. 이런 부류에 속하는 배우들의 전형은 창조적으로, 고의적으로 자신이 맡은 역으로 가 닿지도 않고, 스스로를 변화하지도 않는다. 그러니까 자기 자신의 모습이 없는 무대나 역은 생각하지 않는다. 숱한 노력을 다해 무대 위에서 자신의 개인적인 매력을 드러내고자 한다. 관객이 자신이 출연하는 연극을 보러 오는 이유를 자신이 지닌 특권 때문이라고 여긴다. 이런 배우들은 만일 외적인 성격 창조로 배우 자신의 존재를 가려버리면 모든 것을 잃어버리게 되는 배우라고 스타니슬라프스키는 지적하고 있다.

두 번째 부류에 속하는 배우는 자신의 모습을 보이는 것을 부끄러워하는 배우이다. 일상에서는 전혀 배우 같지 않아 보이는 이 부류의 배우들은 겨우, 무대에 올라 가면을 쓴 배우로서만, 무대 위에서 낯선 인물이 될 때에만, 무대 아래 개인적인 모습으로는 평생 하지 못할 행동과 말을 할 수 있는 존재들이다. 이런 배우들은 착하거나 훌륭한 사람을 자신의 이름으로 연기할 때도, 그것을 마치 자신의 것으로 여기는 것을 불편하고도 뻔뻔스럽게 생각한다. 반대로 사악하고 음탕한 또는 순결하지 못한 역을 할 때에도 그런 죄악들을 배우 자신의 것으로 사칭하는 것에 대해서 부끄러워한다. 그러나 평생 하지 못할 말과 행동을 무대 위에서 하기 위하여 이들은 자신을 희생한다. 이런 부류의 배우들은 자신을 역 앞에 놓인 겸손한 이로 여긴다. 이들의 일상적이고 개인적인 삶이 어둠이라면, 무대 위에서 배우로서의 삶은 그 반대라고 할 수 있다. 이 땅에서 연극하는 배우들은 스타니슬라프스키의 이런 지적을 새겨들어야 할 것이다. 배우라는 보편적 정의로부터 멀어져 있는 그들은 이런 것 말고

1 스타니슬라프스키, 『나의 예술인생』, 강량원 역, 이론과실천, 2000, 144~145쪽.

도 숱한 것에 종속되어 있다.

배우에게도 실수가 있다. 그것은 대사를 잊는 것이 아니다. 연기하면서 겪는 우발적인 미흡함보다는 잘못된 태도에 기인하는 잘못이다. 스타니슬라프스키의 언급처럼, 그것은 배우라는 존재가 자기 안에 있는 역을 사랑하기보다는 "역 안에 있는 자기 자신인 '나'를 사랑하는 것"[2]을 의미한다. 이런 배우는 "배우로서 성공하는 것이 아니라 나 자신의 인간적인 성공이었고, 무대는 나 자신을 비추는 내는 쇼윈도로 전락하는 것"[3]이라고 스타니슬라프스키는 엄격하게 지적했다. 이미 현대연극의 기원과도 같은 그가 남긴 100년 전의 기록이고, 고백이고, 진술이다. 배우가 연극을 앞지르는 경우는 너무나 많다.

한국 연극, 정확하게 말하면, 한국의 현대연극에도 숱한 배우들이 존재했고, 존재하고 있다. 그들 가운데, 기록되어 있는 배우들도 있고, 억울하게 생을 마감한 배우들도 있다. 배우 박정자는 비교적 많은 기록을 남긴 배우이다. 그는 배우로서 지닌 창조에 대한 욕망과 자신의 삶의 체험에 관한 많은 수필을 썼고, 자신의 기록을 세세하게 남겨놓고 있다. 책으로, 자서전 형태의 고백으로, 공연에 관한 기록으로. 그런 이유로 그는 모호하지 않고 언제나 분명한 배우이다.

공연 이후, 배우는 남겨놓는 것이 없는 텅 빈 존재이다. 공연이 끝나면, 무대에서 바라보는 시선도, 객석에서 무대를 바라보는 시선도 모두 사라진다. 그러니까 바라보는 이와 바라보이는 이가 모두 한꺼번에 사라진다. 연극의 완성은 배우와 관객의 사라짐이 아니라 시선의 사라짐으로 이루어진다. 타데우즈 칸토르는 이것을 연극의 죽음, 죽음의 연극이라고 했다. 배우가 공연 후에 남겨놓은 것들은 기억에 의한 진술이며,

2 스타니슬라프스키, 앞의 책, 145쪽.

3 위의 책, 145쪽.

사진과 같은 순간의 정지된 모습들이 전부일 터이다. 우리들은 그것들을 가지고 배우의 흔적을 따라간다. 배우가 남기고 간 흔적을 따라, 배우의 자취를 뒤집어본다. 그렇게 해도, 남는 것은 배우의 전편이 아니라 단편일 뿐이다. 더구나 한국 연극에서 기록과 판단 역할을 하는 것이 비평인데, 극작가와 연출가에 비해서 배우의 몫은 현격하게 적다. 그 이유는 남겨놓는 것이 없는 배우의 일회적인 순간들을 글로 옮겨놓기가, 글로 재단하기가 어렵기 때문일 것이다. 배우는 잃어버리는 존재이다. 그래서 글을 쓰고, 이름은 남겨놓는다. 배우가 연기 대신 글을 쓰고, 책을 남긴다면, 글과 책은 관객을 위한 증여이며 미공개 창고와 같은 것으로, 배우가 자신을 말하되, 자신으로부터 벗어나기 위한 태도의 산물일 수도 있다. 어설픈 배우들은 관객의 시선을 무대에서부터 그 바깥에 이르기까지 포획하려는 의도로 글을 쓰기도 한다.

다시 맨 앞의 글로 돌아가서, 살아 있는 배우는 어떻게 기억되고 싶어 하는 것일까? 배우가 공연에 관한, 연기에 관한 뭔가를 남겨놓는 일은 기억되고 싶은 흔적을 남겨놓는 일이다. 나는 이렇게 연기했고, 이렇게 기억되고 싶다라는 염원은 배우의 고유한 미덕이며 혼란이기도 하다. 배우 박정자는 많은 글을 남겼다. 배우가 글을 쓰는가라는 질문은 매우 중요하다. 배우의 정체성은 무엇보다도 무대 위에서 발현되기 마련이지만, 살아 있는 배우는 왜 무대에 서야 하는가를 물을 수밖에 없다. 무대 위에서 연기하는 배우와 무대 위 연기에 관하여 묻는 배우는 같지 않을 수도 있다. 무대 위의 연기하는 배우는 관객과 같이하면서 자신의 정체성을 발견하고, 무대 아래의 글 쓰는 배우는 자신과 마주하면서 자신의 존재를 반성하면서 연기에 가 닿는다.

이 글을 쓰면서 배우 박정자가 써놓은 글을 줄곧 읽었다. 그것은 배우라는 존재에 관한, 연기의 근원에 관한 갈증을 푸는 기회이기도 했다.

배우의 연기에 관한 책들은 연기를 어떻게 할 것인가를 묻고 있는데, 배우 박정자가 쓴 글들은 자신이 왜 연기를 해야 했는가를 줄기차게 말하고 있다. 그가 쓴 글 가운데, 일정 부분은 많은 배우들이 공통적으로 말하고 있는 원론적인 내용도 포함하고 있다. 그러나 그의 글을 읽으면서 나는 배우의 비밀을 엿보고 싶었다. 배우라는 정형이 아니라 박정자라는 배우의 비정형적인 속내를 들여다보고 싶었다. 이 글을 쓰면서 나는 그의 관객이 아니라 그의 독자로 있었다. 전체적으로 보면, 물론 그가 쓴 글을 모조리 읽은 것은 아니지만, 배우 박정자에게 연기는 존재하는 것이 아니라 없어진 것의 부재 증명처럼 보였다. 그의 삶을 지탱해준 생존과 같은 배우라는 직업은 그가 지닌 욕망의 영향도 컸다. 그를 떠받치고 있는 배우의 욕망은 삶의 결핍처럼 보인다. 배우 박정자가 지닌 무대를, 연극을 향한 시선은 그의 생애 내내 크게 변화하지 않았다. 그것은 한편으로 경직된 자세이면서, 올곧은 자세이기도 했다. 그것은 상반되는 두 개의 자세가 아니라 같은 하나의 자세일 터이다.

박정자는 무대 위에서 끊임없이 말하고 싶어 하는, 살아 있는 배우이다. 그의 사진들을 보면, 그의 시선은 대개 먼 곳을 향하고 있고, 바로 보고 있다. 고개 숙인 그의 모습을 찾아보기 힘들다. 사진 속, 그의 얼굴들은 굳어 있다. 연극이 파국에 이를 때처럼. 공연 바깥에서 찍은 사진 속 그의 얼굴에는 생기가 가득하다. 공통적으로 사진들 속에 허탈 같은 모습들이 후경으로 자리잡고 있다. 몇 달째, 배우 박정자에 관한 글을 쓰면서, 연극무대가 아닌, 자연인으로 찍은 사진들을 오랫동안 볼 수 있게 되었다. 그런 사진들이 더 좋다. 그 속에서 박정자는 연극 속 인물처럼 만들어진 자신이 아니라, 역으로의 사로잡힘이 아니라, 그냥 있다. 정확하게 말하면 자신의 기원에 가까이 있다. 연극이 결여된 그의 사진들이 배우 박정자가 박힌 사진보다 더 해석될 수 있는 여지가 많아 보였다.

가령, 그가 신문에 연재했던 글[4] 가운데 두 번째 글에 나온 어머니와 함께 찍은 사진은 더할 바 없이 그의 아름다움이 묻어나고 있다. 사진을 찍은 때가 유년이 아님에도, 아니 유년기처럼, 어머니로부터 수태된 그 모든 것들이 고스란히 보이는 사진이다. 음악에 내부와 외부가 없는 것처럼. 그 사진을 통해서 처음으로 배우 박정자가 제대로 보였다. 연기하는 근원, 배우로서의 존재가 보였다. 그 사진에 대한 설명이 없어, 사진이 언제 찍혔는지, 그가 무엇을 하고 있었을 때였는지는 알 수 없다. 서 있는 배우 박정자와 앉아 있는 그의 모친이 함께 찍은 사진, 그 사진에서 배우 박정자 자신과 세상을 가르는 어떤 경계를 보았다. 그때까지만 해도 그는 어머니의 시선 안에 있다. 그 후 배우 박정자는 어머니 곁을 떠나 자신을 일으켰던 셈이다. 혼자 찍힌 사진 속에서는 어머니의 세계로 결코 갈 수 없어, 어머니를 갈망하는 그가 보였다. 박정자가 배우 박정자가 되면서, 둘 사이에 분명하게 분리막이 있었다. 배우로서 그가 쓴 글과 책 그리고 사진 속에는 배우 박정자가 언제나 어머니의 "빈자리"(2)를 말하는 순간이 묻어 있다. 이 세계에서 어머니의 곁을 떠나 무대로 가는, 무대로 가서 어머니를 잃고 헤매는 배우로서의 저 세계가 있다. 사진 속, 어머니의 얼굴이 배우 박정자의 얼굴의 기원처럼 보였다. 한마디로 하면, 배우 박정자의 근원은 화덕과 같은 어머니에 대한 그리움일 것 같다. 딸들은 자라서 어머니가 된다고 하지만, 배우 박정자는 자라면서 그 어머니와 같은 어머니가 되지 못했다. 부재하는 어머니가 배우 박정자 연기의 은유처럼 보였다. 연기는 그의 내부에서 언제나 끓어오르는 자기 부재와 같은 것이고, 이 작품, 저 작품을 하더라도 언제나 재현되는 모국어이다. 그의 연극은 그에게 언제나 어머니이고, 어머

4 이 글은 『한국일보』에 2003년 11월 23일부터 2004년 1월 19일까지 40회 동안 연재한 박정자의 「나의 이력서」를 중심으로 쓰여졌다. 이후 본문의 괄호 속 숫자는 연재 순서이다.

니를 바라보고, 어머니를 갈망한다.

2.2. 배우는 자기 스스로를 어떻게 정의하는가?

어머니라는 관객

배우 박정자는 연기만큼 많은 글을 쓰고 책을 출간한 배우이기도 하다. 배우가 연기 대신 말을 한다면, 글을 쓴다면, 그것은 배우가 되는 어려움, 그것을 시인할 수밖에 없는 고통스러운 과정을 담을 수밖에 없다. 배우가 글을 쓰는 것은 자신을 드러내 보이는 출현 의지이기도 하다. 배우 박정자는 무대 밖에서도 침묵하지 않는다. 글 쓰는 이는 글을 쓰는 동안 타인을 바라보지 않는다. 글을 쓰는 배우는 글을 읽는 독자들을 낯선 이들로 여기지도 않는다. 글을 쓰는 배우의 의지는 독자와 관객들에게 귀를 기울이기보다는 그 정반대의 의지에 속한다. 관객과 독자에게 접근하지 않고, 몸을 낮추지도 않는 것은, 배우로서 연기하는 노릇이 그토록 원하는 일이고, 매혹적이고 즐거운 일이면서, 동시에 수많은 역으로 변화하는 일이 괴롭기 때문이다. 그리고 변화화지 못할 때의 괴로움을 더 잘 알고 있기 때문이다. 배우는 그런 면에서 모순의 존재이다. 좋아하는 연기를 할 수 있다는 것이 한쪽의 즐거움이고, 좋게 연기할 수 없는 바가 다른 한쪽의 괴로움이기 때문이다. 그 와중에 놓인 배우는 희곡 앞에서, 분장실에서 늘 혼란스러움을 경험하게 된다. 그리고 무대에 올라가게 된다. 그것을 문학으로 비교하면, 쓰여 있는 글과 읽는 글, 해석하는 글의 차이라고 할 수 있다. 더 올라가면, 갑자기 아무것도 할 수 없고, 아무것도 기억나지 않는 기능부전과 같은 헤매는 경험이다. 그에게 글은 미완의 연기에 대한 보충일 터이다.

배우는 공연과 공연 사이, 연극과 연극 사이, 무대 밖에서 아무것도 하지 않을 때가 괴로운 것이 아니라, 자기가 맡은 역을 실제적으로 해석하고 독창적으로 연기할 수 없을 때 절망적 상태에 이르게 된다. 배우의 그러한 어려움을 해결해줄 곳이 학교가 아님은 분명하다. 배우가 글을 쓴다는 것은 배우가 말하는 것과 같다. 배우는 무엇보다도 무대 위에서 말할 수 있는 권리를 지닌 존재이다. 무대 위에서의 말은 곧 무대 아래에서의 글이다. 배우는 무대 위와 아래에, 말과 글 사이에 존재하는 유랑인이다.

배우 박정자는 개인의 삶과 무대 위 배우 노릇을 철저하게 구분한다. 그러니까 배우 박정자에 있어서 개인과 연극, 삶과 연기는 처음부터 상반되고, 우선시되는 것은 연극과 배우이다. 그에게 연극과 배우에 관하여 묻는 것은 중요하지 않을 듯하다. 그것은 저절로 그의 이야기를 통해서 강조되기 때문이다. 자기 삶보다 연극을 먼저 말하지만, 그의 연극들은, 그가 쓴 글 대부분은 연극이 수태되는 과정, 이를 겪는 제 삶을 비추는 거울과도 같다. 그러나 비출 수 있는 것에 비하면, 연극에 제 삶을 비춰볼 수 없는 것이 더 많아 보인다. 그가 자신의 결혼 생활이 불행했다고 말하는 대목에서도, 어머니가 읽힌다. 어머니가 되지 못해서 두려워하는 배우 박정자가 읽힌다. 그는 무대 앞뒤에서, 관객들과 함께 혹은 떨어져 있으면서 언제나 얼굴 없이 존재하는 어머니의 얼굴을 본다. 여기에 홀로 남겨진 채, 울부짖는 이가 배우 박정자이다. 그에게 박정자라는 이름을 남긴 아버지보다는 언어를 남긴, 얼굴을 남긴 어머니가 언제나 배우 박정자 안에 있다. 부재하는 어머니가 그에게는 가장 큰, 비밀스러운, 향기로운, 기원과도 같은 관객이다.

배우에 있어서 상대는 절대적으로 관객이다. 배우 박정자는 처음부터 삶의 거죽과 내용보다는 관객들을 향하고 있다. 관객들이 자신을 바라보는 것이 가장 중요하다고 말한다. 그것이 필연적인 배우 노릇이라고 말한다. 일상생활에서 그는 그리 내세울 것이 없는 "철없는"(1) 존재이고, "건망증 여왕"(4)이라고 스스로 말한다. 그리고 계산도 못하고, "손댈 수 없을 만큼"(14) 요리에도 자신이 없고, 좋아하는 음반도 자기 스스로 구하러 가지 못하고, 자식에게 있어서도, 남편과의 관계에 있어서도 마냥 무능한 존재라고 스스로 밝히고 있다. 배우는 이렇게 자신의 과거를 기억할 때 낯익은 감정들과 더불어 낯선 존재가 된다.

결혼 후, 방송국 동료들이 집들이를 했을 때도, 그는 "인스턴트 수프와 롤 케이크로 손님을 대접"(14)했고, 이런 풍경으로 동료들이 신혼부부에 대해서 "정작 다감한 말 한마디 건네지 못하는 그런 정경이 못 견디게 구질구질하게 느껴졌다"(14)고 고백하고 있다. 결혼 생활에 대해서, 그는 "타협할 수 없는 내 낯선 배역에 저항"(14)했다고 거푸 밝히고 있다. 공연 중에 몸이 아팠을 때도, 그는 "아파서가 아니라 약이 올라"(28) 눈물이 났다고 말한다. 이런 경우에도 자신의 "미욱함이 한심하고 미웠기"(28) 때문이라고 말하는 배우이다. 배우 박정자는 어머니와 함께 행복했었다. 일상적인 삶의 피로는 그 어머니로부터 시작된 행복과의 거리 때문일 터이다.

배우 박정자는 "지혜로운 생활인으로 사는 걸 포기하"(1)는 대신 "연극에 빠져…… 너무 벅찬"(1) 삶을 살아왔다고 말한다. 그것은 "연극이라는 하나의 신앙을 얻는 대신 계절을 잃어버렸"(34)다고 말하는 대목과 오버랩된다. 행복했던 시절로부터 추방된 자의 방랑이 시작되는 셈이다. 이처럼 일상의 삶을 버리는 대신 무대에서 배우로서 자기 스스로 "잃어버렸다고 생각해왔던 모든 것들의 이미지를 다 찾았다"(1)고 말한다. 연극이 또 다른 쾌락이 되는 것이다. 무대에 서는 배우로서 "대사를 토씨 하나 틀리지 않고 기억"(4)하고 있다고 말한다. 그가 신문에 자신의 삶을 되돌아보는 글을 연재하고 있었을 때, 그의 나이는 예순둘이었다. 연기, 방송 성우, 노래, 영화 출연 등, 배우로서의 그의 삶은 뜨거운 "소음과 더위"(30) 같은 것이라고 말할 수 있겠다. 자신을 "실새없이, 악착같이 괴롭히"(30)지만, "후회하지 않고, 웃음"을 지을 수 있는 "주저하지 않는"(29) 배우일 터이다. 배우 노릇은 그에게 긴 어둠과 같은 쾌락이다.

배우가 무대 위에서 연기하는 것이 일상의 삶에서 잃어버린 것을 찾는 것인가? 찾는다면 어떻게 찾는 것인가? 이런 질문은 배우 예술에서 가장 중요한 것이 아닐 수 없다. 배우 박정자는 무대 위에서 수많은 인물들을 연기하는 것이, 그렇게 해서 "수많은 인간 존재를 가슴으로 껴안"(1)을 수 있었다고 말한다. 이는 배우로서 무대 위에서 40년을 보낸 중후한 발언이다. 배우에 있어서 일상의 삶과 연기는 매우 중요한, 절대적인 요소이며, 관계일 터이다. 배우 박정자는 일상의 삶에서 잃어버린 결핍을 무대 위에서 연기를 통하여 되찾는다. 그가 회복하는 것은 스스로 말한 것처럼, 인물들의 "이미지"이다. 그러니까 그가 일상에서 하지 못했던 일들의 빈자리에 그가 맡은 역들의 이미지들로 채워지는 것이다. 그는 그렇게 배우 자신과 맡았던 인물들을 동일시한다. 그 동일시가 고통을 낳는 것이고, 그것을 "역에 생명을 불어넣는 고통, 아픔 즉 산고(産苦)"(12)에 비유하고 있다. 스타니슬라프스키는 "배우들은 삶에서 잃은 것들을 무대 위에서 찾으려 한다. 그것은 위험한 길이고, 망상이다"[5] 라고 했다. 배우 박정자는 그와 같은 과정을 "그가 마땅히 해야 할 그 무엇이"(12)고 "나의 정신, 나의 육체를 통해 사람들의 서정을 격동하게 만드"(12)는 일이고, 그렇게 해야만, "배우라는 사실을 자랑스럽게 증명"(12)하는 결과를 낳는다고 말한다. 그 예 하나가 자신이 "원하는 인물을 통해 살고 싶은 배우로서의 허욕"(19)이다.

허욕이 낳는 것은 배우로서 지닐 수밖에 없는, 더 정확하게 말하면, "무대에 서야 하는 숙명을 짊어진 배우"(22)가 지니는 대사를 잊는 절망감이기도 하다. 배우가 말을 잊는다는 것은 아무것도 할 수 없는, "죽는다고 해도 지워지지 않을"(22) 절망의 소산이다. 말을 외운 다음에 그

5 스타니슬라프스키, 앞의 책, 56쪽.

것이 되살아나지 않는 말들의 소멸, 이어지는 절망이야말로 배우가 겪어야 하는 존재의 아픔일 터이다. 그런 터라 배우 박정자는 "나는 가끔…… 대사를 잊어버리는, 생각만 해도 몸서리치는 그런 꿈"(22)을 꾼다. 그 꿈속에서 그는 "아무리 발버둥을 쳐도 생각나는 게 없는", "아무 준비가 돼 있지 않은", "아무것도" 할 수 없는, "무대 중앙에 나 혼자 내동댕이쳐져 황당하고 막막함"을 지닌 채, "제대로 말이 나오지 않는 초췌한 발음과 어설픈 걸음으로 휘청거리며, 이건 꿈이야, 꿈이어야 해, 꿈이 아니라면 어쩔 수 없어"라고 "고함을 치는 그런 꿈"(22)을 꾼다. 그것은 "등에 식은 땀이 흐"르고, "땅속으로 꺼질 수 있"기를 바라고, "이게 끝이구나"(22)라고 말할 수밖에 없는 악몽과도 같은 풍경이다. 배우가 대사를 잊는 악몽은 그에게 "강박증"을 낳고, "무기력"(22)할 수밖에 없는 자신을 깨닫게 하는 절대적인 아픔이다.

프랑스 현대 소설가인 파스칼 키냐르는 그의 소설 『혀끝에서 맴도는 이름』에서, 이런 현상을 "멀리 있는 것이 아니라, 바로 거기, 아주 가까운 곳에, 그의 혀끝에서 맴돌고 있었다. 그의 입 주위에 그림자처럼 떠돌고 있었다. 입술 끝에 더 가까워지기도 더 멀어지기도 했다. 그런데, 막상…… 말하려는 순간…… 감쪽같이 사라지고 말았다"[6]라고 서술하고 있다. 배우는 이처럼 "귀환을 거부하는 단어들, 기억에 떠오르지 않는 단어들, 입 주위에서 안개처럼 떠돌지만 정작 혀로 들어가 말이 되지 못하는"[7], 언어의 기능부전과 같은 경험들을 맨 먼저, 무대 위에 오르기 전에 피할 수 없이 늘 하게 마련인 존재이다.

6 파스칼 키냐르, 『혀끝에서 맴도는 이름』, 송의경 역, 문학과지성사, 2005, 50쪽.

7 위의 책, 131쪽.

2.3. 배우, 목소리의 울림

배우 앞에는 관객들이 있다면 배우 뒤에는 어떤 존재들이 있을까? 배우 박정자의 뒤에는 "나의 고향, 나의 무덤 속 같은"(2) 어머니라는 존재가 버티고 있다. 그 어머니는 "세상에 어느 미인이 우리 어머니만 할까"(2)라고 자랑스럽게 말하는, 배우의 예술적 창고와 같은 어머니이다. 5남매 가운데 막내인 배우 박정자는 나이 세 살 때, 아버지를 열병으로 잃는 아픔을 겪었다. 그만큼 성장 과정에서 어머니의 영향은 그에게 절대적이라고 보인다. 그 스스로 "알고 보면, 어머니의 감수성과 서정, 그리고 집요함"(2)이 그에게 오롯이 전해진 셈이다. 그것은 "동물적 후각과 목소리"(2)로 집약된다. 그리고 어머니를 잃고 나서는 자기 스스로 "세상에 홀로 버려진 고아나 마찬가지"라고 말한다.

배우의 미덕은 무엇인가? 그것은 그 배우와 무대에서 함께 연극을 해보면 가장 잘 알 수 있다. 배우의 입장에서, 자신의 미덕은 그가 무대 위에서 얻은 기쁨, 영광, 행복 등으로 가늠할 수 있다. 관객의 입장에서 배우의 미덕은 그가 준 감동, 관객에게 개인적인 삶을 사는 데 필요한 도움과 같은 영향력에 달려 있다. 그리고 여성인 경우에, 일반적으로 그 미덕은 여성성과 아름다움에 있다. 그러나 배우 박정자의 경우, 힘과 격정 그리고 섬세함에 있다. 한평생 무대를 떠나지 않고, 무대 위에서 살면서 자신을 표현한 배우 박정자, 그를 만든 것은 무엇일까? 칭찬을 하자면, 그가 연기한 역들은 그가 연기함으로써 언제나 특별한 인물이 되었다. 누구도 할 수 없는, 결코 이미 만들어진 인물이 아닌 인물들을 창조했다고 하면 최댓값이 될 것이다. 그러나 그것을 위하여 그가 얼마나 울어야 했고, 그가 얼마나 괴로워해야 했는가를 아는 것은 어려운 일이고, 서술하는 것은 더 어려운 일에 속한다. 한마디로 그는 연기를 위하여 이 연극에서 저 연극으로, 이 장면에서 저 장면으로 돌진했다. 관객의 시선을 끌어당기는 것은 수려한 용모가 아니라 열정적이고 격렬한 감정의 소용돌이에서 나오는 예민함이다. 그리고 누구도 흉내낼 수 없는 뛰어난 신체적 조건들, 그 가운데 천성적으로 타고난 것이 목소리일 터이다.

배우 박정자가 지닌 연기의 미덕은 목소리이다. 남성은 성장하면서 제 목소리를 잃지만, 여성은 태어난 그대로의 목소리를 지니고 있다. 남성은 잃어버린 제 목소리를 찾고자 노래한다면, 여성의 태어남과 죽음은 목소리의 공간에서 동일하다. 목소리는 몸에서 나오는 울림이다. 쉽게 이렇게 말할 수 있지만, 다양한 울림과 색깔을 지닌 목소리, 그 자체는 수수께끼에 속한다. 목소리에도 표정이 있다. 목소리로 울리는 배우의 말은 일차적으로 사물을 지시하고, 뜻과 같은 대상을 언어로 찾는 행위이다. 목소리는 대상과 그 대상을 지시하는 말 사이, 더 정확하게 말하면 그 틈새에 존재한다. 목소리는 그래서 색깔을 지니고 있다. 배우의 특정한 목소리는 관객들에게는 육체적으로 기억된다.

많은 관객들이 배우 박정자의 목소리를 기억하는 것은, 목소리야말로 배우가 소유하고 있는 가장 탁월한 것, 누구도 모방할 수 없는, 접근할 수 없는 것이기 때문이다. 배우의 목소리가 관객의 마음을 흔드는 보이지 않는 빈칸이다. 배우의 목소리는 인물이 빈칸 속에 간직한 비밀을 드러낸다. 빈칸과 같은 목소리에 배우의 리듬, 음색, 억양 등이 고루 담겨 있다. 얼굴, 몸짓의 형태가 의식적으로 기억되는 것이라면, 목소리는 관객들의 무의식의 영역에 새겨진다. 더러 눈을 감고 연극을 보면 배우의 목소리에 길을 잃어버리는 것과 같은 경험을 할 때가 있다. 목소리는 들리는 순간 사라진다. 그것은 외침이고 울림이되 되돌아오지 않는 미끄러짐, 나아가 완전한 부재의 상징이다. 말할 수 없는 지경이 곧 목이 쉬는 것이다. 배우로 치면, 달리 말하는 것은 찾아내야 하는 계기이다. 배우가 사라지는 것이 아니라 배우의 목소리가 사라지는 것이다. 배우는 공연이 끝나면 침묵할 뿐이다.

목소리 덕분으로, 배우 박정자는 대학에 다니고 있을 1963년, 학교를 자퇴하고 동아방송국의 성우 1기가 되었다. 그 시절에 그는 이원경, 임영웅, 조남사와 같은 당대 최고의 방송 연출가들과 만나게 된다(7). 그는 배우 이전에 성우로 오랫동안 목소리의 연기자로 활동하였다. 배우의 연기는 보이는 것과 들리는 것의 도합이고 조화일 터이다. 목소리는 들리되 보이지 않는 것이고, 행동은 보이는 것이되 들리지 않는다. 일반적으로 배우에게 말하는 목소리는 움직임을 방해하고, 그 반대도 흔한 편이다. 배우의 본질은 움직임보다 목소리에 내재되어 있는 편이다. 배우 박정자는 젊은 시절, 광고나 외국 영화의 인물들을 더빙하는 역할을 통해서 배우의 정체성을 확인하였던 셈이다. 사실, 더빙에 있어서 원작을 뛰어넘는 음색이라고 말하는 것은 지나친 찬사일 것이다(8). 스스로 말한 것처럼, 주목하고 싶은 것은 목소리의 시원이다. 배우 박정자는 어머니의 목소리를 지녔다고 말한다. 그것은 근원적인 배움의 모습이다. 배우 박정자와 어머니를 동일시하는 것도 가능하고, 배우 박정자에게서 어머니로서의 모습을 읽어내는 것이 충분한 것은 목소리 덕분이다.

배우 박정자의 기원이 어머니라는 존재라면, 곁에는 극단 신협에서 연극을 했고, 나중에 영화감독을 한, 한국 영화의 원로감독에 속하는 오빠 박상호가 있었다. 오빠를 통해서, 어린 박정자는 "배우들이 모여 있는 분장실을 들락날락거릴 수 있었고…… 연극을 마음껏 볼 수 있었"(3)다. 배우 박정자의 배우 수업은 이렇게 어려서부터 시작되었다고 볼 수 있다. 그 후, 그가 기억하는 삶의 주름은 다음과 같은 것들이다. 하나는 "어린 시절, 살던 소래 포구에서 인천으로 자전거를 타고 나들이 가는 모습"(5)이고, "6 · 25전쟁이 나자 봇짐을 지고 강화읍에서 배를 타고 제주도"(5)에 이른 힘든 시절이다. 끝으로, 초등학교에서 고등학교 시절에 이르기까지 경험한 무용과 합창과 같은 활동이라고 했다(5). 그 후 대학에 진학해서는 대학 연극반에 들어갔고(6), 그것을 계기로 본격적인 전문 배우 활동을 하게 되었다.

배우 박정자에게 분장실은 무대와 현실 가운데 있는, "지성소(至聖所)"(17)이다. 배우가 "스스로 미처 알지 못했던 얼굴을 얻는" 곳, "무대에 오르기 전, 배우가 마음을 가다듬고 극중 인물의 세계에 흠뻑 빠져드"(17)는 곳이다. 이와 같은 분장실에 있는 그는 "정신 병리학적 상황"(17)에 빠져들게 된다고 말한다. 그것은 배우가 겪어야 하는 정신의 가난함이라고 할 수 있다. 그렇게 가난하게 연극하던 때를 그는 서정주의 시 구절로 노래한다. "가난이야 한낱 남루에 지나지 않는다"(17)라고. 그러나, 가난하게 연극하고, 그런 열악했던 시절을 "사람 냄새와 정이 흠뻑 묻어나던"(17)라고 여긴다면, 배우는 '결코 가난은 한낱 남루가 아니다'라고 말할 때 더욱 빛날 수 있을 것이다.

배우의 기억은 무엇보다도 관객과의 관계에서 생출된다. 배우 박정자는 관객들에게 한없이 선량한 존재이고 싶어 한다. 그에게 희망은 연극 이전에 관객인 것처럼 보인다. 역을 맡으면서 떨리지 않는 그도 관객들과의 만남에 대해서는 언제나 사뭇 떨고 있는 이가 된다. 공연은 배우가 관객들에게 주는 특별한 선물과도 같은 것이라고 그는 믿는다. 이를 위해서 그는 언제나 관객과의 만남, 그 기쁨을 의식이 아닌 무의식으로까지 받아들이고 있다.

2.4. 극단과 자유 혹은 부자유

극장과 극단은 배우들이 있고, 물질과 같은 배우들이 있고, 배우들이 하나둘씩 사라지는 공간이다. 배우는 그곳에 영원히 머물지 않는다. 그곳에는 배우들의 정신적인 조각만이 남아 있을 뿐이다. 그것이 시간과 더불어 흩뿌려진다. 한 시대를 상징하는 배우가 우뚝 존재하는 이유는 여기에 있다. 연극이 실제의 삶을 가장하는 가짜가 아니라 삶의 복수성과 같은 허구라고 한다면, 배우가 모여서 있는 극단은 생명이며 허구일 터이다. 거짓과 현실에 기반을 둔 예술작품처럼, 생명과 허구의 두 주인을 섬기는 집단이 극단일 터이다. 생명이 굽히는 굴(屈)이라면 허구는 뻗치는 신(伸)이다. 극단의 정신은 굴신의 관계가 끊임없이 반복될 때 분명해진다. 극단은 생명이면서 허구이며, 허구이면서 생명으로 존재한다. 길 위의 나그네가 지니는 황홀함은 굴신의 상상력이다. 처음에는 스스로를 걸어가는 생명의 나그네로 여기지만, 점차 자기 자신이 허구의 존재처럼 느껴질 때가 있기 때문이다. 그 순간 꿈과 생시는 차이가 없다. 좋은 연극과 함께하는 극장에서의 경험도 이와 같을 것이다.

배우 박정자에게 극단은 '한솥밥 먹는' 정신이 모인 곳이다. 구성원들끼리 서로 협력하고 친밀감을 밑바탕으로 일치감을 지닌 곳이다. 그에게 극단은 개인의 상상력과 창조적 행위는 축소되더라도, 공동의 목표를 내세워 창의적 갈등 등을 극복하는 곳으로 남아 있다. 인간적이라는 것, 선후배라는 것은 그에게 남은 극단의 유산일 터이다. 그는 극단이 있어야 연극이 존재하게 된다고 믿는다. 공연을 해야만 연극과 연극의 정신을 낳을 수 있게 된다고 여긴다. 그가 쓴 글의 밑바탕에는 우리와 같은 시대를 함께한 배우를 기억해야 한다는 생각이 자리 잡고 있다.

관객들 입장에서 보면, 배우에는 역 자체로 기억되는 배우와 배우 개인으로 기억되는 배우가 있을 뿐이다. 배우는 연극을 직업으로 삼는 존재들이다. 배우라는 존재는 자신을 주체로서 여기고 살아간다는 면에서 다른 어떤 직업과도 다를 터이다. 배우로서의 삶의 도구는 주체인 자기 자신이다. 자신을 도구로 삼아 자기 자신과 삶을 생산하는 주체로서 배우는 삶을 살아가고 동시에 삶을 무대에 생산해낸다. 배우가 무대 위에서 이뤄낸 삶의 생산이란 삶의 고정된 해답을 말해주는 것이 아니라 삶을 질문의 대상으로 바꾸어버리는 것을 뜻한다. 이에 따라 관객 역시 무대의 삶을 통하여 새로운 출발을 요구받는다. 희곡이 세상을 담아내고 있다면 무대는 그 세상을 구현하는 장소가 된다. 배우는 그 무대 위에, 뒤에, 앞에 있으면서 삶을 충족시킨다. 배우의 일터는 무대이고 극단일 수밖에 없다. 무대에서, 극단에서 배우들은 자신들의 삶을 보충하고, 우리들의 삶을 재현한다.

배우 박정자에게 극단 자유는 단순한 연극하는 집단이 아니라 "고향과도 같은"(9) 곳이다. 1966년 극단 자유에 들어가서 박정자는 배우가 되었고, 많은 배우들을 만났다. 낮에는 "성우로, 밤에는 극단 자유의 단원으로"(10)의 삶이 시작된 것이다. 그리고 1969년 충무로에 카페 테아트르가 시작되어 1974년 폐관할 때까지 그는 이곳에서 함현진, 추송웅, 권성덕, 채진희 씨와 같은 배우들과 연극하는 공간의 아름다움을 간직하게 된다. 정확하게 말하면, 연극 그 자체보다 연극하는 동료들, 연극하는 소극장이라는 공간이 더욱 소중했던 배우로서의 생의 액정을 경험하게 된다. 그 시절, 그곳은 "배우들의 숨소리까지 들을 수 있고, 땀방울까지 볼 수 있는 작은 공간"(11)이었다. 기억은 시간과 더불어 질량이 늘어난다. 연극의 소산은 과거의 시간을 반추하는 것일 뿐이다. "모든 걸 드러내놓은 채로 관객과 만나는, 참으로 아슬아슬하고 가슴 떨리고 두렵기까지 한" 기억은 결코 지워지는 것이 아닐 것이다.

극단 자유에서 그가 만난, 두 명의 배우들과 그는 각별한 우정을 지니고 있다. 지금은 고인이 된, 추송웅과 함현진이다. 특히 추송웅과는 그가 극단 자유에서 "10년 동안 활동하면서 가장 많이 상대역을 했고, 다투기도 많이 했고, 서로를 격려하고, 위로했"(15)던 사이였다. 배우 추송웅이 〈빨간 피터의 고백〉으로 화제를 불러 모으고, 수많은 관객들로 성공을 거두었을 때, 배우 박정자는 동료의 성공을 기뻐하는 동시에 "안에서는 질투심이 부글부글 끓어 오르고 있었"(15)다고 속내를 드러내고 있다. 그에게 질투심은 배우의 존재 근거와 같다. "무시무시한 질투심을 뿜게 하는"(31) 상대 배우야말로, 그에게는 "없어서는 안 될 그 무엇이며" 그가 "살아 있음을 생생하게 느끼게 하고, 삶을 기름지게 하며, 다른 세계로 나아가도록 힘을 불어넣어주는 소중한 존재"(31) 라고 말한다. 그런 자신에 대해서는 "나는 직선이다. 에둘러 말할 줄을 모른다. 부글부글 끓어오르는 감정의 마그마를 식히는 재주가 없"(31)는 존재, "빈말하기를 워낙 싫어하는 터라 칭찬에 인색한"(31)라고 말한다.

배우가 말하는 배우

배우 박정자는 자신을 "위험한 개성을 사랑해온, 열혈 배우"(23)라고 지칭한다. 자기 자신에 대해서는 "무대 위에서 예쁜 옷을 입고 왔다 갔다 하는 배역보다는 고통이 많은 인물을 선호하고, 사랑보다는 갈등에 더 어울리"(32)는 배우라고 정의한다. 그러면서도 공연 후, 자신을 찾아와서 인사하는 관객들로부터는 "밭은기침 소리를 자체하는 고요함, 사인을 받기 위해 분장실로 찾아오는 주저하는 몸짓, 서성거리며 내미는 손의 따뜻함"(34)을 헤아리고, 이것을 "어떤 경이로움에 휩쓸려 자문하는"(34) 사려 깊은 배우이기도 하다. 그렇게 배우로서 산 삶을 "한순간도 후회해본 적이 없다"(35)고 당당하게 말하며, "연극에 관한 한 욕심꾸러기지만, 그것 말고는 별 욕심이 없는"(36) 배우이다.

배우 박정자가 좋아하는 단어는 "창(窓)"(36)이다. 창은 안에서 바깥으로의 경계이며, 좁은 안에서 너른 바깥을 내다볼 수 있는 공간이다. 창은 안에 있는 이의 입장에서 보면 바깥으로 향하는 시선이다. 배우는 제 삶을 바깥으로 향하는 존재이다. 배우 박정자는 "세상을 향해 열린" 창은 "나의 기도"(36)라고 말한다. 창은 자신과 세상을 보는 "내 마음의 통로"(36)였던 셈이다. 창에 관한 그의 글을 읽으면서, 나는 사회라는 큰 단위, 가족이라는 작은 단위에서 벗어나게 되면, 그것을 인정하지 않게 되면 '상관(相關)'이란 것이 없게 된다는 것을 떠올렸다. 상은 상관을 낳는다. 현대연극에 등장하는 인물들 가운데, 나이가 없는 이들이 있다. 열 살이건, 스무 살이건 마찬가지인 인물들이 등장하는 연극들이 있다. 나이가 없는 삶은 주름이 없는, 삶의 흔적이 없는 삶이다. 몸이라는 껍데기만 있고, 삶이라는 내용이 없는 파괴된 인물들의 모습이다. 몸과 삶의 상관을 잃어버려 성장이 멈추고, 나이와 시간과의 상관을 잃어버려 늙지도, 다시 젊어지지도 않는 인물들이 현대연극에는 참 많다. 그들은 우리 모두 모든 '상관'을 잃어버린 존재일 뿐이라고, 우리들은 사회 속에서 서로 '상관'없이 각자 허우적거리며 살고 있다는 것을 말한다. 아, 섬뜩하다. 이것은 고독의 두제곱 아니 세제곱 이상이다. 배우 박정자가 말하는 창에서 이를 극복하려는 의지를 읽는다.

배우 박정자는 관객을 한용운의 시, 「님의 침묵」의 "님"(40)으로 여긴다. 그가 "세상에서 가장 사랑하는, 연극배우 박정자라는 존재의 가치를 증명해주시는"(40) 존재이기 때문이다. 관객에 대한 그의 사랑은 스스로 밝히듯 "일방통행"(40)인지라, "많은 사람들이 가슴 아팠을 것"(40)이라고 반성하기도 한다. 그러면서도 관객을 "앞으로도 늘 새롭게 만날 생각에 가슴이 벅찬"(40) 것이 배우 박정자의 웅장한 고백이다.

배우 박정자는 배우로 온 삶을 살고 있다. 그의 삶을 보건대, 배우로서 산다는 것은 늘 고통스럽게 자신의 생채기를 안고 사는 것으로 보인다. 그리고 언제 무대 위에 자신이 존재하지만, 곧 사라진다는 것을 깨닫는다. 배우 박정자도 그렇게 자신을 둘러싼 사물과 세계를 번역할 수 있었다. 그가 출연한 숱한 작품들은 그 번역의 고통이라고 할 수 있다. 배우 박정자는 결코 산뜻한 배우가 아닐 터이다. 감히 말한다면, 고통스럽게 자신을 불지르고, 태워서 무대를 밝히는 배우라고 할 수 있다. 이제부터 헛된 욕망을 벗어나고, 산뜻하게 살아야 할 이들은 배우와 그들의 연기를 통하여 다시 태어나야 하는 관객들이다. 그것이 배우의 숙명일 터이다. 시인 노발리스가 "우리는 도대체 어디로 가는가?"라는 질문에 "항상 집으로"라고 말한 것처럼, 배우는 항상 관객에게 간다. 배우 박정자는 항상 어머니에게 돌아간다. 그렇게 해서, 그는 어머니라는 과거와 용접된 현재를 무대에서 배우로서 찾는다. 배우 박정자의 유산은 여기에 없다. 배우 박정자는 떠나는 자이다. 홀가분하게, 떠나지만, 찾는 것은 늘 같다. 이곳, 저곳이 달라도 잃어버린 것이 같기 때문이다. 기원을 찾는 자, 그가 배우이다. (2012)

차가운 공연

— 한태숙과 공간의 글쓰기

1. 싸우고, 또 싸우고—〈대학살의 신〉

제목 〈대학살의 신〉[1]의 뜻이 쉽게 와 닿지 않는다. 이를 농담으로 풀어 말하자면, 싸움의 우두머리가 누구인가로 읽으니 조금 낫다. '대학살'이라고 하지만, 작품의 시작은 겨우 열한 살짜리 아이들이 학교에서 한바탕 붙은 사소한 싸움이다. 이어서 아이들의 두 부모, 그러니까 네 명이 화해, 조정을 위해서 만나지만 싸움은 조금씩 더 커진다. 합해서 여섯 명이 끼리끼리, 돌아가며 싸우는 꼴이다. 그래서 싸움은 대학살이 되는 모양이다. 아무튼 시시한 싸움도 싸움인지라, 그 원조는 아이들인 터라, 이들이 싸움의 원조이여, 전통이며, 역사 즉 신(dieu)이다. 아이들의 싸움이 대학살과 같은 큰 싸움으로 확대되고, 어른인 부모가 아니라 자식인 아이들이 그 싸움의 신이라면 이 연극은 역설이다. 신(神)인 아이들의 명을 받아, 아니 그 아이들이 자라서 된 부모들이 용병처

1 야스미나 레자 작, 한태숙 연출, 대학로 예술극장, 2010. 4. 6~5. 5.

럼 덩달아 싸우는 가정과 사회의 풍경은 코미디일 수밖에 없다. 대리전을 치르는 이 부모들은 유럽 사회의 부르주아 계급에 속한다. 예의와 가치를 지니고 있는 교육받은 중산층으로서, 삶을 어느 정도 수놓을 수 있는 경제적 풍요를 누리고 있는 부모들은 실은 마네킹과 같은 인물들이다. 이들의 모든 총체적 가치들이 잘 길들인 말과 행동에 들어 있다. 인물들의 다변증은 드러내기보다는 감추기이며, 속내를 드러낼 때는 서서히, 슬쩍 돌려 막기에 가깝다. 상대방을 배려하는 듯 보이는 언어로 사건을 돌려 막아 결국 제 이익을 챙기고, 상대방을 희생자로 만들려는 노력, 그것이 이 작품 속 유럽 중산층 계급의 사회학적 삶의 전형이다. 참고로 야스미나 레자의 어머니는 헝가리 출신의 바이올린 연주자, 아버지는 러시아 유대인 사업가로, 철의 장막이었던 동구권의 해체 이후 프랑스로 이주하여 정착했다. 이들의 꿈도 부르주아가 되는 것이 아니었을까? 야스미나 레자가 가진 무기는 언어의 상상력뿐이지만, 미약한 자기 자신—그 삶의 근거들을 송두리째 드러낼 만큼 용감하다.

모두가 싸운다. 두 아이가 중립적 장소에서 먼저 싸워 결판이 나자, 피해자의 부부가 가해자의 부부를 집으로 불러들여 리턴매치를 한다. 그리고 아버지와 아들, 엄마와 아들이 두루, 차례로 싸운다. 처음 아이들의 싸움은 주먹을 주고받아 이가 부러지는, 육체가 탄알이 되어 상대방의 몸에 꽂히는 육탄전이었지만, 그다음 부모들끼리의 싸움은 말들이 육체를 대리해서 겨루는 외교전이다. 피해자와 가해자의 부모들이 서로 마주 보고 예의의 태도와 겉치레의 언어를 가지고 화해를 모색하지만, 머리는 승리를 위한 전략을 짜내기 바쁘다. 이들의 언어는 가면의 사회학을 낳고 유지하는 무기이다. 인물들은 자신들이 속해 있는 계층의 대표이고, 이들 삶의 바탕이 되는 가치들은 무기가 되어 대립한다. 무대 공간인 거실에 놓인 예술 서적, 튤립 꽃다발이 담긴 화병, 테이블은 무기를 감추는 은폐의 일상적 기술들이다. 싸움이 벌어지는 우리와 같은 거실은 곧 사각의 링이다. 두 커플이 빠져나갈 수 없는 링에서 언어로 혈투를 벌이고 있다. 아이들의 싸움 이후, 부모들이 상대방과 만나 '진지하면서도 우호적인' 방식으로 상대방을 탐색하고, 이어서 본격적으로 싸우고, 나아가 같은 편끼리도 적이 되어 이리저리 줄창 싸운다. 싸움의 끝은 무대가 실제 전쟁터가 아니므로 상상하기 어렵지 않다. 피 흘리고, 죽고 죽이는 살상의 대학살 대신 혼돈의 비극이 될 터. 평온한 가정이, 견고한 사회가, 중후한 인격의 부르주아들이, 가치로서의 언어들이 한 순간에 뒤죽박죽이 되는 그런 풍경일 터. 작품은 솔직하고, 우리가 동경하는 이 같은 선진 사회가 섬뜩하다.

이렇게 쓰고도, 야스미나 레자, 공연으로 작품이 놓인 세상과 싸우는 연출가 한태숙, 인물들과 싸우는 네 명의 배우들 그리고 지금, 여기에 살면서 자기 스스로와 싸우는 관객들이 있다. 싸움의 최댓값인 대학살은 우리끼리 서로 싸우고 있는 것이리라. 연극 속에서 연극 너머까지. 두루두루. 여기저기. 연극으로, 연극을 무기로 삼고 숨어 있으면서 싸우고, 완장 차고 싸우고, 진지를 구축하고 깃발을 휘날리며 싸운다. 아름다운 연극이라고 말하면서, 연극은 삶이라고 말하면서, 생의 은유라고 말하면서, 연극하는 삶의 고뇌를 예술로 말하면서. 그 싸움의 풍경은 〈대학살의 신〉 맨 앞, "그러니까……" 처럼 숨을 헐떡이며 간헐적으로 혹은 짬 없이 이어지고, 그 끝은, 희곡의 맨 끝처럼, "침묵……"으로 "알 수 없"을 터이다. 모두들 대학살의 희생자이기 때문이리라. 넌덜머리나는 싸움은 시도때도 없다.

2. 새로운 연극을 낳는 공간—〈안티고네〉

2.1. 경사진 무대 위의 이야기와 인물들

〈안티고네〉[2]의 장소는 '테바이의 궁전 앞'이다. 희곡의 맨 끝, 아내와 아들을 잃은 크레온은 이렇게 자신을 저주한다. "……얼굴을 돌릴 길도 없고, 의지할 데도 없구나. 내 손에 있는 것은 다 빗나가고, 게다가 파괴의 운명이 머리 위에 떨어지고 말았다."[3] 이번 공연에서 주 공간인 궁전 앞은 경사진 무대가 되었다. 정확하게 말하면 '궁전 앞'은 경사진 공간으로 변형되었다. 연출가와 무대 디자이너에게 있어서 무대 공간은 텍스트와의 교환이다. 고전주의 이론에서는 하나의 텍스트와 다른 하나의 교환이 가능하다고 말하지만, 오늘날 텍스트의 교환은 무차별적이기도 하고, 따라서 본질과 어긋나는 위기도 있기 마련이다. 이 공연에서 소포클레스가 쓴 이 텍스트와 연출가 한태숙, 무대 디자이너 임일진이 만든 무대 공간의 공통 본질은 개별적이되 사회적이라는 데 있다고 볼 수 있다. 그것은 도시국가에서 개인으로, 개인에서 도시국가로의 교환, 달리 말하면 도시국가의 윤리와 개인의 윤리의 대립을 포기하지 않는다는 점이다. 나아가 이것이 공동체의 윤리로 확장되어 이른다는 점이다. 그리스 비극의 매력은 언제나 세속적인 비극이 개인에 머물지 않고, 국가와 공동체의 존립에 근본적인 것이 된다는 점이다. 그리고 그것이 언제나 개인으로부터 시작된다는 점이다. 그 중심은 공간이다.

국립극단의 〈안티고네〉에서 첫 번째로 해석해야 할 대상은 무대 공간의 생성이다. 연출가와 무대 디자이너는 희곡이라는 텍스트를 마주하는

2 국립극단, 예술의전당 토월극장, 2013. 4. 15~28.

3 소포클레스 외, 『희랍극 전집』, 조우현 역, 현암사, 1969, 292쪽.

타자들이다. 연출의 의도와 무대 디자인의 과정이 하나로 규정된 것이 무대 공간의 실제, 현실적 모습이다. 이것은 연출가와 무대 디자이너의 동일한 규칙이라고 볼 수 있다. 반면에 관객의 입장에서, 이 무대 공간은 우연한 사실이다. 연극을 공부하는 이들은 이러한 무대 공간을 보면서 극장 공간과 같은 세속적 조건들을 가늠할 수 있지만, 관객들에게 무대 공간은 하나의 은유일 수밖에 없다. 관객들은 연출가나 무대 디자이너의 세속적 입장을 가늠하지 않는다. 오히려 보고 받아들일 뿐이다. 극장에서 연극과 첫 번째 만나는 현실적 무대 공간은 관객의 존재를 스스로 일으켜 세우기 위한 조건이기 때문이다.

토월극장에서 〈안티고네〉 무대를 처음 보았을 때, 놀라웠던 것은 무대 공간을 저렇게 만든 연출가와 디자이너의 '믿음'이었다. 무대 장치의 바닥이 어두웠기 때문에, 자리에 앉은 후에야 무대의 전체 모습이 조금씩 시야에 들어오게 되었다. 그리스의 정신세계와 텅 빈, 열린 무대 공간의 관계를 생각하기 시작했다. 무대 공간을 구획하지 않고 하나로, 통째로 넓게, 개방한 것은 고전주의에서 보편적 원리의 강조라고 여기게 되었다. 무대 공간은 오직 하나의 세계, 유일무이한 보편적 원리만을 말하겠다는 의지로 보였다. 이 무대 공간은 그 외의 것들은 울타리 밖, 그러니까 무대 바깥으로 몰아넣거나 생략한 채, 하나만의 이야기를 관객들에게 환기시키려고 한다는 것으로 여겨졌다. 텅 빈 무대는 구체적 조건들이 없는 공간이다. 서사적 이야기에 대한 이미지들도 없다. 가시화된 것은 매우 적고, 모든 것들이 잡히지 않는 소리로만 들린다. 그것이 공간이 품고 있는 말이다. 국립극단의 〈안티고네〉는 말들이 현실 공간인 무대를 채우는 연극이다. 말하고, 말이 울리고, 말이 수사를 넘어 형이상학의 영역으로 가 닿는데 거추장스러운 장애물들은 무대 위에 하나도 없다. 이 부분은 무대 공간의 형식화를 벗어나는 무대 공간이 엄격함으로 읽혀진다. (그 반대의 경우는 무대 공간을 만드는 일이 세속적 조건에 짓눌리거나, 너무나 고통스러워 포기한 나머지 이와 같은 유사 공간을 만드는 일이다. 그렇다면, 연극의 첫 번째 비평은 이미 연출가나 무대 디자이너의 의식에 의해서 이루어지고 있는 셈이다. 작품에 대한 비판적 가치평가를 이루고, 구체적인 장(場)에서 이를 실현하고 있기 때문이다. 무대장치는 그것들의 출현이고, 실현이다. 우리는 이를 일컬어 연출가의 방식, 성격, 모델 등으로 말한다. 두 번째 비평을 담당하는 비평가들은 이 안에 내재되어 있는 바를 따라 분석한 결과를 글로 남기기 마련이다. 텅빈, 경사진 무대가 처음이 아니라면, 비평가는 이를 두고 무대 공간의 계보학을 언급할 수도 있고, 소포클레스의 〈안티고네〉와 지금, 여기, 연출자, 디자이너의 단독성에 대해서 언급할 수도 있다.)

〈안티고네〉 무대 전체를 차지하는 공간은 평면이 아니라 높은 뒤에서 낮은 앞으로 기운, 관객의 자리에서 보면 오른쪽으로 조금 틀어진 경사면이다. 한번 뒹굴기 시작하면 아래까지 계속 굴러 내려올 수밖에 없는 경사진 무대 위에, 배우들은 불안하게 서있을 수밖에 없다. 위에 인용한 대사처럼, 의지할 데 없고, 빗나갈 수 밖에 없는 공간인 셈이다. 경사진 무대는 배우들이 처음부터 제대로 두 발로 서 있을 수 없는 공간이다. 머물고 있는 그 자체가 불안이고, 공포이고, 장애이다. 공연 내내 이 무대를 보고 있는 관객들의 심리적 수용도 마찬가지로 불안하다. 관객들의 시선을 포함해서 경사진 무대는 모든 것을 묶어두기보다는 주술처럼 풀어놓고, 던져놓는다. 계단이 없기 때문이다. 계단이 없고, 공간과 공간에 사이가 없는 이런 무대에서는 중력과 원심력이 모두 불안하다. 본래 등장인물들은 무대 위에서 중력의 법칙대로 작품의 내용을 지탱하는 힘이다. 그러나 경사진 무대에서는 등장인물들이 중력으로서 존재할 수 없다. 중심을 향할 수 없기 때문이다. 무대 위에는 이들이 미끄러지지 않기 위하여 손으로 잡을 수 있는 것이 없기 때문이다. 동시에 중심을 피하여 바깥으로 향하는 원심력은 권력의 자장 안에서 불가능하다. 자신이 믿는

대로 안에서 바깥으로 밀고 나갈 수 있는 힘을 지닌 인물들은 거의 없다. 안으로 향하는 힘과 바깥으로 향하는 힘의 균형이 깨진 이 경사진 무대에서 살아 있는 이들의 질서는 불안할 뿐이다. 〈안티고네〉는 이와 같은 장애, 혼돈, 파괴만 점점 커지고, 그 결과만 흩뿌려질 뿐인 작품이다.

〈안티고네〉의 핵심은 중력을 배제한 경사진 무대 위의 이야기와 인물들이다. 어떠한 오브제도 무대 위에 없다. 남은 것은 원심력의 지배뿐인데, 이마저 크레온이라는 권력 앞에서 좌절된다. 원심력을 벗어나는 인물들은 다른 이웃들과 충돌하게 된다. 도망갈 수 없는 인물들이 마지막으로 선택할 수 있는 것은 능동적인 죽음뿐이다. 연출가 한태숙은 이러한 무대 형태를 통하여 중력의 부재를 강조한다. 인물들은 상징적 길 위에서 맴돌다 나아가지 못한 채 불안과 마주하고, 바깥으로의 변화마저 꾀할 수도 없는 극단적인 이율배반의 공간 속에 갇혀 있다. 그 절정은 경사진 무대가 반으로 갈라져, 그 안에 안티고네가 갇혀 있는 장면이다. (경사진 무대가 둘로 갈라진 가장자리는 강물의 물결을 떠올리게 해주었다. 그 안에서 물결처럼 흐르는 안티고네의 걸음은 그 위에서 벌어진 폭풍과도 같은 분위기와는 아주 두드러진 대조를 보여주었다.) 다른 한편으로는 이처럼 격리된 공간 속에, 지향과 변화가 불가능해진 공간 속에 갇힌 안티고네의 마지막 선택은 죽음이란 지문을 남기는 일뿐이지 않겠는가! 죽음은 애착을 잃고, 놓아버리는 일이다. 자신을 포기할 때, 어떠한 소속감도 없는 불안과 망각의 존재가 된다. 경사진 무대는 애초부터 극복이란 단어를 지운 무대이다. 인물들이 저절로 미끄러져 내려오면서 자기 자신의 불안 속에 갇히는 무대이다. 미끄러짐 속에 타인과의 만남은 없다. 포기라는 흔적만 남길 뿐이다. 자기 자신을 변화시킬 힘을 잃어버리게 하는 무대 위의 선택은 죽음의 위협뿐이다. 다시 언급하지만, 이런 무대에서는 모든 것에 직면하는 경험만 있을 뿐, 숨기는 것이 불가능하다. 벽이 하나도 없는 경사진 무대 위에는 배우들이 손으로 잡을 장치조차 하나 없다. 불안(만)이 견뎌낼 수 있는 터가 없이 공연 처음부터 끝까지 미끄러져 내릴 뿐이다. 경계가 분명하지 않은 이곳에서 유기적인 것은 배우와 배우의 관계일 뿐이다. 경사진 무대, 미끄러짐이 가만히 있는 중력을 초월한다.

경사진 무대는 그러므로 배우나 관객들 모두의 착각이 불가능한 무대이다. 불안이 존재의 일부가 아니라, 존재의 8할이 넘는 불안을 통째로 보여주기 때문이다. 아래로 많이 기운 삶을 사는 인물들은 불안을 견디기 위하여 말을 쏟아낼 뿐이다. 오로지 말만이 불안에 맞서는 시도이고, 반영이다. 그것을 벗어난다는 것은 죽음뿐이다. 경사진 무대는 기만하는 것이 없다. 속속 다 보여주기 때문이다. 인물들은 처음부터 끝까지 불안을 받아들이고, 따지고, 거듭거듭 그것에 종속된다. 프로그램 속에 있는 글의 부제처럼, '고뇌하는 영혼'들은 잡고 있던 생의 무기들을 모두 버린 채, 빈 공간 속에서 처음으로 혼자 걷는 어린아이들처럼 버려져 있다. 인물들 모두는 텅 빈 광장에 나와 공포증을 경험한다. 〈안티고네〉에서 변화하는 인물은 거의 없다. 등장하는 인물들은 처음부터 '이곳'에 있을 뿐이다. 이동이 불가능한 평면적이고 경사진 무대 위, 인물들은 처음부터 끝까지 동일하다. 정착이 없고, 만남이 불가능한 이런 무대는 인물들끼리의 거리도 자로 재기 힘들다. 움직이고, 자리를 이동하는 모든 행동들이 불균형적이다. 공연 속, 무대 위에 얹혀지는 것은 크레온의 '자리'(의자)뿐이다. 그런데 이마저도 경사진 무대 위에 어렵게 지탱하고 있는 불균형한, 제자리에 있기에는 제약이 많은, 시각적으로 의자라는 기능만 하는 형태일 뿐이다.

〈안티고네〉 공연 중간에, 무대 한가운데 비가 내리는 장면이 있다. 일반적으로 불안과 결부되는 것은 천둥 소리, 번개치는 장면들인데, 여기서는 하늘에서 비가 내린다. 무대장치 혹은 토월극장 무대 위에서 비가 왕창 쏟아지도록 할 수 없었던지, 배우들이 입으로, 손으로 제 주변에 물을 뿌리는 장면이 있다. 내가 보기에 연출가는 그것을 하늘에서 내리는 억수 같은 빗방울로 환기시키고 싶었을 것이다. 그것은 한순간의 천둥, 번개처럼 세상과 삶의 최종적 소멸로 보였다. 그런 표현들은 파괴적인 불안보다 더한 불안과 권력의 폭력에 대한 무방비 상태로의 흡수, 절멸의 모습처럼 보였다. 인간의 윤리를 거스르는 권력의 오만, 그 끝은 죽음이다. 하늘 아래 모든 존재들이 '비'라는 자연에 젖는다. 죽음은 언제나 자연처럼 삶과 동반하되, 삶을 초월하는 것, 권력이라는 오만 앞에 존재들의 경계는 부질없는 일이다. 죽지만 영원한 인물들과, 살아 있지만 죽음보다 더한 고통을 느끼는 인물들만 있을 뿐이다.

〈안티고네〉의 무대 공간은 사회적 풍경을 고스란히 배제한, 경사진 언덕 무대이다. 높낮이가 있으므로, 높은 데 있는 이들과 낮은 데 있는 이들의 심리적 기능이 발휘될 것 같지만, 연출가는 오히려 역설적으로 이용하고 있다. 시민계급이라고 할 수 있는 떠돌이, 사내, 여인들, 젊은이, 칼잡이, 조수, 상이용사, 장의사, 춤꾼은 대부분 무대 위, 높은 곳에 머물고 있고, 안티고네와 크레온, 예언가, 하이몬 등은 무대 중앙이나 아래쪽에서 움직이고 있다. 일반적으로 종교에서처럼, 낮은 곳에서 높은 곳으로 올라가는 상승의 이미지들도 여기서는 찾아볼 수 없다. (죽은 안티고네가 줄에 묶여 무대 위로 걸려 있는 모습을 제외하고는.) 무대 아래쪽이 절망의 구렁텅이라고 엿볼 수 있는 일반적인 장면들도 찾아볼 수 없다. 계단이 없는 도형적 무대 공간은 인물들끼리 서로 얽혀 있는 것의 표현에 있어서도 시각적이지 않다. 빛과 어둠의 구분도, 지옥과 천국의 경계도, 오만과 겸손의 차이도, 죽음에 대한 갈망과 두려움의 충돌도, 이야기의 분절과 연결의 고리도, 저항과 순응의 미묘함도, 올라가는 것과 내려오는 것의 교차도 확연하지 않다.

공간에 대해서, 이렇게 말하면, 〈안티고네〉는 무대 공간이 주제를 압도하는 작품이다. 가만히 있어도 미끄러져 내려가는, 기다랗게 펼쳐진,

뒤가 높고 앞이 낮은 경사진 무대라면, 인물들은 망설이지 못한다. 제자리걸음도 하지 못한다. 배우들은 무대 밖에서 무대 안으로 들어오는 순간, 정해진 방향으로만 치달아야 한다. 〈안티고네〉가 전체적으로 역동적인 분위기를 지닐 수 있었던 것은 무대 공간 속, 장소와 장소의 왕래가 아니라 거역할 수 없는 미끄러짐 덕분이다. 이런 무대 공간은 〈안티고네〉가 쓰여진 고대 그리스, 도시국가를 구성하는 주된 공공장소[4]들 가운데 하나인 광장과 어긋나는 공간 형태이다. 무대의 경사는 자연적인 것이 결코 아니다. 〈안티고네〉에서 경사진 무대는 전략적 고지에 가깝다. 시점을 확연하게 하나로 고정시키는 전략, 기복이 있는 지형을 무대 위에 옮겨다 놓아 삶의 균형과는 거리가 먼 주제를 구체적으로 확인시키는 전략, 꼬불꼬불한 미로, 계단을 과감하게 배제하여 갈등을 피해가는 것이 아니라 갈등과 갈등의 충돌을 완전하게 보여주는 전략, 인물들의 적응과 타협이 아니라, 순응과 이해가 아니라 뒷걸음치지 않고 자신이 옳다고 믿는 바를 위해서 상대방을 재단하기 위한 전략 등이다.

2.2. 삶이 거울화되는 무대

불어로 의견(avis)이란 단어는 보다(videre)라는 라틴어 동사에서 유래했다. 이번 국립극단의 〈안티고네〉 무대는 인물들이 서로서로 통째로 보게 되어 있다. 모든 인물들이 서로 보여진다. 인물들 하나하나가 의견인 셈이고, 의견을 말한다. 무대에 벽이 없다고 말했지만, 실은 이 무대에서 벽은 인물들이다. 인물들이 각기 벽을 이루고 있다. 그 벽은 하나로 보일 때도 있고, 떨어져 분리되어 보일 때도 있다. 이 작품에서 인물

4 광장(agora), 심포지엄(symposium), 올림피아(olympia), 신전(delpos), 극장(theatre), 병원(cus).

들의 중얼거림은 거의 찾아보기 힘들다. 인물들은 자기 앞 상대방을 향해서 냅다 말들을 퍼붓는다. 질문이 있고, 진지한 대답이 이어진다. 한 치도 주저함 없는 말들이 벽들을 이룬다. 말들은 상대방이라는 벽에 갇혀 넘어가지 못한다. 인물들을 가로지르는 말들은 없다. 대신 투쟁의 긴박함만이 상대방이라는 벽에 새겨진다. 이윽고 벽이 무너진다. 벽들이 무너져 인물들이 사라지고 세계가 붕괴된다.

연출가 한태숙은 이와 같은 은유의 무대 디자인(임일진)을 빌려 시작부터 끝까지 인물들의 굴곡진 삶을 통째로 보여주고 있었다. 무대 전체를 경사지게 만들어놓은 탓에, 배우들에게는 무대에 오른 이상 숨길 여백이 전혀 없다. 무대는 경사진 공간이지만, 인물들은 그 위에서 제 삶을 한 치도 휘어지게 내버려두지 않았다. 한쪽에 정복과 복종의 강요가 있다면, 다른 한쪽에는 이에 맞서는 특권만이 존재한다.

공연 프로그램에는 작품의 배경, 번역, 각색에 관한 글들이 많았는데, 정작 무대와 공간에 관한 언급이 전혀 없다. 한 연극평론가가 쓴 연출가에 관한 짧은 글이 있지만, 연출가가 글로 적은 발언은 없다. 배우들은 큰 사진과 더불어 제각기 말을 하고 있지만, 엄격하고, 벌거벗은, 텅 빈, 단순한 무대 공간을 창출한 디자이너의 글은 찾아볼 수 없다.

경사진 무대라고는 해도, 좌우가 완벽한 대칭을 이루지 않는 이 무대는 간결하고 명쾌하지만, 상당한 부피감을 지녔다. 연극 공간이라고 특별한게 달리 있는 것인가? 연극이 공간이라고 한다면, 연극은 가벼움과 무거움의 무게, 깊이를 가중시키는 비중, 높고 낮음의 차이 등을 연상케 한다. 연극이 공연되는 곳을 무대라고 한다면, 무대는 곧 공간이다. 그 안에 개인이 자리잡고 있고, 집단이 이를 에워싸고 있다. 공간은 무리를 지어 혹은 홀로 된 인물들을 내세워 균형과 불균형을 낳는다. 텅 빈 무대가 삶의 무게를 하염없이 가중시킬 때도 있다. 반대로 오브제로 가득 채운 무대가 삶의 빈약함을 통째로 드러내 보일 수도 있다. 이름하여 적절한 공간으로서 무대가 있고, 그 반대도 있을 수 있다.

극장에 들어가서 맨 먼저 보게 되는 것은 무대이다. 요사이 무대를 가리는 막이 있는 극장은 거의 찾아볼 수 없다. 소극장은 무대를 처음부터 다 보여주면서 공연을 시작한다. 공연에 앞서서 다 보여주는 무대는 사실상 충동적인 공간이다. 관객이 공연이 시작되기 전에 자리에 앉고, 그때부터 공연이 시작될 때까지 무대를 보게 되기 때문이다. 이것은 합리적인 것이 아니라 비합리적인 것이다. 보여지는 무대는 규정하도록 허락하는 무대이다. 공연 전의 공간으로서 무대는 시각적, 청각적 범위가 평온한 편이다. 이윽고 공연이 시작되면 그 공간 속 관객들이 듣는, 보는 것은 한정된다. 그러므로 이미 보여지는, 보여주는 무대 공간은 부조리한 공간이 될 수밖에 없다. 만약에 무대라는 공간이 숲 속이라면, 연극은 다성적이다. 아주 텅 빈 사막과 같은 공간이라면 연극은 단성적이게 된다. 들리는 소리가 중복되는 경우와 하나로 규정되고 통일되는 경우는 확연하게 구별된다.

2.3. 공간 속 텅 빈 글쓰기

무대 공간은 뭔가를 보기 전에 듣는 것이 선행되는 곳이다. 이윽고 배우들이 나와서 제 몸의 소리를 내기 시작한다. 무대 공간에서 펼쳐지는 배우의 소리는 뭔가를 야기하는 것이다. 소리는 공간에서 생성되어 끊임없이 뭔가를 부르는 것이다. 무대 공간은 듣기에서 시작해서 경청으로 이어진다. 관객의 수동성과 능동성은 여기서 결정되기 마련이다. 공간의 출발은 수동적인 듣기를 낳고, 능동적인 경청으로 이어진다. 공간이 존재하는 이유는 여기에 있다.

2.4. 텅 빈 무대 위에 남는 것은 기억뿐

국립극단의 이번 공연 〈안티고네〉처럼, 벽이 없는 무대는 제약에서 해방되는, 울타리가 없는 무대를 뜻한다. 벽은 자신을 보호하고, 외부를 감시하기 위해서 만들어진 것이라면, 벽이 있는 무대는 차단과 배제를 낳는 공간이 된다. 반면에 벽이 없는 텅 빈 무대는 인물들이 고정된 배치 없이, 모든 감시와 통제에서 벗어나 자신의 합목적성에 맞게 행동하는 공간이다. 그런 면에서 〈안티고네〉의 무대는 기술적 장치들을 최대한 배제했다. 대신 무대 뒤편을 들어올려, 그 경사면을 통해서, 객석에서 무대를 보는 시각을 보다 가깝게, 편하게 만들어 주었다. 새롭게 단장한 토월극장은 객석에서 무대를 내려다보게 되어 있다. 짐작컨대, 연출가와 무대 디자이너에게는 관객들이 무대를 너무 내려다보지 않게 하려는 의도가 있었던 것 같다. 토월극장에서 관객들이 무대를 올려다보는 일은 거의 불가능하다. 경사진 무대에서는 연극 공간 역시 재현된 공간으로, 관객들에게 가까이 다가가, 관객들의 시선을 편하게 함으로써 관객들을 설득하고자 하는 노력의 산물로 보여진다. 예컨대 왕인 크레온 역시 이 경사진 무대에 불안하게 놓여 있는 인물이다. 경사진 무대는 왕으로 군림하지만 그 역시 불안한 존재라는 것을 보여주는 데 그 효과를 발휘한다. 그리고 그가 왕이 되는 상승이나 그가 권좌에서 내려오는 추락이 경사진 무대에 경계 없이 서로 맞물려 있다는 상상을 하는 것은 그리 어려운 일이 아닐 듯하다.

여기서 자신의 안전을 보장하는 것은 자신의 행동이 옳다고 믿는 자긍심뿐이다. 완전한 노출과 같은 이것이 지켜지지 않으면, 처음부터 약속된 치욕 그러니까 죽음이라는 반란만 남는다. 그래서 〈안티고네〉에서 삶을 이탈하는, 스스로 목숨을 끊는 인물들은 하나같이 공포를 지니고 있지 않다. 죽음은 내 자긍심을 치욕으로 만든 권력에 대한 저항일 뿐이다. 인물들은 서로 말들을 나누지만, 서로 듣지 않는다. 서로가 서로를 이해하기 위한 말들의 열쇠가 없다. 자기 스스로 말하고, 상대가 이를 이해하지 못하면, 자기 스스로를 책임지는 결과만 있을 뿐이다. 〈안티고네〉에서 인물들의 대화는 그러므로 처음부터 '건설적'이지 않다. 오로지 자신의 결벽을 말하는 성찰만 있을 뿐이다. 거듭 말하지만, 무대가 기울어져 있고 벽이 없지만, 말들은 결코 보이지 않는 벽을 넘어가지 못한다. 인물들은 벽이 없는 텅 빈 무대 위에 있지만, 그들의 말들은 감옥에서처럼 고유한 자신의 울타리 속에 갇혀 돌고 돈다. 견고한 것은 말들일 뿐, 말하는 자기 자신들이 아니다. 기울어진, 텅 빈 무대 위에서, 인물들을 지지하는 것은 말들일 뿐이다. 텅 빈 무대에 벽을 이루는 것은 말들이다. 무대 디자이너와 연출가는 그런 뜻에서 물리적 벽을 없앤 이러한 무대를 상정했을 것이고, 물성과는 거리가 먼, 말이라는 상징적 벽을 소리로 재현했다. 〈안티고네〉는 새겨들어야 할 말들이 참 많은데, 보이지 않고 들리는 그 말들이 깊게 울리는 이유는 실제의 삶 속으로 돌아오기 때문일 터이다. 이 공연에서 인물들의 거주 공간은 곧 말들의 거주 공간이다. 말들이 지탱하지 못할 때, 말들이 상대방에게 가 닿지 못할 때 그 두께는 얇아진다. 말들에 천공이 뚫린다. 그 속으로 떠나는 인물들이 있다. 말들이 더 이상 벽을, 정신을 재현하지 못할 때, 말하는 이는 현재에서 과거로 들어간다. 공연의 끄트머리, 인물들이 이미 죽은 이들 속으로 편입된다. 텅 빈 무대 위에 남는 것은 기억뿐이다. 인물들은 보이지 않고 의지의 산물인 말들만이 울린다. 여기에 현대연극이 지니는 공간의 특성이 있다.

3. 동굴과 감옥 그리고 무덤—〈도살장의 시간〉[5]

3.1. 책이 부패하고, 연극이 죽는다

인류 활자 문명의 종언처럼, 연극도 제 모습을 잃기는 마찬가지이다. 유한한 생을 무한한 허구로 돌려놓으면서 그 생을 다시금 되새김질하는 인류 재현 문화가 사라지고 있다. 도살장에서 거죽이 벗겨지고 생을 마감하는 짐승처럼, 기억과 상상력의 확장인 책과 연극이 무참하게 잊혀지고 있다. 사람 노릇하기 힘든 것처럼, 책과 연극도 제 노릇하기 힘든 세상이다. 책의 살해과 연극의 절멸을 드러내놓고 말할 수는 없어도, 도살장과 같은 도서관과 극장, 썩어가는 책과 기록으로만 남은 연극은 이 작품의 외연이다. 도살되는 책과 연극이 풍기는 먼지와 냄새는 기억의 형식에 관한 내연이다. 책과 연극이 휘발되어가는 지금, 여기, 이 야만의 시대에, 죽이는 사람(천편)이 그대로 있고, 죽이는 공간인 도살장이 형태와 이름만 바뀐 채 도서관 혹은 극장이 된다. 그리고 그 안에서 죽임을 당하는 대상(책과 연극 그리고 사서)은 날로 늘어난다.

이승우의 원작은 소설「도살장의 책」(2002)이고, 각색한 대본은〈도살장의 시간〉(2009)이다.「도살장의 책」에서는 책이 썩어가고,〈도살장의 시간〉에서는 연극이 처참하게, 아니 흔적도 없이 사라져서 단지 기록으로 남아 있게 된다. 과거의 추억이 된 연극은 생각만 해도 섬.뜩.하.다. 분서갱유처럼 책을 불에 태우고 학자를 땅에 묻어 죽여 권력의 아성을 견고하게 한 적은 있었다. 에코의 소설『장미의 이름』에 나오는 아리스토텔레스의『시학』처럼, 읽을 수 있도록 만든 책이 읽혀져서는 안 되는 금서가 되는 시절도 우리에게 있었다. 책의 존재만으로 역사가 된 고서

---

5 이승우 작, 한태숙 연출, 자유소극장, 2009. 10. 27~11. 8.

라는 책의 절정이 있었는가 하면, 책이 읽는 이에게 출생지 다음으로 깨달음의 터가 되는 경우도 있었다. 한태숙의 〈도살장의 시간〉은, 상상하기 싫지만 연극이 책처럼 불에 태워져, 아예 자취마저 잃게 되고, 연극이란 단어조차 발음하지 않아 사전에서조차 찾을 수 없게 되고, 연극? 그게 뭐야? 그런 게 있었어? 라고 묻게 되고, "연극이 존재했었다는 사실을 무엇으로 증명하겠는가?"라고 묻는 가정에서 시작된다. 그에 대한 대답은 "언제인지 정확히 알 수 없는 어떤 시간 혹은 기억"과 같은 것이다. 덧붙여 이런저런 목적으로 시간과 기억이 텅 비어 있는 극장과 도서관이 새롭게 지어지고 있는 바를 숨기지 않는다.

〈도살장의 책〉에서는 책이 외면되고, 그다음으로 책을 모의하고 도모하는 사서마저 능욕을 당하고 만다. 〈도살장의 시간〉에서는 책을 연극으로, 도서관을 극장으로 바꿔놓았다. 능욕은 책과 연극을 통하여 지식의 얼개와 갈피를 붙잡고 삶의 그물을 짓는 모든 이들에게도 예외는 아닐 것이다. 책을 읽고 쓰고 소개하고 번역하는 작가, 출판평론가, 도서평론가, 출판 칼럼니스트, 번역가, 저술가, 창작 지도자, 배우, 희곡작가, 연출가, 비평가 등 책과 연극에 종사하는 모든 이들의 죽음을 덧붙여야 할 것 같다. 책이 썩고, 연극이 사라질 때, 그 끝은 인간이 될 것이다. 그러나 죽지 않고 "적당하게 부패한 고기"라고 할 수 있는 "군수님, 국회의원, 이 지역 출신 회장님! 그런 사람들만" 책과 연극의 죽음을 아랑곳하지 않고 텅 빈 도서관과 극장을 짓는다. 시간을 저장한 낡은 것을 부수고, 자연이 낸 강을 파서 길을 만들려고, 이치에 맞지 않는 말을 억지로 끌어 붙여 자기의 주장하는 조건에 맞도록 견강부회하는 토건업자들처럼 자만하고 기생하며 연명한다.

3.2. 예전에는 탐서주의자, 연극주의자들이 있었다

책에 미쳐 책을 소유해야만 직성이 풀리고, 책 내용보다는 책 자체를 중시하며 책을 진과 선 위에 두는 사람을 탐서주의자라고 한다.[6] 「도살장의 책」과 이를 각색한 〈도살장의 시간〉을 읽고 나서, 내친김에 원작을 쓴 소설가의 산문집인 『소설을 살다』(마음산책, 2008)을 찾아 읽었다. 이 연극의 원작 소설 속 "대한민국의 수도 서울에서 210킬로미터쯤 떨어진 해안 지방의 작은 도시에 새로 생긴 이 조그만 도서관", 연극 속 "크지 않은 소도시, 과거 풍성했던 연극의 추억을 가진 고장"은 작가의 고향인 전남 장흥군 관산읍이어도 좋고, 그렇지 않아도 상관없을 것이다. 억새가 많은 천관산이 그곳에 있고, 그가 태어나서 자란 신동리는 고흥만 앞 작은 바닷가 마을이다. 작은 마을이 사람과 사람이 모여 사는 형식이라면, 도서관 혹은 극장도 책과 연극이 사람들을 만나는 형식이다. 혼자가 아니라 항상 너와 나로 이루어진 형식이다. 그런데 작은 시골 마을, 도서관, 극장이 도살장으로 치환된다면, 그 삶의 형식이 아예 바닥부터 망가졌다는 뜻이 아니겠는가?

작가와 연출가는 형편없게 된 이 세상을 드러내면서 삶의 형식을 근원적으로 다시 묻고 있다. 그것은 "너와 나의 관계, 신과 악마의 존재, 의식과 무의식이 뒤엉킨 실타래, 욕망과 사랑과 불안이 부글부글 끓는 혼돈의 도가니, 개인인 나와 사회인 너, 혼돈인 나와 질서이고 형식인 너의 만남이 상처내고 각성시키는 관계"[7]에 관한 물음을 뜻한다. 그런 이유로, 연극을 깡그리 없앤 이는 바로 "극장을 짓고 극장에서 살았던 사람들"(8장)이라는 대사는 울림이 크다. 그리고 극장이 지옥이 된

---

6 표정훈, 『탐서주의자의 책』, 마음산책, 2004.

7 이승우, 『나는 아주 오래 살 것이다』, 문이당, 2002, 52쪽

것은 연극 표현의 “새로운 방법”(9장)이 주는 강박과 콤플렉스 때문이라는 것도 주목해야 할 부분이다. (나는 이 부분을 현대 한국 연극의 이중성으로 읽기도 했는데, 아주 긴 논의를 필요로 하는 것이라 여기서는 길게 쓰지 못한 채 그냥 스쳐 지나갈 수밖에 없다.) 이 문제에 있어서, 한태숙은 연극이 자기 스스로를 구하기 위한 “돌아가는 방법”(10장)을 찾으려 한다. 그것은 어둠 속 “땀에 젖은 옷”과 “부패의 냄새”(10장)로 다시 태어나는 연극의 추구일 터이다. 그것은 부패해서 먼지가 되었지만 기억 속에 한 줄기 길을 내는 책의 역사처럼, 다시 땀을 흘려 옷과 몸을 적셔놓는 연극의 복원이라고 할 수 있을 것 같다. 그러나 소설의 끝, 여자를 꼼짝하지 못하게 하는 천편의 마지막 희생 제례 행위가 “배신과 망각의 죄를 사해 (연극이 다시) 눈처럼 순결해져”서 “죽음으로 이어진 길을 밟아 (생의 길로) 돌아오도록”하는 것은 어렵게 읽힌다. 이 부분은 희망을 잉태하는 절망으로 읽기에는 너무 갑작스럽고 보편적이지 않아 보인다. 각색된 대본은 소설의 맨 마지막 부분에 나오는 과잉된 표현들을 덜어내었지만, 한태숙의 연출로 달리, 보다 선명하게 해석될 것으로 보인다.

3.3. 내가 죽으면 너도 죽게 된다

지금까지 책과 연극은 생의 도착을 방어하는 인문 정신의 표상이고 보루였을 것이다. 책이 도살장에 끌려가 도륙되면 그다음 차례는 연극이고, 인간일 터이다. 사라진 책과 연극이 가져다주는 재앙과 같은 능욕은 피해자 입장에서는 억울한 죽음이 되고, 가해자 입장에서는 정당화된 행위가 된다. 그것을 가장 빛나는 제사 행위로 당당하게 여기는 것이 야만이다. 오늘날 책이 사라지고 연극이 죽고, 삶 속에 폭력이 만연하고, 정신이 병리를 앓는 세상의 풍경은 “부패한 책들에게서 나는 큼큼하고 퀴퀴한 냄새"로 상상할 수 있다. 이렇게 동굴에서 감옥을 거쳐 무덤에 이르는 길은 그리 멀리 않을 것이다.

그렇다면 누가 남루해진 이 시대의 연극을 끌어안고, 고민하고, 연극의 제 모습을 구할 수 있을까? 나는 원작 소설과 연극에서 옛 도살장이 책 없는 도서관, 연극 없는 극장이 되는 것을 읽으면서, 강원도 폐광 지역의 산골 마을이 정부의 폐광 지역 활성화 정책에 의해서 카지노 랜드로 탈바꿈된 것을 떠올렸다. 아득하게 울리는 사북, 고한을 비롯한 강원도 정선이 도박 중독자와 같은 심각한 사회 병리 문제로 타락하게 되었다는 것을 알게 되었다. 경마, 경정, 경륜, 카지노, 복권 등 정부가 주도하는 5대 사행 사업으로 한국 사회 전체가 도박공화국이 된 바를 문화인류학적으로 연구한 놀라운 한 권의 책[8]이 내 눈을 뜨게 해주었다. 몇 해 전 우리의 일상 공간마저 도박장으로 만들었던 '바다 이야기'는 시적인 제목과 달리 수많은 이들의 생을 아수라장으로 만든 도박의 바다가 아니었던가. 그 어간에 누군가가 강원도의 한 탄광촌을 연극하는 곳으로 만들려고 한다는 소식도 듣게 되었다. 그와 같은 시도들이 모두 도박 용어인 베팅처럼 여겨졌다. 한태숙의 〈도살장의 시간〉은 베팅과 거리가 먼, 오늘날 한국 연극의 생태적 건강을 자문하는 고통스러운 연극이다. 그 척도는 '썩어 냄새나는 몸'이라는 메타포와 희생 의식이다.

3.4. 그늘의 연극에서는 퀴퀴한 냄새가 난다

연극으로 삶에 복무하는 연출가 한태숙은 2009년 가을, 우리들 눈 앞에서 죽음을 다루는 도살장의 풍경을 그리고 있다. 섬뜩할 법한데, 한 치도 뒤로 물러서지 않고, 옆을 보지도 않고 앞에 놓인 길을 주저하지

8 김세건, 『베팅하는 한국 사회—강원랜드에 비낀 도박 공화국의 그늘』, 지식산업사, 2008.

않고 나아간다. 연출가가 이 소설을 먼저 읽었을 것이고, 이 글을 쓰는 나도 찾아 읽었다. 소설을 읽은 다음, 연출가는 소설을 이렇게 저렇게 연극 대본으로 각색하는 결정을 내렸을 것이고, 그 새로운 텍스트로 썩은 세상의 연극, 아니 회복될 수 없는 죽은 사회를 만드는 동안, 나도 소설에서 각색 대본으로, 그 역으로 거푸 오가며 연출가가 2009년에 이 신작을 연출하면서 꿈꾸었을 법한 몽상과 사유를, 작가가 2002년에 소설을 발표하면서 던진 전환된 사고를 따라가려고 했었다. 연극이 오늘날 책처럼 허튼 대접을 받는 세상의 풍경을 전제로 한다면, 공연의 상징들을 줄 세우고 하나하나 분절해서 해석하기는 어렵지 않다. 작가가 당연히 문자의 몰락을 말한다면, 공연을 창출하는 연출가는 고스란히 육체와 언어와 공간의 몰락을 드러낼 것이기 때문이다.

소설을 다 읽고, 각색한 텍스트를 거푸 읽고 이렇게 글을 쓰면서도 불편하기 이를 데 없었다. 처음부터 소설과 연극의 제목을 보고는 즐거움을 조금도 기대하지 않았더랬다. 도살장의 칼 가는 소리도 환청으로 들리고, 도살장의 냄새도 손가락 사이에, 몸 구석구석에 스며들어 지워지지 않는 듯했다. (나는 이 쯤에서 새 옷으로 갈아입어야 했다.) 그렇다면 정곡은 아무런 이유 없이 잠드는 등장인물 '여자'의 기면 현상과 '천편'의 폭력의 합리화일 것이다. 오늘날 책과 연극을 아우르는 사회는 도살장이고, 우리들은 그 안에서 아무렇지도 않게 책과 연극의 순결을 짓밟는다. 연극 속, 새로 문을 여는 극장에서도 이런 일은 벌어진다. 이것은 정신과 윤리의 나약함에서 시작된 정신과 윤리의 몰락이다.

책과 연극은 본디 양지 속 음지와 같다. 혹은 양지가 아니라 구석과 같은 음지 속에 통째로 자리잡기도 한다. 밝은 곳에서 책과 연극이 만들어질지언정 읽혀지기는 매우 어렵다. 밝음과 어둠의 대비는 책 속 검은 글자와 글자들 사이의 하얀 빈자리와의 조화, 현실과 몽상의 삼투압일 터이다. 책을 읽는 독자에게 책 바깥의 밝은 공간은 어두운 공간이 되고,

책 속 어두운 공간은 밝은 공간이 된다. 극장 공간, 연극 공간도 그러할 것이다. 존재의 투영은 이런 어둠과 밝음의 대비로 비로소 가능해진다. 그러니까 책과 연극은 양지와 음지 사이에서 음지 쪽으로 살짝 기운 채 존재한다. 음지는 생의 그늘이다. 그늘은 작지만 숨 쉴 수 있는 공간이다. 드러내기보다는 숨길 수 있는 이야기가 샘솟는 터이다. 그런데 책과 연극이 사라지면 세상은 온통 양지가 될 뿐이다. 그런 양지의 세상에서 "음지식물처럼 연약하고 위태로"울 수밖에 없는 존재들은 삶의 편답을 잃게 된다. 공연 속 연극사 자료실의 직원인 '여자'가 그러할 것이다.

작가의 말대로, "희망이 없으므로 희망하는 것"이라면, 그것은 "허구, 이야기, 그 이야기의 형식인 책들에 대한 탐닉, 일종의 허족"[9]과 같은 것이 아니겠는가? 그런데 그 책들이 썩어 문드러지고 있다면, 희망하는 것마저 불가능해졌다는 뜻이 아니겠는가? 책의 몰락과 연극 부재는 내적 사유의 근간을 허무는 무시무시한 반문명의 상징이다. 이것은 우리가 사람과 삶[人]의 무늬[文] 즉 인문 정신의 부활을 외치는 태도와 같다. 나는 우리들이 폭력과 (그것에 저항하지 못한 채) 기면의 세상에서 살고 있다는 연극적 전언에 공감하고 동의한다. 기면이 반복되면 생은 영원한 아니 억울하고 비겁한 죽음이 되고, 폭력이 확대되면 생은 야만의 시대에 빠지게 된다. 그렇구나. 우리가 공부하고 실천하려고 했던 연극은 한순간이나마 정신을 놓아버리는 기면에 저항하고, 정신의 순결을 도살하는 폭력과 싸웠던 역사였던 것을, 책과 연극이 몰락하는 지금은 역사의 부재이고, 역사의 몰락이라는 것을, 역사는 시간의 저울질이므로, 연출가는 「도살장의 책」을 〈도살장의 시간〉으로 바꾼 것을, 그리고 이제 연극마저 생의 시간이 아니라 죽임의 도구와 죽음의 시간이라는 것을 알겠다.

9 이승우, 앞의 책, 48쪽

3.5. 동굴 다음에 감옥 그리고 무덤이다

책과 연극은 자폐의 동굴과 같은 도서관과 극장에 갇혀 있다. 주인공 천편은 자아라는 감옥에 갇힌 수인이다. 그 끝은 생의 무덤이다. 탐서주의자인 후배는 "책의 갈피마다 나 있는 길, 책과 책 사이로 나 있는 길, 그리고 책과 사람 사이, 책과 세상 사이로 나 있는 길"은 없다고 말한다.[10] 책만 그런 것이 아닐 것이다. 연출가 한태숙은 연극마저 제 몫을 못하는 지금, 그 혼돈의 시간을 아예 구별하지 않는다. 〈도살장의 시간〉에서 시간은 "현재, 그리고 언제인지 정확히 알 수 없는 어떤 시간(기억)"으로 환원된다. 그러니까 "그 시간은 회상이면서 동시에 과거 같기도 하고 때로는 미래 같기도 한" 시간이다.

연출가 한태숙은 지금 시간을 미분하지 않고, 하나의 더께로, 덩어리로 껴안고 살고 있는 것 같다. 그의 시선은 이곳 현재에서 저곳 미래를 향하는 눈이 아니라, 벌써 동굴 너머 저곳까지 갔다 온 것을 기억하고, 지금 되돌아와서 이곳과 저곳의 경계가 그리 새삼스럽지 않다는 생의 풍경을 전언하고 있다. 전언 통신문을 줄여 말하면 '전통'인데, 이 연극은 연극으로 하는 생의 '전통'이다. 그 내용은 다음과 같을 것이다. 저자들이 책을 쓰지 않는다. 아니 쓸 수가 없다. 독자들은 책을 읽지 않는다. 그렇게 되면 책들은 도서관에서 썩을 수밖에 없다. 그럼에도 지배의 권력은 책 없는 도서관을 날마다 새롭게 짓고 자랑한다. 연극도 마찬가지이다. 관객들은 어두운 극장을 떠나 이미 가벼운 세상으로 가버렸다. 그럼에도 극장은 신축 중이다. 도서관과 극장은 "부패한 고기들"을 담아놓는 동굴이며 감옥이다. 그리고 그 끝은 책과 연극, 삶과 문명의 무덤이다.

청탁을 받고 나서 윗글처럼 무겁게 쓰고 싶지는 않았다. 좀 더 텍스트

10 표정훈, 앞의 책, 7쪽.

에 충실한 글을 쓰려고 했는데 글은 자꾸만 텍스트의 의도를 빗겨가고 말았다. 올해 비감한 일들이 많았다. 내 몸도 많이 야위었다. 이제 몸에 맞던 바지와 윗도리는 헐렁해졌다. 머리는 반백을 넘어 온통 눈 쌓인 정수리 같다. 몸뚱어리가 처음에는 육체의 동굴이 되었다가 사유의 감옥이 되고, 이어서 무덤이 되는 것은 아직 생각하고 싶지 않다. 돌이켜보면, 육체와 사유 사이에, 책과 연극 사이에 삶의 진실과 세상의 실재에 관한 깨달음이 있었던 것 같다. (2013)

삶의 깊이와 함께하는 연극 공부

— 스타니슬라프스키 다시 읽기

1. 스타니슬라프스키와 책들

스타니슬라프스키(1863~1938), 그는 한국 연극에서 언제나 먼저, 으뜸으로 읽어야 큰 산이다. 그가 남긴 책들 가운데 읽어야 할 책들은 *An actor's prepares, La formation de l'acteur*(자신에 대한 배우의 작업, 전2권)이다. 제1권의 원제목은 『체험의 창조적 과정에서 자신에 관한 배우의 작업』(1930)이고, 『배우 수업』 혹은 『배우 훈련』으로 번역되었다.[1]

제2권의 원제목은 『구현의 창조적 과정에서 자신에 관한 배우의 작업』(1936)으로 『역할 구성』 『성격 구축』이라는 이름으로 번역되었다.[2]

---

1 그 목차는 다음과 같다(괄호 안은 다른 번역본 목차이다). 제1장 첫 시험(무대와의 첫 만남), 제2장 연기에서 예술로(연기와 예술), 제3장 행동(행동), 제4장 상상력(상상), 제5장 주의 집중(집중), 제6장 근육의 이완(이완), 제7장 단위와 목표(시퀀스와 주제), 제8장 믿음과 진실감(믿음과 진실에 대한 감각), 제9장 정서 기억(감정적인 기억), 제10장 교감(접촉), 제11장 적응(적응), 제12장 내적 원동력(심리적인 삶의 동인), 제13장 끊어지지 않는 선(역할의 행동선), 제14장 내적 창조 상태(창조적인 상태), 제15장 초목표(작품의 최종 목적), 제16장 잠재의식의 문턱에서(잠재의식). 두 번역본 목차의 차이는 번역의 통일성이 요구되는 부분이다.

2 그 목차는 다음과 같다(괄호 안은 다른 번역본 목차이다). 제1장 역할의 구체화를 향하여

중요한 또 다른 책으로 *An actor's work on a role*(역할에 대한 배우의 작업)은 『역할 창조』라는 이름을 번역되었다.[3]

2. 스타니슬라프스키의 자서전 『나의 예술인생 *My life in art, Ma vie dans l'art*』 읽기

스타니슬라프스키의 책들 가운데 가장 으뜸인 책은 그가 쓴 자서전이다. 문헌에 따르면, 그는 1863년에 출생한 이래, 프랑스 여배우였던 어머니뿐만 아니라 형과 누이도 배우여서, 가족극단을 만들어 연극과 밀접했다. 1875년 모스크바 한 중학교 3학년에 진학해, 1878년 중등교육기관에 해당하는 라자레프 동양어학연구소로 진학했다. 1885년 모스크바 연극학교 입학, 입학한 지 3주일도 지나지 않아 퇴교했고, 1888년 러시아 문학예술협회 시절을 거쳐 1898년 모스크바 예술극장(MXT)의 창설자 네미로비치 단첸코와 함께 배우와 연출가로 활동했다. 1923년 자

(신체를 통한 인물묘사), 제2장 역할과 의상(인물에 옷 입히기), 제3장 역할과 유형(등장인물과 배우의 유형), 제4장 표현적인 육체(표현력 있는 몸 만들기), 제5장 움직임의 조형성(동작의 유연성), 제6장 유지와 제어(절제와 통제), 제7장 화법과 노래(발성과 노래 부르기), 제8장 억양과 포즈(억양과 포즈), 제9장 표현적인 단어(표현력 있는 말을 위한 강세 두기), 제10장 역할구성에서 관점(성격구축의 퍼스펙티브), 제11장 템포, 리듬 그리고 움직임(움직임의 템포와 리듬), 제12장 언어에서 템포와 리듬(화술에서의 템포-리듬), 제13장 무대상의 매력(무대에서의 매력), 제14장 극 윤리에 대하여(연극의 윤리에 대하여), 제15장 돌아보며(전 과정의 도표화), 제16장 배우의 예술에 대한 몇 가지 결론(연기에 대한 몇 가지 결론).

3 그 목차는 다음과 같다(괄호 안은 다른 번역본 목차이다). 제1부 그리보아예도프의 〈지혜의 불행〉(그리보예도프의 〈지혜의 슬픔〉): 제1장 연구기간(연구의 시기), 제2장 감정적인 경험의 기간(정서적 경험의 시기), 제3장 육체적 형태 부여(신체적 구현의 시기), 제2부 셰익스피어의 〈오델로〉(셰익스피어의 〈오셀로〉): 제1장 첫 번째 만남(제4장 작품과의 첫 만남), 제2장 역할을 육체로 표현하기(제5장 역할의 신체적 삶 창조하기), 제3장 분석(제6장 분석), 제4장 작업 결과의 확인과 요약(제7장 작업 결과 확인 및 요약), 제5장 〈오델로〉를 이용한 즉흥연기, 제3부 고골의 〈검찰관〉(고골리의 〈검찰관〉): 제1장 육체적 행동으로부터 역할창조(제8장 신체 행동에서 살아 있는 이미지).

서전『나의 예술인생 *My life in art*』을 출간(영문판은 1924년, 러시아판은 1926년)했고, 1928년 심장병 발병, 연출가로서 1932년까지 연출 활동을 했다. 1936년에 스타니슬라프스키 자신에 의하여 준비된『배우 수업』이 출간되었고,[4] 1938년에 영면했다. 사후인 1948년에 2권의 책(『역할 구축』 혹은『역할 구성』)이 출간되었다, 1945년, 1948년, 1949~1950년에 출판된 MXT연감에『역에 대한 작업』을 비롯한 여러 저술들이 수록되었고, 1954년 모스크바 국립 출판사 '예술'이 전8권으로 스타니슬라프스키의 전집을 출간했다. 그 첫 번째 책이 자서전인『나의 예술인생』이다.

『나의 예술인생』은 삶과 연극을 말하되, 주옥과 같은 글귀들을 담고 있다. 그의 삶은, 이 책 맨 앞에 쓰여진 내용처럼, "농노제도의 잔재들, 전깃불, 자동차, 비행기, 대포, 볼셰비즘, 공산주의 …(후략)…" (3)와 같은 당대의 변화하는 삶 속에 놓여 있었다. 그 속에서 그의 고민은 "무엇이 마음을 뒤흔들지, 무엇이 내면에 간직된 예술적인 비밀들을 드러낼 수 있게 할지"에 대한 것이었고, 그 답은 "배우에게는 그 무엇보다도 사람들이, 함께 살고 예술적인 재료를 얻을 수 있는 사람들이 필요하다"(27)는 믿음이었다. 그에게 (좋은 배우란) 글로 남겨져 있지 않은, 이 단순하고 지혜로운 전통과 교육방법의 자취를 우리에게까지 이어주고, 자기 스승들이 걸어간 그 길로 가려고 노력하는"(79) 이들이고, "배우들이 어떻게 작업하고 창조하는가는 무덤까지 가져가야 할 비밀이다"(73)라고 말한다. 그는 "스승들에게서 연기하는 방법을 배웠지만, 자신의 것으로 소유하지는 못했다"(26)고 고백하고 있다. 스타니슬라프스키는 배우라는 존재의 비밀, 배우가 되기 위한 노력과 기술에 대하여, 참된 예술

4 어떤 책에는 그의 사후에 곧 출판되었다고 언급되어 있다. 스타니슬라프스키,『나의 예술인생』, 강량원 역, 이론과실천, 2000, 501쪽. 이후 본문의 괄호 속 숫자는 이 책의 쪽수를 의미한다.

에 도달할 수 있는 연기의 결과에 대해서 탐색했던 인물이다. 이 책을 거푸 읽고 나니, "그의 문체는 더없이 솔직하고 더없이 인내롭다. 고통은 언제나 겸손으로부터 시작된다. …(중략)… 수많은 역 속에서 새로운 생명으로 탄생하는 과정은 또 얼마나 경이로운가? …(중략)… 그렇게 훌륭하게, 그렇게 치열하게, 그렇게 힘차게 살아온 거인이, 털이 숭숭 난 커다란 손에 아주 조그만 펜을 쥐고 낮고 부드러운 소리로, 겸허하기 그지없는 평범한 노인의 웃음을 지으며, 아무런 과장도 꾸밈도 없이 들려주는 말로 번역하고 싶었다"[5]는 글에서처럼, 번역자의 감회에 저항 없이 같이 스며들게 된다.

스타니슬라프스키의 책을 읽고 나면, 연극을 세우는 것은 극장이 아니라 사람이라는 사실을 절로 깨닫게 된다. 어떤 환경 속에서도 그것을 믿고, 스스로 실천했던 이가 스타니슬라프스키였다. 그의 책은 연극의 언어는 무조건, 절대적으로 "사람이다"라고 말한다. 그러므로 그의 자서전은 연극에 관한 책이 아니라 인간에 관한 성실한 관찰과 탐색의 기록이라고 해야 할 것이다. 배우가 되기 위하여 절대적인 요소는 그에게 있어 삶의 "체험"과 "구현"이다. 이것이 하나로 아름답게 조화를 이루고 결합될 때, 배우는 창조적인 상태에 이르게 된다고 강조한다. 그곳에 이르는 과정이 배우의 일생이고, 이것이 배우가 해야 할 작업이라고 말한다. 그러므로 이 책은 한 인간이 연극으로 삶의 지평을 여는, 생의 수업이 되는 과정을 담고 있다.

자서전인 『나의 예술 인생』에서, 특이한 것은 스타니슬라프스키의 시대(생애)에 대한 서술이다. 그가 태어난 1863년을 그는 이렇게 말하고 있다. "양초는 전깃불로, 마차는 비행기로, 범선은 잠수함으로, 우편마차는 전신전화로, 화승총은 대포로, 농노제도는 볼셰비즘과 공산주의

5 스타니슬라프스키, 앞의 책, 뒤표지글.

로,(3) 진실로 삶은 변화한다는 것, 그때 새겨진 인상은 내 삶의 원칙이 되었고, 한 번도 흔들리지 않았다."(3) 어린 그가 생애 처음으로 무대에 섰을 때, "그러나 어디를 쳐다봐야 할지, 무엇을 해야 할지 알 수가 없었다. 행위에 대해 숙고하지 않았을 때 무대 위에서 갖게 되는 불편한 느낌, 확실히 나는 그때 이미 그 아찔한 경험을 한 것이다. 그 후로 지금까지, 무대에 설 때면 언제나 행위를 찾지 못할까 두렵다"(5)고 첫 번째 무대 경험을 기억한다. 이를 통하여 그는 "무대 위에서의 존재와 행위는 의도된 것이라는 깨달음, 어찌할 바를 모르고 관객 앞에 앉아 있었다는 실패에 대한 우울과 행위가 없을 때의 불안"(6)을 알게 되었다고 썼다. 어린 시절의 경험들에 대해서, 그는 "그 감정들은 예술가의 창조 욕구와 체험의 영역에 닿아 있다. 그 시절의 삶의 공간을 지금 기억하려는 것은 바로 그 때문이다"(11)라고 했다.

그는 어린 시절부터 오페라와 가까이 있었다. 그가 들은 목소리에 대해서, "육체적 기억으로 내 안에 새겨져 있"고, "몸은 기억하고 있"(24)다고 말한다. 어릴 적부터, 서커스, 인형극, 이탈리아 오페라를 보게 되었을 때, 그는 "감동은 지금까지도 생생하게 마음속에 새겨져 있다. …(중략)… 너무 큰 감동은 의식이 아닌 무의식으로 파고드는 법이다. 오페라의 감동은 서커스보다 훨씬 깊고 오래 남아 있었다. 그것은 정신적인 것뿐 아니라 육체적인 면에서도"(22), "감정만이 아니라 온몸으로 그것을 기억하고 있"(23)고, 감동을 육체적 기억으로 저장하는 것에서 나아간 것이 "미학적 체계를 가진 감동"(24)이라고 경험의 완성을 토로한다. "이 모든 기억들을 끄집어낸 또 다른 이유는 젊은 배우들에게 그들 내부에 간직되어 있는 훌륭하고 강한 감동들로 자신을 끄집어내는 것이 얼마나 중요한 일인가를 말하기 위해서다. 배우는 자신의 영역이든, 낯선 영역이든 수많은 삶과 수많은 예술의 모든 훌륭한 영역들을 볼 수 있어야 한다"(27)는 부분은 언제나 읽어도 감동적이다. 그는 그렇게 살아 있는 동안 자신의 "정신 속에 예술적인 창고를 짓는"(28) 것을 멈추지 않았다. 그의 학업은 당시의 풍습에 따라 집에서 시작되었다. 학교는 전염병이 만연한 터라, 병역 의무 감면 조치와 졸업장의 법적 가치로 인해서, 1875년 모스크바의 한 중학교 3학년에 진학했고, 1878년에는 중등교육기관에 해당하는 라자레프 동양어학연구소로 진학했다. 중학교 시절의 교육에서 중요한 것은 고전 교육. 그러나 "중학교 때 배운 것은 아무것도 없다"(35)고 했다. 그 대신 그리스어나 라틴어 작품을 필사적으로 암기해야 했고 그래서 전학을 해야 했다. 라자레프 동양어학연구소에서도 졸업을 하기 위한 그리스어와 라틴어 필기시험이 가장 힘들었다고 썼다. 다양한 언어 공부에 열중했던 그의 학창 시절은 즐거운 꿈과 괴로운 악몽 사이에서 있었던 것 같다.

청년기 이후의 스타니슬라프스키는 말리 극장에서 가장 소중한 극장 경험을 했다. "말리 극장은 나의 정신적인 성장에 영향을 준 학교 중에 가장 훌륭한 학교였다. 그곳은 나에게 훌륭한 것을 보고 판단할 수 있도록 가르쳐주었다. 미적인 감정과 감각을 길러주는 일보다 더 필요한 일이 있었을까?"(37~38) "말리 극장은 우리의 인생에서 정신적이고 지적인 부문을 조정하는 지렛대가 되었다"(38)고 쓰고 있다. 그에게 극장은 "미래의 위대한 인간의 예술을 위한 물질을 간직한"(38) 곳이었다. 그리고 배우에 대한 헌사로서, 예술적이고, 개인적인 삶을 사는 데 도움 준 이들에게 감사한다. 그는 "우리와 같은 시대를 살아준다는 것만으로도 삶을 아름답게 하는 기적 같은 순간을 주는 사람이기 때문에"(39), "역 자체로 기억되지 않고, 그들 개인으로 기억될 뿐인 다른 배우들과는 다른"(43)이들을 존경하고, "이 얼마나 기쁜 것인가! 예술이란, 창조란! 배우가 된다는 것은 고통스러운 일"(47)임을 덧붙이고 있다. 그 자신도 역을 맡으면서, "낯설고 혼란스러운, 그러나 언제나 자신 속에 존재하고 있는 어떤 역으로 변화하지 못했을 때 맛보아야 하는 기쁨과 고통"(48)을 고백하고 있다.

스타니슬라프스키는 1877년 공식적으로 배우로 데뷔했다. 그가 배우에 대해서 학문적인 방법이 필요했던 것은 "내가 무대 위에서 아주 만족스럽다고 느꼈을 때는 칭찬하지 않고, 잘못했다고 느꼈을 때 격려를 해준다! 이것은 무엇일까? 무대 위에서 배우가 느끼는 자감과 무대 밖에서 관객들이 받는 감동"(50)의 차이를 발견하면서 시작되었다. "배우의 자기애는 아주 작은 것이라 할지라도 악의와 거짓말과 질투를 낳는다"(51)라고 전제하면서, 그는 배우의 진실한 감정을 소중하게 여긴 인물이었다. 이것은 외형적인 표현 방법들로는 창조할 수 없었던 것(55)을 뜻한다. 일반적으로 배우들은 삶에서 잃어버린 것들을 무대 위에서 찾기 마련인데, 스타니슬라프스키는 이것이야말로 위험한 길이고, 망상[6]이라고 말한다. 자신이 해낼 수 있는 역의 몰이해는 배우의 발전에 가장 큰 장애(56)로 간주했다. 이것을 해결하기 위해서 그는 "역의 피부 속으로 들어가기"(57)를 제안한다. 그것은 "역의 외모, 습관의 모사부터 그것들이 배우인 나 자신의 것이 되고, 진실한 행위가 되고, 내가 그 안에서 살아가게 되는(58) 과정을 뜻한다. 그리하여 그는 "만약 무대에서 연기할 수 없다면, 그것이 삶이라 하더라도 연기하라!"(69)고 웅장하게 말한다. 배우들은 "역의 살갗 안으로 내 자신을 완전히 밀어넣는 것"(125), 역에 도달하기 위하여, 겪어야 하는 고통, 역을 맴도는 것, 역이 마음속에 들어와 자리를 잡고, 병적인 강박관념으로 바뀌는 것, 그리하여 인간의 고통 중에서 가장 참기 힘든 예술적인 괴로움"(125)을 경험하는 존재라고 말한다.

배우라는 존재에 있어서, 스타니슬라프스키는 진실한 감정에 위배되

---

6 스타니슬라프스키는 배우의 특성을 "아름답지 않은 사람들은 아름다운 역을 하고 싶어 한다, 지위가 낮은 사람들은 지위가 높은 사람 역을 …(중략)… 이렇게 배우는 언제나 자기에게 주어지지 않은 것에 대한 열망에 사로잡혀 있다"고 말한다. 스타니슬라프스키, 앞의 책, 56쪽.

는 '저속한 모방(자)'(122)를 경계했다. 예컨대, 노인의 역을 연습할 때, "젊은이의 피곤함으로 노인의 기분을 표현하는 것"(124)이야말로 과정일 터인데, 이를 저속한 모방에 가까운 '새빨간 거짓말'(126)이라고 말한다. 스타니슬라프스키는 "자신에 대한 잔인한 진실의 말"을 들어야 하고, 많은 이들이 "자주 당신(배우)을 욕하도록 만들어"(127)야 한다고 썼다.

3. 극장과 배우

스타니슬라프스키가 이 책에서 배우로서 청년 시절에 저속한 모방자로서 터득한 과정을 솔직하게 고백한다. "가르고 떼어내고 아직도 깊이 박혀 있는 연극의 부패한 부위를 씻어냈다. 나는 그때 그들이 나에게 했던 질책을 평생 잊을 수 없다. 그들은 나를 비웃고 나의 취향이 얼마나 뒤떨어졌으며 근거 없고 저속한 것인가를 논리정연하게 명확하게 증명해 보였다. 처음에는 분노했고, 그다음에는 부끄러웠으며, 결국 나 자신이 보잘것없는 배우였음을 깨달았다. 나는 마음을 비웠다. 그러나 나는 아직 새로운 것이 보이지 않았다"(123)라고 쓰고 있다. 그는 배우의 독과 약을 구분했다. 자기만의 창조를 막는다는 것은 독이고, 훌륭한 배우에 대한 모방으로 그들이 창조한 역할의 훌륭한 부분들을 익힐 수 있게 한다는 면은 약(71)으로 규정했다. 그는 구체적으로 "배우에게는 자유가 있으면 안 돼. 첫 번째 의무는 자유를 조절하는 것을 배우는 거지"(76)—배우의 자유를 단절하고 길러내는 방법. "사람들이 무엇 때문에 너한테 박수를 보냈다고 생각하니? …(중략)… 너는 나와 무엇을 했지? …(중략)… 빗자루로 무대를 쓸어냈어. 이것을 기억해라. 그리고 가서 아첨하는 말을 들어"(77)[7]야 한다고 충고한다.

7 배우(연기)에 대해서 말하는 세 부류의 사람들은 다음과 같다. 첫째는 전통의 정신적인 본

공부를 못하지만 배우가 되고자 하는 이들에게 충고하는 대목도 재미있다. "일등으로 통과된 사람이 뽑은 사람들의 희망에 부응하는 경우는 거의 없다." 연극학과 실기 시험처럼, 줄창 연습한 것을 보여주면 시험 감독을 어렵지 않게 속일 수 있지 않겠는가! 그러나 진정한 재능은 자주 정신의 깊은 곳에 감추어져 있고, 그것을 밖으로 끄집어내기란 쉽지 않은 법이다. 이것이 "유명한 배우가 된 많은 사람들이 왜 입학 시험에서는 좋은 성적을 내지 못했는가에 대한 이유"(80)가 될 것이다. 연극에서 가장 중요한 존재는 배우라고 여겼던 스타니슬라프스키는 "혼란 속에서는 결코 예술이 존재할 수 없다. 예술은 질서이고 균형이다. 나에게 중요한 것은 작품이 완전한 것이 되고 마무리되고 조화롭고 균형을 이루기 위해 연극에 참여한 모든 사람들, 모든 예술가들이 하나의 공통된 예술의 목표에 복종했는가 하는 점"(97)이라고 말한다. 예를 들어, "완전히 늙은 사람, 초로의 노인 가운데, 쉽게 연기할 수 있는 이는 완전히 늙은 사람이다. 그의 모습이 더 선명하기 때문(123)"인데, 그것은 "감동을 훌륭하게 전달하는 사람"(136)이 될 때라고 말한다.

배우라는 존재의 놀라운 경험을 말하는 대목은 이 책에서 많다. 배우로서 인물을 쉽게 복제하는 것은 외형적 복제에 머물기 마련이다. 살아 있는 재능의 불꽃은 복제되지 않는 법이다. 문제는 배우가 복제를 잘하지 못했다는 데 있을 것이다. 복제로부터 도망쳐 수많은 기술로 연기를 때우기 위해 줄달음치는 것이다. 근육을 긴장시켜 열정을 짜내고 대사를 쉴새없이 쏟아내는 것을 스타니슬라프스키는 강조했다. 그에게 아마추어 배우는 "복제와 무대 기술 사이를 오가고 있"(131)는 존재이다.[8] 그

질을 전달하려는 이들이고, 둘째는 이보다 못한 전통을 피상적으로 이해했던 사람들로, 전통의 내면적인 내용보다는 외적인 형태에 대해 더 많이 말하는 이들이고, 세 번째 부류는 대체로 연기 방식에 매달리는 이들이다. 스타니슬라프스키, 앞의 책, 79쪽.

8 배우가 하는 복제란 "배우가 역을 인지하고, 그것으로 살고 그리고 과거의 방식대로 그것을

러다, 어느 순간, 배우는 개안을 하게 되는데, 그 과정을 서술한 부분은 『나의 예술인생』에서 감동적인 부분이다(131~132).

> "내 안에 있는 무엇인가가 마치 꽃망울처럼 부풀어 오르고 충만해져 가고 마침내 성숙한다. 어떤 우연한 접촉으로 …(중략)… 꽃봉오리가 터지고 거기에서 싱싱한 어린 꽃잎들이 나와 찬란한 햇살 아래 활짝 펼쳐진다. 그와 마찬가지로 나도 하나의 우연한 분장 붓의 접촉으로, 하나의 성공적인 분장으로 정확하게 꽃봉오리가 터지고, 역은 밝고 뜨거운 조명 빛 아래 자신의 꽃잎을 드러냈다. 이것은 그때까지의 모든 예술적인 절망을 보상해주는 위대한 기쁨의 순간이었다. 그것을 무엇과 비교할 수 있을까? 배우는 얼마나 행복할까? 그러나 배우들에게 그런 순간은 얼마나 드문가! 그런 순간은 영원히 유혹적이고, 예술가들의 탐색과 추구를 인도하는 별처럼 찬란한 점으로 남는다", "내 안의 죽은 점으로부터 진보가 일어난" 순간들을 경험하고, 기억하라. 무대 위에서 절제하는 훈련—이 훈련은 "무질서를 없애고, 마비된 근육으로부터 몸을 자유롭게 만들어 감정에 복종하는 일"(133)이고, "긴장의 매듭들과 싸우는 일"(134)이다. 스타니슬라프스키는 이를 위하여, 무대 위에서 "모든 제스처, 필요없는 움직임을 없애야 했다. 그러나 또다시 강한 긴장이 왔다. 나는 단지 나 자신에게 움직이지 않도록 명령했고, 이 새로운 강제는 더 큰 마비를 불러일으킨 것이다."(133) "나의 예술행위는 한 걸음 앞으로 나갔다가 두 걸음 뒤로 후퇴했다."(137)

끝으로 스타니슬라프스키에 있어서, 예술적인 성장을 저해하는 가장 큰 장애는 서두르는 것이고, 아직 채 축적되지 못한 힘을 소비해버리는 것이고, 주인공을 연기하고 싶다는 끝없는 욕망이다(137). 그는 역의 외형적인 모습은 배우가 점차 자기로부터 떠날 수 있게 만들어준다

복제하"는 것이 아니다. "낯선 관습이나 낯선 연기방법이 아니라 자신이 창조한 역의 모습을 복제하는 것이 낫다." 스타니슬라프스키, 앞의 책, 136쪽.

(145)고 하고, 배우의 실수란 "내 안에 있는 역을 사랑하기 보다는 역 안에 있는 나를 사랑하는 것"(145)이라고 말한다. 이런 배우는 "배우로서 성공하는 것이 아니라 나 자신의 인간적인 성공이었고, 무대는 나 자신을 비추어내는 쇼윈도로 전락하는 것"(145)이라고 비판한다. 배우의 존재, 그 발견에 대해서는 "무대 위에서 감정을 심하게 고양시켜 영감에 도달했다고 느끼는 순간, 나는 육체를 통제할 수 없게 되고, 반대로 몸에 끌려 다녔다. …(중략)… 몸을 자유롭게 만들어 감정에 복종하게 하는 일", "긴장을 풀면, 그 안에 모여있던 모든 긴장이 무질서하게 방출되어 온몸으로 흩어지는 것이었다"(134), "힘 닿는 데까지 자신을 억제하라, 더 억제하면 억제할수록 더욱 좋다"(136)고 했다. 그는 배우를 두 종류(144~145)로 구분했다. 첫 번째는 자신을 사랑하는 사람으로서 배우이고, 이런 존재는 창조된 역의 모습을 보이기보다는 자신의 개인적인 모습을 보이는 배우이다. 두 번째는 자신의 모습을 보이는 것을 부끄러워하는 배우인데, 이런 존재는 가면을 쓴 배우로서, 낯선 인물이 될 때 개인적인 모습으로 평생 하지 못할 행동과 말을 할 수 있는 배우일 터이다. 끝으로 이 책은 자신이 맡았던 인물에 대한 해석과 좋은 작품 그리고 좋은 작가에 대해서도 중요한 내용을 담고 있다. 연극 공부, 그것은 언제나 삶의 깊이와 함께 하는 여정이라는 것을 그의 자서전을 읽으면서 새롭게 깨닫는다. (2013)

죽음과 기억

— 채홍덕과 〈어린이 정경〉

1. 어린이 정경

2014년 7월 5일이었다. 네덜란드 남쪽에 있는 마스트리히트에 있었을 때, 공연예술가 채홍덕을 말하는 연출가 오경택의 전화를 받았다. 유럽공동체 협약으로 유명해진 이 도시의 오래된 마을과 강을 따라 걷고 있었을 때였다. 주먹보다 큰 돌들이 바둑알처럼 박힌 옛 마을 길을 따라 걷다가 배낭 깊숙한 곳에 넣어둔 전화를 꺼내서 받았다. 우물 같은 깊은 기억 속에 있는 채홍덕을 꺼내는 것처럼. 지난 몇 년 동안 삶이니 공부니 하는 것들이 모두 혼란스러웠다. 공화국, 공화국 정신이란 말을 거의 쓰지 않고 있는, 민주공화국인 우리나라의 시민 공동체의 해체, 종북이니 하면서 편을 갈라놓고 앞으로의 통일에 대해서는 아무런 준비도 하지 않고 있고, 신자유주의를 내세우며 자연을 파괴하고 사람 사는 세상과는 점점 멀어지는 오늘의 상황을 고민하고 있었던 터라, 방학이 되자마자 젊은 날부터 등판에 붙이고 다니던 무거운 배낭을 등에 지고 이곳저곳을 걸어가던 참이었다. 가끔씩 비가 강물 위로 내려와 슬그머니 사라졌고, 길 위에서는 눈물 자국처럼 잠시 머물다 갔다. 늦은 오후쯤, 길 건너 카페에서 누군가가 슈만의 〈어린이 정경〉 가운데 일곱 번째 노래인 〈꿈-트로이메라이〉를 연주하고 있었다. 그 다음 곡은 〈불 곁에서〉인데, 카페 밖에서 음악을 듣는 내내 비는 멈추지 않았다. 비에 젖은 배낭이 무거웠고, 약간 추위도 느꼈다. 그리고 목이 말랐던 터라 카페에 들어가 커피를 주문해서 마셨다. 녹슨 철판을 문으로 삼고 있는 책방 곁에 있는 카페, 피아노 앞에 앉은 이는 계속해서 〈어린이 정경〉을 연주하고 있었다. 열두 번째 곡인 〈어린이는 잠들고〉와 즐겨 들었던 마지막 곡인 〈시인은 말한다〉에 이르러, 나는 오경택이 말한, 지구를 반 바퀴 넘게 넘어온 채홍덕이라는 이름을 다시 떠올렸다. 비와 풍경과 음악에 그가 실려온 것 같았다. 발걸음을 멈춘 나그네와 슈만의 음악 덕분에 어느새 그와 함께했던 삶의 정경들이 부풀어 올랐다. 음악은 기억의 언어이고, 먼 옛날로 이끈다. 내가 기억하는 채홍덕은 언제나 '어린이' 같았고, 그가 만들어놓은 연극과 삶의 풍경들은 '어린이 정경'과도 같은 것이었으리라. 그가 있었던 곳은 언제나 불이 있어 따뜻한 난롯가였다. 나는 그의 곁에 머물 때가 있었고, 그것을 잊지 않고 있다. 이제 그가 만들어놓은 난롯가에는 불기가 사라졌고, 그는 꺼진 불이 되어 잠들었다. 우리들은 무대에서 시인과도 같았던 그가 말한 것을 들었다. 우연한 일치겠지만, 오경택을 만나거나 그의 전화할 받을 때는 언제나 길을 걷고 있거나, 길 위에 서 있을 때였다. 한국에서도 그러했다. 채홍덕을 기억하기 위해서 오경택을 비롯해서 애를 쓰는 모든 친구들이 고마웠다. 내친김에, 연주하는 이에게 슈만의 〈사랑의 노래〉를 연주해주면 좋겠다고 말하고 싶어졌다. 그러나 내가 말을 하지 않아도 그가 할 것 같았다. 음악을 듣다가 기차를 놓치면 몸과 배낭을 추스른 다음 야영장 한 켠에 들어가 한뎃잠을 자고 가도 될 것 같았다. 이 모든 것이 내가 사랑했던 채홍덕 탓이고, 그가 남겨준 미덕이다.[1]

1 채홍덕과 같이, 제자였던 연출가 김만중도 2014년에 생을 달리했다. 그는 고독은 자유의 등가라는 것을 보여준 연출가였다. 채홍덕의 글에 김만중에 관한 글을 삼가 보탠다.

김만중과 나와의 관계는 참으로 오래되었다. 처음 만난 것은 대학에서, 내가 젊었을 때

2. 시인은 말한다

살다, 살아 있다는 것은 시간 위에 건축하는 순간들의 결속, 결합체이다. 그것은 꾸밈이 아니라 단순함 같은 것일 게다. 채홍덕이 그러했을

였고, 그가 겸손할 때였다. 내가 세속적 은둔을 하고 싶을 때에는 그가 경계 없이 삶을 살고 싶었을 때였다. 이제는 내가 늙어가고, 그가 내 뒤를 이어오고 있다. 그사이, 나와 그의 삶에 변화가 있었고, 연극은 강물처럼 무심하게 세상의 한복판을 혹은 한 가장자리를 가로질러 가고 있었다. 불행하게도 세상은 포악하게, 종말처럼 변해가고 있다. 이 땅에 공화국의 정신, 도시국가의 시민의 윤리는 깡그리 무너졌다. 남은 것은 괴물 같은 승자 독식일 뿐이다. 그럼에도 좋은 이웃들과는 더러 만나서 살아남은 생을 증거하는 법이지만, 나는 김만중과 무심하게 지낸다. 이제 그가 바라보는 세상은 사뭇 나와 닮았다. 이미 세상을 떠난 이들이 이곳을 그리워하는 것 같은 그런 자세로 생을 살아가는 모습이 그의 삶과 더불어 작품 속에서 엿보이기 때문이다. 이번 작품의 원작이 소설이고, 이미 영화화된 〈무소의 뿔…〉도 그의 마음 한편을 스치면, 한낱 존재가 죽음과 재생으로 환원, 부활된다. 노래와 음악을 춤과 더불어 좋아하는 김만중의 연극은 언제나 그렇게 삶의 근원, 그 비밀을 찾는다. 나는 여태까지 더러 책을 읽고, 글을 쓰고, 말하고 살지만, 그렇게 세상이 허락해주어 살고 있지만, 생의 근원은 끝까지 미궁이다. 이렇게 살면서 미혹 속에 빠진 채 종국에 이를 것 같다. 김만중은 그러지 않았으면 좋겠다. 이번 작품의 텍스트를 보니까, 그에게 비로소 생의 문이 열리고 있다는 짐작을 하게 되었다. 그가 생의 문지방을 넘고 있다는 느낌, 그래서 이번 공연은 그에게 큰 의미가 있어 보인다. 연극을 분절하고, 잇고 하는 노력이 더 명철해졌다. 생의 문짝들이 여성을 통해서, 인간다운 존재를 통해서 다시 아귀를 맞추고 있는 느낌이 들었다. 그런 이유로 아직 동굴에 있는 내가 이 연극을 보러 가야 할지 말지 걱정이다.

그런데, 꼭 한 가지 묻고 싶은 것이 있다. 그가 연극을 하면, 그의 곁에 아주 오래된 친구들이 몰려든다. 어찌하여 그의 곁에는 오래된 친구들이 요란하지 않게, 놀라울 정도의 친숙함으로 함께 있는지를 알고 싶다. 김만중도 잠수형의 존재인데, 그의 벗들도 예외가 아니다. 그들이 나이가 들수록 이런저런 환경을 탓하면서 달리 변할 법도 한데, 그들은 한결같이, 예외 없이 모인다. 그들 안에는 오래전에 묶인, 돌에 새긴 약속처럼, 고독한 이들이 가슴에 지니고 있는 자율성 같은 것이 있는 모양이다. 보건대 그들은 결코 이해타산적이지도 않고, 상대방의 의도를 조금도 의심하지도 않는다. 오히려 그들은 강렬한 기쁨으로 김만중이 연극할 때마다 모여서 다시 태어나는 모습을 보여준다. 김만중의 곁에도 부활의 느낌이 있다. 여러 이웃들을 한데 모아놓는 그의 잠재력, 그것은 권력이 아닐 것이다. 이웃들의 생을 하나로 묶어놓는 집착도 아닐 것이다. 단어를 꼭 집어 말하긴 어려운데, '기쁨'과도 같은 것이리라 여긴다. 함께하는 기쁨, 개체가 집단을 이루는 기쁨, 침묵하다가 강렬하게 솟아오르는 그런 기쁨의 공동체가 김만중과 그 친구들이다. 김만중은 이름 그대로 그리 가볍게 발음되지 않는다. 실은 한국 문학사에서 서포 김만중, 학산 허균, 허균의 아버지 초당 허엽의 책들을 나는 즐겨 읽는 편이다. 그렇게 그의 연극을 보고 싶다고 말하고 싶다. 이렇게 쓰면, 꼭 그의 공연에 가봐야 할 것 같아, 걱정이긴 하다. 그의 곁에 나 역시 보이지 않게 있고 싶다. 앞으로도.

것이다. 문경, 점촌에서 태어났지만 그런 태도 없고, 미국에서 공부를 했지만 그것도 많은 영향을 미친 것 같지는 않아 보인다. 그는 전통적이지도 않았고, 땅에 발을 딛고 춤을 추는 이 같지도 않아 보였다. 이것은 정체성에 관한 물음일 터이다. 단순함으로 자신을 이끌고 드러내고, 타인을 동정하는 마음으로 자기 스스로는 늘 가난했다. 그가 한 작품의 의도는 언제나 타자가 되는 것, 작품 속에 자신을 잃어버리고, 아니 놓아버리고 난 후에 새로운 모습을 발견하려 했던 그는 언제나 가난했을 것이고, 고독했을 것이다. 채홍덕은 음악을 악용하고 자기 자신을 속인, 연극을 오염시킨 이들처럼 나쁜 예술가가 아니라 그 반대의 좋은 작가였다. 그런 물음과 같은 걸음걸이로 네덜란드에서 벨기에로 가는 기차를 타고 벨기에 작은 마을로 넘어왔다. 마스트리히트에서 오경택의 전화를 받고 이틀이 지났을 무렵이었다. 이번에는 전화 대신 메일을 보내왔다. 네이버 N드라이브에 들어가면 채홍덕에 관한 자료가 있으니, 그것을 읽고 글을 써주면 좋겠다는 내용이었다. 길 위에 작은 숙소에 짐을 풀었다. 인터넷 환경이 워낙 좋지 않아, 아이패드의 연결이 불안하게 이어졌다 끊겼다. 네이버는 외국에서 접속하는 이에게 실명 확인과 인증절차를 복잡하게 요구했다. 그럼에도 스마트폰으로 받은 인증번호는 에러가 났다. 결국 나는 이 글을 쓰기까지 채홍덕에 관한, 그곳에 담겨 있는 자료들을 하나도 읽지 못했다. 그저 여행 중에 잠시 머물 때마다 기억에, 가슴에 출렁이고 있었던 것들을 겨우 끄집어내어 글을 써야만 했다. 메일을 받은 날 오후에는 왕창 비가 내렸고, 오래된 시골집 작은 방의 창문에는 빗발이 옹골차게 줄을 서서 흘러내리고 있었다. 세상에 멈추는 것은 없어 보였다. 삶도, 자연의 흐름처럼 흐르고 흘러 흔적과 자취를 혹은 고체와 같은 기억을 남길 뿐이다. 채홍덕도 우리들 곁을 흘러 떠나갔다. 그는 행복했을까? 그는 우리들에게 무엇을 말했던 것일까? 무엇을 더 말하려고 했던 것일까? 그는 살아 있는 동안 우리들에게 말하려고 했고, 다 말하지 못하고 떠나갔다. 우리들은 그가 한 말을 다 듣지 않았던 것 같고, 더 들을 수도 없게 되었다. (나는 그냥 더 기다리자, 그가 곁에 있을 테니까 오랫동안 같이 있으면 될 것 같았다. 그에게 일을 재촉하지도 않았고, 그의 속내와 염원 그리고 꿈의 실현을 다그치지도 않았던 것이 이렇게 후회가 될 줄은 몰랐다. 그를 참 좋아했지만, 슈만의 〈사랑의 노래〉를 리스트가 편곡한 것처럼, 그의 삶과 꿈을 글로 옮겨놓지도 못했었다. 그러므로 그를 좋아했다는 진술은 헛소리에 가깝다. 실천하지 않은 사랑은 제대로 확인하지 않은 사랑에 훨씬 미치지 못하는 즉 허위이고 위선일 뿐이다. 삶과 세상에 분노하지 않고 글을 쓰고 지내는 것처럼.)

3. 사랑의 노래

돌이켜보면, 무대 위에서나 일상의 삶에서나 꿈의 풍경을 만들어내던 그는 언제나 고독하게 말했고, 그의 몸짓은 더불어 춤이 되었다. 춤추는 배우처럼 (채홍덕의 작품에서 보여지는) 그 움직임이란 자신을 사물의 바깥으로 던져놓는 행위이다. 릴케의 말대로, 삶 전체의 멜로디를 알고 있는 채홍덕은 가장 고독한 인간이고, 공동체를 위해서 자신을 낮추는 존재임이 틀림없다. 사람들을 대할 때마다 잘 웃는 그였지만, 그는 사실 고독하게 춤추는 작가였고, 고독을 춤추는 시인이었다(더러 그를 공연예술가라고 말하는데, 나는 한번도 그를 광범위한 공연예술가로 여긴 적이 없었다. 그는 고독하게 춤을 추는 어린이와 같은 시인이었다는 것이 내 생각이다). 선생과 제자와의 관계를 떠나 그와 더 함께하지 못한 것이 한여름, 갑작스럽게 다가온 추위처럼 몰려온다. 유학을 끝내고 돌아와 글쓰고 가르치던 나와 문경, 점촌에서 올라온 채홍덕과의 인연은 그가 대학에 들어왔을 때부터 시작되었다. 그즈음에 조령산 등반을 하러, 산악영화제에 심사위원으로 몇 번 문경에 간 적이 있었는데, 그때마다 그는 서울에 있었다. 정확한 지명을 확인할 수 없는데, 문경에서 고개를 넘어 예천 방향으로 가다 보면 있는 폐교된 학교 운동장에 텐트를 치고, 학교 뒤, 촛대처럼 곧추선 바위를 오르고 내릴 때, 그는 미국에서 공부를 하고 있었다. 우리는 한동안 따로따로 다른 곳에 살며 어긋나고 있었다. 내가 파리에 있을 때, 그는 점촌과 문경에, 내가 그곳에 있을 때는 그가 미국에, 내가 강북에 있을 때, 그가 강남에 있었다. 내가 글을 쓰지 못하고 사람들을 만나지 않고 있었을 때, 그는 사람들을 그리워했고, 잘못된 사람들, 사악한 인간들을 만났지만, 그들을 선한 사람들로 여겼고, 대했다. 그가 언제나 아무렇지도 않게 헤헤 웃으며 '선생님, 저예요 홍덕이' 하면서 전화를 걸어왔던 것처럼. 죽기 전까지도 그는 늘 전화로 안부를 물었고, 함께 식사하고 싶다고 말했다. 부암동 집에 그가 자주 찾아왔고, 서재에도 몇 번 와서 점심을 같이 하곤 했다. 그가 고통스럽게 삶을 마감하기 열흘 전에도 그는 날 찾아왔다. 여느 때처럼 해맑은 웃음을 지으며, 밥 사주세요 하는 말을 학부에 갓 들어온 학생처럼 했다. 그에게 빚을 진 이는 나였다. 천리안이 처음 생겨 이메일이라는 것을 막 시작할 무렵에, 채홍덕은 내게 자신의 아이디와 비밀번호를 주면서 원고 보낼 때 쓰라고 했다. 천리안 'C0H0D0'이라는 아이디를 지금도 기억하고 있는데, 그 덕분에 이메일이라는 것을 처음 쓸 수 있었다. 채홍덕이 미국에 있을 때, 전문 등반용 배낭을 보내주기도 했었다. 한국에서 군복무를 했던 이본 취나드가 만든 '블랙 다이아몬드' 연두색 배낭이었다. 암벽 등반을 할 때, 취나드 배낭은 매우 유용했고 튼튼했다. 그 전까지 사용하던 취나드 배낭은 거의 닳아 해진 것이었는데, 그것을 기억한 채홍덕이 새 배낭을 선물해준 것이다. 그 배낭은 그해 여름, 설악산 토왕폭을 등반한 후, 천화대에서 소리 없이 사라졌다. 몇 년 전에는 우리 학과 학생들이 프랑스 리옹 고등과학대학에서 공연했을 때, 미디어 연극을 전공한 그가 학교에 와 며칠 동안 학생들과 지내며 많은 도움을 주었다. 공연 주제는 삶을 땅에 묻어버리는 미디어의 폭악한 사례였다. 그에게 중심은 언제나 사람이었다. 그는 참으로 착하고 어진 사람이었다.

4. 아이는 잠들고

사물은 언제나 공간 속에 제 존재를 안착시킨다. 걷는 것처럼, 움직임이란 존재의 안정성을 위험하게 하는 행위이다. 삶이 조각조각 부서지기도 하고, 다른 것들이 서로 뭉치기도 하고, 아예 다른 모습으로 뒤집히기도 한다. 춤이 그러할 것이다. 채홍덕의 작품들은 제 삶을 가두는 것이 아니라 달리 만들고, 표현하는 기제였을 것이다. 삶이 작품에 반영되는 것을 넘어서서 작품이 삶에 적극적으로 편입되는 과정이었을 것이다. 이 글을 쓰면서 나는 그와 같이 많이 걷지 않았다는 것을 깨달았다. 그런 탓일까, 이틀 동안 걷지 못했다. 비가 내린 탓도 있지만, 그래야만 할 것 같았다. 먹은 것은 오이 하나, 당근 샐러드, 커피와 우유뿐이었다. 또 뭐가 있을까? 물과 와인 두 잔. 이런 것들은 그와 함께 있을 때도 먹었던 것들인데, 그가 없는 지금, 좀 적게 먹어야 할 것 같다. 그것처럼 그와 함께 걸었던 발걸음들도 기억해야 할 것 같다. 안성 캠퍼스이기도 했을 것이고, 나이가 들어 부암동 고갯마루 자하문 성곽이기도 했을 것이다. 그것이 그에 대한 예의라고 여겼다. 그는 지금 아무것도 먹지 못한 채 잠들어 있을 테니까. 그도 꿈속에서 우리들을 기억하고 있을 테니까. 제자보다 더 오래 살고 있는 선생은 말과 몸가짐을 더욱 조심해야 한다. 그가 지금 무슨 말을 하고 싶을까? 누구에게든, 선생은 제자에게 거울이고, 제자는 선생의 거울이다. 그 모습은 공기와 같은 기체로, 눈물과 같은 액체로, 기억이라는 고체로 나타날 뿐이다. 우리는 헤어지지 않았다. 보이게, 보이지 않게 서로 연결되어 있고, 서로 보고 있다. 그는 잠시 잠들고 있을 뿐이다. 그사이 그가 수놓은 삶의 풍경들은 음악처럼 펼쳐지고 있다. 그를 듣는 이는 듣고 있고, 그를 보는 이는 보고 있고, 그를 만질 수 있는 이는 만지고 있고, 그의 곁에 있을 수 있는 곁에 있고, 그를 소리내어 불러보고 싶은 이는 외치고 있을 것이다. 그의 작품에 대해서 글을 쓴다면, 주제는 시각과 청각에서 시작되어 감각으로 이어질 것이다. 세상이 그를 가둔 모습과 더불어, 세상에 자신을 열어놓는 감각의 깊이를 분석하는 글을 쓰고 싶다. 음악과 춤을 묶고, 조각과 건축을 엮어 음악적으로, 춤으로 만들어놓은 그의 작품들을, 작가와 작품을 하나로, 눈으로 보는 이와 귀로 듣는 이를 하나로 연결해놓은 그의 모더니즘을. (2014)

참고문헌

「레지던시 극단을 만나다—수레무대, 노뜰, 뛰다」, 『한국연극』 5월호, 2012.
「수렁에서 탈출한 스페인?」, 『한겨레 21』 제915호, 2012
고영직 외, 『희망의 예술』, 경기문화재단, 2007.
기형도전집 편집위원회 편, 『기형도 전집』, 문학과지성사, 1999.
김세건, 『베팅하는 사회—강원랜드에 비낀 도박 공화국의 그늘』, 지식산업사, 2008.
김슬기, 「말없이 말하다, 부재 그리고 존재—극단 노뜰」, 『한국연극』 12월호, 2008.
사진실, 『공연문화의 전통』, 태학사, 2002.
성현경 역주, 『이고본 춘향전』, 열림원, 2001.
소광희 외, 『현대의 학문체계』, 민음사, 1994.
신민경, 「아시아 예술인들의 공동창작 에너지를 함께 나누기 위하여—광주에서 진행된 아시아 아트플렉스 신체 워크숍」, 『한국연극』 2월호, 2007.
안치운, 「한국 연극의 국제화, 국지 혹은 탈구의 정신」, 『연극포럼』, 2011.
______, 『한국 연극의 지형학』, 문학과지성사, 1998.
______, 『연극, 반연극, 비연극』, 솔, 2002.
엄현희, 「연극은 공동체 정신을 더 발휘해야—원영오」, 『공연과 리뷰』 가을호, 2006.
윤소영, 『공동체 활동 관련 사례분석 및 지원방안』, 한국문화관광연구원, 2009.

이승우, 『나는 아주 오래 살 것이다』, 문이당, 2002.
이　옥, 『선생, 세상의 그물을 조심하시오』, 심경호 역, 태학사, 2001.
이재숙 역주, 『나띠야 샤스뜨라』 상, 소명출판사, 2004.
이청준, 『놀부는 선생이 많다』, 열림원, 1996.
정진규, 『몸詩』, 세계사, 1995.
정　찬, 「슬픔의 노래」, 『아늑한 길』, 문학과지성사, 1995.
차학경, 『딕테』, 김경년 역, 어문각, 2004.
최병두, 「도시 공간의 혼돈과 도시적 삶의 피곤」, 『당대비평』 여름호, 2000.
최하연, 「가위를 든 그녀」, 『피아노』, 문학과지성사, 2007.
표정훈, 『탐서주의자의 책』, 마음산책, 2004.
한　강, 『희랍어 시간』, 문학동네, 2011.
한국판소리학회, 『판소리 다섯 마당』, 한국브리태니커, 1982.
한병철, 『피로사회』, 김태환 역, 문학과지성사, 2012.
한상철, 『한국연극의 쟁점과 반성』, 현대미학사, 1992.
______, 『현대극의 상황과 한국연극』, 현대미학사, 2008.
허만하, 『낙타는 십리 밖 물 냄새를 맡는다』, 솔, 2000.
허순자, 『연극인 10—허순자의 인터뷰』, 연극과인간사, 2005.
로베르 아비라세, 「배우와 그의 연기」, 피에르 라르토마 외, 『연극의 이론』, 이인성 편역, 청하, 1988.
로제 카이와, 『놀이와 인간』, 이상률 역, 문예출판사, 1994.
리차드 코트니, 『연극은 지적행위인가』, 황정현 · 양윤석 역, 평민사, 2007.
마카엘 올리비에, 『나는 사고 싶지 않을 권리가 있다』, 윤예니 역, 바람의아이들, 2012.
소포클레스 외, 『희랍극 전집』, 조우현 역, 현암사, 1969.
스타니슬라프스키, 『나의 예술인생』, 강량원 역, 이론과실천, 2000.
아서 단토, 『예술의 종말 이후』, 이성훈 외 역, 미술문화, 2004.
에드워드 W. 사이드, 『오리엔탈리즘』, 박홍규 역, 교보문고, 1999.
요헨 슈미트, 『피나 바우쉬』, 이준서 · 임미오 역, 을유문화사, 2005.
유제니오 바르바, 『연극인류학—종이로 만든 배』, 안치운 · 이준재 역, 문학과지성사,

2001.
정화열,『몸의 정치와 예술 그리고 생태학』, 이동수 외 역, 아카넷, 2005.
J. 호이징하,『호모 루덴스』, 김윤수 역, 까치, 1981.
_________,『호모 루덴스』, 김윤수 역, 까치, 1993.
클로드 레비-스트로스,『보다, 듣다, 읽다』, 고봉만 · 류재화 역, 이매진, 2005.
테오도르 아도르노,『미니마 모랄리아』, 김유동 역, 길, 2005.
파스칼 키냐르,『혀끝에서 맴도는 이름』, 송희경 역, 문학과지성사, 2005.
프란시스 베이컨,『학문의 진보』, 이종구 역, 신원문화사, 2003.
플라톤,『국가』 10권.
호메로스,『일리아스 · 오딧세이아』, 김병익 역, 삼성출판사, 1976.
André Veinstein, *Théâtre: Etude, Enseignement, Eléments de méthodologie*, Louvain: Arts du spectacle, 1983.
Aristote(Texte, traduction, notes par Roselyne Dupont-Roc et Jean Lallot), *La Poétique*, Paris: Editions du Seuil, 1980.
Bernard Dort, *La Représentation émancipée*, Paris: Actes sud, 1988.
Guy Debord, *La Société du spectacle*, Paris: Gallimard, 1992.
Jacques Derrida, *L'écriture et la différence*, Paris: Seuil, 1967.
Jean-Philippe Luis, *La guerre d'Espagne*, Milan: Toulouse, 2012
Louis Jouvet, *Témoignages sur le théâtre*, Paris: Flammarion, coll, Biblithèque d'esthétique, 1952.
Maurice Béjart, *Un instant dans la vie d'autrui*, Paris: Falmmarion, 1979.
Richard Schechner, *Between Theater and anthropology*, Univ of Pennsylvania Press, 1985.
Richard schechner, *Performance Studies*, New York: Routledge, 2002.
Samuel Beckett, *Fin de partie*, Paris: Editions de Minuit, 1957.
Victor-Henri Debidour(Traduction, notices et notes), *Les tragiques grecs: Eschyle, Sophocle, Euripide*, Paris: Le Livre de Poche, 1999.

찾아보기

연극,
몸과 언어의 시학

안치운